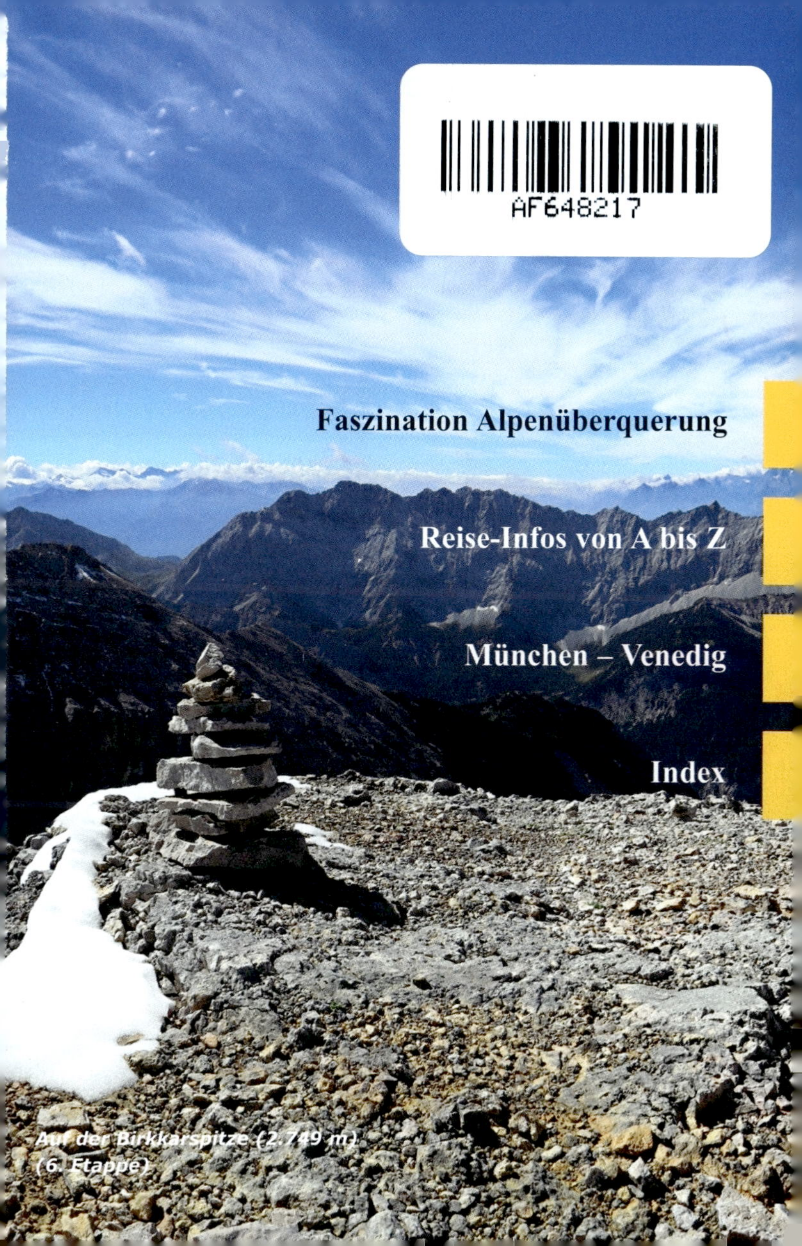

*Auf der Birkkarspitze (2.749 m)
(6. Etappe)*

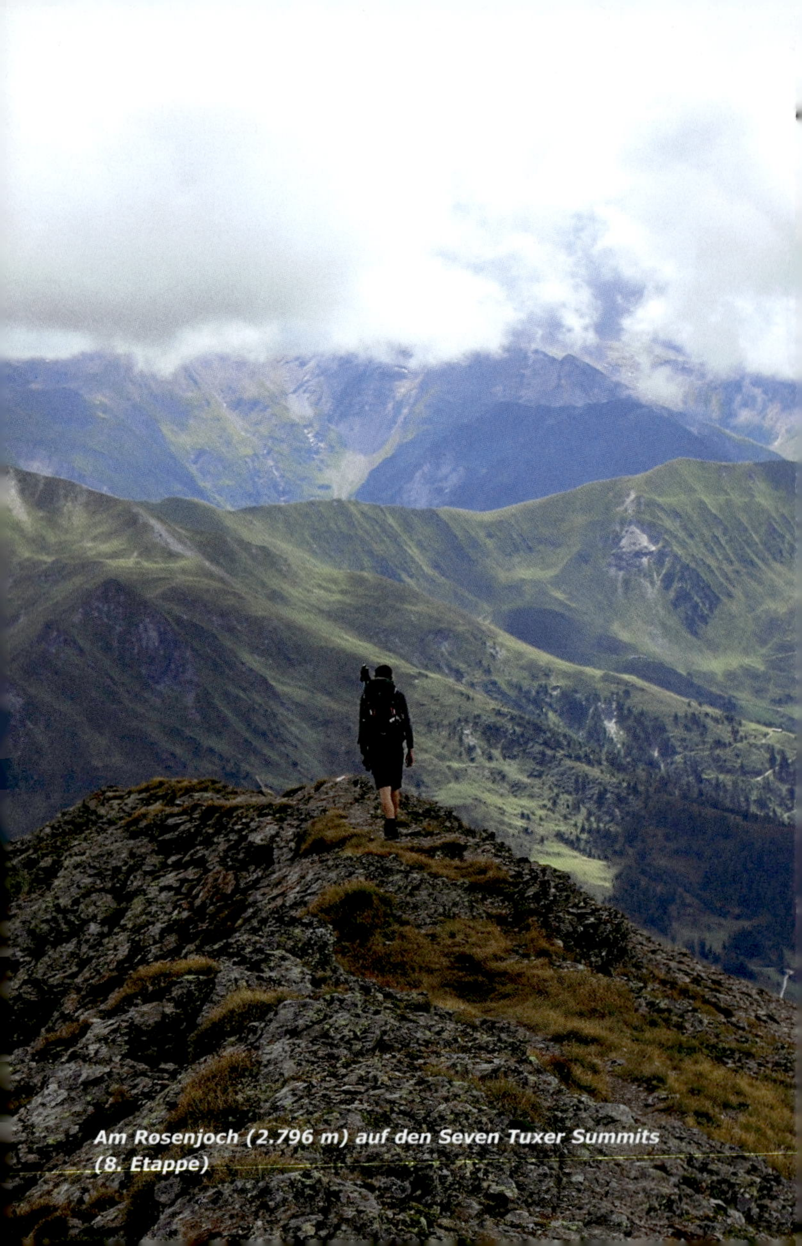
Am Rosenjoch (2.796 m) auf den Seven Tuxer Summits (8. Etappe)

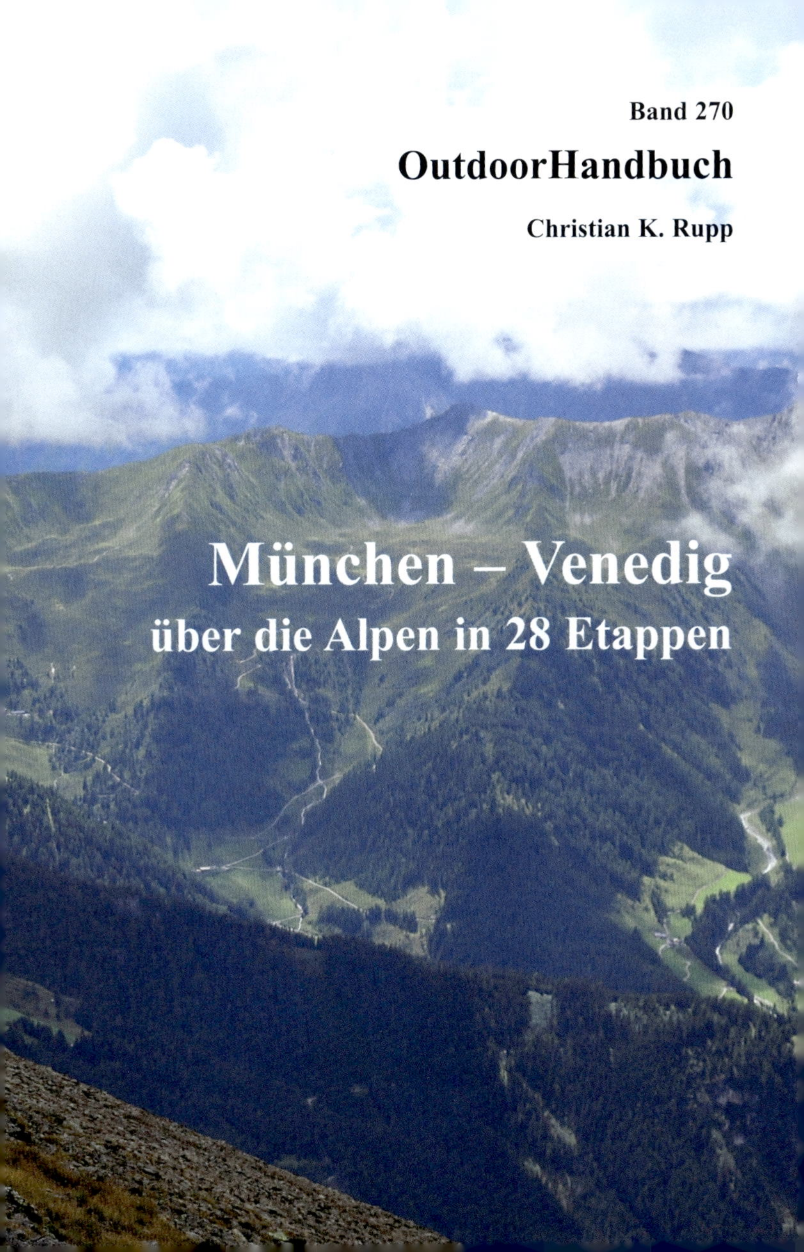

Band 270

OutdoorHandbuch

Christian K. Rupp

München – Venedig

über die Alpen in 28 Etappen

München – Venedig

Dieses OutdoorHandbuch wurde konzipiert und redaktionell erstellt vom:

Conrad Stein Verlag GmbH
Kiefernstr. 6, 59514 Welver
☏ 023 84/96 39 12
info@conrad-stein-verlag.de
www.conrad-stein-verlag.de
www.facebook.com/outdoorverlag
www.instagram.com/outdoorverlag

Druckprodukt mit finanziellem Klimabeitrag
ClimatePartner.com/53106-2405-1009

Als Outdoor-Verlag sind uns der Schutz und die Erhaltung der Natur seit jeher ein besonderes Anliegen. Auch in Sachen Klimaschutz haben wir eine Vorreiterrolle inne: Wir sind der einzige Buchverlag in Deutschland, der bereits seit 2008 seine Bücher konsequent klimaneutral in Deutschland produzieren und transportieren lässt. Dabei wird nicht nur klimaneutral, sondern auch nachhaltig, d. h. so umweltschonend wie möglich produziert, z. B. durch die Auswahl von umweltfreundlichen Materialien. Die bei der Produktion der Bücher entstandenen CO_2-Emissionen werden durch die Unterstützung von zertifizierten Klimaschutzprojekten ausgeglichen. Jedes Buch wird daher mit dem Logo „klimaneutral" und einer Climate-Partner-Zertifikatsnummer versehen. Mithilfe dieser Nummer können Sie unter www.climatepartner.com Informationen zu der eingesparten CO_2-Menge und dem Projekt finden, das mit der Abgabe gefördert wird.

Das Engagement des Conrad Stein Verlags wurde im Rahmen des Projekts „Klimaneutraler Buchverlag" mit dem Westenergie Klimaschutzpreis 2022 ausgezeichnet.

OutdoorHandbuch Band 270

ISBN 978-3-86686-797-0 2., überarbeitete Auflage 2024

Text und Fotos: Christian K. Rupp
Karten: Heide Schwinn
Lektorat: Anna-Lena Ebner
Layout: Anna-Lena Ebner, Ulrich Clasen

Gesamtherstellung: AZ Druck und Datentechnik GmbH, Kempten

Dieses OutdoorHandbuch hat 288 Seiten mit 88 farbigen Abbildungen sowie 33 farbigen Karten im Maßstab 1:100.000, 45 farbigen Höhenprofilen und einer farbigen, ausklappbaren Übersichtskarte.

Autor und Verlag freuen sich über Ihr Feedback. Schreiben Sie Ihre Tipps und Verbesserungen an info@conrad-stein-verlag.de oder nutzen Sie unsere Social-Media-Kanäle. Bitte nennen Sie dabei Titel, Auflage und Seitennummer.

Dieses Buch ist im Buchhandel und in Ausrüstungsläden erhältlich und kann im Internet oder direkt beim Verlag bestellt werden.

Titelfoto: Am Geierjoch, Blick zur Friesenbergscharte
mit Gefrorene-Wand-Spitzen und Olperer (9. Etappe)

Inhalt

Informationen zur Farbcodierung der Etappen finden Sie auf Seite 20.

Vorwort

„**München – Venedig**". Dieser Begriff steht für den Weg über die Alpen schlechthin und ist ein absoluter Klassiker unter den Alpenüberquerungen. Ein Weg, der die Sehnsucht auf eine wilde Bergwelt weckt und eine absolute Herausforderung für alle Bergbegeisterten darstellt, die das hautnahe Bergerlebnis suchen. Der Pfad verbindet die Metropolen München und Venedig miteinander und führt einmal von Nord nach Süd über die Alpen, die so allein mit eigener Muskelkraft überquert werden. Es warten 28 aufregende Tage in der fantastischen Bergwelt unseres europäischen Zentralgebirges. Dabei sind die Alpen kein Abenteuerpark, für den man sie teilweise in Seilbahnnähe halten kann, sondern Sie tauchen auf dem Weg in eine ursprüngliche Bergwelt ein und müssen sich den teils widrigen Natureinflüssen stellen. Es sind nicht weniger als 560 km und über 22.000 Hm im Aufstieg zu bewältigen, bis Sie von München kommend Ihre Füße auf venezianischen Boden setzen können.

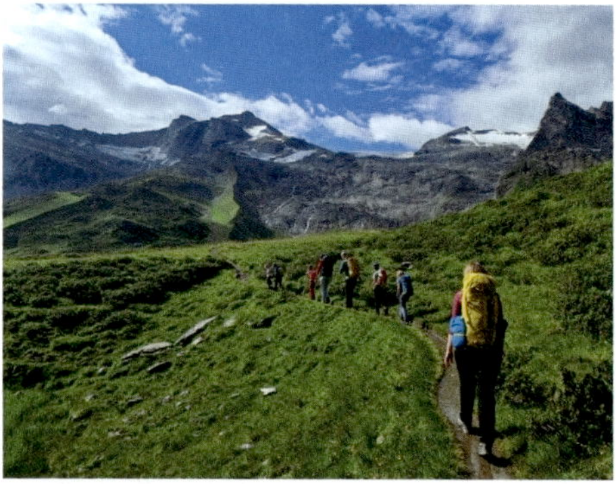

Über Almböden vor dem Großen Kunerbach (10. Etappe)

Jede einzelne Tagesetappe lebt von der direkten Erfahrung des Menschen mit der ursprünglichen, wilden Natur der Berge: von der Vorfreude, am Morgen den ersten Schritt zu tun, über die Anstrengung beim Aufstieg über scheinbar nie enden wollende Berghänge bis zu den grandiosen Glücksgefühlen am Gipfel oder der Scharte, von der aus sich die Gebirge der Umgebung in ihrer grandiosen Schönheit vor Ihren Füßen ausbreiten. Der Tag endet am Abend in befreiter Gelassenheit bei geselligen Hüttenabenden. Dies alles und noch viel mehr bietet die Alpenüberquerung von München nach Venedig. Auf jeden Fall stellt sie ein einmaliges Erlebnis dar, das alle Alpenüberquerende in seinen Bann zieht und lange im Gedächtnis bleiben wird.

Bedanken möchte ich mich bei allen, die mir während meines München-Venedig-Projektes zur Seite standen: besonders bei meiner Familie und allen Begleitern und Wanderbekanntschaften auf der Strecke, die geduldig jede Fotopause mitmachten und sich auch von diversen Umwegen zu Recherchezwecken nicht abbringen ließen. Ohne die Gemeinschaft unter den Wandernden wäre die Alpenüberquerung nicht das, was sie ist, und sicherlich nur halb so schön.

Ich wünsche Ihnen eine erfolgreiche Tour, gutes Wetter, zahlreiche tolle Erlebnisse und allzeit Berg Heil!

Ihr Christian Rupp

☺ Wenn Sie zu diesem Wanderführer eine Anregung oder einen Verbesserungsvorschlag haben oder nach der Tour eine kleine Rückmeldung geben möchten, würde ich mich sehr über eine E-Mail von Ihnen freuen.

christian.rupp@korb-rieck.de

Faszination Alpenüberquerung

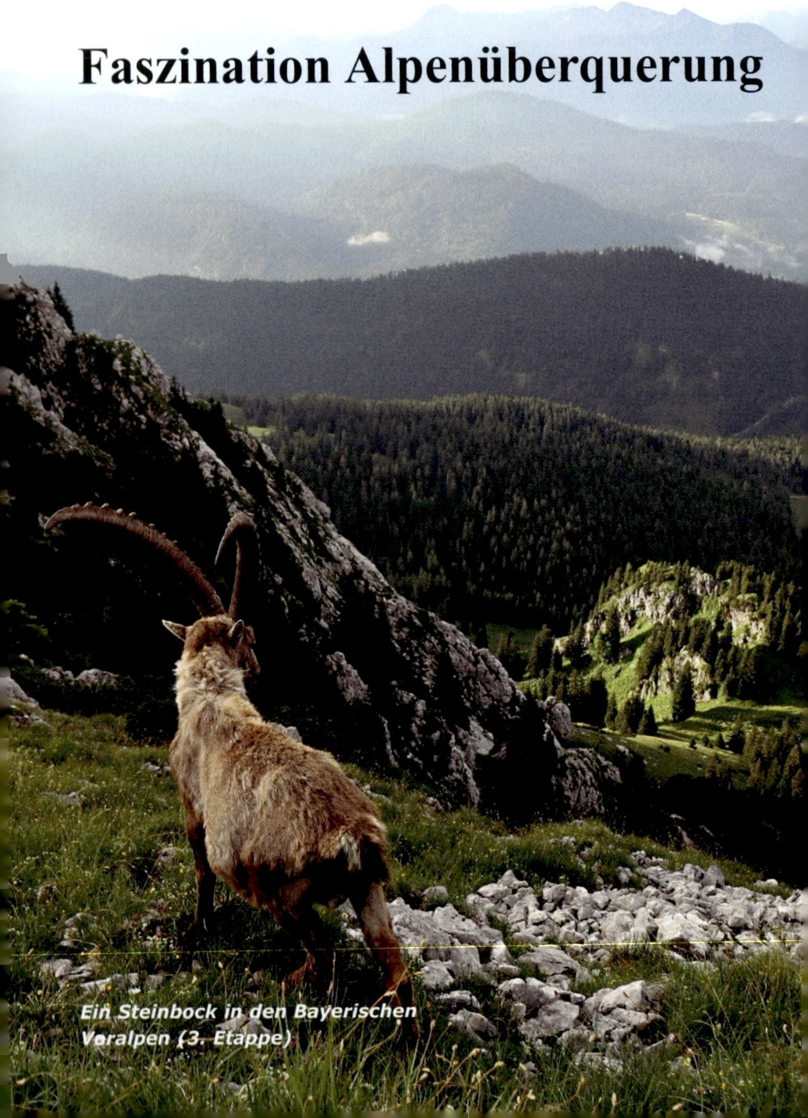

Ein Steinbock in den Bayerischen Voralpen (3. Etappe)

München – Venedig allgemein

Der Weg von München nach Venedig gilt als wahrer Klassiker unter den Alpenüberquerungen. Ursprünglich wurde die Route vom deutschen Bergwanderer Ludwig Graßler ins Leben gerufen. Er beging sie im Jahr 1974 zum ersten Mal und im Jahr 1977 erschien sein Wanderführer „Zu Fuß über die Alpen – der Traumpfad von München nach Venedig". Mit dem Begriff „Traumpfad" trifft er eine Bezeichnung, die kaum passender sein kann. Die Route ist wunderschön und entführt in eine wilde und meist ursprüngliche Bergwelt. Der hier beschriebene Weg folgt diesem klassischen Verlauf und hat eine Länge von 560 km mit 22.653 Hm im Aufstieg und 23.135 Hm im Abstieg.

Die Alpenüberquerung München – Venedig verläuft dabei in 28 Tagesetappen durch drei Länder und über zahlreiche Scharten, hohe Gipfel und durch malerische Täler immer gen Süden. Der Weg ist so angelegt, dass ihn Bergwandernde mit guter Kondition problemlos bewältigen können. Technisch umfasst er zahlreiche stahlseilversicherte Passagen, die Trittsicherheit und Schwindelfreiheit erfordern. Bei der 22. Etappe wird der Klettersteig „Piero Rossi" (KS3-C) begangen, für den eine komplette Klettersteigausrüstung benötigt wird. Für alle, die den Klettersteig umgehen möchten, wird eine West- oder eine Ostumgehung beschrieben. Gletscherüberquerungen finden keine statt. Der sehr abwechslungsreiche Streckenverlauf zeigt dabei alle Facetten der alpinen Pracht. Von einsamen Tälern mit saftigen Almwiesen verläuft der Weg durch tiefe Wälder, entlang plätschernder Bäche und steiler Felswände, bis hinauf durch Latschen-, Geröll- und Schotterfelder in alpine Gefilde. Dort führt die Route über wild zerklüftete Scharten, entlang ursprünglicher Gletscher und vorbei an herrlich exponierten Gipfelkreuzen. Es bieten sich beeindruckende Tiefblicke ins Tal sowie tolle Panoramen über die umliegenden Gebirge.

Der Weg beginnt dabei im Alpenvorland und führt in die regenreichen Stauzonen der Nördlichen Kalkalpen, durch die Bayerischen Voralpen, ins Karwendel. Dort werden bereits die ersten schroffen Gipfel überquert. Darauf folgen die Tuxer und Zillertaler Alpen am Alpenhauptkamm und Sie wandern entlang der Giganten der Alpen mit ihren riesigen Gletschern weiter gen Süden zu den Dolomiten. Dort durchqueren Sie die Puez-Geisler-Gruppe und die Sellagruppe, wandern entlang der Marmolata-Gruppe zur Civetta- und Schiara-Gruppe bis nach Belluno. Die letzten Etappen verlaufen durch die geschäftige Venezianische Tiefebene und sind bereits deutlich mediterraner geprägt. Im Vergleich zum Norden sind die Hänge deutlich trockener und in den Tälern wird Wein und Obst angebaut.

Allgemein betrachtet waren die Zeiten für eine Alpenüberquerung noch nie so gut wie heute. Die Alpen sind mit gut gepflegten Wanderwegen hervorragend erschlossen. Zahlreiche Schilder weisen den Weg. Die Gletscher ziehen sich immer weiter zurück und machen weitere Übergänge schneefrei. Es gibt selbst in hochalpinen Gefilden große Stützpunkte mit Verpflegung und warmen Betten und im Notfall erreichen Rettungshelikopter auch unzugängliche Gebiete. Die gute Ausrüstung, wie moderne Funktionskleidung, bequeme Schuhe und Rucksäcke, macht das Wandern zudem leicht und lässt zu, dass sich die Wandernden ganz auf sich selbst und auf die beeindruckende Bergwelt konzentrieren können.

Etappenübersicht

Dieser Wanderführer orientiert sich im Wesentlichen an Ludwig Graßlers Originalroute, die dieser 1977 zum ersten Mal veröffentlichte. In einigen Bereichen haben sich die Gegebenheiten durch neu angelegte Wege und idealere Übernachtungsmöglichkeiten seither verändert. In solchen Fällen ist die Routenführung entsprechend modifiziert. Bei diesen Abweichungen wird die Originalroute meist als Variante beschrieben.

Auf der Hauptroute umfasst die 7. Etappe eine Busfahrt von Hall i. T. nach Tulfes und im Anschluss eine Bergfahrt mit der Seilbahn zur Tulfeinalm. Auch bei der 19. Etappe wird für den Aufstieg eine Seilbahn verwendet. Wer den kompletten Weg zu Fuß gehen möchte, dem bietet die Etappenbeschreibung den Aufstieg zu Fuß auch als Variante an. Allerdings muss dafür eine zusätzliche Übernachtung eingeplant werden. Daneben bieten die einzelnen Etappenbeschreibungen auch viele Möglichkeiten für eine individuelle Anpassung. So kann je nach persönlichen Bedürfnissen die Etappe kürzer oder länger geplant werden. Bei der 24. Etappe wird der Nevegal als letzter Berg vor der Venezianischen Tiefebene überquert. Die Originalroute verläuft hier an einem Tag über das Joch auf die andere Seite des Nevegal bis nach Revine. Eine beliebte Variante verläuft an zwei Tagen über den Gipfel des Col Visentin. Aufgrund des langen Aufstiegs muss in der Gipfelhütte übernachtet werden und erst am nächsten Tag erfolgt der Abstieg nach Revine. Dafür wird zwar ein zusätzlicher Tag benötigt, die Fernsicht vom Gipfel des letzten richtigen Berges auf der Alpenüberquerung lohnt sich allerdings in jedem Fall.

München – Venedig umfasst auf der 22. Etappe einen Klettersteig der Schwierigkeit KS3-C. Für alle, die ihn sich nicht zutrauen, wird eine Westumgehung (-1 Tag mit Bustransfer) und eine Ostumgehung beschrieben.

München – Inntal (Hall i. T./Innsbruck)

1-7. Etappe (7 Wandertage):

Die Tour startet in München am Marienplatz und Sie verlassen am **1. Tag** zunächst die Altstadt. Der Weg führt am Deutschen Museum vorbei und folgt daraufhin auf den breiten Uferwegen dem Verlauf der Isar stromaufwärts bis Wolfratshausen. Am **2. Tag** folgen Sie weiter der Isar und gelangen auf ebenso guten Wegen problemlos bis Bad Tölz. Am **3. Tag** geht es ebenso weiter bis Lenggries. Dort beginnt die erste Bergetappe. Sie verlassen die Isar und steigen hinauf zum Gipfel des Braunecks. Auf dem Gipfelgrat geht es nun mit herrlicher Fernsicht bis zur Tutzinger Hütte im Schatten der Benediktenwand. Der **4. Tag** führt hinauf Richtung Benediktenwand, zu der ein Abstecher eingelegt werden kann. Darauf folgt ein stetiges Auf und Ab durch die Bayerischen Voralpen über das Örtchen Jachenau bis nach Vorderriß. Am **5. Tag** überqueren Sie die Grenze zu Österreich und steigen im Karwendel durch das Johannestal hinauf zum Karwendelhaus. Der **6. Tag** umfasst mit der Überschreitung der Birkkarspitze den ersten alpinen Höhepunkt. Sie ist der höchste Berg im Karwendel und ein grandioser Gipfel mit toller Fernsicht. Auf diesen Höhepunkt folgt der lange Abstieg ins Quellgebiet der Isar. Von dort geht es nochmals bergauf zum Halleranger (☞ Umgehung Birkkarspitze, Variante 6). Der **7. Tag** führt sodann über das Lafatscher Joch und über das für den Bergbau über Jahrhunderte bekannte Halltal hinab ins Inntal nach Hall in Tirol. ☞ Als Variante wird auch der Weg vom Halleranger nach Innsbruck beschrieben (Variante 7.1).

Inntal – Pustertal (Hall i. T. – Niedervintl)

8.-13. Etappe (6-7 Wandertage):

Vom Inntal betreten Sie die Tuxer Alpen und wandern am **8. Tag** auf einer herrlichen Gratwanderung über die Seven Tuxer Summits mit grandioser Fernsicht zur Lizumer Hütte inmitten des Truppenübungsplatzes „Lizum-Walchen“ (Sperrzeiten beachten!). Von dort steigen Sie am **9. Tag** hinauf zum Geierjoch und wandern mit genialer Fernsicht zum Tuxer Hauptkamm über einsame Hochtäler ins Hintertuxer Skigebiet mit dem Tuxer-Joch-Haus. Der **10. Tag** umfasst den steilen Aufstieg zur Friesenbergscharte und den anspruchsvollen alpinen Abstieg zur Olpererhütte. Am **11. Tag** überqueren Sie am Pfitscher Joch die Grenze zu Italien und steigen ins abgelegene Örtchen Stein ab. Der **12. Tag** entführt Sie wieder in die absolute Bergeinsamkeit der Zillertaler Alpen. Sie überqueren die Gliderscharte und steigen auf der anderen Seite hinab nach Pfunders. Am **13. Tag** wandern Sie durchs Pfundertal bis Niedervintl im Pustertal.

Pustertal – Alleghe

13.-18. Etappe (6 Wandertage):

Von Niedervintl steigen Sie am **13. Tag** durch den Rodenecker Wald hinauf auf die weite Lüsner Alm bis zur Kreuzwiesenalm. Am **14. Tag** überqueren Sie die Lüsner Alm und gelangen am Würzjoch vorbei zum Peitlerkofel. Er gilt als nördlicher Eckpfeiler der Dolomiten. Dort steigen Sie über die Peitlerscharte zur Schlüterhütte. Am **15. Tag** steigen Sie über die steile Roa-Schart ins Herz der Puez-Gruppe und nächtigen in der gleichnamigen Hütte. Von dort gelangen Sie am **16. Tag** durch die südliche Puez-Gruppe und erreichen das bekannte Grödner Joch. Dahinter steigen Sie steil und stahlseilgesichert durchs Val Setus hinauf in die Sellagruppe zur Pisciadù -Hütte. Der **17. Tag** beinhaltet den höchsten Punkt der Alpenüberquerung auf 2.967 m und Sie können diesen sogar noch mit einem Abstecher auf den Piz Boè (3.152 m) toppen. Der Piz Boè ist die höchste Erhebung der Sella und liegt auf der Grenze von Südtirol/Venetien. Von dort geht es hinab zum Padonkamm und dem herrlich gelegenen Rifugio Viel dal Pan im Schatten der Marmolata (3.343 m). Der **18. Tag** umfasst schließlich den langen Abstieg durch ein Skigebiet mit viel Wald und auf Talwegen bis nach Alleghe.

Alleghe – Belluno

19.-23. Etappe (5 Wandertage):

Von Alleghe steigen Sie am **19. Tag** hinauf in die Civetta-Gruppe zum Rifugio Tissi mit seiner herrlichen Fernsicht. Am **20. Tag** geht es weiter an den Hängen der Civetta-Moizza-Gruppe entlang über zahlreiche Scharten bis zu dessen südlichem Ende am Rifugio B. Carestiato. Von dort gelangen Sie am **21. Tag** über den Passo Duran in den Schatten des Monte Tamer und über exponierte Scharten in ständigem Auf und Ab zum abgelegenen Rifugio Pian de Fontane. Der **22. Tag** führt sodann auf dem Klettersteig Piero Rossi über das Schiara-Massiv auf die andere Seite zum Rifugio 7° Alpini und kann über eine West- oder Ostumgehung umgangen werden. Vom Rifugio 7° Alpini erfolgt am **23. Tag** der Abstieg aus der alpinen Bergwelt durch viel Wald und entlang von Straßen bis nach Belluno.

Belluno – Venedig

24.-28. Etappe (5-6 Wandertage):

Von Belluno aus versperrt der Nevegal als letzter Berg den Weg in die Venezianische Tiefebene. Die Hauptroute verläuft am **24. Tag** über das Joch auf die andere Seite nach Revine. Alternativ dazu können Sie die Gipfelvariante Variante 24.1 und 24.2 wählen. Dazu benötigen Sie allerdings einen zusätzlichen Tag; die

Nacht können Sie nach langem Aufstieg am Gipfelhaus des Col. Visentin mit grandioser Fernsicht verbringen. Von Revine wandern Sie am **25. Tag** in stetigem Auf und Ab durch eine landwirtschaftlich geprägte Hügellandschaft und zahlreiche kleine Ortschaften bis ans Piave-Ufer in Ponte della Priula. Die Wege sind in diesem Bereich nicht für Wandernde ausgebaut und es sind entsprechend viele Passagen an befahrenen Straßen zu wandern. Von Ponte della Priula gelangen Sie am **26. Tag** weiter am Piave entlang bis Bocca Callalta und am **27. Tag** erreichen Sie Jesolo. Der **28. Tag** führt Sie zunächst an den Strand und über die lange Landzunge zum Fähranleger, von dem die Personenfähren nach Venedig ablegen.

Komplette Strecke zu Fuß

In den Etappenbeschreibungen wird teilweise auf Seilbahnen oder Bustransfers zurückgegriffen. Wer die komplette Strecke zu Fuß wandern möchte, findet in den beschriebenen ↬ Varianten die entsprechenden Streckenbeschreibungen. Dafür sollte allerdings auch entsprechend mehr Zeit eingeplant werden. Dazu sind in der Etappenbeschreibung die Unterkünfte am Weg aufgelistet, sodass leicht eigene Etappenlängen zusammengestellt werden können.

Individuelle Teilabschnitte

Wer keinen Monat am Stück Zeit hat, kann den Weg auch in den oben beschriebenen fünf Blöcken von je ca. einer Woche zurücklegen. Natürlich besteht auch die Möglichkeit, sich einzelne Etappen herauszupicken um daraus Tages-, Mehrtages- oder Wochenendtouren zu machen.

Beispielsweise bieten sich, neben den fünf Blöcken, folgende Etappen als abgeschlossene Touren an:

- ▷ 5.-7. Etappe: „Durch das Karwendel": Hinterriß – Hall i. T. (3 Wandertage)
- ▷ 7.-10. Etappe: „Seven Tuxer Summits": Hall i. T. – Schlegeisspeicher (4 Wandertage)
- ▷ 14.-17. Etappe: Dolomiten: „Durch die Puez- und Sellagruppe": Würzjoch – Passo Pordoi (4 Wandertage)
- ▷ 19.-23. Etappe: „Dolomiten: Durch die Civetta- und Schiara-Gruppe": Alleghe – Belluno (5 Wandertag)

Flora und Fauna

Die Alpen beherbergen eine reiche Tier- und Pflanzenwelt, die sich perfekt an die Umwelteinflüsse der Berge angepasst hat. Um dieses einzigartige Paradies für kommende Generationen zu erhalten, gibt es dort zahlreiche Nationalparks, Naturschutzgebiete, Ruhegebiete und Sonderschutzgebiete.

Flora

In den Alpen findet sich eine reichhaltige Pflanzenwelt, die sich an die widrigen Umstände der Berge speziell angepasst hat. Der gesamte Alpenraum beherbergt beispielsweise über 4.500 verschiedene Pflanzenarten, von denen ein paar Hundert ausschließlich im Alpenraum vorkommen. Teilweise sind die Pflanzenvorkommen noch ein Überbleibsel aus der letzten Eiszeit. Viele Arten stammen ursprünglich aus arktischen Gefilden und sind während der Eiszeit in die Alpen vorgedrungen. Nach dem Abtauen der Gletscher im Flachland haben sie sich bis heute in den alpinen Regionen gehalten.

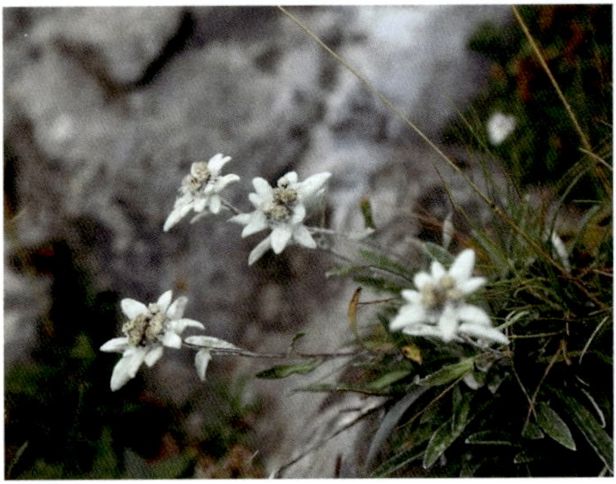

Edelweiß

Als typische Alpenpflanzen gelten: Edelweiß, Enziane, Arnika, Alpenrosen, Heidekraut und Primeln sowie Kiefern, Fichten und Zirben.

Aufgrund der großen Höhenunterschiede in den Bergen und der damit verbundenen unterschiedlichen Umwelteinflüsse sind die Alpen in unterschiedliche Vegetationsstufen eingeteilt. Je nach Höhe verändert sich das Vorkommen der einzelnen Arten.

▷ **Kolline Stufe:** Bezeichnet hauptsächlich das Alpenvorland. Eine Ebenen- und Hügellandschaft bis zu 600-800 m, landwirtschaftlich genutztes Gebiet, aufgrund der Hanglagen werden auch Obst und Reben angebaut.

▷ **Submontane Stufe:** Die untere Bergwaldstufe mit Buchen- und Mischwäldern. Sie ist auch als Obergrenze des Ackerbaus bekannt.

▷ **Montane Stufe:** Dies ist die untere Bergstufe mit Nadelwäldern (hauptsächlich Fichten).

▷ **Subalpine Stufe:** Obere Waldgrenze und Übergang zur baumlosen alpinen Stufe. Nadelwälder, Alpenrosen, Zirben, Krummholz und Zwergholzgürtel bis zur Baumgrenze. Diese ist regional unterschiedlich und sie liegt etwa auf 1.800-2.200 m.

- ▷ **Alpine Stufe:** Oberhalb der Baumgrenze bis zur Schneegrenze auf 2.700-3.100 m. Es wachsen Zwergstrauch-, Matten- und Polsterpflanzengürtel.
- ▷ **Nivale Stufe:** Über der klimatischen Schneegrenze; es wachsen vor allem Moose, Flechten und polsterbildende Blütenpflanzen.

Neben den Höhenstufen kann aufgrund des Bodens auch zwischen kalk- oder silikatliebenden Pflanzen unterschieden werden.

Fauna

Der Weg von München nach Venedig verläuft durch ein sehr waldreiches Gebiet und liegt im Herzen des Kontinents. Dementsprechend beherbergen die Wälder in den unteren Regionen die typische mitteleuropäische Tierwelt mit Reh, Hirsch, Fuchs, Hase, Dachs, Marder etc.

In den alpinen Regionen kann die Fauna hingegen in Haustiere und Wildtiere unterteilt werden. Zu den Haustieren gehören alle Tiere, die über die warmen Monate des Jahres auf den Almen gehalten werden und im Herbst beim Almabtrieb wieder ins Tal gebracht werden. Es handelt sich hierbei hauptsächlich um Kühe und Schafe, aber auch Pferde und Ziegen. Unter die Wildtiere fallen unter anderem Gämsen, Steinböcke, Murmeltiere, Steinadler, Schneehühner und Alpendohlen.

Der Steinbock war Anfang des 19. Jh. im Alpenraum fast ausgestorben. Aufgrund gezielter Neuansiedelungen konnte sich der Bestand erholen und so sind die Tiere heute wieder fast alpenweit anzutreffen. In Tirol begann die Neuansiedelung im Jahr 1953. Seither entwickelten sich die Kolonien gut und umfassen heute wieder etwa 5.600 Tiere.

Seit den 1990er-Jahren gibt es in Österreich auch wieder eine kleine Bärenpopulation. Der Bestand wird aktuell auf ca. 8 Bären in Osttirol und Kärnten geschätzt. In Nordtirol sind es ca. 2-3 Bären, die aus dem Trentin in den Norden gekommen sind. In Italien wird die Bärenpopulation auf 40-45 Individuen geschätzt, Tendenz steigend.

☺ Mit ein wenig Glück können Sie viele der Tiere auf dem Weg in ihrer natürlichen Umgebung beobachten. Wem das Glück nicht hold ist und wer bei der Rückreise einen kleinen Abstecher einlegen möchte, dem bietet der Alpenzoo in Innsbruck eine gute Möglichkeit, die heimischen Alpenbewohner zu betrachten.

Reise-Infos von A bis Z

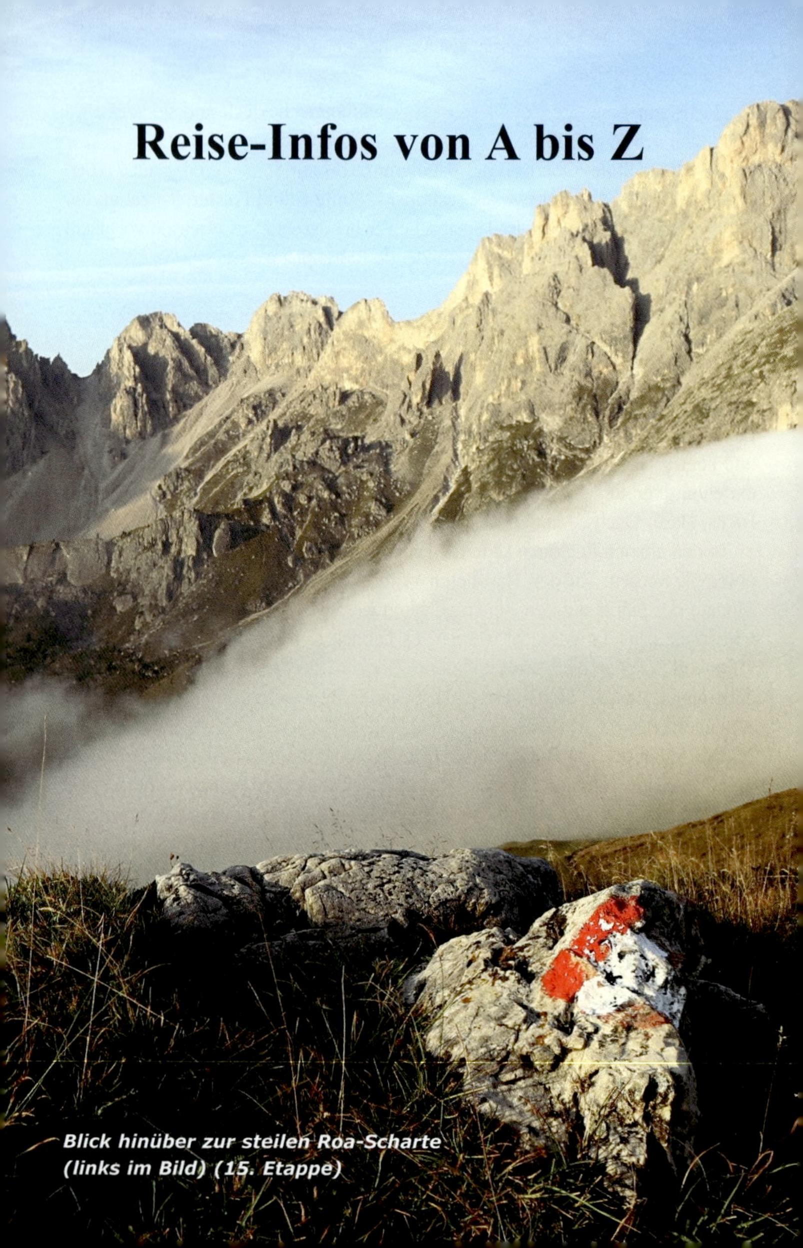

Blick hinüber zur steilen Roa-Scharte (links im Bild) (15. Etappe)

Adressen

Die wichtigen Kontaktinformationen zu Einkehr- und Übernachtungsmöglichkeiten sowie zu Sehenswürdigkeiten und besonderen Höhepunkten entlang der Route sind in den einzelnen Etappenbeschreibungen enthalten.

Anforderungen

Die Route München – Venedig erfordert Kondition, Trittsicherheit, Schwindelfreiheit, Orientierungssinn, alpine Bergerfahrung sowie eine entsprechende Bergausrüstung. Viele Etappen befinden sich in alpinen Regionen oberhalb der Baumgrenze und enthalten immer wieder stahlseilversicherte Passagen.

✋ Bei der 22. Etappe der Hauptroute wird der Klettersteig „Via ferrata Piero Rossi" (ehem. „Via ferrata del Marmol") mit einer Schwierigkeit KS3-C (mäßig schwierig) begangen, für den zwingend eine komplette Klettersteigausrüstung benötigt wird (☞ Ausrüstung, S. 22).

☺ Der Klettersteig kann allerdings auch über eine West- oder Ostumgehung umgangen werden, sodass die Route auch problemlos ohne zusätzliche Sicherungsgeräte in Form eines Klettersteigsets begangen werden kann.

Der gesamte Streckenverlauf ist außerdem für Fernwandernde mit Rucksack ausgelegt und umfasst keine reinen Kletterstellen.

Dabei ist nicht jede Etappe gleich anspruchsvoll. Als Anhaltspunkt dient der Infoblock zu Beginn einer jeden Etappenbeschreibung. Hier werden die Gesamtstrecke, die Gehzeit, die Höhenmeter im An- und Abstieg und das Höhenniveau angegeben. Zu Beginn der detaillierten Etappenbeschreibung wird die Etappe zudem kurz umrissen und evtl. vorkommende anspruchsvolle Stellen werden explizit erwähnt.

Als kleiner Anhaltspunkt: Die weiteste Tagesetappe umfasst in der Ebene eine Länge von bis zu 33,4 km (27. Etappe). Der größte Anstieg umfasst 1.550 Hm (6. Etappe) und der längste Abstieg 1.650 Hm (18. Etappe).

Außerdem sind die einzelnen Etappen auf Grundlage der DAV-Bergwegeklassifikation in blaue, rote und schwarze Bergwege eingeteilt.

● **Blauer Bergweg**: Dies sind einfache Bergwege. Sie sind dennoch überwiegend schmal angelegt und können steil sein. Es gibt keine direkt absturzgefährlichen Passagen, ein gewisses Maß an Trittsicherheit sollte aber vorhanden sein.

● **Roter Bergweg**: Dies sind mittelschwere Bergwege. Sie sind überwiegend schmal und oftmals steil und können absturzgefährliche Passagen aufweisen. Kurze versicherte Gehpassagen sind möglich. Auf diesen Wegen ist alpine Erfahrung nötig. Außerdem setzen sie eine entsprechende körperliche Verfassung sowie Trittsicherheit und Orientierungssinn voraus.

● **Schwarzer Bergweg**: Dies sind schwere Bergwege. Sie sind schmal und oft steil angelegt und absturzgefährlich. Es kommen vermehrt versicherte Gehpassagen und einfache Kletterstellen vor, die den Gebrauch der Hände erfordern. Es ist eine umfassende alpine Erfahrung nötig. Außerdem erfordern sie Konditionsstärke, Orientierungssinn, absolute Tritt- und Schwindelfreiheit.

Bitte beachten Sie, dass diese Einteilung nur bei guten Wetterverhältnissen einen Anhaltspunkt bietet. Bei Regen, Nässe, Neuschnee oder Nebel steigt der jeweilige Schwierigkeitsgrad deutlich.

An- und Rückreise

Als Startpunkt der klassischen Alpenüberquerung München – Venedig ist die Metropole München mit allen gängigen Verkehrsmitteln problemlos erreichbar. Im Folgenden eine kleine Übersicht. In der Etappenbeschreibung sind auch alle Parkplätze an der Strecke eingezeichnet, sodass Quereinstiege individuell geplant werden können.

Anreise nach München

Anreise mit dem Pkw: Mit über 1,5 Mio. Einwohnern ist München naturgemäß auf viele Pkws eingestellt. Für Dauerparker bieten sich verschiedene, auch zentrumsnahe Parkmöglichkeiten. Die meisten sind gebührenpflichtig und nach der Tour muss die Rückreise über München erfolgen, um das Auto wieder abzuholen.

Parkplätze in München: In München stehen verschiedene Dauerparkmöglichkeiten zur Verfügung.

- ▷ **Parkhaus Messestadt-Ost**: Willy-Brandt-Allee 11, 81829 München, 1. Tag € 1,50, jeder weitere Tag € 4. Keine Parkzeitbeschränkung, ÖPNV-Anbindung: U2
- ▷ **Parkhaus Fröttmaning:** Werner-Heisenberg-Allee 21, 80939 München, 1. Tag € 1,50, jeder weitere Tag € 4. Keine Parkzeitbeschränkung, ÖPNV-Anbindung: U6
- ▷ **Parkplatz Daglfing:** Ludwig-Brück-Straße 3a, 81929 München, 1. Tag € 1,50, jeder weitere Tag € 2. Höchstparkdauer: 6 Wochen, ÖPNV-Anbindung: S8
- ▷ **Parkplatz Grafing Bahnhof**: Hauptstr. 31, 85567 Grafing b. München, 1. Tag € 1, jeder weitere Tag € 2. Parkpreis ist im Voraus zu bezahlen, Höchstparkdauer: 6 Wochen, ÖPNV-Anbindung: S4, S6, RE, BRB
- ▷ **Gratis parken**: In den Wohngebieten der Münchner Vororte findet sich meist ein kostenfreier Parkplatz (auch wenn es die dortigen Anwohner wohl nicht gerne sehen). Auf der Seite www.gratisparken.de werden auch zahlreiche kostenfreie Parkplätze im Münchner Stadtgebiet aufgelistet.

Anreise mit der Bahn: München besitzt einen großen, klassischen Kopfbahnhof und ist perfekt an das Bahnliniennetz angebunden.

www.bahn.de

☺ Der klare Vorteil für Bahnreisende ist die direkte Rückreise, ohne nochmals über München reisen zu müssen. Die Tourenbeschreibung dieses Wanderführers startet aus diesem Grund am Bahnhof im Herzen von München.

Anreise mit dem Fernbus: München ist auch aus vielen Städten bequem mit dem Fernbus zu erreichen. Unter www.busliniensuche.de können Sie die verschiedenen Anbieter vergleichen.

Anreise mit dem Flugzeug: Der Münchner Flughafen Franz Josef Strauß liegt etwa 29 km nördlich des Zentrums und gehört zu den größten Drehkreuzen Europas. Am besten gelangen Sie mit der S1 oder S8 zum Hauptbahnhof. Die S-Bahnen fahren im 10-Minuten-Takt und Sie benötigen zum Hauptbahnhof ca. 40 Minuten.

Rückreise von Venedig

Rückreise mit dem Pkw: Erfahrungsgemäß lassen sich manche Wandernde in Venedig mit einem Pkw abholen. Die meist schnellste Pkw-„Alpenüberquerung" aus dem Norden nach Venedig verläuft über die Brennerautobahn.

☺ Für den Rückweg von Venedig nach München benötigen Sie beispielsweise etwa 5 Std. 30 Min.

Österreich erhebt eine Maut auf Autobahnen. Vignetten können an Raststätten in Deutschland, Österreich oder der Schweiz für 10 Tage, 2 Monate oder 1 Jahr erworben werden. In Italien wird die Maut direkt bezahlt.

Rückreise mit der Bahn: Von Venedigs Hauptbahnhof Santa Lucia gibt es zahlreiche Verbindungen in den Norden. Für die Bahnfahrt von Venedig nach München müssen Sie beispielsweise ab 6 Std. 30 Min. einplanen. Es gibt eine tägliche Direktverbindung mit einem Eurocity.

Rückreise mit dem Fernbus: Venedig ist an das Fernbusnetz angeschlossen und dies bietet eine Alternative zur Rückreise per Bahn. Über die Internetseite www.busliniensuche.de können zahlreiche Verbindungen gefunden und verglichen werden.

Rückreise mit dem Flugzeug: Der Flughafen von Venedig, Marco Polo, liegt etwa 8 km nordöstlich von Venedig auf dem Festland. Er kann mit Bussen der Linie 5 oder 35 ab der Piazza Roma (20-25 Min.) oder Wasserbussen von mehreren Haltestellen aus (z. B. San Marco) erreicht werden (40-70 Min.) (www.veneziaairport.it). Daneben liegt, etwa 40 km nördlich, der Flughafen von Treviso (www.trevisoairport.it). Der Transfer dorthin erfolgt am besten zunächst mit dem Zug nach Treviso und von dort mit der Buslinie 6 zum Flughafen (35 Min.).

Ausrüstung

Für das Wandern auf der Route von München nach Venedig ist neben den Übernachtungsutensilien eine alpine Bergausrüstung notwendig. Der Streckenverlauf führt immer wieder in alpine Regionen oberhalb der Baumgrenze und umfasst gelegentlich gesicherte Passagen. Bergschuhe mit tritt- und rutschfester Sohle, ein passender Trekkingrucksack, Regenschutz, warme Kleidung (auch im Sommer) und eine Ausrüstung für Notfällen sollten daher bei keiner Tour fehlen. ☞ In der Checkliste ist die wichtige Grundausrüstung nochmals ausführlich aufgelistet.

Dabei sollte die Ausrüstung generell so leicht wie möglich sein und doch alles Wichtige umfassen. Als Anhaltspunkt für das Gewicht des Rucksacks kann das eigene Körpergewicht herangezogen werden. Das Gewicht des Rucksacks sollte nicht mehr als ein Sechstel davon betragen (ohne Wasser und Proviant). Jedes Gramm, das unnötigerweise im Rucksack transportiert wird, macht auf der Tour jeden Höhenmeter mit und so banal es klingen mag: Je weniger Ballast man dabeihat, desto leichter fällt das Wandern.

Auf der anderen Seite sollte man gerade bei alpinen Touren immer einen „Plan B" im Rucksack haben – idealerweise in Form einer alpinen Notfallausrüstung (Erste Hilfe, Handy mit vollem Akku, Biwaksack, Stirnlampe, akustisches Signalmittel, Regenschutz, Notration Nahrung).

Rucksack

Die Größe des Rucksacks ist vom jeweiligen Träger und der geplanten Tour abhängig. Erfahrungsgemäß sollte ein Trekkingrucksack für die Route München – Venedig zwischen 35 und 45 l fassen.

Da allgemeingültige Empfehlungen schwer möglich sind, empfiehlt sich beim Kauf in jedem Fall eine Beratung im Fachgeschäft, um bei der Anprobe unterschiedlicher Modelle den idealen Rucksack für sich zu finden. Die großen Hersteller bieten in der Regel alle gute Rucksäcke an. Schlecht sitzende oder unpassende Rucksäcke machen das Wandern unnötig beschwerlich. Zudem verleiten beispielsweise zu große Rucksäcke dazu, Dinge einzupacken, die auf der Tour nicht unbedingt benötigt werden. Generell lohnt sich ein Blick auf das jeweilige Leergewicht.

Folgende Dinge sind beim Rucksack zu beachten:

- ▷ **Hüftgurt**: Der Hüftgurt ist das A und O. Er überträgt idealerweise 60-70 % der Last über die Hüfte auf die Beine und sorgt für eine Entlastung des Rückens und der Schultern. Der Hüftgurt sollte daher breit und weich gepolstert sein. Viele Hersteller unterscheiden zwischen Herren- und Damenmodellen.
- ▷ **Richtige Einstellung**: Der Rucksack muss dem jeweiligen Rücken angepasst werden. Entsprechend der Rückenlänge kann bei modernen Rucksäcken die Befestigung der Schulterriemen am Rucksack in der Höhe verstellt werden. Dadurch kann zunächst der Hüftgurt auf der richtigen Höhe

platziert werden. Daraufhin werden die Schulterriemen angezogen. Dabei sollten diese nicht auf der Schulter aufliegen, sondern 1-2 cm Luft haben.

▷ **Richtiges Beladen**: Um das Gewicht im Rucksack richtig zu verteilen, gilt bei alpinen Touren die Regel: leichtes Gepäck im unteren und hinteren Bereich, mittelschwere Dinge in Rückennähe und schwere Gegenstände mittig und möglichst dicht am Rücken platzieren. Dadurch ist der Schwerpunkt für bergiges Gelände ideal positioniert und man kommt nicht so leicht aus dem Gleichgewicht.

▷ **Beladung allgemein**: Um für Ordnung im Rucksack zu sorgen, empfehlen sich kleine Netzbeutel oder wiederverschließbare Plastikbeutel mit Zipp (für entstehenden Abfall).

Schuhe

Für die Etappen auf der Route von München nach Venedig werden bequeme, knöchelhohe Bergstiefel der Kategorie B/C mit rutsch- und trittfester Sohle benötigt. Die Schuhe sind neben dem Rucksack mitunter der wichtigste Ausrüstungsgegenstand beim Bergwandern. Zu einem guten Schuh gehören auch die richtigen Socken, um die Blasengefahr zu reduzieren. In den entsprechenden Fachgeschäften werden meist auch zum Schuh passende Trekkingsocken angeboten.

☺ Mein Tipp: An den Socken nicht sparen.

☺ Moderne Schuhe mit Funktionsmembran (Gore-Tex/Sympatex) müssen nicht langwierig eingetragen werden und sollten daher schon im Geschäft perfekt passen. Bergstiefel mit Lederelementen müssen etwas eingelaufen werden. Sie sollten allerdings nach spätestens 40 km perfekt sitzen.

Um die Tour von München nach Venedig optimal genießen zu können, empfiehlt es sich, keine komplett neuen Schuhe mitzunehmen, sondern bereits eingelaufene anzuziehen, um nach den ersten Kilometern keine bösen Überraschungen zu erleben.

Kleidung

Die Kleidung sollte so geplant sein, dass auch Wetterumschwünge mit Regen, Schnee und Nebel kein Problem darstellen. Auch im Sommer sollte immer warme Kleidung mitgeführt werden. Die Route von München nach Venedig bewegt sich bis in Höhen von bis zu 3.000 m, wo es auch im Hochsommer schneien kann. Eine Möglichkeit, Gewicht zu sparen, ist, moderne, leichte Ausrüstung zu verwenden. Oft ist diese Funktionskleidung schnell trocknend, was eine gute Eigenschaft nach Regengüssen oder nach dem Waschen auf der Hütte darstellt.

Die mitgeführte Kleidung sollte idealerweise aus mehreren Schichten bestehen. Stichwort: „Zwiebellook". Die Schichten schaffen ein Luftpolster, das eine gute Isolation darstellt. So können morgens, wenn der Körper auf Betriebstemperatur gekommen ist, die äußeren Schichten abgelegt werden und bei der Rast auf dem Gipfel oder Wetteränderungen wieder einzelne Schichten übergestreift werden.

☺ Die unterste Schicht sollte nicht aus Baumwolle bestehen, da sie schnell Feuchtigkeit aufnimmt, speichert und nur langsam abgibt. Die äußerste Schicht sollte wasser- und winddicht sein.

In Berghütten gibt es in der Regel keine Waschmaschinen. Allerdings kann im Waschraum meist von Hand gewaschen werden. Es empfiehlt sich, ein entsprechendes Waschmittel für die Handwäsche einzupacken.

Übernachten

Für das Übernachten in Berghütten benötigen Sie einen Hüttenschlafsack. Bewährt haben sich Modelle aus Seide, die sehr leicht und strapazierfähig sind. Wichtig ist, beim Kauf ein Modell mit Kisseneinschub zu wählen. Dort wird das Kissen eingeschlagen und verrutscht somit nicht im Laufe der Nacht.

Karte und GPS

Worauf Sie bei der Auswahl der **Karten** achten müssen und welche Karten Sie für die Route von München nach Venedig benötigen, finden Sie unter ☞ Reise-Infos von A bis Z, Karten und Wegmarkierungen, S. 41.

GPS-Geräte resp. Smartphones helfen bei der Orientierung im Gelände. Sie sollten die reine Papierkarte allerdings nicht komplett ersetzen, sondern ergänzend dazu verwendet werden. Bei Komplikationen mit dem Gerät wie z. B. einem leeren Akku, defekten Display oder Verlust sollte man sich während der Tour dennoch weiterhin problemlos orientieren können.

Teleskopstöcke

Teleskopstöcke können vor allem bei steilen An- und Abstiegen sehr hilfreich sein. Sie sorgen einerseits für Stabilität und entlasten die Knie- und Hüftgelenke, andererseits erfordert das Setzen der Stöcke eine gewisse Konzentration und es kann auf Dauer zur Verschlechterung der Trittsicherheit führen. Bei der Auswahl von

Teleskopstöcken sollte darauf geachtet werden, dass sie möglichst klein komprimiert werden können. Denn immer wieder ist es nötig, die Stöcke am Rucksack zu befestigen, um Passagen zu bewältigen, an denen man die Hände zu Hilfe nehmen muss.

Klettersteigausrüstung

Die Hauptroute von München nach Venedig führt bei der 22. Etappe über den Klettersteig „Via ferrata Piero Rossi“ (ehem. „Via ferrata del Marmol“) der Kategorie KS3-C. Für diesen ist in jedem Fall eine komplette Klettersteigausrüstung bestehend aus Klettersteigset, Klettergurt, Kletterhelm und Klettersteighandschuhen nötig. Außerdem muss entsprechende Erfahrung im Klettersteiggehen vorhanden sein.

Der Klettersteig kann auch umgangen werden (Variante 22.1 und 22.2), allerdings ist er einer der Höhepunkte der Alpenüberquerung und lohnt sich in jedem Fall. Falls Sie noch etwas unsicher sind, können Sie im Vorfeld evtl. einen Klettersteigkurs besuchen. Der örtliche Alpenverein ist meist ein guter Ansprechpartner.

☺ Das Rifugio San Sebastiano am Passo Duran (21. Etappe, S. 222) bietet für alle München-Venedig-Wandernde einen Paketservice an. Sie können Ihre Klettersteigausrüstung dorthin schicken und sie bequem abholen, wenn Sie dort vorbeikommen. In Belluno können Sie sie wieder bei der Post aufgeben und nach Hause schicken. So müssen Sie die Ausrüstung nur max. drei Tagesetappen transportieren. Der Paketservice ist kostenfrei, allerdings freut sich der Wirt über eine Übernachtung oder Einkehr in seiner Hütte.

☺ Zum Auffrischen eines länger zurückliegenden Kurses bietet sich folgendes Handbuch aus dem Conrad-Stein-Verlag an:

📖 **Klettersteiggehen**: Ausrüstung, Sicherheit, Tourenplanung von Christian K. Rupp, Basiswissen für draußen, ISBN 978-3-86686-519-8, € 8,90

Notfallausrüstung

Die Notfallausrüstung hilft, Notsituationen besser zu meistern, und kann im Zweifelsfall Leben retten.

Rucksackapotheke

Ein kleines, leichtes Erste-Hilfe-Paket gehört immer in den Rucksack. Im Handel werden verschiedene Modelle extra für den alpinen Anwendungsbereich angeboten.

Der Österreichische Alpenverein empfiehlt beispielsweise als Minimalausrüstung folgende Gegenstände (Rp = rezeptpflichtig, Arzt konsultieren):

- ▷ 1 steriles Verbandspäckchen
- ▷ 2 sterile Kompressen bzw. nichtklebende Wundauflagen (7 x 7 cm)
- ▷ 1 Heftpflastersortiment (klein und groß)
- ▷ 1 Rolle Leukoplast/Tapeverband (2,5-)3,5 cm x 5 m
- ▷ 1 elastische, evtl. selbsthaftende dünne Verbandsbinde (6 cm)
- ▷ 1 elastische, selbsthaftende Pflasterbinde 8-10 cm x 5 m zur (Gelenk-) Stabilisierung
- ▷ 1 Dreiecktuch (auch als Ersatz-Hals- oder Kopftuch)
- ▷ 1 Alu-Rettungsfolie (2 x 1 m) zur Wärmeisolation bei Biwakieren oder Schock
- ▷ 6 Schmerztabletten (Kopfschmerzen, Fieber), z. B. Aspirin/ASS, Paracetamol (je 500 mg)
- ▷ 2 stärkere Schmerztabletten, z. B. Gelonida NA oder Nedolon P (Rp), für echte Notfälle evtl. sehr starke Mittel, z. B. Tramal oder Valoron N (Rp)
- ▷ 1 Wunddesinfektionsmittel, z. B. Mercuchrom (15 ml, Rp)

Mobiltelefon

In der heutigen Zeit sind Mobiltelefone weder aus dem Alltag noch von einer alpinen Bergtour wegzudenken. Mit ihnen kann in Notsituationen schnell die Bergrettung gerufen werden und dank mobilem Internet kann auch noch kurz vor der Tour das Wetter gecheckt werden. Außerdem können auf den Geräten digitale Wanderkarten gespeichert und die Tour per GPS getrackt werden.

Allerdings sollte man sich nie blind auf die Technik verlassen. Nicht in jedem Tal ist auch ein Mobilfunknetz erreichbar. Außerdem funktionieren Mobiltelefone nur mit einem vollen Akku, sodass die Verwendungsdauer nicht unbegrenzt ist. Bei Kälte ist der Akku zudem weniger leistungsfähig. Darum sollten digitale Karten auf dem Mobiltelefon die Papierkarte nicht komplett ersetzen.

☺ Mit mobilen Akkupacks kann die Funktionsdauer deutlich verlängert werden.

Biwaksack

Ein Biwaksack gehört bei alpinen Touren immer als „Plan B“ in den Rucksack. Der Biwaksack ist wind- und wasserdicht und sorgt so dafür, dass man eine Nacht im Freien relativ geschützt verbringen kann.

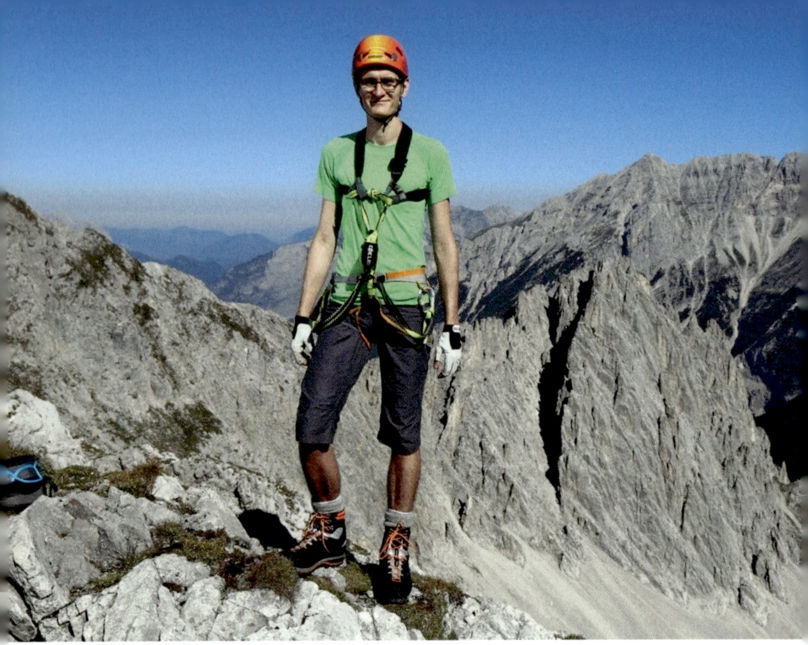

Die komplette Klettersteigausrüstung

Das Angebot an Biwaksäcken ist dabei vielfältig. Es reicht von extrem leichten und kleinen Notbiwaksäcken (meist nur einmal zu verwenden) bis hin zu hoch atmungsaktiven Biwaksäcken, die auch mehrmals für geplante Biwaktouren verwendet werden können. Neben den unterschiedlichen Materialien gibt es Biwaksäcke auch für eine oder zwei Personen (bei Notbiwaksäcken bietet sich die Zwei-Personen-Ausführung an).

Stirnlampe

Eine Stirnlampe ist ein kleiner unverzichtbarer Helfer, da sie die Sicherheit bei Dunkelheit ungemein erhöht. Sollte man von der Nacht überrascht werden, kann dieses kleine Stück Ausrüstung über den weiteren Abstieg oder ein Notbiwak entscheiden. Außerdem kann eine Stirnlampe als Signalmittel für das alpine Notsignal oder die Kommunikation mit Rettungshubschraubern verwendet werden. Moderne LED-Stirnlampen sind klein und leicht und nehmen wenig Platz im Rucksack ein. Sie können auch im Erste-Hilfe-Set deponiert werden.

Checkliste

Wichtige Ausrüstung (ohne Anspruch auf Vollständigkeit):

- ☐ Bergschuhe (knöchelhoch, rutsch- und trittfest, Kategorie B/C)
- ☐ Trekkingrucksack (je nach Körpergröße etwa 35-45 l)
- ☐ Karte (topografische Karte im Maßstab 1:50.000, noch besser 1:25.000)
- ☐ GPS-Gerät, ggf. Kompass
- ☐ München-Venedig-Wanderführer
- ☐ Reiseunterlagen (Geldbeutel, Pass, AV-Mitgliedskarte …)
- ☐ Notfallausrüstung (Handy mit vollem Akku und Ladegerät, Biwaksack, Taschenlampe, akustische Signalmittel, Regenschutz)
- ☐ Erste Hilfe (Pflaster, Blasenpflaster, Desinfektionsmittel, Wundauflagen, Mullbinden, Schmerztabletten, Schmerzgel, Rettungsdecke)
- ☐ Smartphone und Ladegerät (ggf. Akkupack)
- ☐ Notration Nahrungsmittel (Pumpernickel, Wurstdose, Energieriegel …)
- ☐ Hüttenschlafsack (in AV-Hütten Pflicht!)
- ☐ Kulturbeutel (Zahnbürste, Zahnpasta, Sonnencreme, Taschentücher, Ohropax)
- ☐ Handtuch (schnell trocknende Mikrofaser)
- ☐ Reisewaschmittel (für Handwäsche der Kleidung)
- ☐ Jacke (Windstopper)
- ☐ Regenschutz (z. B. Poncho mit Rucksackausbuchtung)
- ☐ Wanderkleidung (Wanderhose, Wechselhose, Wandersocken, Unterwäsche, T-Shirts, Oberteile)
- ☐ warme Kleidung (Fleecejacke, Pullover, Handschuhe – auch im Hochsommer ist es u. U. kalt!)
- ☐ Kopfbedeckung
- ☐ Trinkflasche/-blase
- ☐ Taschenmesser
- ☐ Fotoapparat und Ladegerät
- ☐ Sonnenbrille
- ☐ Klettersteigausrüstung (Klettergurt, Klettersteigset, Helm, Klettersteighandschuhe)
- ☐ ggf. Teleskopstöcke
- ☐ Gewebeband und Kabelbinder (als universeller Plan B)

Bergsteigerregeln

Alpine Bergtouren bergen immer ein gewisses Risiko. Um die Sicherheit auf Bergtouren zu erhöhen, wurden vom VAVÖ (Verband Alpiner Vereine Österreichs) und der UIAA (Union internationale des associations d'alpinisme) die folgenden internationalen Bergsteigerregeln zusammengestellt.

Sinngemäß lauten sie:

- **Körperliche Eignung**: Vor der Tour ist die körperliche Eignung und die Erfahrung von einem selbst und den Begleitern zu prüfen.
- **Planung**: Jede Tour ist genau zu planen. Nicht die Strecke ist beim Bergwandern entscheidend, sondern die Höhenmeter.
- **Ausrüstung**: Bergtouren setzen eine entsprechende Ausrüstung voraus. (☞ Reise-Infos von A bis Z, Ausrüstung, S. 22)
- **Wetter**: Vor und während der Tour sind die Witterungsverhältnisse zu beachten. Informationen zum Bergwetter und Lawinenbericht sind einzuholen. (☞ Reise-Infos von A bis Z, Information, S. 40)
- **Bescheid geben**: Die Tour muss der Jahreszeit und der Tageslänge entsprechend angepasst sein. Aus Gründen der Sicherheit ist Weg und Ziel evtl. mit dem Zeitpunkt der Rückkehr anzugeben.
- **Früh weggehen**: Es gilt die Regel: früh weggehen, früh zurückkehren. Dies verhindert, in die Nacht zu gelangen, und schafft einen Sicherheitspuffer bei unvorhergesehenen Ereignissen.
- **Nehmen Sie jemanden mit**: In den Bergen sollten Sie nicht alleine wandern. Die Leistungsfähigkeit des Schwächsten ist dabei der Maßstab.
- **Überanstrengung**: Das Tempo ist den Möglichkeiten der Begleiter anzupassen. Zu schnelles Gehen führt zu frühzeitiger Erschöpfung.
- **Wanderweg**: Die markierten Wege sind nicht zu verlassen. Abkürzen begünstigt Erosion.
- **Umwelt**: Die Umwelt ist sauber zu halten. Abfälle sind ins Tal mitzunehmen.

Bergwetter

Die Alpen sind bekannt für ihre Wetterumbrüche und ihr sehr kleinräumiges Klima, das sich teils von Tal zu Tal stark unterscheiden kann. Herrscht am Morgen im Tal noch Sonne, so können mittags am Gipfel bereits ganz andere Wetterverhältnisse herrschen. Dabei sollte man auch im Hochsommer beispielsweise immer auf Neuschnee gefasst sein.

Für die Wandernden auf der Route von München nach Venedig bedeutet dies, die Ausrüstung entsprechend zu planen und mitzuführen. Daneben sollten auch die Informationen zu den aktuellen und kommenden Wetterverhältnissen regelmäßig eingeholt werden. In Zeiten des mobilen Internets ist der aktuelle Wetterbericht meist nur einen Klick entfernt. Beispielsweise bietet die Wettervorhersage des Alpenvereins eine gute regionale Vorhersage: 💻 www.alpenverein.de/dav-services/bergwetter. Ansonsten finden Sie unter ☞ Reise-Infos von A bis Z, Information auch weitere Informationsquellen, S. 40.

☺ Bei den Hüttenwirtsleuten können meist der Wetterbericht der kommenden Tage sowie Informationen zu Schneehöhe oder zu den Zuständen der Wege erfragt werden. Manche Hütten bieten von sich aus am Abend nach dem Essen einen Wetterausblick für alle Wandernden an.

Verhalten bei Gewitter

Bei akuter Gewitterwarnung startet man am besten erst gar nicht auf eine Tour. Sollten Sie sich allerdings doch einmal mitten in einem aufziehenden Gewitter befinden, ist Folgendes zu beachten:

- ▷ **Exponierte Gebiete verlassen**: Blitzentladungen erfolgen meist an den höchsten Punkten, sodass Gipfel oder Grate umgehend zu verlassen sind.
- ▷ **Metall meiden**: Metall wie Gipfelkreuze oder Stahlseile ziehen den Blitz zwar nicht stärker an, sie leiten ihn aber perfekt und machen deren Umgebung gefährlich. Fangen Metallgegenstände beispielsweise an zu „singen“, ist unbedingt sofort Deckung zu suchen – am besten in Kauerstellung in einer Senke.
- ▷ **Abstand halten**: Halten Sie Abstand zu anderen Personen, allein stehenden Bäumen, Masten, Flüssen, Felswänden und wasserführenden Rinnen, die als elektrischer Leiter fungieren können.
- ▷ **In exponiertem Gelände**: Sie sollten unbedingt eine Selbstsicherung anbringen – idealerweise karabinerlos und über den Boden geführt. Bei nahen Blitzeinschlägen können Menschen mehrere Meter durch die Luft geschleudert werden.
- ▷ **In einem Klettersteig**: Beginnen Sie umgehend mit dem Abstieg. Sollte das nicht möglich sein, idealerweise eine Höhle oder einen Absatz suchen, in dem man ausharren kann, ohne das Drahtseil zu berühren. Dabei möglichst weiten Abstand von den Wänden halten und die Sicherung nicht aushängen, sondern das Seil über den Boden führen.

▷ **Direkt im Gewitter**: Sitzen Sie das Gewitter aus. Idealerweise nicht hinlegen, sondern in Kauerhaltung auf eine isolierende Unterlage (Rucksack, Seil etc.) setzen und Beine und Schuhe aneinanderpressen, um Schrittspannung zu vermeiden, und soweit es geht, Abstand halten. Relativ sicher ist ein gleichmäßig hoher und dichter Wald oder der Wandfuß einer mind. 15 m hohen Felswand, sofern mind. 3 m Abstand zum Felsen eingehalten wird.

DAV-/ÖAV-/LAV-/AVS-Alpenvereinsmitgliedschaft

Der Begriff des „Alpenvereins" kommt im deutschsprachigen Alpenraum vor und hat seit der ersten Gründung des Österreichischen Alpenvereins 1862 eine lange, bewegte Geschichte. Heute gibt es die Alpenvereine Deutscher Alpenverein (DAV), Österreichische Alpenverein (ÖAV), Liechtensteiner Alpenverein (LAV) und Alpenverein Südtirol (AVS). Alle alpinen Vereine kooperieren eng miteinander und gewähren durch das internationale Gegenrechtsabkommen Mitgliedern der jeweils anderen Vereine die gleichen Vergünstigungen auf ihren Hütten.

Kaffeepause beim Aufstieg im Schlauchkar (6. Etappe)

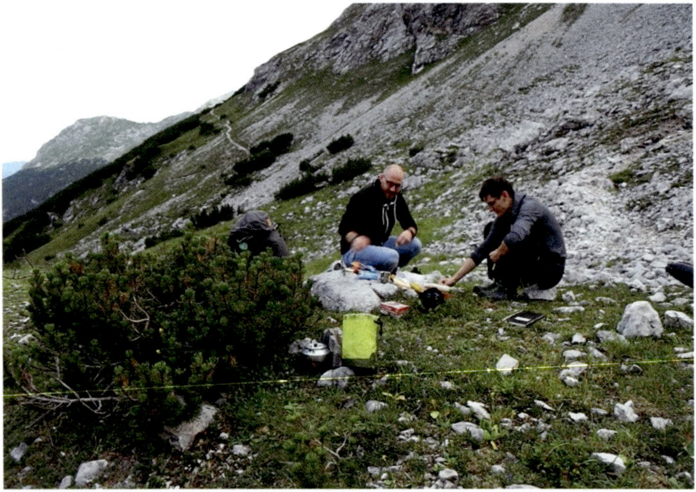

☺ Dies gilt auch für die Mitglieder des italienischen Club Alpino Italiano (CAI) und des Schweizer Alpen Clubs (SAC).

Der Deutsche Alpenverein (DAV) ist mit über 1,45 Mio. Mitgliedern die weltweit größte Bergsteigervereinigung und betreibt in den Alpen eine Vielzahl an Hütten und Unterkünften. Gleiches gilt für den Österreichischen Alpenverein (ÖAV) mit 0,65 Mio. Mitgliedern und den etwas kleineren Alpenvereinen in Südtirol bzw. den in Liechtenstein.

Auf der Route von München nach Venedig bilden Alpenvereinshütten und Hütten des italienischen Alpenclubs (CAI) immer wieder ein Etappenende oder Sie passieren sie während der Etappe. Um dort übernachten zu dürfen, müssen Sie kein Mitglied in einem Alpenverein (AV) sein, allerdings erhalten AV-Mitglieder beispielsweise eine vergünstigte Übernachtung sowie das vergünstigte Bergsteigeressen und werden bei der Reservierung bevorzugt behandelt. Außerdem bietet die Mitgliedschaft weitere Vorteile bei Bergtouren in den Alpen und den restlichen Gebirgen der Welt.

Weitere aktuelle Informationen zur Mitgliedschaft finden Sie im Internet unter

i www.alpenverein.de, www.alpenverein.at, www.alpenverein.it, www.cai.it oder www.sac-cas.ch.

Einkaufen

Die Route München – Venedig führt in den Tälern immer wieder durch kleinere und größere Ortschaften, in denen sich einkaufen lässt. Vom kleinen Dorfladen bis hin zu großen Einkaufslandschaften, z. B. in Belluno, ist auf der Strecke viel zu finden – allerdings nicht auf jeder Etappe. Die meisten Etappen führen von Hütte zu Hütte durch reine Bergregionen oder durch kleine Ortschaften, die keinen Supermarkt besitzen. Gerade im Karwendel, den Tuxer Alpen oder den Dolomiten sind Sie mehrere Tage außerhalb des Siedlungsgebietes unterwegs. Einige Hütten besitzen einen kleinen „Mini-Markt", in dem Kleinigkeiten wie z. B. Schokolade, Energieriegel oder seltener Reiseliteratur und Karten gekauft werden können. Allerdings ist das Angebot meist sehr überschaubar.

In der Etappenbeschreibung wird mit den Symbolen jeweils auf Einkaufsmöglichkeiten hingewiesen, sodass der mitgeführte Vorrat entsprechend vorausgeplant werden kann.

Die Öffnungszeiten variieren von Region zu Region. In der Regel sind die Geschäfte allerdings wie folgt geöffnet: Mo-Fr 9:00-18:30 (teilweise bis 20:00), Sa teilweise nur vormittags, So ist in der Regel geschlossen.

Elektrizität

Die Netzspannung in Deutschland, Österreich und Italien unterscheidet sich nicht und beträgt 230 V bei 50 Herz. Auch die Steckdosen auf der Route sind in der Regel Schuko-Steckdosen, sodass sie wie gewohnt verwendet werden können. Es bietet sich in den Hotels und vielen Hütten (aber nicht in allen) die Gelegenheit, seine elektrischen Geräte aufzuladen. In den Hütten gibt es meist wenige zentrale Steckdosen und sie sind entsprechend gut ausgelastet.

☺ Mobile Akkupacks bieten eine gute Möglichkeit, Mobiltelefon und GPS-Gerät unabhängig vom Stromnetz aufzuladen. Wichtig bei der Anschaffung ist, auf ein optimales Verhältnis von Speicherkapazität zu Gewicht zu achten. Weiterer Vorteil: Das Smartphone muss nicht unbeaufsichtigt geladen werden.

Essen und Trinken

Die Hütten, Pensionen und Hotels auf der Route von München nach Venedig bieten ein breites kulinarisches Angebot. Von der einfachen Bretteljause über kulinarische Köstlichkeiten der regionalen Küche bis hin zu internationalen Gerichten ist alles zu finden. Auf vielen Tagesetappen kommen Sie an verschiedenen Hütten, Almen oder Ortschaften vorbei, in denen kleine Zwischenmahlzeiten eingenommen werden können. In Tirol gehört ein (oder mehrere) Kaiserschmarren zum Pflichtprogramm der Alpenüberquerung.

In den Ortschaften können Sie sich auch mit Nahrungsmitteln eindecken. Im Infoblock der Routenbeschreibung sind Einkaufsmöglichkeiten jeweils gekennzeichnet, sodass Sie Ihre Vorräte entsprechend planen können.

☺ In Bars und Restaurants ist in Bayern, Nord- und Südtirol ein Trinkgeld von 5-10 % üblich. Südtirol bildet in Italien, wo Trinkgeld sonst unüblich ist, eine Ausnahme.

☺ In AV-Hütten können Mitglieder der Alpenvereine DAV, ÖAV und AVS ein **Bergsteigeressen** bestellen. Es ist ein vollwertiges Hauptgericht und im Vergleich zu regulären Gerichten mindestens um 10 % ermäßigt. Es darf aktuell nicht mehr als € 9 kosten.

Auf jeden Fall sollte der Rucksack eine **Notration** Lebensmittel für unvorhersehbare Ereignisse enthalten, z. B. eingeschweißtes Pumpernickel, eine Wurstdose, Käse, Energieriegel, Gummibärchen oder Schokolade.

Außerdem sollte Sie immer genügend Wasser für den Tag mitführen. Als Faustformel rechnet man etwa 3 Liter pro Person je Tag. Bei körperlicher Betätigung steigt der Wasserbedarf. In höheren Gebieten auf der Route kann das Wasser aus fließenden Gewässern meist getrunken werden. Allerdings nicht in den Tälern oder auf Almwiesen mit Weidevieh(!). Als Wasserbehältnis empfiehlt der Autor eine 2-Liter-Trinkblase im Rucksack und zwei 0,5-Liter-PET-Flaschen.

Ein Bier am Abend wirkt entwässernd und kann nicht zum Wasserbedarf des Tages gezählt werden. Im Gegenteil. Wer abends alkoholische Getränke zu sich nimmt, sollte zusätzlich Wasser trinken.

Etappen

siehe Faszination Alpenüberquerung, Etappenübersicht, S. 12

Feste, Feiertage und Ferien

Die staatlichen Feiertage auf der Route München – Venedig sind:

- Neujahr (01.01.), 3 König (06.01.), Ostermontag, Tag der Arbeit (01.05.), Allerheiligen (01.11.), Weihnachten (25./26.12.)
- **in Bayern zusätzlich**: Karfreitag, Christi Himmelfahrt, Pfingstmontag, Fronleichnam, Tag der deutschen Einheit (03.10.)
- **in Nordtirol zusätzlich**: Christi Himmelfahrt, Pfingstmontag, Fronleichnam, Mariä Himmelfahrt (15.08.), Nationalfeiertag (26.10.), Mariä Empfängnis (08.12)
- **in Südtirol/Venetien zusätzlich**: Tag der Befreiung (25.04.), Tag der Republik (02.06.), Mariä Himmelfahrt (15.08.), Mariä Empfängnis (08.12)

Die Sommerferien sind in Nord- und Südtirol und Venetien zwischen Ende Juni und Anfang September und recht lang. Sie dauern in Nordtirol 9 Wochen, in

Südtirol 11 Wochen und in Venetien 13 Wochen. Dafür sind beispielsweise die dortigen Oster- und Pfingstferien relativ kurz.

Almabtriebsfeste finden in der Regel im September statt und sind terminlich regional verschieden.

Geführte München-Venedig-Touren

Wanderungen auf der Route von München nach Venedig werden von einzelnen Reiseveranstaltern angeboten. Dabei wird meist nicht die komplette Strecke in 28 Tagen angeboten, sondern eine gekürzte Zusammenfassung der schönsten Etappen. Dazwischen findet meist ein Bustransfer statt. Damit dauern die geführten München-Venedig-Touren etwa 10-13 Tage.

Die Kosten pro Person beginnen ab € 2.160. Dabei sind meist HP und der Bustransfer bzw. Gepäcktransport inklusive.

Beispiele für Reiseveranstalter ohne Anspruch auf Vollständigkeit:

- DAV Summit Club GmbH, Am Perlacher Forst 186, 81545 München, ☏ +49 (0)89/64 24 00, ✉ info@dav-summit-club.de, 💻 www.dav-summit-club.de, ☺ der DAV Summit Club bietet eine 28-tägige Tour an.
- cG Touristic GmbH, Marktplatz 10, 9414 Kösslarn, ☏ +49 (0)85 36/91 91 78, ✉ info@wandern.de, 💻 www.wandern.de

Gehzeiten, Höhenmeter, Höhenangaben

Die im Text angegebenen **Gehzeiten** entsprechen denen eines durchschnittlichen Wandernden mit Gepäck. Sie stellen dabei die reine Gehzeit einer Etappe dar. Ruhe- und Essenspausen bzw. Seilbahn- oder Busfahrten sind nicht enthalten. Außerdem kann die real benötigte Zeit aufgrund von Wetter, Kondition und Gruppengröße stark variieren. Die Etappen sind allerdings so ausgelegt, dass Wandernde mit durchschnittlicher Kondition eine Etappe an einem Tag gut bewältigen können.

☺ Abgesehen von der Wandergeschwindigkeit empfiehlt sich generell ein früher Aufbruch am Morgen. So haben Sie einen Zeitpuffer für unvorhergesehene Ereignisse und geraten nicht unter Zeitdruck, sodass Sie sich ganz auf das Wandern und die beeindruckende Bergwelt konzentrieren können. Zudem treten Gewitter tendenziell eher am (späten) Nachmittag auf und können damit ebenfalls umgangen werden.

Die **Höhenmeterangaben** sind nach bestem Wissen und Gewissen anhand topografischer Karten recherchiert. Die Höhenangabe der einzelnen Gipfel kann dabei auf den Karten, bzw. vor Ort um ein paar Meter variieren, je nachdem, welches Nullniveau zugrunde liegt. Das Höhenprofil ist per GPS-Empfänger aufgezeichnet. Allerdings sind die Tracks schon alleine aufgrund der GPS-Unschärfe nicht auf den Meter genau. Im Infoblock der jeweiligen Etappe stellen die Höhenmeterangaben die rein zu Fuß zu bewältigende Strecke dar und sind dadurch ohne Seilbahnfahrten. Außerdem sind sie auf die Zehnerstelle gerundet.

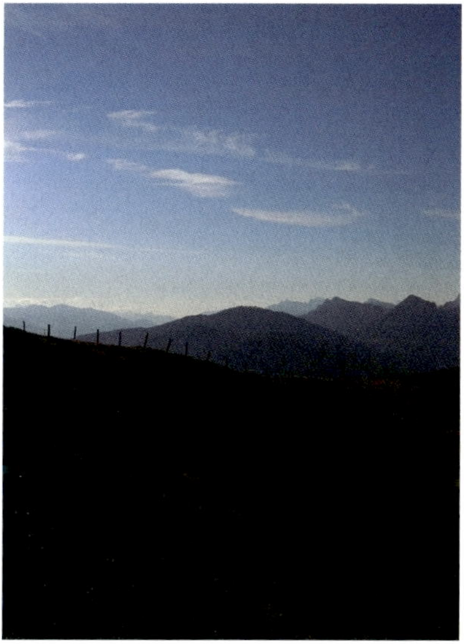

Aufbruch im ersten Tageslicht

Wegzeitberechnung nach DIN 33466: Die Deutsche Industrienorm (DIN) 33466 kann als Richtschnur für die Berechnung der Gehzeit in den Bergen herangezogen werden. Sie definiert einen durchschnittlichen DIN-Wandernden wie folgt: Horizontale: 4 km pro Stunde in der Ebene, Vertikale: 300 Höhenmeter pro Stunde im Aufstieg und 500 Höhenmeter pro Stunde im Abstieg. (Die Strecke wird auf der Karte gemessen und die Höhenmeter im Aufstieg und Abstieg werden auf der Karte erfasst.) Anschließend wird die benötigte Zeit für die Horizontale und die Vertikale (Zeit Aufstieg + Zeit Abstieg) berechnet. So erhält man einen Zeitwert für die reine Strecke und einen Zeitwert für den Auf- und Abstieg. Von den beiden Werten wird nun der kleinere halbiert und mit dem größeren addiert. So erhalten Sie die benötigte Gesamtzeit.

längere Zeit + (kürzere Zeit : 2)

Diese Formel findet auch im Wegekonzept des DAV und ÖAV für die Gehzeitberechnung Verwendung.

Geld, Bank, Kosten der Tour

Deutschland, Österreich und Italien besitzen als Mitglieder der Eurozone seit 2002 den Euro als Landeswährung. Die Dichte an Bankautomaten ist dabei recht hoch. Allerdings befindet sich auf den meisten München-Venedig-Etappen keine Möglichkeit, Geld abzuheben. Gerade in den Gebirgen, wenn der Weg von Hütte zu Hütte führt, ist man fernab jeglicher „Zivilisation". Es empfiehlt sich, das mitgeführte Barvermögen entsprechend im Voraus zu planen. Nur wenige Hütten bieten Kartenzahlung an.

Die Kosten der Alpenüberquerung von München nach Venedig hängen stark von den gewählten Übernachtungsmöglichkeiten ab. In den größeren Ortschaften finden sich meist von der einfachen Frühstückspension bis hin zu luxuriösen Sternehotels viele Angebote. Auf den Berghütten kommt es auf die Mitgliedschaft in einem alpinen Verein an (DAV/ÖAV/CAI). Nichtmitglieder zahlen teilweise das Doppelte.

☺ Als Faustformel kann pro Tag mit drei Mahlzeiten, einem Hüttenbier und der Wahl von einfachen Unterkünften von ca. € 60 ausgegangen werden.

BANK Bankautomaten befinden sich in: München, Wolfratshausen, Bad Tölz, Lenggries, Jachenau, Hall i. T., Pfunders, Niedervintl, Alleghe, Belluno, Ponte della Priula, Bocca Callalta, Jesolo und Venedig.

Banken haben i. d. R. Mo-Fr von 8:00 bis 16:00 geöffnet, Do bis 17:30, Sa und So geschlossen.

☺ Die Kredit- oder Bankkarte kann bei Verlust oder Diebstahl unter ☎ +49 116 116 gesperrt werden.

Auf den meisten Berghütten kann nicht mit EC-Karte bezahlt werden.

Gepäcktransport

Wer von München nach Venedig komplett ohne Gepäck wandern möchte, sollte sich geführten Touren eines Reiseveranstalters oder dem DAV Summit Club anschließen. Es gibt verschiedene Angebote, die den Gepäcktransport beinhalten.
☞ Reise-Infos von A bis Z, Geführte München-Venedig-Touren, S. 36

GPS

Die GPS-Tracks zu den beschriebenen Wegen können Sie von der Internetseite des Verlags (💻 www.conrad-stein-verlag.de) herunterladen.

📖 **GPS** Grundlagen · Tourenplanung · Navigation von Michael Hennemann, Basiswissen für draußen, Conrad Stein Verlag, ISBN 978-3-86686-769-7, € 12,90

Hunde auf der Tour

Die Streckenführung München – Venedig ist prinzipiell auch für Hunde geeignet. Dabei kommt es allerdings stark auf die Verfassung des jeweiligen Hundes an. Nicht jeder Vierbeiner wird den Anforderungen gerecht werden. Eine gewisse Fitness und Bergerfahrung des Tieres ist Grundvoraussetzung für eine erfolgreiche Tour.

Die Routenführung von München nach Venedig beinhaltet immer wieder stahlseilversicherte Passagen. Diese muss der Hund entweder aus eigener Kraft oder mit Hilfestellungen des Menschen bewältigen. Im Extremfall muss der Hund ein kurzes Stück getragen werden. Beispielsweise stellen Steighilfen in Form von Metallbügeln, Stahlstiften oder Leitern für Menschen mit Bergschuhen einen guten Tritt dar, für die meisten Hunde sind sie allerdings ein ernst zu nehmendes Hindernis. Der Klettersteig auf der 22. Etappe ist nicht für Hunde geeignet!

Das größte Problem für Wandernde mit Hund stellen allerdings die Übernachtungen in den Berghütten dar. In der Hüttenordnung des Deutschen und Österreichischen Alpenvereins (DAV/ÖAV) steht unter 6.8: „In allen Schlafräumen sind Haustiere verboten […]. Das Unterbringen von Tieren muss in jedem Fall vorab mit den Hüttenwirtsleuten abgeklärt werden. Zusätze: Sofern Haustiere gestattet sind: Kann eine angemessene Reinigungspauschale von mindestens € 10 erhoben werden. Dürfen diese die Hütte nur gereinigt und trocken betreten. Dürfen diese aus hygienischen Gründen nicht im Bett und nicht auf den AV-Decken liegen. Eine entsprechende Haustierdecke ist vom Tierhalter mitzuführen."

Die Akzeptanz von Hunden ist dabei von Hütte zu Hütte sehr unterschiedlich. Es empfiehlt sich generell, bei der Reservierung der Unterkünfte nachzufragen, ob Hunde erlaubt sind bzw. wo die Hunde die Nacht verbringen (Keller, Trockenraum, Winterraum).

☺ Mit etwas Glück kann man gemeinsam mit dem Hund im Winterraum übernachten.

☺ Wer das zusätzliche Gewicht nicht scheut, kann ein kleines Zelt mit auf die Tour nehmen. So haben Sie einen Plan B im Rucksack und können u. U. in Absprache mit den Hüttenwirtsleuten gemeinsam mit dem Hund neben der Hütte übernachten.

In Seilbahnen und Bussen besteht für Hunde Maulkorbpflicht!

Internet und Telefon

Das Mobilfunknetz in Deutschland, Österreich und Italien ist recht gut ausgebaut, sodass auf der Route München – Venedig meist Mobilfunkempfang besteht bzw. via Smartphone eine Internetverbindung aufgebaut werden kann. Allerdings gilt das nicht für jedes Tal. In abgelegenen Gebieten kann es vorkommen, dass erst beim Übergang ins nächste Tal wieder Mobilfunkempfang möglich ist.

☎ Die Ländervorwahlen sind: für Deutschland 0049, für Österreich 0043, für Italien 0039.

In Deutschland und Österreich wird die 0 der Ortsvorwahl weggelassen, in Italien wird bei Festnetznummern die Null mitgewählt (+39 0xxx), bei italienischen Mobilfunknummern gibt es keine Null (+39 xxx).

@ WLAN-Verbindungen gehören in Hotels zum Standard und werden auch in immer mehr Hütten den Gästen zur Verfügung gestellt.

Information

In der jeweiligen Etappenbeschreibung sind die lokalen Tourismusbüros jeweils aufgelistet. Weiterführende Informationen können auch unter folgenden Adressen eingeholt werden:

Allgemeine Information

▷ Bergsport Toureninformationen: www.alpenvereinaktiv.com

Alpine Information

▷ Bergwetter: www.alpenverein.de/dav-Services/bergwetter
▷ AV-Hüttensuche: www.alpenverein.de/dav-services/huettensuche

Öffentlicher Nahverkehr

- ▷ Deutsche Bahn: 💻 www.bahn.de
- ▷ Österreichische Bundesbahn (Bahn und Bus): 💻 www.oebb.at
- ▷ Italienische Bahn: 💻 www.trenitalia.com/tcom-de
- ▷ Fahrpläne Verkehrsverbund Tirol (Bus und Bahn): 💻 www.vvt.at
- ▷ Südtirol Mobil: 💻 www.suedtirolmobil.info
- ▷ Fernbusse-Vergleich: 💻 www.busliniensuche.de
- ▷ verkehrsmittelübergreifende Verbindung: 💻 www.rome2rio.com/de/

Karten und Wegmarkierungen

Eine topografische Wanderkarte darf bei keiner Bergtour fehlen und der sichere Umgang damit ist Pflicht. Der Maßstab sollte dabei mindestens 1:50.000 betragen. Idealer ist beim Bergwandern allerdings ein größerer Maßstab von 1:25.000. Dieser enthält mehr Details und sorgt dadurch für eine bessere Orientierung im Gelände. Allerdings müssen unter Umständen mehr Karten mitgeführt werden. Für München – Venedig werden folgende Karten benötigt:

- ▷ **Kompass Karten** (1:50.000): München **184** (1.-2. Etappe), Murnau, Kochel **7** (2.-4. Etappe), Rund um Innsbruck **290** (5.-11. Etappe), Südtirol **699** (11.-17. Etappe), Sellagruppe **59** (15.-18. Etappe)
- ▷ **Tabacco Karten** (1:25.000): Dolomiti di Zoldo **025** (19.-21. Etappe), Prealpi e Dolomiti Bellunesi **024** (22.-24. Etappe)
- ▷ **Cartine Zanetti** (1:30.000): Vittorio Veneto **5** (25.-26. Etappe), Conegliano **3** (26. Etappe)

✋ Für die restlichen Etappen durch die Venezianische Tiefebene gibt es leider keine Wanderkarten. Entweder Sie greifen auf die im Buch abgedruckten Karten zurück oder Sie verwenden eine Straßenkarte, die allerdings aufgrund ihres kleinen Maßstabes wenige Details liefert, z. B. „Venetien" von freytag & berndt (1:150.000).

☺ Die Kartenempfehlungen wurden von der Geobuchhandlung Kiel überprüft. ☏ 04 31/942 49

Die Beschilderung auf der Route München – Venedig ist bei den alpinen Etappen durchweg sehr gut. Allerdings steht nicht immer explizit „München – Venedig" auf den Schildern. Es gibt leider kein Symbol, das den Weg durchgängig

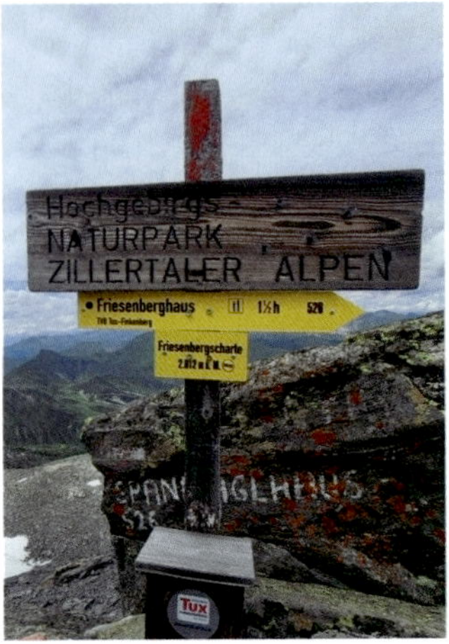

Wegweiser an der Friesenbergscharte (10. Etappe)

kennzeichnen könnte. Dafür sind die Hütten auf dem Weg hervorragend ausgeschildert, sodass Sie leicht von Hütte zu Hütte finden können. Südlich der Alpen in der Venezianischen Ebene ab etwa der 25. Etappe ändert sich dies. Dieses Gebiet ist touristisch nicht erschlossen und es gibt kaum Wanderwege und somit auch keine Beschilderung für Wandernde oder Wanderkarten. Dort müssen Sie der Beschreibung im Wanderführer folgen.

Die Schilder bestehen aus pfeilförmigen Tafeln, die sich von Land zu Land in Farbe und Material unterscheiden. Darauf sind neben den jeweiligen Zielpunkten die Zeitangaben oder Wegnamen geschrieben. In Nordtirol besteht die Beschilderung aus gelben Metall-Wegweisern, die neben der Gehzeit auch die Schwierigkeit des Weges mit einem Farb-Code (blau/rot/schwarz) angeben (☞ Reise-Infos von A bis Z, Anforderung, S. 19). Auf der Landesgrenze zwischen Nord- und Südtirol wechselt die Beschilderung zu braunen Holztafeln mit roter Schrift.

Zwischen den Wegweisern sieht das Wander- und Bergwegekonzept in den Alpen eine rot-weiß-rote Bodenmarkierung auf Steinen oder Bäumen vor. Teilweise können es auch rote Punkte sein. In den Dolomiten verläuft die Route ein Stück parallel zum „Dolomiten Höhenweg 1“, der mit einem blauen Dreieck mit blauer 1 markiert ist.

Klima und Reisezeit

Die ideale Reisezeit für den gesamten Weg liegt zwischen Mitte Juli und Mitte September. Zwar öffnen viele der höher gelegenen Hütten bereits Mitte Juni, allerdings muss auf vielen Übergängen erst der Altschnee abtauen, damit sie passierbar werden. Im Juni und September muss mit Schnee gerechnet werden. Ab September/Oktober sind die meisten Hütten bereits wieder geschlossen. In Südtirol und Venetien beginnt aufgrund des Klimas die Wandersaison bereits im Mai und endet erst im Oktober.

Die wärmsten Tage in Tirol sind im Juli und August. In diesen Monaten steigen die Temperaturen durchschnittlich am Tag über 21° C und betragen auch in der Nacht noch über 10° C. Allerdings fallen im Juli auch die meisten Niederschläge.

Die Alpen sind bekannt für ihre schnellen Wetterumschwünge. Über die Service-Seiten der Alpenvereine zum Bergwetter kann man sich über die nächsten drei Tage recht gut informieren (☞ Reise-Infos von A bis Z, Information, S. 40). Allerdings ist das Bergwetter auch nur bedingt vorhersagbar und es kann lokal auch im Hochsommer unter Umständen zu Gewittern, plötzlichem Starkregen und Schneefall kommen.

☺ Am 08.08. um 8:00 starten in München jedes Jahr eine Handvoll München-Venedig-Wandernde, die den von Ludwig Graßler ins Leben gerufenen gemeinsamen Start wählen.

✋ Zwischen dem 10. bis 20. August ist auf den Hütten absolute Hochsaison und entsprechend viel los.

Medizinische Versorgung

Die medizinische Versorgung in Bayern, Nord- und Südtirol und Venetien ist durchweg gut. In größeren Ortschaften sind meist die verschiedensten Ärzte anzutreffen. Apotheken sind im Infoblock der Etappenbeschreibung jeweils mit dem Symbol ⚕ gekennzeichnet.

Bei Notfällen auf der Strecke kann zudem mit der entsprechenden Notrufnummer Hilfe gerufen werden (☞ Reise-Infos von A bis Z, Notruf/alpines Notsignal, S. 44).

Naturschutz und Naturgefahren

Naturschutz

Die Alpen sind ein einzigartiger Lebensraum für die unterschiedlichsten Tier- und Pflanzenarten. Damit dieses Paradies auch in Zukunft erhalten bleibt, kann jeder seinen Teil dazu beitragen, indem er sich an ein paar Grundsätze hält:

- ▷ Immer auf den markierten Wegen bleiben. Abkürzen sorgt für Erosion.
- ▷ Keine Pflanzen pflücken oder ausgraben.
- ▷ Weidevieh und Wildtiere nicht erschrecken.

▷ Kein offenes Feuer entzünden.
▷ Abfälle aller Art bis zum nächsten Mülleimer tragen.

Naturgefahren

Neben der beeindruckenden Schönheit der alpinen Bergwelt dürfen die Gefahren, die in den Bergen bestehen, allerdings nicht unterschätz werden. Generell können die Gefahren in objektive Gefahren und subjektive Gefahren eingeteilt werden. Wer sich der Gefahren bewusst ist, entwickelt ein Auge dafür und kann kritische Situationen besser lösen.

▷ Als **objektive Gefahren** in den Alpen gelten äußere Einflüsse wie z. B. Wetterstürze, plötzlicher Starkregen, Gewitter, Nebel, Kälteeinbruch, Schneefall, Dunkelheit, Steinschlag, absturzgefährliches Gelände …
Sie können in der Regel nicht direkt beeinflusst werden. Dafür kann man sich durch eine entsprechenden Tourenplanung auf sie vorbereiten.

▷ **Subjektive Gefahren** gehen von einem selbst aus und sind z. B. Selbstüberschätzung, unpassende Ausrüstung, mangelnde Erfahrung und Kondition, Wassermangel …
Diese Gefahren können größtenteils durch eine entsprechende Tourenplanung im Vorfeld inklusive Wettercheck und einer selbstkritischen Einschätzung der eigenen Fähigkeiten ausgeschlossen bzw. minimiert werden.

Weitere Informationen zur Tourenplanung: ☞ Reise-Infos von A bis Z, Tourenplanung, S. 46

Notruf/alpines Notsignal

▷ **Notrufnummern**:
Euro-Notruf: ☎ 112, ☺ bei Eingabe der 112 anstatt des PIN-Codes, sucht sich das Telefon automatisch das beste Netz.
Bergrettungsnotruf: Deutschland: ☎ 112, Österreich: ☎ 140, Italien: ☎ 118
Rettungsdienst: Deutschland: ☎ 112, Österreich: ☎ 144, Italien: ☎ 118
Polizei: Deutschland: ☎ 110, Österreich: ☎ 133, Italien: ☎ 113
Feuerwehr: Deutschland: ☎ 112, Österreich: ☎ 122, Italien: ☎ 115
Ärztlicher Notdienst: Deutschland: ☎ 116 117, Österreich: ☎ 141, Italien: ☎ 116 117

▷ **Alpines Notsignal**: Es besteht aus einem hör- oder sichtbaren Zeichen (Rufen/Blinken) und wird sechsmal innerhalb einer Minute (alle 10 Sekunden) abgegeben. Auf die Signal-Minute folgt eine Minute Pause. Es wird so lange wiederholt, bis eine Antwort erfolgt. Das Antwortzeichen besteht aus einem Signal dreimal pro Minute (alle 20 Sekunden), wieder mit einer Minute Pause.
Wer in den Bergen das alpine Notsignal empfängt, sollte dieses als Erstes bestätigen und umgehend einen Rettungsdienst verständigen.

▷ **Hubschraubereinsatz**: Beim Anflug eines Hubschraubers gibt es zwei einfache Handzeichen, um sich mit dem Piloten zu verständigen.
Yes: Ich benötige Hilfe: Mit beiden Armen wird ein **Y** dargestellt. (Beide Arme schräg nach oben strecken.)
No: Ich benötige keine Hilfe: Mit beiden Armen ein **N** darstellen. (Einen Arm schräg nach oben, den anderen schräg nach unten strecken.)

▷ **Notbiwak**: Sollte aufgrund einer Notsituation eine Nacht in den Bergen verbracht werden, gilt es zunächst, einen geschützten Platz aufzusuchen (falls vorhanden, beispielsweise einen überhängenden Felsen). Dann sollte man die gesamte mitgeführte Kleidung anziehen und in den Biwaksack schlüpfen bzw. sich in eine Rettungsdecke einwickeln. Als Unterlage dient der Rucksack, Gras, Reisig oder sonstige Ausrüstung.
Man kann den Rucksack auch leer räumen, um die Beine im Biwaksack zur zusätzlichen Isolation in den Rucksack zu schieben. So eingepackt muss nur noch der Morgen abgewartet werden.

Radfahren München – Venedig

Die klassischen München-Venedig-Etappen verlaufen über Fußwege und schmale Pfade mit vielen stahlseilgesicherten Passagen und sind daher für Fahrräder ungeeignet. Eine Alpenüberquerung per Rad ist dennoch auf dem neuen Fernradweg „München – Venezia“ möglich. Nähre Informationen zur Route finden Sie im Internet unter 💻 www.muenchen-venezia.info.

Daneben haben sich unter den Begriffen „Transalp“ oder „Alpencross“ auch weitere Fernradrouten über die Alpen in unterschiedlichen Schwierigkeiten etabliert.

Solowandern München – Venedig

Solowandern ist eine ganz besondere Herausforderung und auf der Route von München nach Venedig keine Seltenheit. Die Erfahrung zeigt allerdings, dass sich in München zwar viele als Solowandernde auf den Weg machen, es allerdings selten dabei bleibt. Spätestens nach den ersten Nächten in engen Berghütten und durch den Umstand, dass die meisten dort das gleiche Ziel (Venedig) haben, finden sich schnell diverse Wandergrüppchen zusammen.

Von den Alpenvereinen wird Solowandern nicht empfohlen und die Gefahren in den Alpen dürfen nicht unterschätzt werden. Bei möglichen Unfällen oder Wetterstürzen ist man auf sich gestellt und kann nicht mit schneller Hilfe rechnen. In jedem Fall sollten Solowandernde immer auf einen vollen Telefonakku achten und jemanden über die jeweilige Tagesetappe und die Ankunftszeit am Ziel informieren. So kann Hilfe organisiert werden, falls sich jemand nicht mehr meldet, und das Suchgebiet entsprechend eingegrenzt werden.

Sprache

Die in diesem Wanderführer beschriebenen München-Venedig-Etappen führen von Bayern durch Nord- und Südtirol und Venetien. Auf den Etappen 1-17 stoßen Sie mit der deutschen Sprache auf keinerlei Verständigungsprobleme. Auch in der autonomen Provinz Südtirol ist die deutsche Sprache weit verbreitet und die gemeinsame Tiroler Kultur wird hochgehalten. Interessant sind die zahlreichen Dialekte. Nahezu in jedem Tal wechselt der Dialekt ein wenig, was zu einer großen Vielfalt führt, die von der lebendigen alpinen Kultur zeugt. Auf den Etappen 18-28 ist Italienisch die Sprache der Wahl, allerdings kommen Sie auch mit Englisch gut zurecht. Eine entsprechende Smartphone-App hilft, bei Beschilderungen zurechtzukommen.

☺ Die Übersetzungsfunktion der Internetbrowser hilft, die italienischen Internetseiten problemlos ins Deutsche zu übersetzen.

Tourenplanung

Bei jeder Bergtour ist eine entsprechende Tourenplanung das A und O, um das Unfallrisiko zu minimieren und kritische Situationen bereits im Vorfeld zu vermeiden.

Vor der Tour

Vor der Tour müssen alle Informationen über die Tour eingeholt und der eigene Fitnessstand sowie der der Gruppe kontrolliert werden. Folgende Punkte sollten im Vorfeld mit „ja" beantwortet werden können:

▷ Entsprechen die körperliche Verfassung, Kondition und das Können den Anforderungen der Tour? (Bei Gruppen: Gilt das auch für alle Teilnehmenden?)

▷ Wird die Orientierung im Gelände mit Karte, Kompass bzw. GPS sicher beherrscht?

▷ Entspricht die Ausrüstung den Anforderungen der Tour und beinhaltet sie eine Notfallausrüstung und Orientierungsmittel?

▷ Ist der aktuelle Wetterbericht bekannt?

▷ Wurden wichtige Informationen zur Tour eingeholt (z. B. Öffnungszeiten der Hütten, Lifte, Busverbindung …)?

Während der Tour

Während der Tour gilt es, den eigenen Körper, die Gruppe und das Umfeld permanent im Blick zu haben. Wichtige Aspekte auf der Tour sind:

▷ in angemessenem Tempo wandern (das Tempo richtet sich nach dem schwächsten Gruppenmitglied; zu schnelles Gehen sorgt für frühzeitiges Ermüden und in Folge zur Erschöpfung)

▷ das Umfeld permanent im Blick haben (Wetterveränderungen, möglicher Steinschlag, Schneefelder mit Abrutsch- oder Lawinengefahr)

▷ Bei zweifelhaften Verhältnissen gilt der Ausspruch: „Umkehren zeugt von Stärke."

▷ bei Notfällen gegebenenfalls Erste Hilfe leisten, umgehend die Rettungskräfte verständigen und auf deren Eintreffen warten (☞ Notruf/alpines Notsignal, S. 44)

Unterkunft

Auf der Route München – Venedig wandern Sie meist von Hütte zu Hütte. Ausnahme bilden die Städte München, Wolfratshausen, Bad Tölz, Vorderriß, Stein, Pfunders, Alleghe, Belluno, Revine, Ponte della Priula, Bocca Callalta, Jesolo und Venedig, in denen Sie in Pensionen oder Hotels übernachten können.

Spätestens am Ende einer jeden Etappe befindet sich mindestens eine Übernachtungsmöglichkeit. Während einer Etappe werden allerdings meist auch

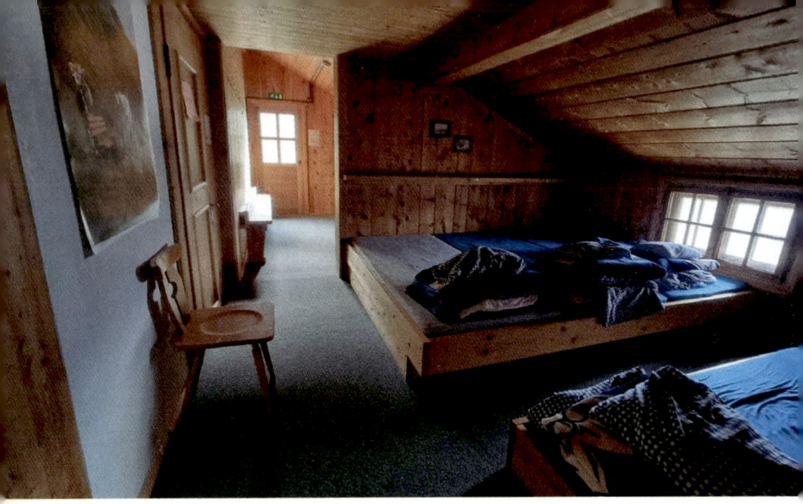

Lager im Friesenberghaus (10. Etappe)

verschiedene Ortschaften und Hütten passiert, sodass Sie sich nicht unbedingt auf die Unterkunft am Etappenende beschränken müssen, sondern je nach Kondition auch die Etappenlängen entsprechend anpassen können. Jede Unterkunft auf der Strecke ist dazu in der Etappenbeschreibung kurz beschrieben und die Kontaktinformationen sind benannt. In größeren Ortschaften ist eine Auswahl in unterschiedlichen Preisklassen aufgelistet. Der angegebene Preis bezieht sich immer auf einen Erwachsenen für eine Nacht (ohne Kurtaxe). Sollten die Preisangaben pro Zimmer berechnet werden, wird dies jeweils beim Preis angegeben. Bei Berghütten wird i. d. R. zusätzlich die Anzahl der Betten angegeben (sofern man diesbezüglich Angaben machen konnte bzw. wollte), sodass die Größe der jeweiligen Hütte grob abgeschätzt werden kann.

In der Hochsaison lohnt es sich, die gewünschten Hütten und Unterkünfte zu reservieren. Vor allem bei Gruppen mit mehr als zwei Personen bietet sich generell die Reservierung an.

Berghütten

In den Berghütten stehen meist zwei Kategorien für die Nacht zur Verfügung: entweder Zimmer oder Matratzenlager. Zimmer können dabei zwei bis max. zehn Betten enthalten. Matratzenlager sind meist relativ groß und es liegt dort Matratze neben Matratze.

☺ Für eine erholsame Nacht in Matratzenlagern leisten „Ohrstöpsel" erfahrungsgemäß sehr gute Dienste.

Im Infoblock ist der Unterschied zwischen Zimmer und Lager inklusive des entsprechenden Preises wie folgt dargestellt:

Beispiel: „76 Betten: 31 in Zimmern: ab € 28 (AV: € 18), 45 im Lager: ab € 22 (AV: € 12), 8 im Notlager: € 6 (AV: € 5)"

▷ „76 Betten": Es können in der Unterkunft 76 Gäste übernachten.

▷ „31 in Zimmern": Die Unterkunft besitzt 31 Schlafplätze in Zimmern, wobei es sich um Zwei- bis Zehnbettzimmer handeln kann.

▷ „45 im Lager": Die Unterkunft besitzt 45 Schlafplätze in einem Matratzenlager, das meist aus großen Räumen mit Matratze neben Matratze besteht.

▷ „ab € 28": Die angegebenen Preise beziehen sich immer auf eine Übernachtung für einen Erwachsenen. Kinder und Junioren übernachten in der Regel auf Hütten etwas günstiger.

▷ „(AV: € 18)": Diesen Preis bezahlen erwachsene Mitglieder eines Alpenvereins für eine Übernachtung.

Hotels/Pensionen

Die Hotels und Pensionen auf der Route bieten von den einfachen Frühstückspensionen bis hin zu luxuriösen Hotelanlagen mit Wellnessbereich zahlreiche Übernachtungsmöglichkeiten. Im Infoblock wird zwischen EZ (Einzelzimmer), DZ (Doppelzimmer) und MZ (Mehrbettzimmer) unterschieden.

Die angegebenen Preise beziehen sich, wenn nicht anders angegeben, auf eine Übernachtung für einen Erwachsenen. Einzelübernachtungszuschläge werden extra angegeben.

Updates

Der Conrad Stein Verlag veröffentlicht Updates zu diesem Buch im Internet. Auf der Verlagsseite (💻 www.conrad-stein-verlag.de) kann über die Suchfunktion dieser Titel gefunden werden und unter dem Punkt „Updates" können die neuesten Informationen abgerufen werden. Sie stammen vom Autor selbst oder von aufmerksamen Leserinnen und Lesern und berücksichtigen mögliche wichtige Änderungen.

Verkehrsmittel am Weg

Nach den meisten Etappen besteht die Möglichkeit, ins Tal abzusteigen. Wenn sich das Etappenende in einer Ortschaft befindet, können Sie direkt mit öffentlichen Verkehrsmitteln zum Ausgangspunkt zurückgelangen. Das Busnetz am Weg ist an sich sehr weit verzweigt, allerdings fahren die Busse nicht zu jeder Zeit. Darum sollte im Vorfeld die passende Verbindung herausgefunden werden, ☞ Reise-Infos von A bis Z, Information, S. 40.

☺ Der Bus bietet sich oft auch als Schlechtwetteralternative an. Ansonsten stehen an den meisten Bahnhöfen auch Taxis zur Verfügung, die Sie zu nahezu jedem Ort befördern können.

Vorbereitung auf die Tour

Eine gute Vorbereitung ist das A und O, um die Alpenüberquerung nach Venedig vollauf genießen zu können. Die Erfahrung auf der Strecke zeigt, dass gar keine oder zu wenig Vorbereitung leicht zu einem frühzeitigen Abbruch oder zu Verletzungen führen kann. Die 1. Etappe in München startet bereits mit 32,6 km. In der Ebene sollte diese Strecke mit Gepäck problemlos zurückgelegt werden können. Der größte Höhenunterschied wird bei 6. Etappe mit 1.550 Hm Aufstieg und 1.550 Hm Abstieg erreicht.

Es empfiehlt sich in jedem Fall, je nach persönlichem Fitnessstand einen Trainingsplan für die Vorbereitung aufzustellen.

Es gilt, während der Vorbereitung **Kondition aufzubauen**. Dies kann bereits im Kleinen mit dem bewussten Bewegen im Alltag anfangen (bewusst mehr laufen, Treppen steigen, Busstation früher aussteigen etc.) und geht mit idealerweise zwei bis drei Wanderungen pro Woche weiter. Beginnen Sie am besten mit kürzeren Runden und steigern Sie sich langsam auf zuletzt 20-30 km pro Einheit. Neben der Strecke sollten in die Vorbereitungstouren zudem möglichst viele Höhenmeter eingebaut werden, um die vor Ihnen liegende Etappen möglichst gut zu simulieren. Je nach Wohnort kann sich dies als schwierig erweisen, allerdings gibt es meist irgendwo eine Erhebung, die dann mehrfach bestiegen werden kann – auch wenn es im Zickzack über den Deich ist.

Daneben sollten Sie während der Vorbereitung auch Ihre Ausrüstung auf Herz und Nieren prüfen, um keine bösen Überraschungen zu erleben. Wandern Sie dazu am besten in voller Montur. So gewöhnen Sie sich an die Belastung durch den Rucksack und trainieren gleichzeitig die entsprechende Haltemuskulatur. Neben der Steigerung der Fitness zeigt sich so auch schnell, ob die geplante Ausrüstung bequem sitzt, wasserdicht ist oder noch optimiert werden kann.

☺ In der Woche vor dem Start sollten Sie das Training deutlich reduzieren.

☺ Falls möglich, können Sie in den Trainingsplan auch ein bis zwei Wochenendtouren in den Alpen einbauen.

Zelten München – Venedig

Eine durchgängige Tour mit Zelt von München nach Venedig ist rechtssicher leider nicht möglich. In Bayern, Nord-/Südtirol und Venetien ist das wilde Zelten außerhalb von Campingplätzen oder Privatgrundstücken verboten und wird mit hohen Strafen geahndet. Darunter fällt auch das geplante Biwakieren im Biwaksack. Wer dagegen verstößt, muss mit einer Geldbuße von € 100-500 rechnen. Ausgenommen davon ist nur ein Notbiwak, sofern die Übernachtung ungeplant ist und aufgrund von Verletzung, Schlechtwettereinbruch oder Dunkelheit zustande kommt.

Zudem verläuft die Route oftmals durch Naturschutzgebiete, in denen sich das wilde Zelten aufgrund des Respekts vor der geschützten Tier- und Pflanzenwelt von selbst verbietet. Darum ist das Zelten auch neben so gut wie allen Unterkünften an der Route verboten oder kann von den Hüttenwirtsleuten nicht erlaubt werden, weil die Flächen neben den Hütten nicht zu deren Grundstück gehören.

☺ Für die Tour nach Venedig empfehle ich, das Zelt zu Hause zu lassen und stattdessen die sehr guten und meist urigen Berghütten für die Übernachtung zu nutzen.

München – Venedig

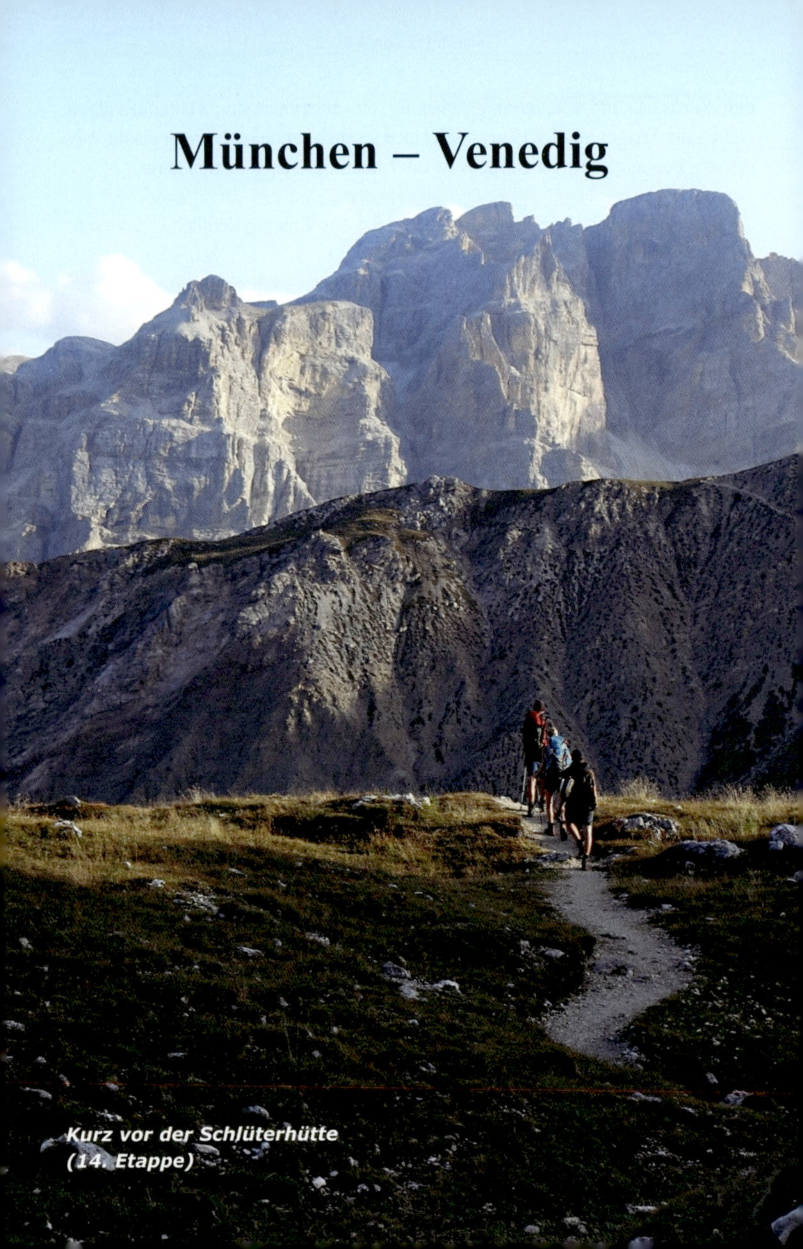

Kurz vor der Schlüterhütte (14. Etappe)

1. Etappe: Von München nach Wolfratshausen

➲ 33 km, ⌛ 8 Std. 30 Min., ↑ 150 m, ↓ 90 m, ⇧ 517-626 m

Anspruch: Bergweg blau ●

0,0 km	⇧ 522 m	München, Marienplatz i ✕ WC BANK ☆ ✝ ⌘ P
0,5 km	⇧ 518 m	Isartor
1,3 km	⇧ 517 m	Deutsches Museum (Haupteingang) ⌘
5,9 km	⇧ 525 m	Tierpark Hellabrunn
10,0 km	⇧ 534 m	Abzweig ↳ Waldwirtschaft ✕
14,0 km	⇧ 540 m	Brückenwirt ✕
16,8 km	⇧ 544 m	Georgenstein
23,0 km	⇧ 561 m	Kloster Schäftlarn ✕
24,1 km	⇧ 560 m	Dürnsteiner Brücke, Gasthaus Bruckenfischer ✕
28,6 km	⇧ 570 m	Ickinger Wehr
33,0 km	⇧ 580 m	Wolfratshausen, Zentrum i ✕ WC BANK ☆ ✝ ⌘ P

Jedem Start liegt etwas Magisches inne. Genießen Sie in diesem Sinne Ihren Aufenthalt in München und atmen Sie auf dem Marienplatz nochmals kräftig durch. Die Alpenüberquerung beginnt inmitten der bayerischen Metropole und vor Ihnen liegen 560 km aufregende Bergwelt mit traumhafter Bergeinsamkeit und geselligen Hüttenabenden.

Auf der 1. Etappe wandern Sie zunächst durch die Münchner Altstadt zum Deutschen Museum. Ab dort geht es immer stromaufwärts an der Isar entlang. Die Uferwege sind hier sehr breit und gut zu begehen, allerdings sind Wandernde mit voller Ausrüstung zwischen all den Spazierenden, Joggenden, und Radelnden etwas exotische Gesellen und im Vergleich zu Letzteren recht langsam unterwegs. Sie passieren den Tierpark Hellabrunn und überqueren nochmals die Isar. Ab der Marienklausenbrücke werden die Wege tendenziell schmaler. Sie kommen am Georgenstein und dem Kloster Schäftlarn vorbei und überqueren das Ickinger Wehr direkt durch die Wehranlage. Am Zusammenfluss von Isar und Loisach haben Sie das Etappenziel Wolfratshausen fast erreicht.

☺ *Die 1. Etappe führt an einigen typischen Münchner Biergärten vorbei und eine kleine Einkehr ist obligatorisch.*

☺ *Mit etwas Glück begegnen Sie auch Isarflößen. Die Strecke auf der Isar zwischen Wolfratshausen und München wird von den großen traditionellen Isarflößen befahren. Allerdings werden heutzutage keine Waren und Baumaterialien mehr transportiert, sondern sie dienen reinen Freizeitfahrten für bis zu 60 Personen samt Blaskapelle und Bierfässern.*

Anforderungen: *lange Etappe auf überwiegend breiten Schotterwegen, kurze Stücke auch schmale Waldpfade, keine technischen Schwierigkeiten*

Die Route von München nach Venedig beginnt offiziell am Münchner Marienplatz. Da die Anreise ins geschäftige Münchner Zentrum meist per ÖPNV erfolgt, beginnt die Tourenbeschreibung im Folgenden am Münchner Hauptbahnhof.

Verlassen Sie den Bahnhof durch den Hauptausgang (Ausgang City) und überqueren Sie den Bahnhofsvorplatz. Auf der rechten Seite führt die Bayerstraße vom Bahnhof weg Richtung Karlsplatz. Überqueren Sie auch den Karlsplatz und wandern Sie durch das Karlstor hinein in die Münchner Altstadt. Nach kurzem Marsch betreten Sie so das westliche Ende des Marienplatzes.

München

WC BANK P

Tourismusinformation, Marienplatz 8, 80331 München, ☏ +49 (0)89/23 39 65 00, tourismus.gs@muenchen.de, www.muenchen.travel, Mo-Fr 10:00-18:00, Sa 9:00-17:00, So 10:00-14:00

Hotel Bayerischer Hof, Promenadenplatz 2-6, 80333 München, ☏ +49 (0)89/212 00, info@bayerischerhof.de, www.bayerischerhof.de, verschiedene Restaurants im Haus mit saisonaler Gourmetküche auf höchstem Niveau, DZ: ab ca. € 500, Preis pro Zimmer, ganzjährig geöffnet, P @

♦ **25hours Hotel The Royal Bavarian**, Bahnhofsplatz 1, 80335 München, ☏ +49 (0)89/904 00 10, royalbavarian@25hours-hotel.com, www.25hours-hotels.com, verschiedene Restaurants im Haus, DZ: ab € 180, Preis pro Zimmer, ganzjährig geöffnet, P @

Jugendherberge München-Park, Miesingstr. 4, 81379 München, ☏ +49 (0)89/78 57 67 70, Muenchen-park@jugendherberge.de, www.muenchen-park.jugendherberge.de, Frühstücksbuffet, Lunchpakete auf Wunsch, abends Vier-Gänge-Menü, ÜF ab € 40, ganzjährig geöffnet, P @

☺ zahlreiche weitere Unterkünfte unter 💻 www.muenchen.travel/unterkuenfte oder im Tourismusbüro vor Ort

P ☞ Reise-Infos von A bis Z, An- und Abreise

München (ca. 1,5 Mio. Einwohner) ist die bayerische Landeshauptstadt und die drittgrößte Stadt Deutschlands. Erstmals urkundlich erwähnt wurde München 1158. Heute gehört die Stadt zu den Weltstädten und beherbergt zahlreiche nationale und internationale Behörden sowie bedeutende Museen, Theater und Universitäten. Dabei gehört München zu den wirtschaftlich erfolgreichsten Städten Europas. In der Metropolregion haben zudem sieben DAX-Unternehmen ihren Sitz (Allianz, BMW, MTU, Munich RE, Infineon Technologies, Siemens, Siemens Energy). Neben der sehenswerten Altstadt, internationalen Sportveranstaltungen und diversen Messen lockt zudem das jährliche Oktoberfest zahlreiche Touristen aus aller Welt. Das Oktoberfest hat sich nebenbei zu einem Exportschlager entwickelt, das heute in zahlreichen Ländern der Erde zu finden ist.

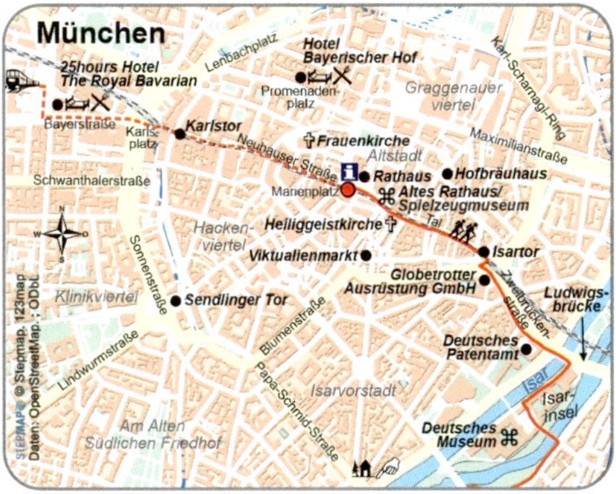

Weg durch München

Orientieren Sie sich auf dem Marienplatz zunächst in Richtung des alten Rathauses mit dem großen weißen Turm am östlichen Ende des Platzes. In dem Gebäude befindet sich heute unter anderem das Münchner Spielzeugmuseum.

⌘ **Spielzeugmuseum**, Marienplatz 15, 80331 München, ☏ +49 (0)89/29 40 01, 💻 https://www.spielzeugmuseummuenchen.de, auf vier Stockwerken im Turm des alten Rathauses werden Puppen, Plüschtiere, Modelleisenbahnen und Blechspielzeuge aus mehr als 200 Jahren ausgestellt, Eintritt € 6, 🚪 täglich 10:00-17:30

Am Turm vorbei gelangen Sie auf die Straße Tal oder wie die Münchner sagen: „Im Tal". Rechts liegt der Viktualienmarkt. Folgen Sie dem Straßenverlauf der Straße Tal weiter gen Osten. Sie passieren die Sparkasse und wandern durch eine typische Münchner Innenstadtstraße. „Im Tal" befinden sich auch zahlreiche Brauhäuser, die zu einer ersten Rast in deren Biergärten einladen.

☺ Den ersten Biergarten passieren Sie bereits nach 200 m. Wer an diesem ersten Tourentag zeitig dran ist, sollte noch einen originalen Münchner Frühschoppen genießen. Der Weg über die Alpen führt durch zahlreiche kulinarische Regionen mit leckeren Spezialitäten. Die Qualität des Bieres nimmt allerdings aus Sicht des Autors kontinuierlich ab, sodass die ersten Tage in Bayern diesbezüglich besonders genossen werden sollten.

Sie passieren die Heiliggeistkirche auf der rechten Straßenseite und erblicken nach wenigen Metern bereits das Isartor. Beim Durchqueren des Isartors verlassen Sie die Münchner Altstadt. Die große Kreuzung hinter dem Tor überqueren Sie geradeaus über zwei Fußgängerampeln.

☺ An der Kreuzung befindet sich auch eine Filiale von Globetrotter mit einer Servicestelle des DAV. Wer noch das ein oder andere Ausrüstungsstück benötigt oder Alpenvereinsmitglied werden möchte, findet dort jede erdenkliche Ausrüstung für die Tour nach Venedig.

Folgen Sie weiter dem Straßenverlauf am Deutschen Patentamt vorbei bis zur Ludwigsbrücke über die Isar. An dieser Stelle befand sich bereits im Mittelalter die einzige Isarbrücke Münchens. Dort überqueren Sie den ersten Teil der Brücke und gelangen so auf die Isarinsel mit dem **Deutschen Museum ❶ (20 Min.)**.

⌘ **Deutsches Museum**, Museumsinsel 1, 80538 München, ☏ +49 (0)89/217 93 33, ✉ besucherservice@deutsches-museum.de, 🖳 www.deutsches-museum.de, Meisterwerke der Naturwissenschaft und Technik, Eintritt € 15, 🚪 täglich 9:00-17:00

Deutsches Museum: Das Deutsche Museum liegt auf der Münchner Museumsinsel inmitten der Isar. Die einstige Kiesbank wurde seit dem Mittelalter als Floßlände und Lagerplatz genutzt, was ihr den Namen „Kohleinsel" verlieh. Seit dem 18. Jh. ist sie bebaut und wurde aufgrund der dort herrschenden Hochwassergefahr schrittweise befestigt. Die Grundsteinlegung für das Deutsche Museum erfolgte im Jahr 1906 durch Kaiser Wilhelm II und das Museum konnte 1925

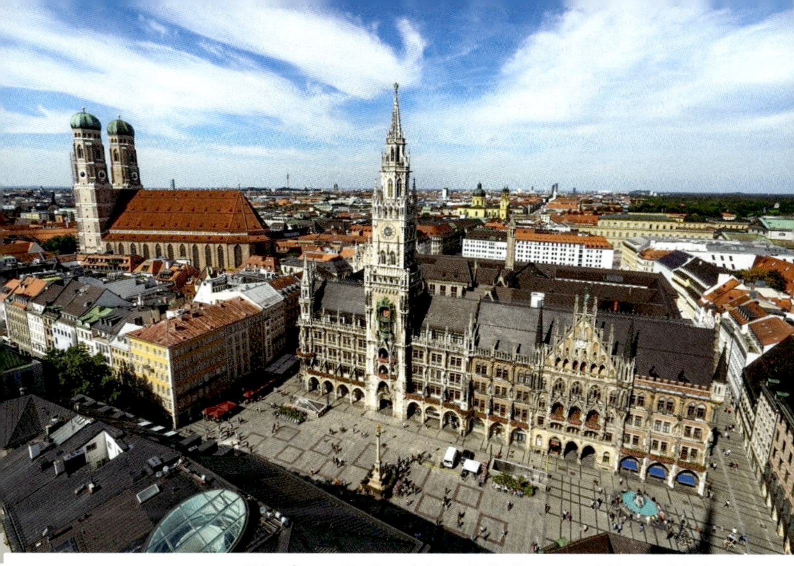

Münchner Marienplatz mit Rathaus und Frauenkirche

eröffnet werden. Heute ist es das größte Wissenschafts- und Technikmuseum der Welt mit jährlich 1,5 Mio. Besuchern. Es zeigt anschaulich die Entwicklung der Naturwissenschaft und Technik anhand von gut 28.000 Ausstellungsstücken aus 54 Bereichen. Darunter befindet sich beispielsweise das erste Motorflugzeug der Gebr. Wright, der erste Motorwagen von Karl Benz, das erste deutsche U-Boot U1 von 1906 und der erste programmgesteuerte Computer Z3 von Konrad Zuse.

Auf der anderen Seite der Brücke halten Sie sich rechts und gehen an der Isar entlang in Richtung der Kassen des Deutschen Museums. Sie wandern am Gebäude entlang und biegen bei der ersten Möglichkeit links ab Richtung „Biergarten". Dort durchqueren Sie den Innenhof mit Kiosk und gelangen durch das gegenüberliegende Tor auf die andere Seite der Insel. Dort überqueren Sie die zweite Isarbrücke. Hier ist Wolfratshausen rechts (flussaufwärts) auf einem weißen Schild angeschrieben. Sie wandern durch eine alte Ahornallee am Ufer entlang. Sie befinden sich hier bis zum Tierpark Hellabrunn auf dem Planetenweg. Auf ihm durchwandern Sie unser Sonnensystem im entsprechenden Maßstab und passieren Infotafeln zu den einzelnen Planeten.

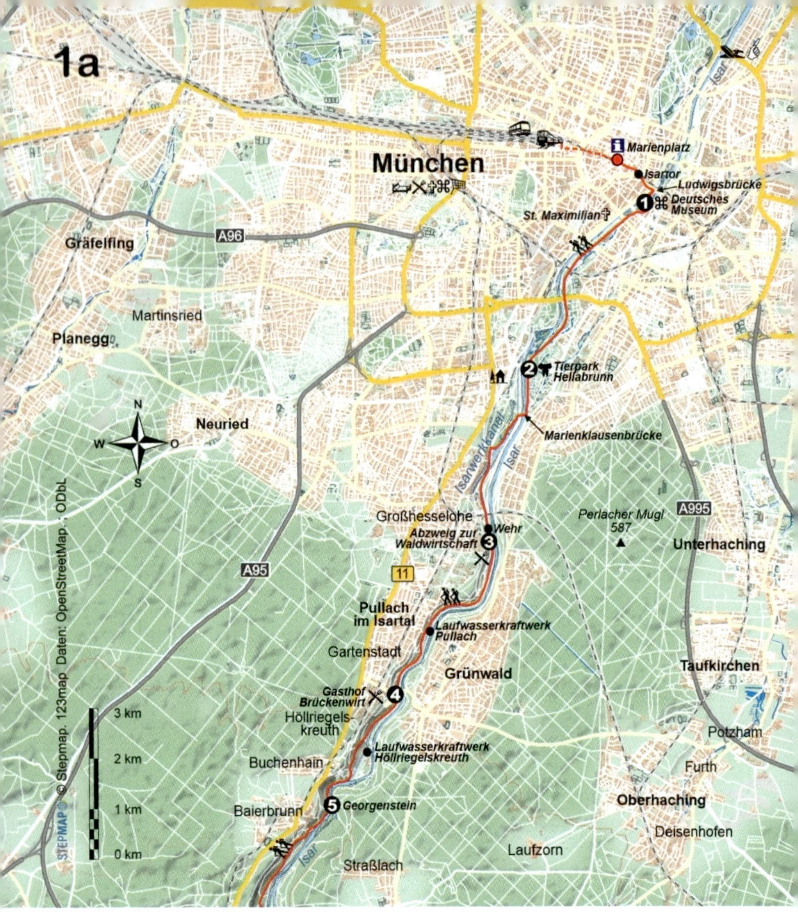

☺ Im Folgenden können Sie sich bis zum Zusammenfluss von Loisach und Isar kurz hinter dem Ickinger Wehr an der Isar orientieren. Sie wandern immer in Flussnähe auf dem breiten Uferweg flussaufwärts, mal links und mal rechts der Isar.

Nach 400 m unterqueren Sie zunächst die Corneliusbrücke und kurz darauf die Reichenbachbrücke. Auf der gegenüberliegenden Isarseite blicken Sie auf die Kirche St. Maximilian mit ihren zwei markanten Türmen. In diesem Bereich pas-

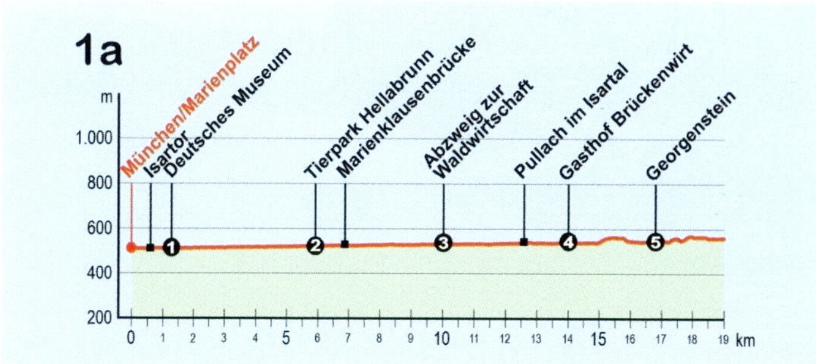

sieren Sie immer wieder Kiesbänke, die von vielen Münchnern im Sommer als Badebereich genutzt werden.

Es gibt immer wieder die Möglichkeit, entweder direkt am Ufer entlangzuwandern oder alternativ durch eine schattige Allee. Je nach Wetter können Sie so leicht den idealen Weg für sich wählen.

Achtung, die Rad- und Fußwege sind streng voneinander getrennt.

Im weiteren Verlauf unterqueren Sie zahlreiche Brücken und immer wieder passieren Sie kleine, mehr oder weniger einladende Kioske mit Erfrischungsgetränken und kleineren Snacks. Nach 4,5 km auf dem Uferweg erreichen Sie den **Tierpark Hellabrunn ❷ (1 Std. 30 Min.)**. Der Wanderweg führt ein Stück am Zaun entlang und Sie erhalten von außen einen kleinen, kostenfreien Einblick auf ein paar Tierkäfige und den Streichelzoo.

Tierpark Hellabrunn, Tierparkstr. 30, 81543 München, ☏ +49 (0)89/62 50 80, tierpark@hellabrunn.de, www.hellabrunn.de, großer Tierpark mit über 750 Tierarten, Eintritt € 18, täglich 9:00-18:00

Am Ende des Tierparks erreichen Sie die Marienklausenbrücke (Fußgängerbrücke). Dort überqueren Sie die Isar und direkt dahinter den Isarwerkkanal. Auch der Münchner Jakobsweg verläuft hier und Sie können dem Muschelsymbol folgen. Gleich hinter der zweiten Brücke biegen Sie links auf den Uferweg ab und wandern für die nächsten 16,4 km bis zur Dürnsteiner Brücke auf der westlichen Isarseite flussaufwärts.

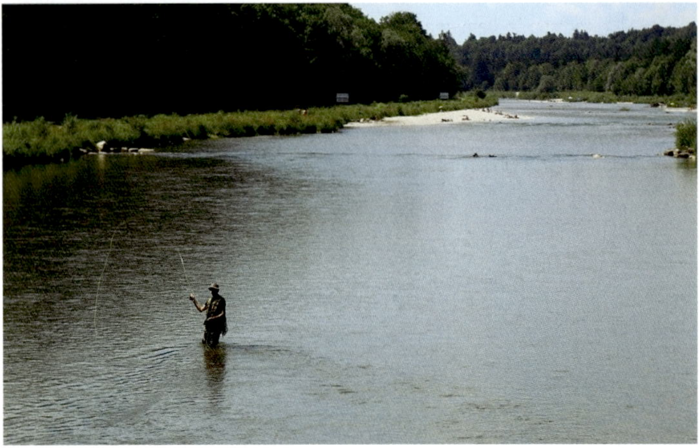

Fliegenfischer in der Isar nahe Hellabrunn

Sie passieren das Isarwerk I und halten sich an der nächsten Abzweigung rechts. Kurz darauf überqueren Sie eine kleine Brücke und folgen dahinter links dem Gehweg. Nach 400 m wechseln Sie auf den Uferweg und folgen dem Isarwerkkanal. Kurz darauf unterqueren Sie die Großhesseloher Brücke für Fahrräder und S-Bahnen, auf der auch die S7 Richtung Wolfratshausen verkehrt. Rechts befinden sich immer wieder alte Wasserarme der Isar. Bald erreichen Sie das Wehr Großhesselohe. An dem Wehr kann Wasser vom Kanal in die Isar oder umgekehrt geleitet werden. Der 12 km lange Isarwerkkanal dient seit 1894 der Stromerzeugung. Heute erzeugen insgesamt drei Isarwerk-Kraftwerke Öko-Strom aus Wasserkraft.

Der Weg wird im Vergleich zum Abschnitt durch die Münchner Innenstadt tendenziell schmaler und Sie teilen ihn sich nun mit den Fahrradfahrenden. Je nach Aufbruchszeit an diesem ersten Tag bietet sich die **Waldwirtschaft ❸ (2 Std. 30 Min.)** zu einer Mittagspause im gemütlichen Biergarten an.

↳ ✗ Die „Waldwirtschaft“ befindet sich 200 m rechts den Teerweg bergauf. Es wartet ein toller Biergarten mit Livemusik auf Sie.

✗ **Waldwirtschaft Großhesselohe**, Georg-Kalb-Str. 3, 82049 Pullach b. M., ☎ +49 (0)89/74 99 40 30, ✉ info@waldwirtschaft.de, 💻 www.waldwirtschaft.de, traditionell bayerische Gerichte, großer Biergarten, 🚪 ganzjährig geöffnet

Auf der Teerstraße kommen Sie am Laufwasserkraftwerk Pullach vorbei und nach weiteren 1,4 km passieren Sie den **Brückenwirt ❹ (3 Std. 20 Min.)**.

✕ **Gasthof Brückenwirt**, An der Grünwalder Brücke 1, 82049 Pullach, ☏ +49 (0)89/793 01 67, ✉ gasthof@brueckenwirt.de, 💻 www.brueckenwirt.de, gutbürgerliche Gerichte aus Bayern, 🚪 ganzjährig geöffnet

Auf der Teerstraße gelangen Sie im weiteren Verlauf zum Laufwasserkraftwerk Höllriegelskreuth, dessen Vorläufer bereits 1894 an dieser Stelle Strom produzierte. Eine Besonderheit des Kraftwerks ist die gut 100 m lange Floßrutsche, die direkt durch das Kraftwerksgebäude verläuft. Durch sie können die Ausflugsflöße von Wolfratshausen nach München das Wehr problemlos und mit etwas Nervenkitzel passieren.

Vor dem Kraftwerk biegen Sie rechts ab und nehmen gleich wieder die erste Möglichkeit links. Dort wandern Sie auf einer Schotterstraße leicht bergauf Richtung „Kloster Schäftlarn“. In diesem Bereich säumen herrliche Buchenwälder den Weg und er wird deutlich uriger und kommt der Isar wieder näher.

In der nächsten Isarschleife passieren Sie den **Georgenstein ❺ (4 Std. 15 Min.)**. Der dortige Badebereich lockt an sommerlichen Tagen viele Badegäste und Paddelnde an, die sich mit

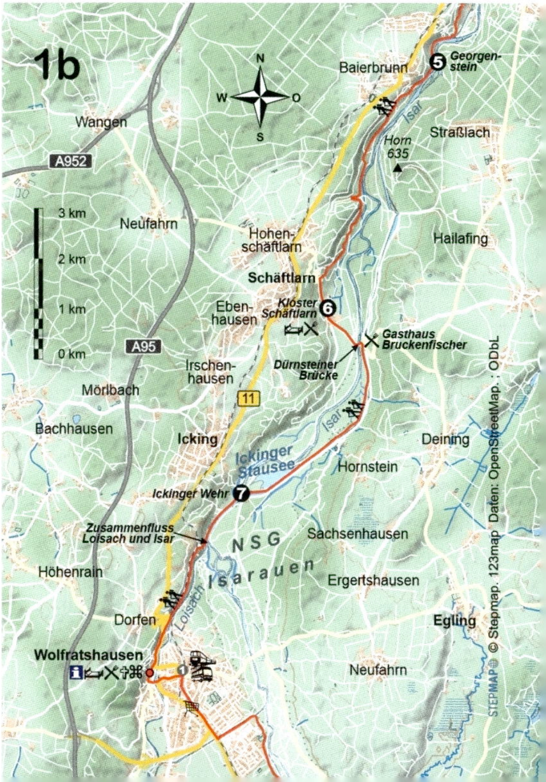

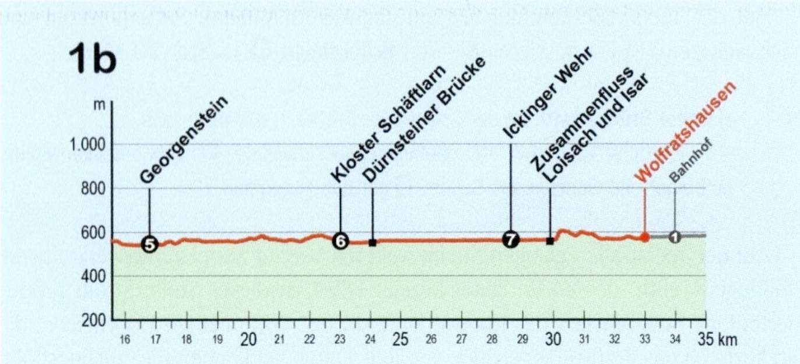

ihren aufblasbaren Booten nach München treiben lassen. Der Sprung vom 5,3 m hohen Georgenstein in die dort relativ tiefe Isar garantiert Nervenkitzel und der Anblick der tollkühnen Springer ist auch für Wandernde, die ihre Badehose vergessen haben, eine nette Abwechslung.

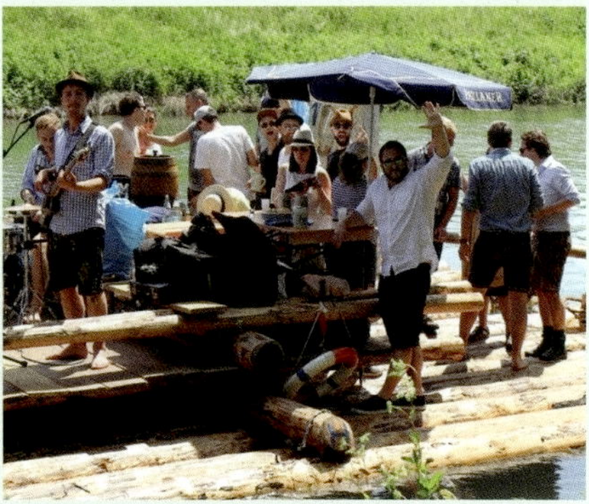

Isarflöße: Die Flößerei hat an Isar und Loisach eine lange Tradition. Bereits seit dem 13. Jh. diente die Flößerei dem Warentransport und Personenverkehr. Hauptsächlich wurden Baumaterialien wie Bauholz, Kalk und Steine aus dem Oberland in die bayerischen Residenzstädte München, Freising und Landshut transportiert. Dabei wurden die Baumstämme, die als Bauholz gedacht waren, zu Flößen zusammengebunden und auf ihnen konnte so weitere Materialien transportiert werden. Die Blütezeit erreichte die Isarflößerei zwischen 1860-1870, als über 10.000 Flöße München passierten. Durch die Konkurrenz der Eisenbahn sank allerdings die Bedeutung der Flößerei schnell.

Heute finden auf der Isar ausschließlich Freizeitfahrten statt. Die Bauweise der Flöße ist allerdings gleichgeblieben. Fichtenstämme werden mit Drahtschlaufen an Querbalken zu einem über 20 t schweren Floß zusammengebaut. Zwei Ruderstangen vorne und eine hinten sorgen für die Manövrierbarkeit des schwerfälligen Floßes. Heutzutage hilft allerdings auch noch ein kleiner Außenbordmotor. Auf solch einem Floß haben dann bis zu 60 Personen nebst Grill, Bierfässern und Musikkapelle Platz. Ein Höhepunkt der 28 km langen Fahrt zwischen Wolfratshausen und München/Thalkirchen sind die Floßrutschen – darunter auch Europas längste Floßrutsche im Mühltal. Dort werden auf 345 m fast 18 Höhenmeter überbrückt. Die Floßfahrten finden im Sommer zwischen Mai und Mitte September statt.

Ab dem Georgenstein wandern Sie auf der Schotterstraße leicht auf und ab durch herrlichen Laubwald. An der nächsten Abzweigung an einer Bank biegen Sie links Richtung „Kloster Schäftlarn" ab.

Nach 800 m wandern Sie durch eine Kehre und gelangen so wieder zurück Richtung Isar. Bald treffen Sie auf eine Schotterstraße und folgen deren Verlauf geradeaus, bis zu einer Teerstraße, der Sie links zum nahen **Kloster Schäftlarn ❻ (5 Std. 20 Min.)** und dem Klosterbräu Stüberl folgen.

Kloster Schäftlarn

Klosterbräu Stüberl Schäftlarn, Kloster Schäftlarn 16, 82067 Schäftlarn, ☏ +49 (0)81 78/36 94, www.klosterbraeustueberl-schaeftlarn.de, sehr gute bayerische Küche, EZ: ab € 61, DZ: ab € 86, MBZ: ab € 110, Preis pro Zimmer, inkl. Frühstück, ganzjährig geöffnet (Mi Ruhetag), ☺ schöner Biergarten, @

1 km und 100 Hm oberhalb vom Kloster Schäftlarn befindet sich auch die S-Bahn-Haltestelle „Ebenhausen – Schäftlarn", von wo die S-Bahn als Schlechtwetteralternative nach Wolfratshausen verwendet werden kann.

Vom Kloster aus folgen Sie dem Straßenverlauf der Fahrstraße weiter durch eine Allee bis zur großen Dürnsteiner Brücke über die Isar. Dort überqueren Sie die Isar wieder und wandern auf der gegenüberliegenden Isarseite am Gasthof Bruckenfischer vorbei flussaufwärts.

Gasthof Bruckenfischer, Dürnstein 1, 82544 Egling, ☏ +49 (0)81 78/36 35, www.bruckenfischer.de, saisonale bayerische und internationale Gerichte, 10:00-22:00, Do Ruhetag

An den Wegweisern halten Sie sich nun immer Richtung „Ickinger Wehr". Sie durchqueren zunächst den Biergarten auf einem Schotterweg. Dieser führt erst am Damm entlang und später in ein Wäldchen. (☞ Der Weg auf dem Damm ist ein Betriebsweg. Es muss u. U. mit Betriebsfahrten der Betreiber gerechnet werden.)

Nach 4,5 km auf der Forststraße erreichen Sie das **Ickinger Wehr ❼ (7 Std. 15 Min.)**. Am Wegweiser halten Sie sich Richtung „Buchsee/Icking". Über das holzverkleidete Wehr gelangen Sie auf die andere Isarseite. Dazu betreten Sie die Wehranlage durch die unscheinbare Metalltür und wandern über die überdachte Wehranlage auf die andere Isarseite. Dort halten Sie sich links Richtung „Wolfratshausen" und wandern auf der Forststraße weiter. Kurz darauf wird der Weg wieder schmaler und führt gemütlich am Ufer entlang.

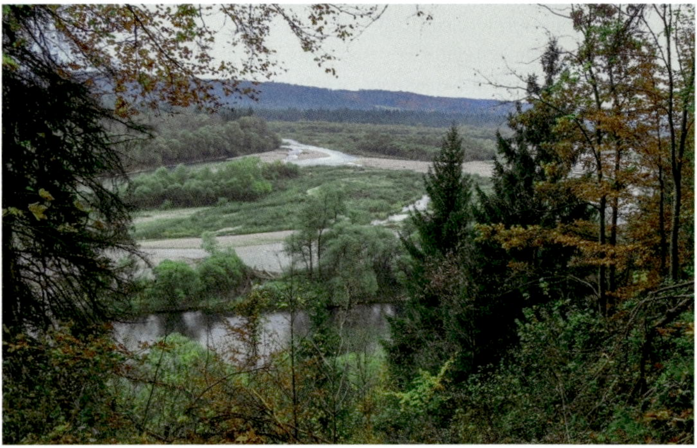

Blick auf den Zusammenfluss von Loisach und Isar

Nach 1,4 km endet der Uferweg an einer Bank und führt rechts über Treppenstufen kurz, aber steil ca. 50 Hm durch einen Buchenwald bergauf. An dieser Stelle haben Sie auch den Zusammenfluss von Loisach und Isar erreicht und es öffnet sich oben kurz ein „Fenster" im Blätterdach, durch das Sie die beiden Flüsse erblicken. Im Folgenden wandern Sie bis Wolfratshausen an der Loisach entlang und treffen erst an der nächsten Tagesetappe wieder auf die Isar.

An der nächst Abzweigung halten Sie sich links und wandern durch eine Senke zu den Bahngleisen. Nach 500 m neben den Gleisen treffen Sie so auf eine Teerstraße, der Sie geradeaus folgen. Auf der Straße unterqueren Sie eine große

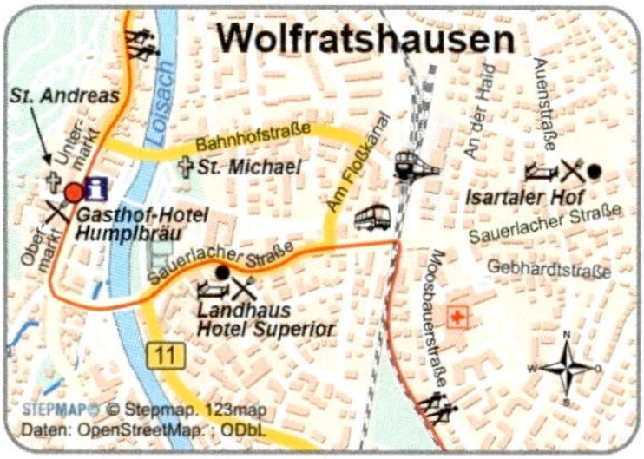

S-Bahn-Brücke und gelangen kurz darauf an den Platz, an dem die Isarflöße zusammengebaut werden.

An der nächsten großen Kreuzung, gleich neben einer kleinen Kapelle, wandern Sie rechts zur Hauptstraße und folgen ihr links ins Zentrum von **Wolfratshausen (8 Std. 30 Min.)** mit der weithin sichtbaren katholischen St.-Andreas-Kirche mit ihrem formschönen Zwiebelturm gleich neben dem Gasthof Humplbräu.

Wolfratshausen

Tourismusinformation, Marienplatz 1, 82515 Wolfratshausen, +49 (0)81 71/21 40, info@wolfratshausen.de, www.wolfratshausen.de, Mo-Fr 8:00-12:30, Do auch 14:30-18:00, Sa 10:00-12:00

Isartaler Hof, Sauerlacher Str. 47d, 82515 Wolfratshausen, +49 (0)81 71/238 81 22, info@hotel-isartaler-hof.de, www.hotel-isartaler-hof.de, gute bayerische Küche, EZ: ab € 95, DZ: ab € 129, Preis pro Zimmer, ganzjährig geöffnet, @

♦ **Landhaus Hotel Superior**, Sauerlacher Str. 10, 82515 Wolfratshausen, +49 (0)81 71/21 65 70, info@landhaushotel.de, www.landhauscafe.com, bayerische und internationale Gerichte, EZ: ab € 129, DZ: ab € 169, Preis pro Zimmer, ganzjährig geöffnet, @

Gasthof Humplbräu, Obermarkt 2, 82515 Wolfratshausen, +49 (0)81 71/48 32 90, post@humplbraeu.de, www.humplbraeu.de, sehr gute bayerische Küche, ganzjährig geöffnet, ☺ zentrale Lage neben der Kirche, traditionsreiches Gebäude

Wolfratshausen (19.335 Einwohner) wurde 1003 erstmalig urkundlich erwähnt. Ab dem 12. Jh. verkehrten Flöße mit Baumaterialien nach München. Von 1116 bis 1734 besaß Wolfratshausen eine Burg. Sie wurde allerdings durch einen Blitzeinschlag in den Pulverturm komplett zerstört, wobei 17 t Pulver explodierten. Die Burg wurde nicht wiedererrichtet, sondern die Steine der Ruine vielmehr zum Bau der Münchner Residenz verwendet.

2. Etappe: Von Wolfratshausen nach Bad Tölz

27,6 km, 7 Std. 15 Min., 200 m, 130 m, 580-705 m

Anspruch: Bergweg blau

0,0 km	580 m	Wolfratshausen, Zentrum WC
1,0 km	580 m	Wolfratshausen, Bahnhof
2,5 km	585 m	Isar-Loisach-Kanal
7,5 km	595 m	Isardamm Straße
11,8 km	615 m	Tattenkofener Brücke P
12,9 km	625 m	Waldlichtung von Einöde
18,8 km	623 m	Abzweigung Variante
22,8 km	680 m	Nodern
27,6 km	645 m	Bad Tölz

Auf der 2. Etappe liegt nochmals ein Tagesmarsch durch das Voralpenland in Richtung Berge vor Ihnen. Sie folgen wieder, nach einem kurzen Schwenk durch Wolfratshausen, dem Verlauf der Isar stromaufwärts und wandern durch die wunderschönen Isarauen. Der Weg führt Sie auf breiten Schotterwegen entlang saftiger Wiesen und durch kleinere Wäldchen. Im letzten Drittel der Etappe bietet sich Ihnen die Möglichkeit, entweder weiter auf der Ufervariante an der Isar entlangzuwandern oder einen aussichtsreichen Höhenzug auf wenig befahrenen Teersträßchen zu wählen. Beide Wege treffen vor dem Isarstausee wieder zusammen und Sie gelangen an der Uferpromenade entlang ins beschauliche Städtchen Bad Tölz.

Anforderungen: *überwiegend breite Schotterwege, teils schmale Waldpfade, keine technischen Schwierigkeiten*

Von der Kirche im Zentrum von Wolfratshausen folgen Sie der Obermarkt Straße Richtung Süden. Durch eine Linkskurve gelangen Sie auf der Johannisgasse zur Johannisbrücke über die Loisach. Der anschließende Straßenverlauf der Sauerlacher Straße leitet Sie nun bis zum **Bahnhof ❶ (10 Min.)**. Direkt hinter den Gleisen biegen Sie rechts auf einen Fußgängerweg ab und folgen ihm an den Gleisen entlang gen Süden.

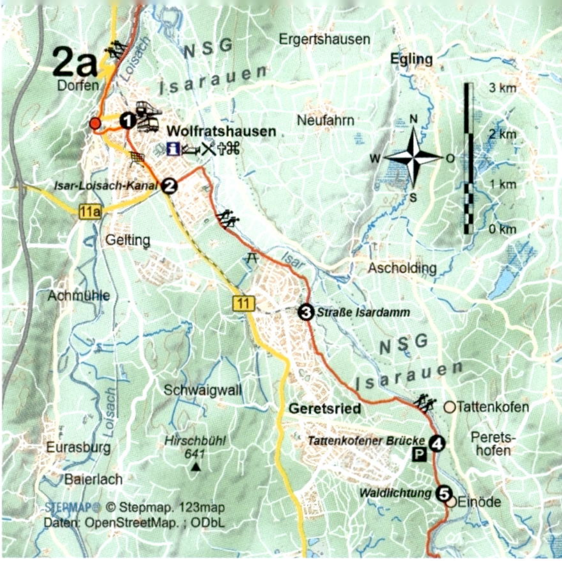

Im weiteren Verlauf wandern Sie mal links, mal rechts der Gleise, bis Sie einen Kanal erreichen. Überqueren Sie dort die Brücke und halten Sie sich auf der anderen Seite links. Dort folgen Sie dem **Loisach-Isar-Kanal ❷ (40 Min.)** flussabwärts. Bad Tölz ist nun mit 26 km angeschrieben. Der breite Schotterweg endet nach 1 km an einer T-Kreuzung. Biegen Sie dort rechts ab Richtung „Bad Tölz".

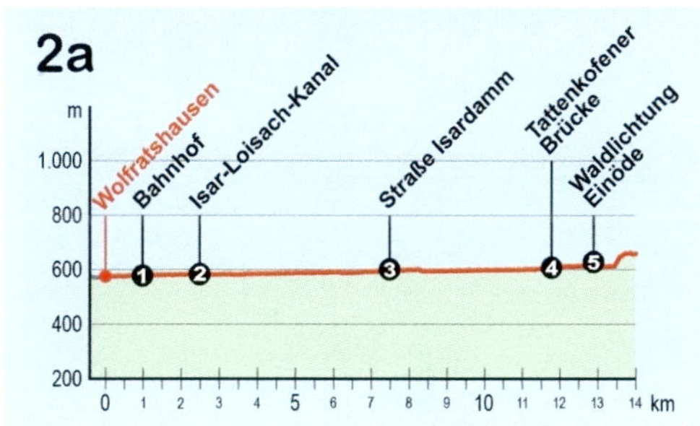

Sie wandern im weiteren Verlauf am Sportplatz vorbei und durch einen Wald. Der Wanderweg ist breit und führt durch eine idyllische Landschaft mit Waldlichtungen und Weiden. Nach 2,1 km treffen Sie auf eine Kreuzung mit einem großen Wegweiser in der Mitte und einem überdachten ⛼ Rastplatz.

Biegen Sie hier links Richtung „Bad Tölz" ab. Sie wandern auf einem guten Wanderweg, den Sie sich mit Radfahrenden teilen. Der Fahrradweg geht nach 400 m in die Teerstraße Isardamm über (auf manchen Karten heißt sie zunächst noch Blumenstraße). Bereits nach 200 m verlassen Sie die Straße wieder links in den Wald und wandern auf einem schmalen Wanderweg mehr oder weniger parallel zur Straße.

↳ Alternativ zum Waldweg können Sie auch auf der Fahrstraße Isardamm bleiben. An der ersten T-Kreuzung, nach der Grundschule, biegen Sie links ab Richtung „Bad Tölz". Kurz darauf trifft der Normalweg von links auf die Straße Isardamm.

Nach 1,3 km durch den Wald treffen Sie wieder auf die Straße **Isardamm ❸ (1 Std. 50 Min.)**, der Sie links folgen. Für die nächsten 900 m wandern Sie direkt an der Straße am Rand des Wohngebiets entlang. Am Haus Nr. 17 führt ein Weg links in den Wald. Die Abzweigung ist mit einem kleinen gelben Schild des ITV (Isartalverein) markiert, der sich seit 1902 den Schutz dieser Flusslandschaft auf die Fahne schreibt. Der Isartalverein ist heute unter anderem für die Beschilderung der Wander- und Radwege entlang der Isar zuständig und Sie werden bis Lenggries immer wieder die gelben Markierungen an Bäumen und auf Schildern entdecken können. Folgen Sie diesem schmalen Wanderweg geradeaus.

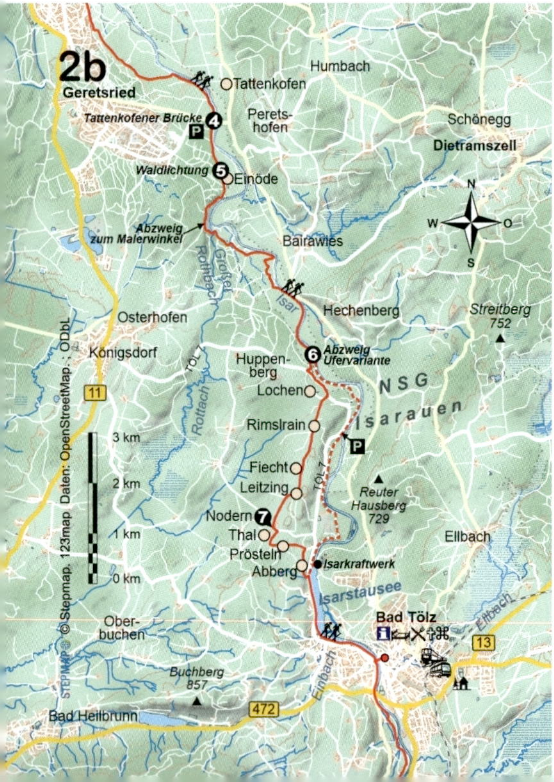

An der ersten Kreuzung wandern Sie ebenfalls geradeaus weiter und folgen dann dem gelben Dreieck zunächst links und gleich wieder rechts auf einen schmalen Pfad durch den Wald.

Die nächste Abzweigung ist unbeschildert. Halten Sie sich dort links. Sie wandern auf einem sehr schönen Wanderweg. Dieser führt wieder zur Isar und weiter

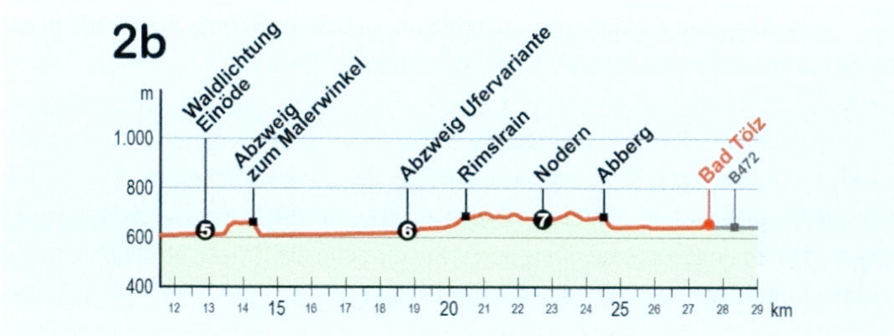

flussaufwärts. Bis zur Tattenkofener Brücke können Sie nun immer dem gelben Dreieck folgen. Der Weg wird wieder breiter und Sie erreichen einen Parkplatz an der **Tattenkofener Brücke ❹ (3 Std.)**. Sie überqueren dort die Straße und gelangen geradeaus an der Schranke vorbei in den Wald Richtung „Geretsried“. An der Weggabelung nach ca. 150 m folgen Sie links dem gelben Dreieck auf einen breiteren Forstweg. Nach 1 km erreichen Sie ein Tor. Davor führt der Weg rechts am Zaun entlang an den Häusern von **Einöde ❺ (3 Std. 15 Min.)** vorbei.

Kurz darauf überqueren Sie die geteerte Zufahrt zu den Häusern und nach weiteren 200 m steigt der Weg steil an und führt über Holzstufen ein kurzes Stück hinauf durch einen schönen Buchenwald. Folgen Sie der gelben Markierung (☝ hier wechselt die Markierung immer wieder zwischen gelbem Drei- und Viereck). Oben angekommen öffnet sich ein kleines „Fenster“ im Blätterdach und Sie blicken auf die ersten Voralpengipfel. Nach kurzem Marsch treffen Sie auf eine Forststraße, auf der Sie links weiter Richtung Bad Tölz wandern. Folgen Sie der Schotterstraße für ca. 250 m.

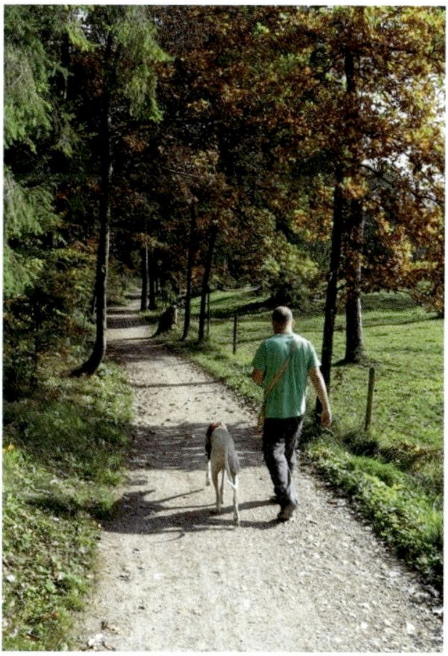

Auf dem Uferweg Richtung Gertesried

Die folgende Abzweigung ist schlecht zu sehen. Bereits nach 250 m auf der Schotterstraße wandern Sie links hoch zu einer Bank.

Dort befindet sich der sogenannte Malerwinkel und es bietet sich ein toller Ausblick auf eine Isarschleife mit Kiesbank. An der Bank vorbei folgen Sie der gelben Markierung in den dichteren Wald. Der Weg führt nun steil über Holzstufen bergab. Unten angekommen überqueren Sie die schmale Brücke über den Großen Rothbach und betreten kurz darauf eine Lichtung.

Der Wanderweg ist in der Wiese kaum zu sehen. Bleiben Sie am linken Rand der Lichtung.

Sie überqueren sich nun links haltend die Lichtung und gelangen kurz darauf wieder in den Wald. Nach 450 m erreichen Sie eine weitere Abzweigung, an der sich wieder ein Naturschutzgebiet-Schild befindet. Halten Sie sich hier nochmals links und wandern Sie der gelben Markierung folgend über zwei Holzbrücken zu einer Schotterstraße, der Sie rechts folgen. Der Verlauf der Schotterstraße führt nach 800 m durch zwei 90°-Kurven.

Halten Sie sich an der folgenden Abzweigung links (gelbes Dreieck) und wandern Sie wieder an der Isar entlang bis zur nächsten **Abzweigung ❻ (4 Std. 40 Min.)**. Hier haben Sie die Möglichkeit, geradeaus weiter die Variante an der Isar entlangzuwandern oder rechts auf einem Höhenzug mit toller Aussicht, allerdings mangels Wanderwegen auf schmalen Teersträßchen weiterzuwandern.

Ufervariante: Für den Weg an der Isar entlang wandern Sie geradeaus weiter. An der nächsten Abzweigung halten Sie sich rechts und gleich wieder links. Nach 100 m biegen Sie rechts auf einen Wanderweg mit gelbem Dreieck ab.

Wenn der Uferweg endet, steigen Sie rechts den Hang hoch und wandern oben links weiter. Sie wandern nun zwischen Isarsteilufer und der Kreisstraße TÖL 7 entlang. Kurz darauf erreichen Sie einen Parkplatz am Rand der Kreisstraße. Der Weg führt ein kurzes Stück über den Parkplatz und dort gleich nach 50 m wieder links auf einem schmalen Pfad in den dichten Wald. Die Abzweigung ist markiert, allerdings leicht zu übersehen. An der nächsten Abzweigung wandern Sie geradeaus weiter immer zwischen Isar und Straße entlang, bis der Weg nach 2 km in eine Schotterstraße übergeht. Auf dieser treffen Sie nach 300 m an eine T-Kreuzung. Biegen Sie hier rechts ab und nach wenigen Metern gleich wieder links auf einen Wanderweg. Nach 800 m biegen Sie an der Kreuzung links ab in

Richtung des Gebäudes des Isarkraftwerks und gleich wieder rechts auf eine Schotterstraße. Auf ihr erreichen Sie nach 300 m die Kreisstraße TÖL 7 und die Hauptroute.

Biegen Sie an der Abzweigung rechts in den Wald und verlassen Sie den Lauf der Isar. Nach 400 m treffen Sie auf eine Landstraße, der Sie links im Bankett der Straße für 700 m folgen. Auf der gegenüberliegenden Seite etwas oberhalb liegt der Hof Lochen. An der ersten Abzweigung an einer Bushaltestelle verlassen Sie die Landstraße rechts und folgen der kleineren Straße leicht bergauf Richtung „Rimslrain". Folgen Sie dem Verlauf der Straße mit herrlicher Aussicht auf die Bayerischen Voralpen durch Rimslrain, Fiecht, Leitzing und Nodern. Nach 3 km biegen Sie kurz hinter den Häusern von **Nodern ❼ (5 Std. 30 Min.)** links ab und treffen kurz darauf an eine T-Kreuzung. Halten Sie sich dort rechts und nach 200 m vor dem Feuerwehrgerätehaus links. Sie durchqueren Prösteln und biegen 400 m hinter den Häusern rechts ab Richtung Abberg. In Abberg endet die Teerstraße und Sie wandern durch ein kleines Wäldchen hinab zur Straße. Dort folgen Sie dem Gehweg rechts.

Auf dem breiten Gehweg gelangen Sie neben der Kreisstraße durch die Vororte von Bad Tölz. Nach 900 m an der Straße biegen Sie links auf einen Fußweg Richtung „Bad Tölz Zentrum" ab. Der gute Weg entlang des Isarstausees ist

Blick auf Bad Tölz

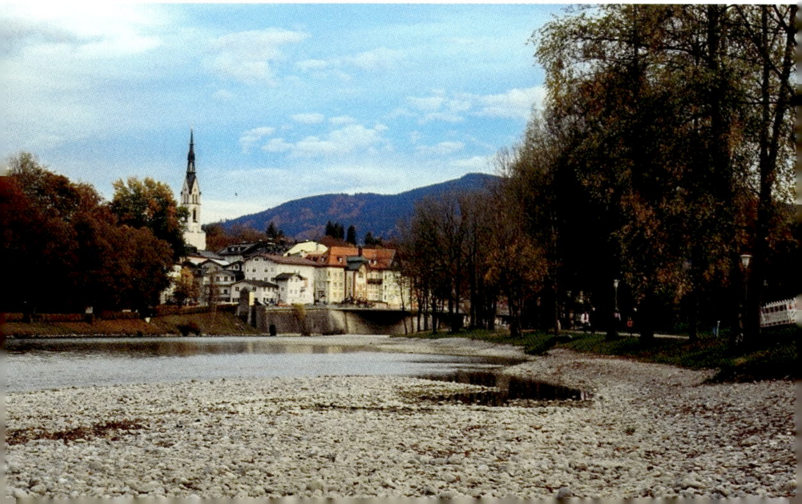

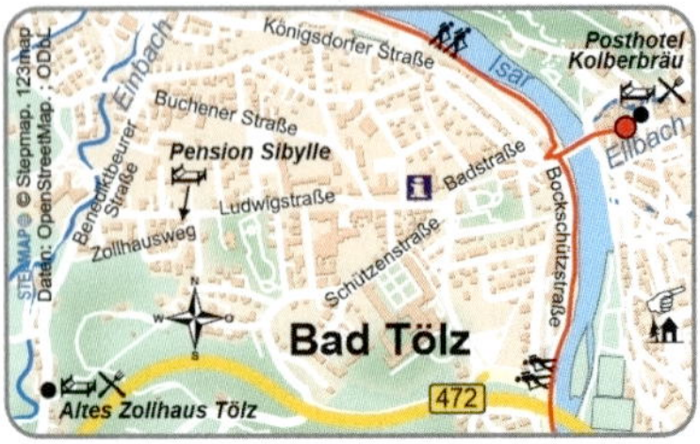

herrlich zum Auslaufen dieser doch relativ langen Etappe geeignet. Auf ihm sind es noch 1,8 km bis ins Zentrum von Bad Tölz. Sie treffen nun auch auf deutlich mehr Publikumsverkehr und wandern gemütlich bis zur großen Brücke. Über die Brücke geht es links in die bezaubernde Altstadt von **Bad Tölz (7 Std. 15 Min.)**.

Bad Tölz

Tourismusinformation, Max-Höfler-Platz 1, 83646 Bad Tölz, +49 (0)80 41/786 70, info@bad-toelz.de, www.bad-toelz.de, Mo-Sa 9:00-18:00

Posthotel Kolberbräu, Marktstr. 29, 83646 Bad Tölz, +49 (0)80 41/768 80, info@kolberbraeu.de, www.kolberbraeu.de, regionale Küche mit bayerischen Schmankerln, EZ: ab € 77, DZ: ab € 135, Preis pro Zimmer, inkl. Frühstück, ganzjährig geöffnet, ☺ zentrale Lage, traditionsreiches Gebäude, @

♦ **Altes Zollhaus Tölz**, Benediktbeurer Str. 7, 83646 Bad Tölz, +49 (0)80 41/97 49, post@zollhaus-toelz.de, www.zollhaus-toelz.de, saisonale bayerische Küche, mit Biergarten, EZ: ab € 72, DZ: ab € 114, Preis pro Zimmer, inkl. Frühstück, ganzjährig geöffnet, @

Pension Sibylle, Zollhausweg 2, 83646 Bad Tölz, +49 (0)80 41/95 97, mail@haus-sibylle.de, www.haus-sibylle.de, Preis auf Anfrage, ganzjährig geöffnet, @

Jugendherberge Bad Tölz, Am Sportpark 4, 83646 Bad Tölz, +49 (0)80 41/79 31 80, bad-toelz@jugendherberge.de, www.bad-toelz.jugendherberge.de, Frühstücksbuffet und Drei-Gänge-Menü am Abend, ab € 47, inkl. Frühstück, ganzjährig 8:00-22:00, @

☺ weitere Unterkünfte unter www.bad-toelz.de oder im Tourismusbüro vor Ort

Bad Tölz (19.200 Einwohner) liegt am nördlichen Eingang zum Isarwinkel und ist für seine malerische spätmittelalterliche und barocke Altstadt bekannt. Die Fassaden sind mit der sogenannten Lüftlmalerei geschmückt. Einst war Bad Tölz auch für sein Bier bekannt und einer der größten Lieferanten Münchens. Bis ins 18. Jh. beherbergte es 22 Brauereien, wovon 19 in der zentralen Marktstraße ansässig waren.

3. Etappe: Von Bad Tölz zur Tutzinger Hütte

23,2 km, 8 Std., ↑ 1.260 m, ↓ 590 m, ⇧ 645-1.709 m

Anspruch: Bergweg schwarz ●

0,0 km	⇧ 645 m	Bad Tölz
8,9 km	⇧ 675 m	Feuerwehrhaus Schlegdorf
10,8 km	⇧ 680 m	Lenggries, Brücke ins Zentrum WC
12,4 km	⇧ 720 m	Talstation Brauneck-Kabinenbahn
13,9 km	⇧ 920 m	Reiseralm
16,8 km	⇧ 1.492 m	Bergstation Brauneck-Kabinenbahn
17,1 km	⇧ 1.555 m	Brauneck
17,1 km	⇧ 1.540 m	Brauneck-Gipfelhaus
19,1 km	⇧ 1.656 m	Abzweigung zum Vorderer Kirchstein
20,7 km	⇧ 1.709 m	Achsköpfe
21,5 km	⇧ 1.665 m	Rotöhrsattel
23,2 km	⇧ 1.327 m	Tutzinger Hütte

Auf der 3. Etappe stehen die ersten Gipfel auf dem Programm. Die Vorfreude auf die Berge der letzten Etappen gipfelt nun gegen Ende der Etappe im wahrsten Sinne des Wortes auf einer grandiosen Gratwanderung zur Tutzinger Hütte. Zunächst müssen Sie sich allerdings noch gedulden und bleiben bis Lenggries der Isar treu. Zu Beginn durchqueren Sie unter anderem eine idyllische Wacholderheide auf guten Schotterwegen. Ab Lenggries tauchen Sie in die Bergwelt ein und die ersten steilen Höhenmeter werden erklommen. Dabei haben Sie die Möglichkeit, entweder zu Fuß in gut 2 Std. 30 Min. oder bequem mit der Brauneck-Kabinenbahn aufzusteigen. Am ersten Gipfel auf dem Brauneck lädt das Brauneck-Gipfelhaus zu einer kleinen Einkehr ein. Das Panorama ist grandios: im Norden die weite Ebene der Bayerischen Voralpen bis München. Im Süden baut sich das Panorama über die niedrigeren, bewaldeten Voralpengipfel bis hin zu dem sich aus massivem Felsen auftürmenden Gebirgsstock des Karwendels auf. Ab dem Brauneck wandern Sie auf einem breiten Wiesengrat zwischen Brauneck und Benediktenwand immer wieder auf und ab. Von dort bieten sich teilweise kurze Abstecher zu Gipfeln neben dem Weg an, die ein unwesentlich besseres Panorama bieten. Die erste schwierigere Passage führt über die Achsköpfe und ist mehrfach stahlseilgesichert. Kurz vor der Benediktenwand führt der Weg dann bergab zur Tutzinger Hütte, der ersten richtigen Berghütte von vielen auf Ihrer Tour über die Alpen.

☺ *Schlechtwetteralternative: Bahnfahrt nach Lenggries*

Begehen Sie bei Gewitterwarnung nicht den exponierten Grat, sondern legen Sie lieber eine zusätzliche Nacht im Brauneck-Gipfelhaus ein.

Anforderungen: *breite Schotterwege bis Lenggries, Aufstieg über Forstwege; am Gipfelgrat schmale mittelschwere Wanderwege; an den Achsköpfen schwere Bergwege mit Stahlseilsicherung, Trittsicherheit und Schwindelfreiheit erforderlich*

Von der Bad Tölzer Altstadt kommend überqueren Sie wieder die Isarbrücke und wandern auf der westlichen Isarseite flussaufwärts gen Süden. Der Fuß-/Radweg führt zunächst weiter am Ufer entlang. Sie unterqueren eine große Brücke und wandern links auf dem geschotterten Uferweg gemütlich weiter. Auf der anderen Isartalseite sind die ersten Berge um den Sonntraten (1.096 m) zu sehen.

Folgen Sie dem Verlauf der breiten Schotterstraße und wandern an Abzweigungen immer geradeaus. Sie befinden sich hier auf dem Isarradweg, auf dem

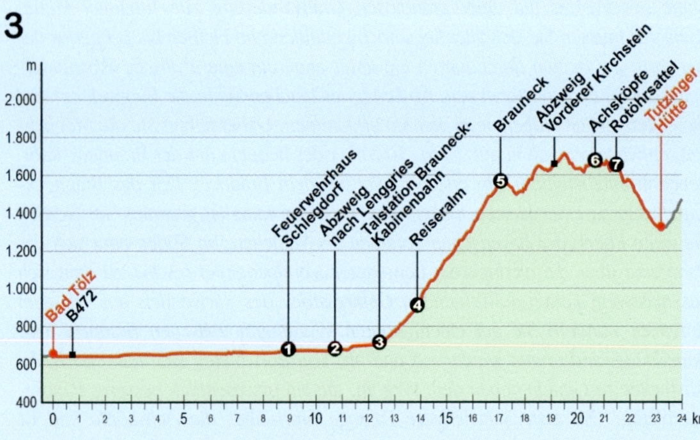

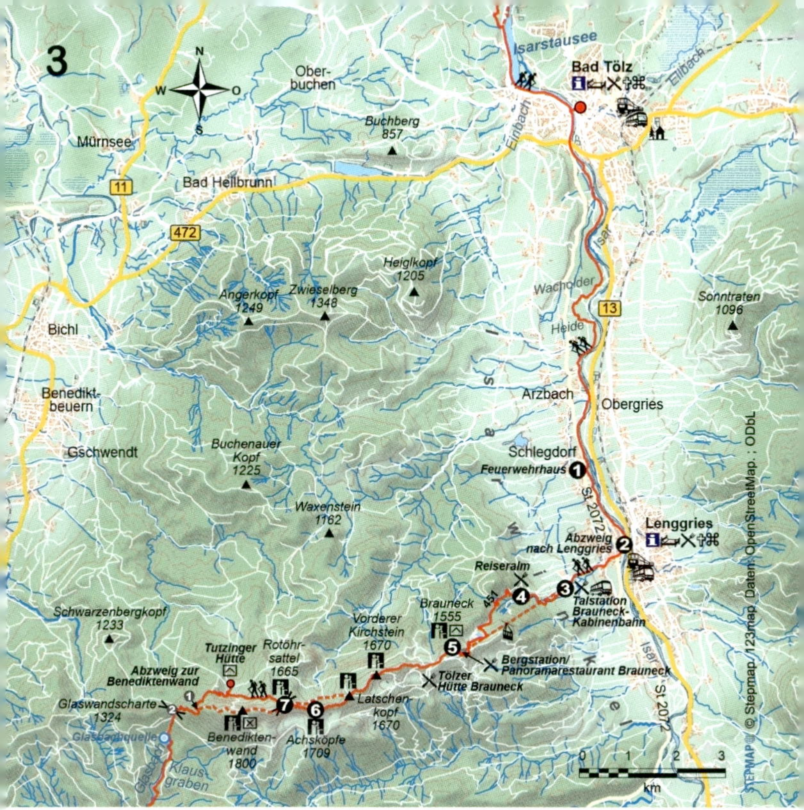

man auch zu Fuß gut vorankommt. Bald blicken Sie vor sich am Horizont auf den Gipfel des Braunecks. Rechts davon zieht sich der Grat über den Latschenkopf und die Achselköpfe bis zur Benediktenwand, an deren Fuß die Tutzinger Hütte bereits auf Sie wartet.

Die Schotterstraße des Isarradweges führt nun durch eine idyllische Wacholderheide. Zur Blüte im September sind auch viele blühende Enziane zu bewundern. Nach ca. 6 km wird die Schotterstraße schmaler. Folgen Sie nun immer der Beschilderung „Lenggries" an der Isar entlang.

An dem kleinen, allein stehenden **Feuerwehrhaus von Schlegdorf ❶ (1 Std. 50 Min.)** führt ein schmaler Weg weiter an Wiesen entlang und diese wechseln sich mit kleinen Wäldchen ab, bis Sie die Randbezirke von Lenggries erreicht haben. An den ersten Häusern angekommen treffen Sie auf eine Teerstraße, die

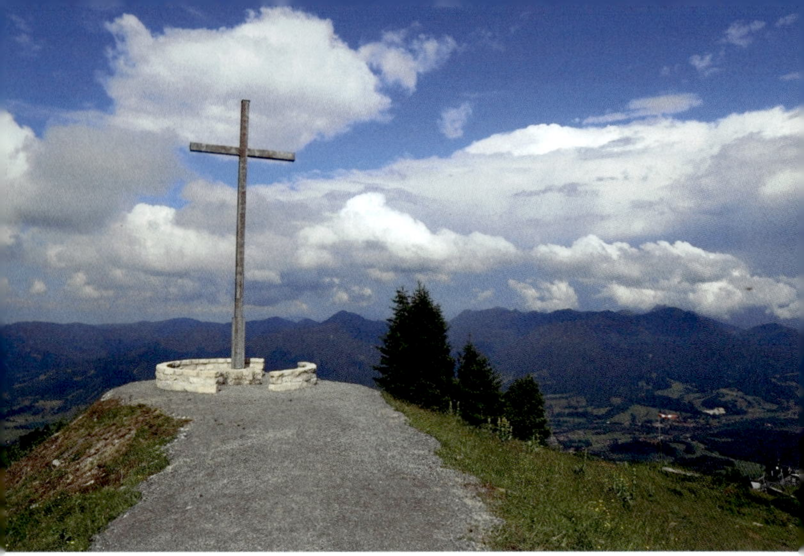

Der Gipfel des Braunecks (1.555 m)

Sie bereits nach 100 m links verlassen, und Sie folgen dem Schotterweg weiter durch ein Wäldchen.

☺ Manche München-Venedig-Wandernde beginnen ihre Alpenüberquerung erst in Lenggries, sodass Sie ab Lenggries mit neuen Gesichtern auf dem Weg in den Süden rechnen können.

Lenggries

Tourismusinformation, Rathausplatz 2, 83661 Lenggries,
☏ +49 (0)80 42/500 88 00, info@lenggries.de, www.lenggries.de,
Mo-Fr 9:00-12:00 und 14:00-17:00

Flößerhaus Lenggries, Johann-Probst-Straße 18, 83661 Lenggries,
☏ +49 (0)80 42/50 95 64, info@floesserhaus-lenggries.de,
www.floesserhaus-lenggries.de, Frühstücksbuffet + Teeküche, EZ: ab € 42, DZ: ab € 40, inkl. Frühstück, Kurzaufenthalt auf Anfrage, ganzjährig geöffnet, @

Der Weg führt Sie unter der Straße (St2574) hindurch, die links ins Zentrum führt. Sie lassen **Lenggries ❷ (2 Std. 15 Min.)** aber im wörtlichen Sinne links liegen und wandern hinter der Brücke kurz ein paar Meter durch eine Baumansammlung und gleich wieder zur Straße hinauf. Sie folgen der Straße und biegen am Kreisverkehr rechts in Richtung der bereits gut sichtbaren Brauneck-Bergbahn ab. Folgen Sie für die folgenden 1,4 km dem Straßenverlauf bis zur **Talstation der Bergbahn ❸ (2 Std. 45 Min.)**.

Variante Bergbahn: Von der Talstation der Bergbahn gelangen Sie in gut 12 Min. zur Bergstation etwas unterhalb des Brauneck-Gipfels und überbrücken so bequem 800 Hm. Für den Aufstieg zu Fuß benötigen Sie gut 2 Std. 30 Min.

Talstation Brauneck-Kabinenbahn

Brauneck-Kabinenbahn, Gilgenhöfe 28, 83661 Lenggries, ☎ +49 (0)80 42/50 39 40, info@brauneck-bergbahn.de, www.brauneck-bergbahn.de, einfache Bergfahrt: € 14, Sommerbetrieb täglich, erste Bergfahrt 8:15, letzte Talfahrt 17:00

Für den Aufstieg zu Fuß wandern Sie an den Kassen der Talstation und am Zugang zu den Gondeln am Gebäude vorbei. Hinter dem kleinen Parkplatz beginnt der Aufstieg auf einer Schotterstraße. Folgen Sie dem Verlauf der Straße. Kurz darauf betreten Sie den Wald und passieren die **Reiseralm ❹ (3 Std. 35 Min.)**.

Reiseralm, 83661 Lenggries, ☎ +49 (0)80 42/83 02, service@reiseralm.de, www.reiseralm.de, Jausenhütte, im Sommer täglich 10:00-17:00, warme Küche 11:30-17:00

Von der Reiseralm aus gelangen Sie am Nebengebäude vorbei durch den Wald bergauf und folgen dem Weg 451 Richtung „Brauneck". Nach 400 m treffen Sie auf eine Schotterstraße, der Sie links folgen. Nach weiteren 2,4 km auf der Schotterstraße erreichen Sie die Bergstation der Brauneck-Kabinenbahn. Der Weg verläuft unspektakulär durch den Wald und an einem Speichersee für Schneekanonen vorbei.

Bergstation Brauneck-Kabinenbahn

Panoramarestaurant Brauneck, Brauneckstr. 2, 83661 Lenggries, ☎ +49 (0)80 42/50 12 50, service@panoramarestraurant-brauneck.de, www.panoramarestaurant-brauneck.de, Skigastronomie, warme Speisen 11:30-15:00

Auf dem Wanderweg treffen Sie auf die große Aussichtsterrasse der Bergstation. Etwas oberhalb davon befindet sich der nächste Wegweiser. Halten Sie sich an die Beschilderung „Brauneck" (1.555 m) und das gleich daneben liegende Brauneck-Gipfelhaus.

↳ Alternativ können Sie den Gipfel auch umgehen und richten sich dazu nach der Beschilderung „Benediktenwand/Tutzinger Hütte". Sie folgen dabei der Schotterstraße parallel zum Grat und werden wieder auf die Hauptroute geleitet.

Der kurze Anstieg auf den Gipfel lohnt sich in jedem Fall, ist er doch der erste Gipfel der Alpenüberquerung, von dem Sie die grandiose Aussicht zurück ins Alpenvorland und voraus aufs Karwendel und die nächsten Tagesetappen genießen können.

Steigen Sie am Wegweiser vorbei den kurzen Anstieg um 55 Hm hinauf zum großen Gipfelkreuz des **Brauneck-Gipfels ❺ (5 Std.)**. Gleich daneben befindet sich das Brauneck-Gipfelhaus.

Brauneck-Gipfelhaus, Alpenvereinshütte, Brauneck 1, 83661 Lenggries, ☎ +49 (0)80 42/87 86, info@brauneckgipfelhaus.de, www.brauneckgipfelhaus.de, traditionelle bayerische Küche, Bergsteigeressen € 11, Frühstücksbuffet € 9, 80 Betten: 38 in Zimmern: € 54,50 (AV: € 19,50), 42 im Lager: € 49 (AV: € 14), Nichtmitglieder nur inkl. HP (AV HP + € 25), Reservierung erforderlich, Ende Mai bis Ende Okt, Mo & Di Ruhetag, ☺ toller Panoramablick,

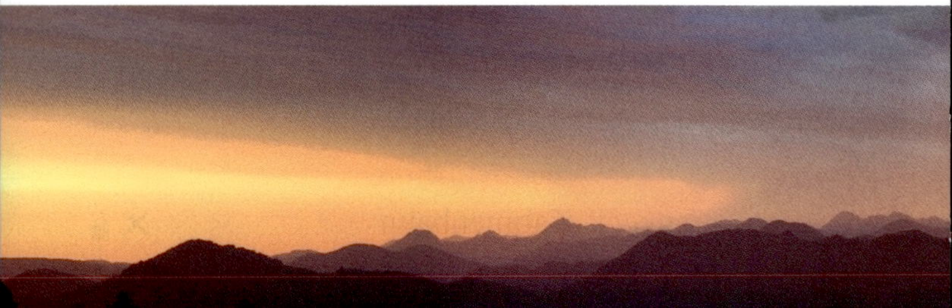

Von der Hütte aus folgen Sie dem breiten Schotterweg am Bergkamm entlang. Geradeaus im Blick erhebt sich der Latschenkopf mit seinem markant nach Süden hin abfallenden Gipfel. Sie passieren einen Gleitschirmstartplatz, an dem mit etwas Glück Gleitschirmfliegende beobachtet werden können. Vom Grat aus bietet sich eine herrliche Aussicht. In Wanderrichtung rechts breitet sich Oberbayern und das Alpenvorland zu Ihren Füßen aus. Der Starnberger See und sogar München sind am Horizont zu erahnen. Links blicken Sie nach Tirol über ein regelrechtes Gipfelmeer, das die Lust auf die nächsten Tage im Gebirge weckt. Auch die Birkkarspitze, der höchste Gipfel des Karwendels, an dem die 6. Etappe vorbeiführt, ist gut zu sehen. Eine Infotafel am Wegrand hilft bei der Bestimmung der zahlreichen Gipfel.

Nach kurzer Zeit fällt der Weg leicht zum nächsten Wegweiser hin ab. Auf einem schmalen Pfad gelangen Sie weiter Richtung „Tutzinger Hütte"/„Benediktenwand".

Bleiben Sie an der nächsten Abzweigung am Grat und wandern Sie dazu geradeaus weiter. Links unterhalb blicken Sie auf die Tölzer Hütte (✕). Im Folgenden wandern Sie leicht auf und ab. Immer wieder sind auch steilere Passagen zu passieren. Nach kurzer Zeit geht der Schotterweg in einen Pfad über, der weiter am Grat entlangführt.

Am Wegrand finden Sie eine große Artenvielfalt an Pflanzen, für die die nördlichen Staulagen der Alpen aufgrund ihres Regenreichtums auch bekannt sind. Neben dem Weg fällt der Hang im Norden teilweise sehr steil ab. Auch die sehr steilen Grashänge, die besonders am Nordrand der Alpen vorkommen, sind links und rechts des Weges zu bestaunen.

Mangfallgebirge und die Brandenberger Alpen. Rechts die Gufertspitze.

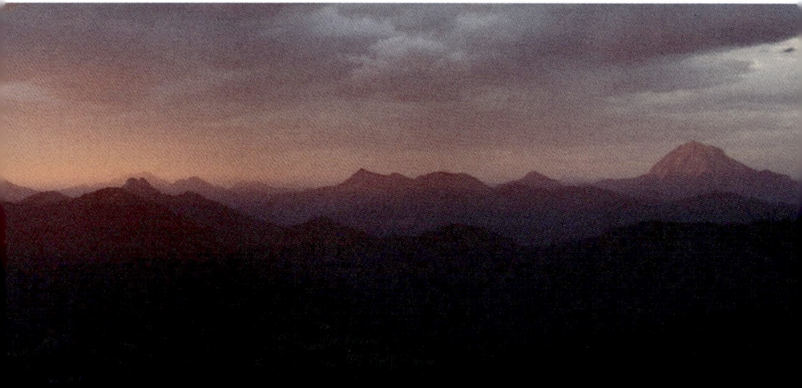

Nach 2,3 km führt der Weg etwas unterhalb des Gipfels des Vorderen Kirchsteins (1.670 m) vorbei und auf einem schmalen Wiesenpfad gelangen Sie weiter zum nahen Latschenkopf. Dahinter passieren Sie beim teils steilen Abstieg ausgedehnte Latschenfelder.

An der nächsten Abzweigung bieten sich zwei Möglichkeiten. Entweder Sie wandern über die Achsköpfe (1.709 m) (☝ Bergweg schwarz) oder Sie umgehen diese auf der Variante (Bergweg blau). Die Umgehung empfiehlt sich vor allem bei schlechten Wetterverhältnissen oder Zeitnot. Der Weg über die Achsköpfe erfordert Trittsicherheit und etwas Schwindelfreiheit.

Beim Weg über die **Achsköpfe ❻ (6 Std. 30 Min.)** steigen Sie geradeaus weiter auf einem schmalen Wiesenpfad entlang ausgedehnter Latschenfelder und über einen Felsabsatz mit Leiter bergauf.

☝ Der Weg über die Achsköpfe ist bei Nässe sehr rutschig. Ein kurzes Stück führt stahlseilgesichert hinab über einen kleinen Sattel und auf der gegenüberliegenden Seite passieren Sie wieder kurze stahlseilgesicherte Gegenanstiege. Der Weg verläuft insgesamt über drei Gipfelköpfchen. Vom letzten Gipfelköpfchen steigen Sie nochmals stahlseilgesichert steil hinab zum Rotöhrsattel.

➩ Die Umgehung der Achsköpfe führt an der Abzweigung rechts bergab. Sie wandern nun unterhalb der Achsköpfe entlang. An der Abzweigungen wandern Sie geradeaus Richtung „Tutzinger Hütte“.

Am **Rotöhrsattel ❼ (7 Std.)** treffen beide Wege wieder zusammen. Dort gelangen Sie der Beschilderung „Tutzinger Hütte“ folgend rechts bergab und queren nach kurzem Abstieg am Wandfuß der Benediktenwand entlang weiter hinab Richtung Etappenziel.

➩ **Variante über die Benediktenwand**: Sollten Sie aufgrund individueller Etappeneinteilung oder reichlich Zeit nicht direkt zur Tutzinger Hütte wandern, gelangen Sie vom Rotöhrsattel geradeaus zum Gipfel der Benediktenwand. Der Aufstieg über diese Seite empfiehlt sich vor allem, wenn Sie ein individuelles Etappenende in Jachenau gewählt haben oder beispielsweise in Lenggries eingestiegen sind und zum Aufstieg die Brauneck-Bergbahn verwendet haben.

Der Aufstieg führt zunächst über einen schmalen Pfad teilweise gesichert bergauf. Später führt er durch ausgedehnte Latschenfelder leicht auf und ab bis zum Gipfel der Benediktenwand. Von dort bietet sich ein außergewöhnlich schönes 360°-Panorama. Da die südlichen Bergketten in Richtung Karwendel und Birkkarspitze niedriger sind, bietet sich ein toller Aufbau der Landschaft über die sanft geschwungenen Voralpengipfel bis hin zu den schroffen Felswänden des Karwendels. Vom Gipfel aus fällt der Weg wieder ab und Sie erreichen nach 1,1 km die Abzweigung, an der Sie rechts zur Tutzinger Hütte oder links Richtung Jachenau gelangen.

An der nächsten Abzweigung biegen Sie rechts ab und erreichen kurz darauf die **Tutzinger Hütte (8 Std.)**.

Tutzinger Hütte, Alpenvereinshütte, Wurzweg 9, 83671 Benediktbeuern, +49 (0)1 75/164 16 90, kontakt@tutzinger-huette.de, www.tutzinger-huette.de, Bergsteigeressen, bayerische Schmankerl und Tiroler Spezialitäten, 98 Betten: 64 in Zimmern: DZ: € 40 (AV: € 20), MZ: € 30 (AV: €15), 34 im Lager: € 22 (AV: € 11), Online-Reservierung erforderlich, Handyempfang rechts vor der Hütte, Mitte April bis Anfang Nov,

4. Etappe: Von der Tutzinger Hütte nach Vorderriß

17,8 km, 7 Std., ↑ 730 m, ↓ 1.270 m, ⇧ 758-1.569 m

Anspruch: Bergweg rot

0,0 km	⇧ 1.327 m	Tutzinger Hütte
1,4 km	⇧ 1.569 m	Abzweigung zur Benediktenwand
2,2 km	⇧ 1.324 m	Glaswandscharte
5,1 km	⇧ 906 m	Lainlalm
9,4 km	⇧ 790 m	Jachenau BANK P
13,6 km	⇧ 1.080 m	Lainer Alm
14,8 km	⇧ 1.121 m	Luitpolder Alm
16,0 km	⇧ 1.217 m	Rißsattel
17,8 km	⇧ 782 m	Vorderriß

Die 4. Etappe startet nach der ersten Nacht in einer typischen Berghütte mit dem Aufstieg Richtung Benediktenwand. Für alle konditionsstarke Wandernde, die einen Abstecher auf die Benediktenwand unternehmen möchten, lohnt sich ein früher Aufbruch. Die Bene-Wand, wie sie von den Einheimischen gerne genannt

wird, ist ein fantastischer Aussichtsgipfel mit 360°-Panorama. Bei gutem Wetter werden Sie für den kleinen Umweg mit einer beeindruckenden Fernsicht belohnt. Nach dem ersten Aufstieg erfolgt der Abstieg durch den Wald nach Jachenau, ein malerisches Dörfchen mit tollen Wirtshäusern, die zu einer Mittagsrast einladen. Hinter Jachenau steigt der Weg wieder an und Sie gelangen über Forstwege an zwei Almen vorbei zum Rißsattel. Der bewaldete Sattel ist unspektakulär, bietet jedoch einen tollen Blick hinab auf den Rißbach, der an dieser Stelle ein breites, mit Karwendelgestein gefülltes Bett hat. Vom Rißsattel gelangen Sie durch den Wald steil bergab nach Vorderriß zum Gasthof Post.

Anforderungen: leichte bis mittelschwere Bergwege beim Aufstieg zur Benediktenwand, sonst Forstwege und breite Wanderwege, Abstieg vom Rißsattel steil und bei Nässe rutschig

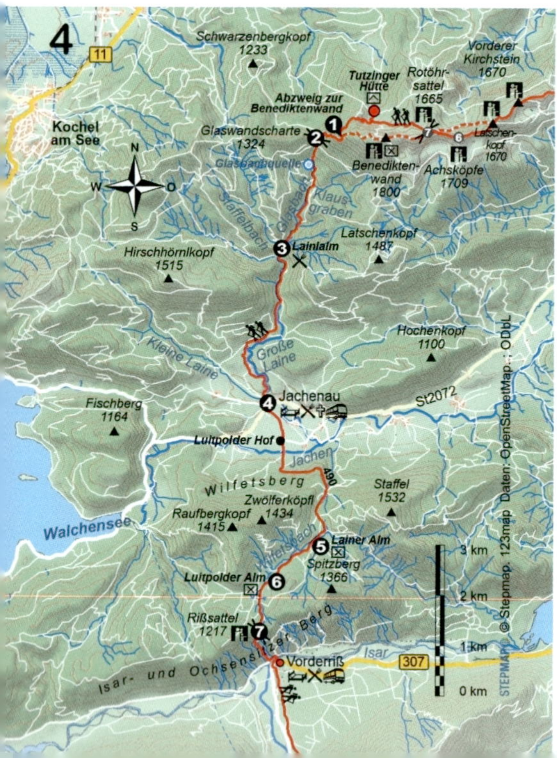

Von der Tutzinger Hütte aus orientieren Sie sich am Wegweiser Richtung „Benediktenwand“. Sie wandern zunächst auf dem gleichen Weg zurück bis zur ersten Abzweigung unterhalb der steilen Felswände. Dort biegen Sie rechts ab und steigen den Hang hinauf. Nach 500 m zweigt der Weg links ab und führt um einen Rücken herum. Nach wenigen Minuten erreichen Sie so die **Abzweigung zur Benediktenwand ❶ (1 Std.)**.

↳ **Abstecher auf die Benediktenwand** (Auf- und Abstieg zusätzlich: ➲ 2,2 km, ⌛ 1 Std. 30 Min., ↑ 230 m, ↓ 230 m): Wenn Sie zeitig unterwegs sind, lohnt sich ein Abstecher auf die Benediktenwand in jedem Fall. Für den Aufstieg auf den Gipfel benötigen Sie ca. 45 Min. und für den Abstieg nochmals 45 Min. Der Weg führt als schmaler Steig nahezu ausschließlich durch ein weites Feld aus Latschenkiefern bis hinauf zur weiten Kuppe mit dem Gipfelkreuz und einer kleinen Schutzhütte. Der Abstieg verläuft auf derselben Route zurück bis zur Abzweigung.

Die „Bene-Wand", wie sie liebevoll von den Einheimischen genannt wird, ist ein phänomenaler Aussichtsgipfel mit 360°-Panorama. Am Nordrand der Alpen gelegen bietet sie einen gigantischen Rundumblick bis weit ins Alpenvorland und über die dortigen Seen (Starnberger See, Walchensee). Aber auch in Richtung Süden blicken Sie über das Gipfelmeer der Bayerischen Voralpen nach Tirol, wo sich die beeindruckende Karwendelkette auftürmt. Im Westen ragt das Wettersteingebirge mit Zugspitze und Alpspitze auf, südlich davon die Mieminger Kette. Bei guter Fernsicht ist die Benediktenwand ein grandioses Panoramaerlebnis.

☺ Am Fuß der Benediktenwand fanden auch die Dreharbeiten zu Michael Bully Herbigs Verfilmung des „Brander Kaspars" statt.

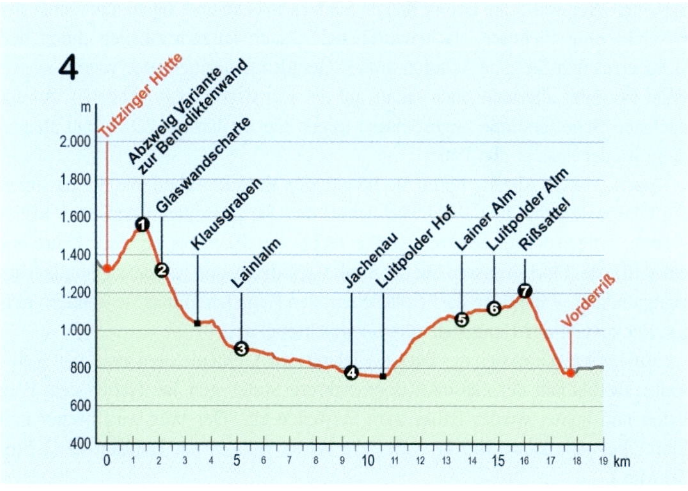

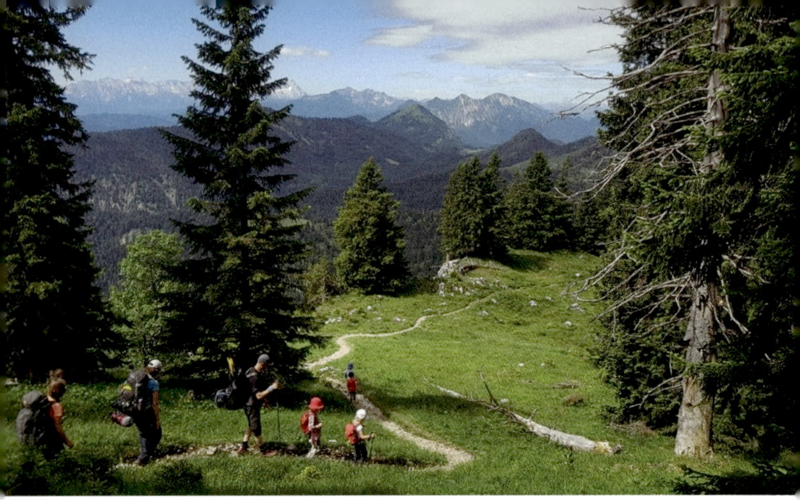

Abstieg nach Jachenau mit Blick auf das Karwendel

An der Abzweigung gelangen Sie geradeaus in ca. 2 Std. nach Jachenau. Sie wandern auf einem schmalen Pfad über Lichtungen, Wiesen und durch den Wald gemütlich bergab. Teilweise sind steile Passagen im Wald zu bewältigen.

In einer kleinen Senke an der **Glaswandscharte ❷ (1 Std. 30 Min.)** erreichen Sie einen Wegweiser am Baum. Biegen Sie hier links ab und folgen nun immer der Beschilderung Richtung „Jachenau/Kochel". Nach kurzem Abstieg durch den Wald erreichen Sie eine Schotterstraße. Geradeaus gelangen Sie wieder in den Wald (↬ oder alternativ auch rechts auf der Fahrstraße nach Jachenau). An der nächsten Schotterstraße angekommen folgen Sie ihr für ca. 20 m und steigen dann wieder links in den Wald.

Nach kurzem Abstieg hören Sie bereits den Bach rauschen und Sie passieren die Glasbachquelle. Der Wald wird lichter und Sie überqueren den Bach Klausgraben. Folgen Sie der Schotterstraße rechts für 50 m bis zu einer Kehre vor einer Brücke. Dort verlassen Sie die Straße geradeaus und wandern gemütlich am Hang entlang. Zahlreiche Bäche plätschern den Hang herab und Sie wandern weiter. Rechts fällt der Hang steil zum Glasbachtobel ab.

Auf einmal öffnet sich der Blick ins Tal mit dem Gebäude der Lainlalm in Sichtweite. Rechts fällt der Glasbach über mehrere Stufen gen Tal. Neben dem Weg laden nun immer wieder Bänke zum Verweilen ein. Der Weg wird flacher und führt über eine kleine Brücke. Über die Wiese geht es zur **Lainlalm ❸ (2 Std. 30 Min.)**.

Lainlalm, ☏ +49 (0)80 43/91 98 91, www.jachenau.de, Jausenhütte mit hofeigenen Produkten, Mitte Juni bis Mitte Okt, Di Ruhetag

Von dort folgen Sie links dem Verlauf der Schotterstraße für 1,1 km. Dank dem leichten Gefälle und der guten Straße kommen Sie hier schnell voran.

An der ersten Weggabelung halten Sie sich rechts Richtung „Jachenau Fußweg“. Nach kurzer Strecke gelangen Sie so über eine Metallbrücke auf eine Schotterstraße und folgen dieser links. An der nächsten Möglichkeit biegen Sie nochmals links ab und wandern auf einem breiten Schotterweg bis Jachenau.

Sie erreichen **Jachenau ❹ (3 Std. 30 Min.)** auf dem Parkplatz des Gasthauses Schützenhaus. Der Ort eignet sich auch hervorragend für eine Mittagspause in einem der dortigen Gasthöfe.

Jachenau

Gasthof Jachenau, Dorf 8, 83676 Jachenau, ☏ +49 (0)80 43/91 00, info@gasthof-jachenau.de, www.gasthof-jachenau.de, bayerische Spezialitäten, gemütliche Gaststube, EZ: ab € 58, DZ: ab € 50, inkl. Frühstück, ganzjährig geöffnet, @

☺ weitere Unterkünfte und Gaststätten im Ort, www.jachenau.de

In Jachenau gelangen Sie über den Parkplatz auf die Hauptstraße. Dort halten Sie sich rechts und passieren den Gasthof Post. Nach wenigen Metern verlassen Sie den Ort bereits wieder. Folgen Sie dafür für ca. 100 m der Straße und biegen Sie dann links in einen Feldweg ab.

☺ Auch wenn das Ziel Venedig noch gut 460 km entfernt ist, so ist es bereits am dortigen Wegweiser angeschrieben.

Gleich an der ersten Abzweigung nach 70 m biegen Sie wieder links ab und wandern über einen schmalen Wiesenpfad über die Weide. Kurz darauf führt der Weg am Zaun und einer Baumreihe entlang. Der Wiesenpfad geht in eine Teerstraße über. Folgen Sie dieser weiter geradeaus bis zum Luitpolder Hof. Ab hier verläuft eine Schotterstraße geradeaus bergauf Richtung Wald. Kurz darauf überqueren Sie den Bach Jachen und passieren dort den niedrigsten Punkt der Etappe. Die ansteigende Schotterstraße verlassen Sie bereits nach 100 m links auf einem Wiesenpfad Richtung Vorderriß (Wanderweg 490).

Sie wandern nun im Wald steil bergauf. An der ersten Kehre halten Sie sich links und folgen weiter dem Wanderweg 490. Auf einer breiten Schotterstraße mit großen Steinen steigen Sie am Hang des Wilfetsbergs empor. Der Weg führt um einen Rücken herum und wird tendenziell schmaler. Durch ein Gatter gelangen Sie auf eine Schotterstraße, der Sie geradeaus bergauf folgen. Sie befinden sich bis zum kleinen Ahornboden nun auf dem alten Pilgerweg „Benediktbeuren – St. Georgenberg".

Nach 500 m leichter Steigung erreichen Sie eine Weggabelung. Dort biegen Sie für den Normalweg über die Lainer Alm links ab.

↳ Alternativ könnten Sie auch für ca. 1,5 km geradeaus wandern und an der nächsten Abzweigung links abbiegen. So gelangen Sie hinter dem Wilfetsbach rechts zur Luitpolder Alm.

Für den Weg über die Lainer Alm biegen Sie an der Abzweigung links ab und halten sich nach ca. 50 m an der Weggabelung rechts. Auf einer Forststraße gelangen Sie so geradeaus durch teils dichten Wald zu einer T-Kreuzung. Dort halten Sie sich rechts und Sie erreichen kurz darauf die **Lainer Alm ❺ (4 Std. 25 Min.)**.

☒ **Lainer Alm**, keine Bewirtung, gelegentlich frische Buttermilch (nicht täglich), ⩪ 💧

Sie lassen die Lainer Alm links oberhalb liegen und verlassen in der ersten Kehre unterhalb der Alm die Schotterstraße geradeaus. Auf einem breiten Wanderweg gelangen Sie weiter am Bach entlang durch herrlichen Mischwald. Der Weg trifft wieder auf eine breite Schotterstraße. Folgen Sie ihr rechts und an der nächsten Kreuzung links zur nahen **Luitpolder Alm ❻ (4 Std. 45 Min.)**.

☒ **Luitpolder Alm**, keine Bewirtung

Ein Wiesenpfad führt an der Alm vorbei. Ca. 100 m hinter der Alm erreichen Sie einen Wegweiser auf der Wiese. Halten Sie sich hier links Richtung „Rißsattel". Im Folgenden dienen blaue Punkte und orangene Reflektoren als Wegmarkierungen, die durchgehend gut sichtbar angebracht sind.

Über die nächste Kreuzung gelangen Sie geradeaus Richtung „Vorderriß" und erreichen kurz darauf den bewaldeten **Rißsattel (1.217 m) ❼ (6 Std.)**. Trotz der hohen Bäume bietet sich immer wieder ein toller Blick hinab ins Rißtal und die dortigen weiten Schotterflächen, die der Rißbach, kurz bevor er in die Isar fließt, aus dem Karwendel angeschafft hat. Vom Sattel aus gelangen Sie in zahlreichen Kehren am steilen Hang entlang hinab ins Tal.

Vorsicht! Bei Nässe Rutschgefahr.

Vom Sattel aus sind es noch 435 Hm Abstieg bis zum Ziel in Vorderriß, die sich der Pfad in zahlreichen Kehren bergab schlängelt. Im Tal angekommen erreichen Sie eine Teerstraße. Die kleine Mautstraße verbindet Wallgau durch das malerische Isartal mit Vorderriß. Folgen Sie ihr links und wandern Sie am Mauthäuschen vorbei und über die Isarbrücke zum Gasthaus Post **Vorderriß (7 Std.)**.

Vorderriß

Gasthof Post Vorderriß, Vorderriß 5, 83661 Vorderriß, +49 (0)80 45/277, info@post-vorderriss.de, www.post-vorderriss.de, traditionelle, bayerische Spezialitäten, schöner Biergarten, EZ: ab € 86,70, DZ: ab € 64,70, im Lager: ab € 42,70, inkl. Frühstück, Kurzaufenthalt + € 10, ganzjährig geöffnet, Di & Mi Ruhetag (Küche ist geschlossen, allerdings kann übernachtet werden), @

Sollte die Unterkunft am Etappenende in Vorderriß belegt sein, können Sie zu Fuß oder mit dem Bus nach Hinterriß gelangen und dort im Gasthof Post nächtigen.

5. Etappe: Von Vorderriß zum Karwendelhaus

24,7 km, 7 Std. 30 Min., ↑ 1.050 m, ↓ 70 m, ⇧ 782-1.803 m

Anspruch: Bergweg rot

0,0 km	⇧ 782 m	Vorderriß
2,9 km	⇧ 815 m	Rißtalstraße (TÖL 24)
4,8 km	⇧ 850 m	Oswaldhütte
5,5 km	⇧ 860 m	Brücke am Rißbachfall, Grenze Deutschland-Österreich
11,0 km	⇧ 928 m	Hinterriß
14,8 km	⇧ 1.025 m	Brücke über den Johannesbach
20,5 km	⇧ 1.380 m	Kleiner Ahornboden/Hermann-von-Barth-Denkmal
23,9 km	⇧ 1.803 m	Hochalmsattel
24,7 km	⇧ 1.765 m	Karwendelhaus

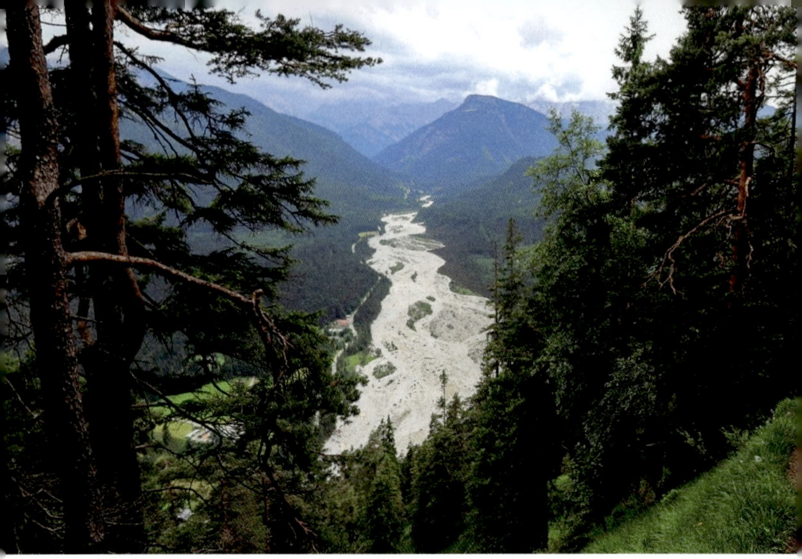

Blick vom Rißsattel ins Rißtal

Die 5. Etappe führt zunächst gemütlich durch das Rißtal bis Hinterriß. Sie wandern dabei hauptsächlich auf Forstwegen durch den Wald und auch 3,4 km direkt entlang der Talstraße. Bei der Brücke über den Rißbach überqueren Sie die Grenze zu Tirol und befinden sich nun in Österreich. (☺ Schlechtwetteralternative: Vorderriß – Hinterriß mit dem Bus.) In dem Örtchen beginnt der Aufstieg durch das Johannestal und Sie steigen tiefer ins Karwendel hinein. Es erwarten Sie zunächst hauptsächlich Forstwege und schmale Pfade durch teils dichten Nadelwald. Auf etwa halber Strecke des Aufstiegs erreichen Sie den malerischen „Kleinen Ahornboden". Dort wachsen uralte Ahornbäume. Sie entwickelten sich während der Wirren des 30-jährigen Krieges, als kein Vieh mehr aufgetrieben wurde. Außerdem befindet sich dort das Denkmal zu Ehren von Freiherr Hermann v. Barth, dem großen Alpinisten und Karwendel-Erschließer. Durch das untere Filztal gelangen Sie schließlich hinauf auf den weiten Hochalmsattel. Er ist der höchsten Punkt der Etappe. Weidende Kühe auf herrlichen Almwiesen unterhalb der steilen Felswände und der grandiose Blick hinab ins Karwendeltal sind ein bezaubernder Anblick und machen Lust auf die nächsten Tage im Karwendel. Die Etappe endet am herrlich gelegenen Karwendelhaus. Es ist ein großer Stützpunkt für Touren aller Art und auf der Sonnenterrasse lässt sich der Tag hervorragend ausklingen.

Anforderungen: von Vorder- nach Hinterriß unschwierige Forstwege und Straßenpassagen, Aufstieg durchs Johannes- und Filztal auf Forststraßen und einfachen bis mittelschweren Bergwegen, keine Schwierigkeiten

Mit dem Bus nach Hinterriß: Sie können auch von Vorriß mit dem Bus nach Hinterriß gelangen.

Bergsteigerbus (9569), Haltestelle: „Vorderriß Gasthof Post", ☏ +49 (0)80 22/18 75 00, www.rvo-bus.de, Abfahrt: „Vorderriß Gasthof Post": Mo-Fr 10:43, 15:43 (Mitte Juni-Mitte Okt), Sa, So und Feiertage 7:41, 8:41, 9:53, 10:53, 14:53, 16:41 17:51 (Mitte Mai-Anfang Nov), Ankunft: „Hinterriß Gasthof Post" (☞ S. 91)

Vom Gasthaus Post folgen Sie der Fahrstraße Richtung Hinterriß um die Kurve herum und biegen nach 100 m links auf einen Wanderweg ab. Sie passieren die kleine Heilig-Kreuz-Kapelle und wandern rechts zwischen den Häusern hindurch auf einer Teerstraße geradeaus weiter Richtung Wald. Ca. 20 m hinter dem Waldrand verlassen Sie die Straße nach links. Nun wandern Sie an den kommenden Abzweigungen immer geradeaus, bis Sie nach 1,9 km an eine T-Kreuzung gelangen. Biegen Sie dort rechts ab. Nach 500 m gelangen Sie zur **Fahrstraße durchs**

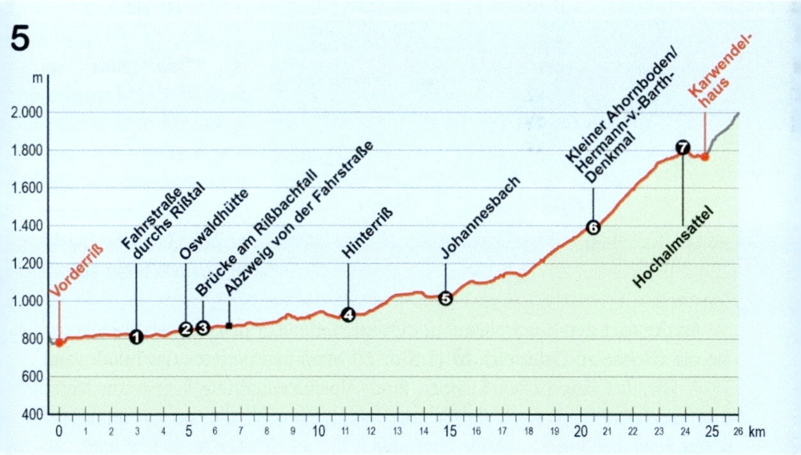

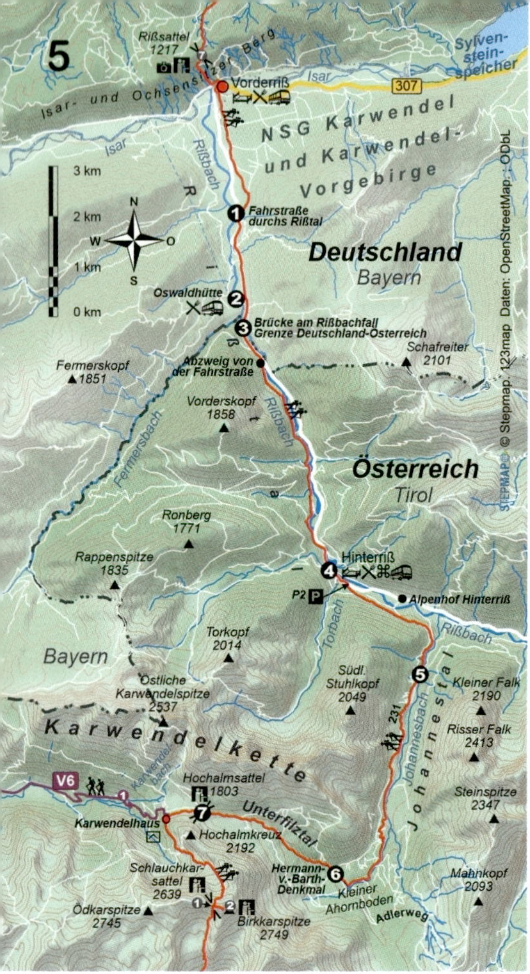

Rißtal (TÖL 24) ❶ (35 Min.). Folgen Sie dieser links am Fahrbahnrand für ca. 500 m, bis Sie kurz hinter einem Wanderparkplatz links auf einen Forstweg abbiegen. Auf ihm können Sie eine Kurve der Straße abkürzen. An der Gabelung nach wenigen Metern wandern Sie rechts weiter und treffen kurz darauf wieder auf die Fahrstraße, der Sie links folgen. Für die nächsten 2,5 km wandern Sie nun neben der Fahrbahn der Straße. Nach 1 km passieren Sie die **Oswaldhütte ❷ (1 Std. 10 Min.)**.

Oswaldhütte, Vorderriß 30, 83661 Lenggries, +49 (0)1 76/56 78 11 25, www.lenggries.de, bayerische Spezialitäten, Biergarten, keine Übernachtung möglich, April bis Okt ab 10:00, Mo Ruhetag.

An der nächsten Brücke hinter der Oswaldhütte über den Rißbach überqueren Sie die **Grenze zu Österreich ❸ (1 Std. 20 Min.)** und betreten das Bundesland Tirol. Die fünf bayerischen Etappen Ihrer Alpenüberquerung liegen nun hinter Ihnen und damit sinkt auch die Zahl der Biergärten sowie die Auswahl an bayerischen Feierabendbieren. Dafür überqueren Sie an der Landesgrenze auch die vom Autor definierte „Kaiserschmarrengrenze“, ab der sich die Qualität dieser kulinarischen Köstlichkeit signifikant erhöht.

☺ An einer der nächsten Jausen in Tirol sollten Sie sich den Genuss dieser Spezialität in jedem Fall gönnen.

Nach weiteren 900 m am Straßenrand, direkt **vor** der nächsten Brücke, verlassen Sie die Fahrstraße geradeaus und wandern auf einer Forststraße weiter flussaufwärts. Für die nächsten 4,3 km bleiben Sie auf der Forststraße und wandern immer in der Nähe des Rißbachs durch Wald und entlang kleiner Lichtungen. Kurz vor Hinterriß treffen Sie wieder auf die Fahrstraße und folgen dieser rechts in den Ort.

Hinterriß

🛏 ✕ **Gasthof Post**, Hinterriß 10, 6215 Hinterriß, ☏ +43 (0)52 45/206, info@post-hinterriss.info, www.post-hinterriss.info, Tiroler Spezialitäten und internationale Gerichte, EZ: ab € 59, DZ: ab € 50,50, inkl. Frühstück, ganzjährig geöffnet, @

⌘ **Naturparkhaus Hinterriß**, Hinterriß 4, 6215 Hinterriß, ☏ +43 (0)52 45/289 14, info@karwendel.org, www.karwendel.org, Museum des Naturparks Karwendel mit den Schwerpunkten Natur, Geschichte, Jagd und Menschen des Karwendels, Eintritt € 3, Mai bis Okt täglich 9:00-17:00

Sie wandern durch **Hinterriß ❹ (2 Std. 45 Min.)** am Gasthof Post vorbei und folgen dem Verlauf der Hauptstraße durch den Ort. Gegenüber dem Gasthof Post befindet sich das Naturparkhaus Hinterriß, in dem sich ein kurzer Besuch in jedem Fall lohnt. Verlassen Sie den Ort und folgen Sie der Straße bis zu einem Parkplatz (P2). Dort biegen Sie rechts auf eine Schotterstraße ab und folgen der Beschilderung „Kleiner Ahornboden“. Der Weg führt leicht bergauf in den Wald hinein. An der ersten Abzweigung wandern Sie geradeaus leicht bergauf am Hang entlang.

Nach 1,4 km trifft ein Weg vom „Alpenhof“ von links auf die Schotterstraße. Nach 100 m biegen Sie links von der Forststraße auf einen Wanderweg Richtung „Karwendelhaus“ ab. Der Weg führt weiter durch den Wald. In seinem Verlauf führt er um einen Rücken herum ins Johannestal hinein. An der nächsten Abzweigung halten Sie sich links in Richtung „Johannestal“. Es geht kurz bergab und geradeaus weiter. Kurz darauf überqueren Sie einen kleinen Seitenbach und

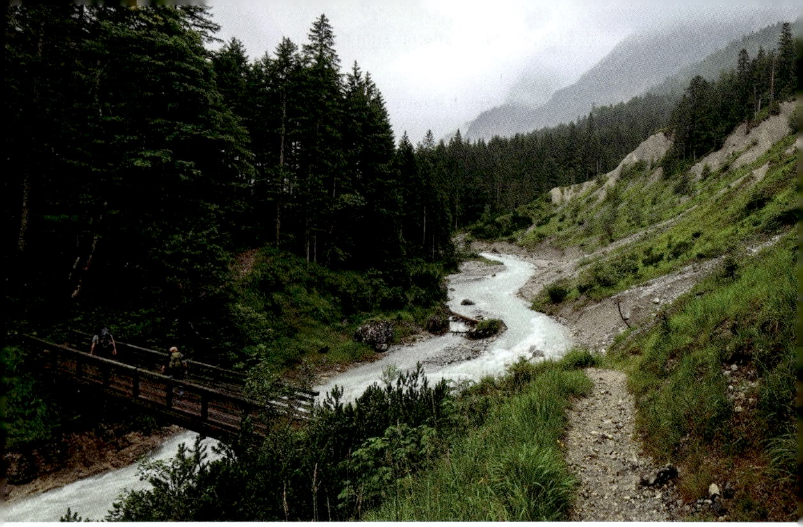

Aufstieg durchs Johannestal

wandern weiter durch den Nadelwald und über eine **Brücke über den Johannesbach ❺ (3 Std. 45 Min.)**. Auf der gegenüberliegenden Seite steigen Sie hoch zur Forststraße und folgen dieser rechts.

Kurz darauf gelangen Sie wieder über eine Brücke und folgen für die nächsten 1,3 km dem Verlauf der Schotterstraße bergauf. In einer Kehre biegen Sie dann links auf einen Wanderweg ab und folgen der Beschilderung „Karwendelhaus".

Der weitere Weg verläuft leicht auf und ab durchs Tal, bis Sie wieder auf die Schotterstraße treffen. Folgen Sie dieser links zunächst bergauf, später bergab am Bach entlang und wieder bergauf. Nach 100 Hm Aufstieg gelangen Sie durch eine Kehre geradeaus auf den Wanderweg 231 Richtung „Karwendelhaus" und kommen wieder auf eine Schotterstraße. Dort befindet sich links der nächste Wegweiser, der Sie geradeaus weiter Richtung „Karwendelhaus" leitet.

Sie wandern nun wieder am Johannesbach entlang und betreten bald den **Kleinen Ahornboden ❻ (5 Std. 45 Min.)**.

Kleiner und Großer Ahornboden: Der Kleine Ahornboden und der etwas weiter östlich gelegene Große Ahornboden sind für ihre über 2.200 Bergahorne bekannt, von denen einige bis zu 600 Jahre alt sind und unter Naturschutz stehen. Besonders im Herbst stellen sie ein beliebtes Ausflugsziel dar und bietet durch ihre bunten Blätter in herbstlicher Atmosphäre ein einzigartiges Naturschauspiel.

Der Untergrund im Rißtal ist sandig und karg, was eine ideale Grundlage für Bergahorne darstellt. Gleichzeitig ist er für Fichten und Tannen ungeeignet. Die meisten Bergahorne stammen aus dem 17. Jh., als während der Wirren des 30-jährigen Krieges kein Vieh mehr in die „Eng" getrieben wurde und die Schösslinge ungestört anwachsen konnten. Damit diese einzigartige Landschaft erhalten bleibt, finden regelmäßig Nachpflanzungen statt, an denen sich jedermann durch Baumpatenschaften an der Finanzierung beteiligen kann.

An der nächsten Kreuzung befindet sich zwei Häuser und das Hermann-von-Barth-Denkmal.

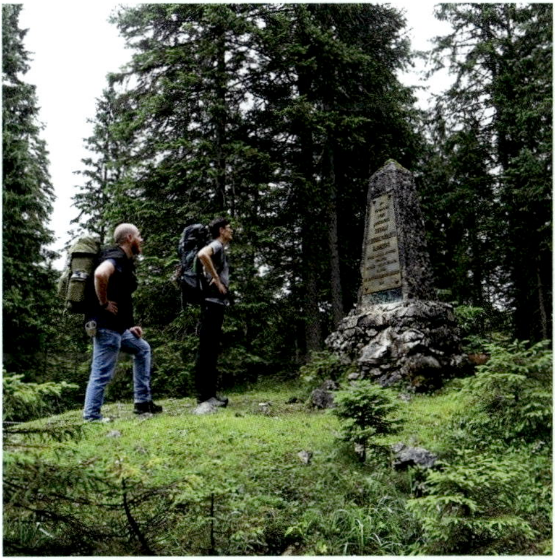

Das Hermann-von-Barth-Denkmal im Kleinen Ahornboden

Das Denkmal erinnert an **Freiherr Hermann von Barth**. Er lebte von 1845 bis 1876 und gilt heute als einer der Karwendel-Erschließer. Hermann von Barth bestieg im Sommer 1870 als Alleingänger 88 Karwendelgipfel, wovon zwölf Erstbesteigungen waren, unter anderem die Kaltwasserspitze, die Lalidererspitze, die Östliche Karwendelspitze und mit der Birkkarspitze auch den höchsten Berg des Karwendels. Hermann von Barth war viel unterwegs. Beispielsweise war er im Jahr davor bereits auf 40 Gipfeln der Allgäuer Alpen und 1871 bestieg er zahlreiche Gipfel im Wettersteingebirge. Er starb 1876 im Alter von 31 Jahren bei einer Forschungsreise in Afrika. Ihm zu Ehren wurden verschiedene geografische Punkte der nördlichen Kalkalpen nach ihm benannt, beispielsweise die Barthspitze (Karwendel) oder Hermann-von-Barth-Hütte (Allgäuer Alpen).

Das Treffen der Fernwanderwege: Am Hermann-von-Barth-Denkmal treffen Sie auf den Adlerweg. Die beiden Fernwanderwege besitzen für die nächsten 20,3 km denselben Routenverlauf. Erst an der ersten Abzweigung hinter dem Lafatscher Joch (7. Etappe) zweigt der Adlerweg nach rechts Richtung Innsbruck ab.

Der Adlerweg ist Tirols bekanntester Fernwanderweg und führt in 24 Tagesetappen einmal quer durch Nordtirol. Er ist 320 km lang und beginnt im Osten nahe St. Johann in Tirol und führt immer gen Westen auf die Passhöhe des Arlbergpasses. Dabei durchquert der Adlerweg fünf Gebirge der nördlichen Kalkalpen: das Kaisergebirge, die Brandenberger Alpen mit dem Rofan, das Karwendel, das Wettersteingebirge und die Lechtaler Alpen. Im Vergleich zur Strecke von München nach Venedig kann er noch als echter Geheimtipp betrachtet werden, da er teils durch ursprüngliche Regionen führt und generell weniger Wandernde auf ihm unterwegs sind.

📖 **Österreich: Adlerweg** von Christian K. Rupp, Conrad Stein Verlag, Band 359, ISBN 978-3-86686-469-6, € 14,90

Blick ins Karwendeltal

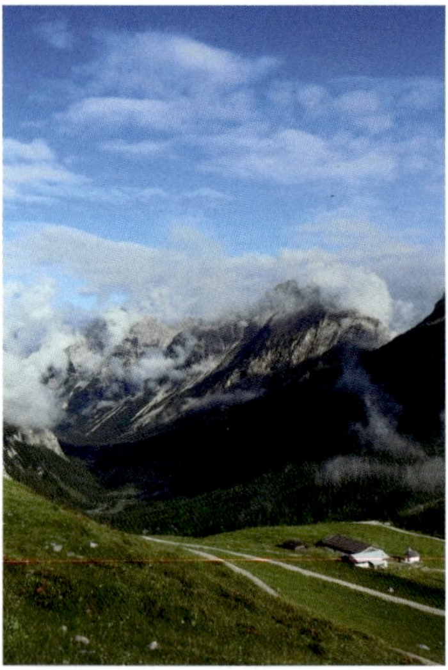

Am Denkmal führt der Weg geradeaus weiter zum Karwendelhaus. Ab dem Kleinen Ahornboden steigen Sie durch das Unterfilztal Richtung Karwendelhaus. Zunächst wandern Sie auf einer Schotterstraße durch den Nadelwald. Nach 500 m geht die Straße in einen Wanderweg über und Sie steigen weiter durch das schmale Tal bergauf.

✋ Auf dem Weg fließt stellenweise das Regenwasser gen Tal und der Pfad ist vor allem bei Regen oder an nassen Tagen recht matschig und teilweise rutschig.

An der nächsten Abzweigung wandern Sie geradeaus durch das Gatter.

Der Wald hört auf und Sie gelangen über eine Wiese bis zu einer Schotterstraße nahe einer Kuhtränke. Folgen Sie der Schotterstraße rechts Richtung „Karwendelhaus". Sie steigen zunächst zum Hochalmsattel hinauf, der den höchsten Punkt der Etappe darstellt. Der **Hochalmsattel (1.803 m) ❼ (7 Std. 15 Min.)** ist mit einem kleinen Bildstock markiert.

📷 Der Wegabschnitt um den Hochalmsattel ist Karwendelidylle pur. Sie wandern inmitten einer weiten Kuhweide und um Sie herum türmen sich die großen Karwendelgipfel auf: links das Massiv der Birkkarspitze (2.749 m), rechts die Östliche Karwendelspitze (2.537 m) und vor Ihnen liegt das traumhafte Karwendeltal.

Vom Sattel führt die Schotterstraße bergab bis zu einer Abzweigung. Dort biegen Sie links ab und erreichen nach kurzem Marsch das nahe **Karwendelhaus (7 Std. 30 Min.)**. Das Haus ist kühn in den Hang gebaut und einer der wichtigsten Stützpunkte für Bergsportlerinnen und -sportler im Karwendel. Auf der Sonnenterrasse lässt sich eine herrliche Aussicht ins Karwendeltal und auf die Östliche Karwendelspitze genießen.

Karwendelhaus, Alpenvereinshütte, ☏ +43 (0)7 20/98 35 54, info@karwendelhaus.com, www.karwendelhaus.com, Bergsteigeressen, Abendessen 18:00, Frühstück ab 6:30, 180 Betten: 45 in Zimmern: € 42 (AV: € 23), 135 im Lager: € 30 (AV: € 14), ohne Frühstück, HP + € 48, Online-Reservierung nötig, Anfang Juni bis ca. Mitte Okt, einer der wichtigsten Bergsportstützpunkte im Karwendel, ☺ tolle Panoramaterrasse, nach dem Abendessen Toureninfos und Wetterbericht vom Hüttenwirt, ( )

6. Etappe: Vom Karwendelhaus zum Hallerangerhaus/-alm

➲ *14,3 km,* ⌛ *8 Std. 30 Min.,* ↑ *1.550 m,* ↓ *1.550 m,* ⇧ *1.220–2.749 m*

Anspruch: Bergweg schwarz ●

0,0 km	⇧ 1.765 m	Karwendelhaus
3,0 km	⇧ 2.639 m	Schlauchkarsattel
3,0 km	⇧ 2.635 m	Birkkarhütte (Schutzhütte) ☒
3,2 km	⇧ 2.749 m	Birkkarspitze
6,2 km	⇧ 1.685 m	Birkkarbach
9,5 km	⇧ 1.220 m	Abzweigung ↳ zur Kastenalm ✕
13,7 km	⇧ 1.650 m	Abzweigung ↳ zur Hallerangeralm
14,3 km	⇧ 1.768 m	Hallerangerhaus

Auf der 6. Etappe liegt einer der ersten alpinistischen Höhepunkte der Tour nach Venedig vor Ihnen. Die zeitlich recht lange Etappe umfasst viele Höhenmeter im Auf- und Abstieg und ist im Bereich um den Schlauchkarsattel technisch anspruchsvoll. Vom Karwendelhaus geht es zunächst steil über Schotter und Geröll hinauf durchs Schlauchkar zum Schlauchkarsattel. Von dort erfolgt der letzte Aufstieg zur Birkkarspitze (2.749 m). Sie ist der höchste Gipfel des Karwendels und gleichzeitig einer der höchsten Punkte der Alpenüberquerung. Der stahlseilgesicherte Aufstieg vom Schlauchkarsattel zum Gipfel ist gleich dem Abstiegsweg. Vom Schlauchkarsattel aus steigen Sie ebenso steil über Geröllfelder bergab ins Hinterautal, das Quellgebiet der Isar. Der lange Abstieg um 1.550 Hm erfordert Kondition, Trittsicherheit und Schwindelfreiheit. Im oberen Bereich ist im sehr brüchigen Fels erhöhte Aufmerksamkeit geboten. Nach dem langen Abstieg lädt die Kastenalm zu einer kleinen Jause ein. Von dort wandern Sie auf einer Forststraße teils steil hinauf bis zum Etappenende am Halleranger.

☺ *Schlechtwetteralternative: Sollte der Übergang über den Schlauchkarsattel nicht möglich sein, können Sie diesen auch über Scharnitz umgehen,* ☞ *Variante 6, S. 104.*

☺ *Holen Sie in jedem Fall Informationen zur Wegbeschaffenheit beim kompetenten Wirt des Karwendelhauses ein.*

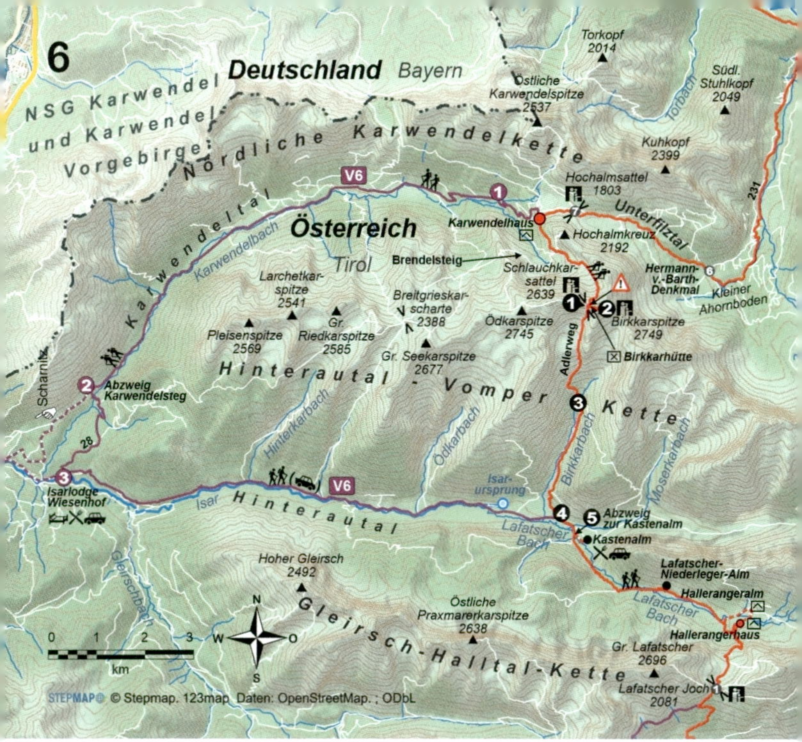

***Anforderungen**: schwerer Bergweg mit zahlreichen Stahlseilsicherungen beim Auf- und Abstieg, technisch anspruchsvoller Übergang in teils weglosem Gelände im Bereich des Schlauchkarsattels, Vorsicht vor brüchigem Felsen und Steinschlaggefahr beim Abstieg, ab dem Hinterautal einfache, aber steile Forstwege zum Etappenende. Die Etappe erfordert Kondition, Trittsicherheit und alpine Erfahrung.*

Direkt am Karwendelhaus beginnt der Aufstieg Richtung Birkkarspitze (2.749 m). Schon am Anfang der Etappe ist Trittsicherheit gefordert, wenn es durch die Lawinenverbauung über dem Haus steil bergauf geht. Bereits hier finden sich stahlseilversicherte Stellen, die besonders steile Passagen absichern.

↳ Umgehung Birkkarspitze, ☞ Variante 6, S. 104

Nach dem ersten steilen Anstieg von ca. 70 Hm geht es zunächst gemütlich durch Latschenkiefern bergauf. An den zwei folgenden Abzweigungen, links zum Hochalmkreuz (2.198 m) und rechts zum Brendelsteig, wandern Sie jeweils geradeaus.

Der Steig wird im Folgenden steiler und das Geröllfeld des Schlauchkars beginnt. Bis zum Sattel geht es nun ausschließlich durch Felsen und Geröll bergauf. Auf dem teilweise sehr nachrutschenden Geröll können sich bis lange in den Sommer Schneefelder halten, die das Vorankommen zusätzlich erschweren. Neuschnee kann auch im August fallen. Der generell sehr steile und anspruchsvolle Aufstieg ist gut mit roten Punkten markiert, sodass sich der Weg auch im Geröll gut finden lässt.

Vorsicht, Steinschlaggefahr! Vor allem bei vielen vorausgehenden Wandernden vom Ende des Schotterfelds bis hinauf zum Schlauchkarsattel.

Am Ende des weiten Geröllfeldes führt der Steig über mehrere Felsabsätze bergauf.

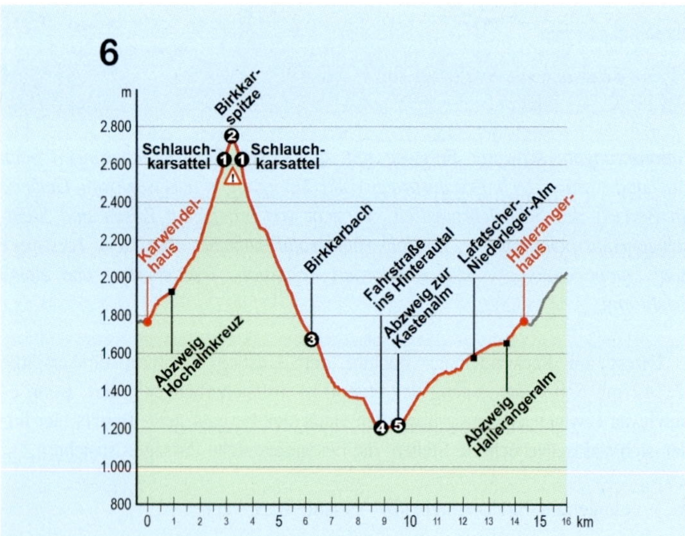

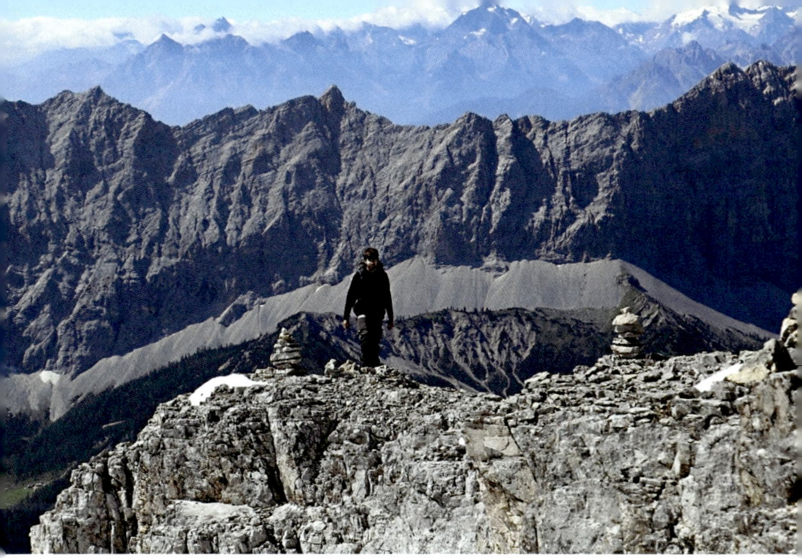

Auf dem Gipfel der Birkkarspitze (2.749 m)

Vorsicht! Rutschgefahr durch kleine Steine auf großen Felsplatten.

Der Steig macht nun einen leichten Rechtsbogen an der Hangflanke entlang und führt dann links auf einem Schotterrücken hinauf zum Sattel. Nach 864 Hm Aufstieg ist der **Schlauchkarsattel (2.639 m) ❶ (3 Std.)** erreicht. Beim Blick zurück nach Norden taucht die Benediktenwand am Horizont auf und der Weg der letzten Tage durch die Nordflanke der Alpen lässt sich gut nachvollziehen.

☒ Etwas versteckt ca. 50 m weiter links vom Schlauchkarsattel befindet sich die im Jahr 2000 renovierte Birkkarhütte. Sie ist eine Notunterkunft, die mit zwei Bänken, einem großen Tisch und einer Gitarre ausgestattet ist. Da es auch im Sommer bei schönem Wetter an dieser exponierten Stelle teilweise recht kühl sein kann, ist dieser geschützte Fleck eine gute Möglichkeit für eine geschützte Rast.

Vom Schlauchkarsattel aus haben Sie die Wahl, den letzten Aufstieg zum Gipfel der Birkkarspitze (2.749 m) in Angriff zu nehmen oder alternativ vom Schlauchkarsattel aus direkt mit dem Abstieg ins Hinterautal zu beginnen (bei einem direkten Abstieg sparen Sie den Gipfelanstieg: ➲ 400 m, ⌛ 1 Std., ↑ 115 m, ↓ 115 m).

Von der Birkkarhütte aus erfolgt ein letzter Aufstieg auf den Gipfel der **Birkkarspitze (2.749 m) ❷ (3 Std. 30 Min.).** Sie ist der höchste Gipfel des Karwendels und bietet ein grandioses 360°-Panorama. Die ca. 100 Hm vom Sattel erfordern nochmals äußerste Trittsicherheit, da viel loses Geröll auf dem felsigen Weg zum Gipfel liegt und einige seilversicherte Passagen passiert werden müssen. Der Ausblick über das Karwendel und bis weit Richtung Alpenhauptkamm sind die Strapazen des Aufstieges allerdings allemal wert. Der Rückweg zum Schlauchkarsattel verläuft auf demselben Weg.

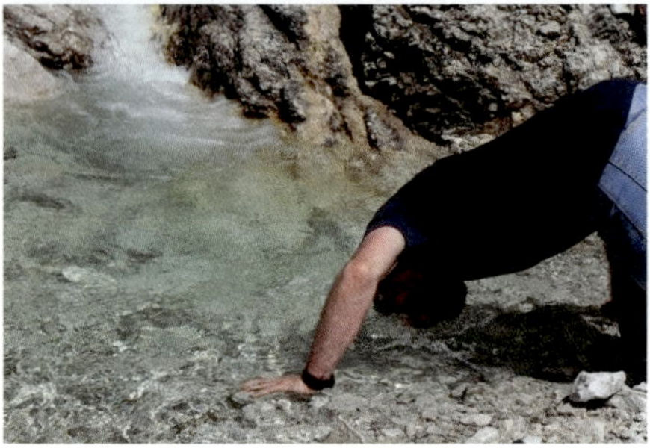

Der Birkkarbach lädt zu einer kurzen Pause zum Wasserfassen ein

Vom Schlauchkarsattel aus beginnt der Abstieg von 1.400 Hm ins Hinterautal. Von der Birkkarhütte aus begeben Sie sich zunächst zurück auf den Sattel. Hier ist auf einem Wegweiser das Hallerangerhaus bereits ausgeschildert. Der Beginn des Abstieges ist sehr steil und anspruchsvoll. Er verläuft durch brüchigen Fels und viel loses Geröll und ist teils recht rutschig. Steile Passagen sind teilweise wieder stahlseilversichert, allerdings sind diese Sicherungen aufgrund des brüchigen Felsens bewusst zu prüfen und es sollte ihnen nicht blind vertraut werden.

Nach der ersten sehr steilen Passage durch brüchigen Fels folgt im Westlichen Birkkar ein großes Geröllfeld. Teilweise kann hier im losen Geröll der Schotterreißen „abgerutscht“ werden. An einigen Stellen ist der Untergrund allerdings auch so fest, dass Sie auf dem Weg absteigen müssen. In der ersten flacheren Passage steigen Sie über großes Blockgelände.

Je tiefer Sie gelangen, desto besser wird der Weg. Auch die Vegetation ändert sich über den gesamten Abstieg. Zunächst Geröll und große Felsen, später vereinzelte Grünflächen mit Latschenkiefern, dann immer mehr Latschengewächse, bis kurz vor dem Tal ein Nadelwald beginnt.

Beim Überqueren des **Birkkarbaches ❸ (5 Std.)** nach 950 Hm Abstieg steigt der Weg kurz an und Sie wandern daraufhin durch Latschenkiefern sanft bergab. Es folgt nochmals ein Schotterfeld und ein kurzes stahlseilversichertes Stück. Nun liegt das Geröllfeld endgültig hintern Ihnen und Sie gelangen auf guten Wegen weiter bergab. Rechts bietet sich ein kurzer Blick in die unerschlossene Birkkarklamm. Die restlichen Höhenmeter steigen Sie im Nadelwald bergab bis zu einer Feuerstelle.

Den Abschluss des Abstieges bildet wieder ein ebenes Geröllfeld. Es befindet sich am unteren Ende der Birkkarklamm und wurde durch den Bach aus mitgerissenem Geröll des Westlichen Birkkares gebildet. Hier angekommen halten Sie sich links und gelangen nach ca. 300 m zu einem **Wegweiser ❹ (6 Std. 25 Min.)** an einer geschotterten Fahrstraße, die durch das Hinterautal führt. An der Straße halten Sie sich links und folgen der Beschilderung „Hallerangerhaus/Hallerangeralm".

Isarursprung: In der entgegengesetzten Richtung, in etwa 500 m Entfernung Richtung Scharnitz, befindet sich rechts des Weges der Isarursprung. Wer den Umweg in Kauf nimmt, den weist eine Tafel auf den Ursprung des stetigen Begleiters der ersten drei Tagesetappen hin. Der Isarursprung ist keine Quelle im eigentlichen Sinn, sondern die Isar entspringt aus dem Zusammenfluss dreier Bäche. Der Lafatscher Bach als längster Quellfluss entspringt etwa 5 km entfernt am Hallerangerhaus und wird auch als Isarquelle bezeichnet.

Die letzten Höhenmeter Aufstieg zum Halleranger

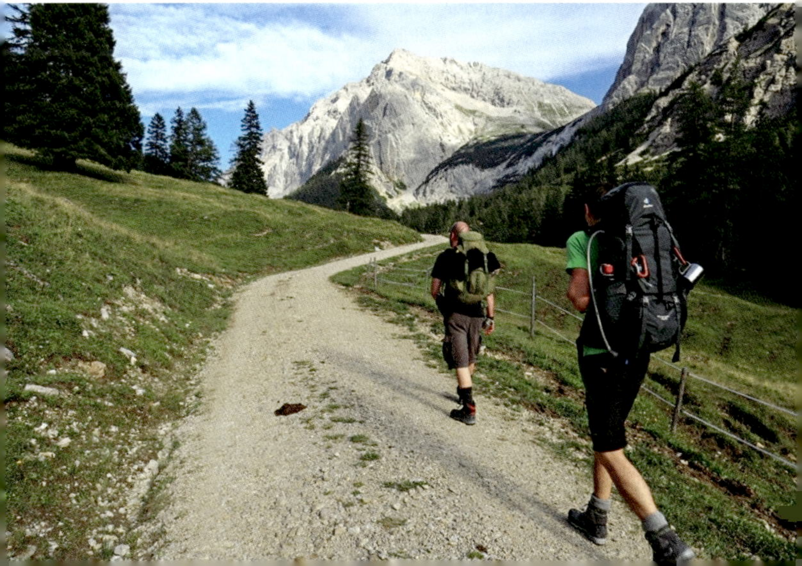

Auf dem weiteren Weg durch das Hinterautal sind wieder viele Mountainbiker unterwegs.

Kurz darauf gelangen Sie an eine **Abzweigung ❺ (6 Std. 30 Min.)**.

Hier haben Sie die Möglichkeit, einen Abstecher zur Kastenalm zu unternehmen.

Nach dem langen Abstieg durch das Birkkar ist die Kastenalm ideal für eine kleine Jause geeignet. Ob Jause oder nicht, es geht auf der Schotterstraße noch 550 Hm steil bergauf bis zum Etappenende.

Kastenalm, 6108 Scharnitz, +43 (0)6 64/531 67 96, www.kastenalm.at, Hüttenjause, Speck, Käse, Getränke, Anfang Juni bis Ende Sep, Mi Ruhetag

Vom Abzweig zur Kastenalm sind es noch gut 2 Std. zur Hallerangeralm bzw. dem Hallerangerhaus. Zunächst steigen Sie im weiteren Verlauf auf einer Forststraße sehr steil bergan. An der ersten Kreuzung halten Sie sich links immer Richtung „Hallerangerhaus“. Bis zum Etappenende bleiben Sie nun auf dieser Forststraße und passieren den Lafatscher Bach und die unbewirtschaftete Lafatscher-Niederleger-Alm.

An der folgenden Weggabelung, etwa 1,3 km hinter der Lafatscher-Niederleger-Alm, haben Sie an der Weggabelung die Wahl, links zur **Hallerangeralm** und rechts zum **Hallerangerhaus (8 Std. 30 Min.)** zu gelangen. Beide Hütten sind gute Übernachtungsmöglichkeiten, ungefähr gleich weit entfernt und in knapp 15 Min. zu erreichen.

Hallerangeralm, Brand 390, 6108 Scharnitz, +43 (0)6 64/105 59 55 oder +43 (0)07 20/31 68 53, schallhart@halleranger-alm.at, www.halleranger-alm.at, gutbürgerliche Küche (Rindfleisch aus eigener Zucht), Bergsteigeressen, 68 Betten: 28 in Zimmern: € 35 (inkl. Bettwäsche), 40 im Lager: € 22, HP + € 35, Reservierung erforderlich, Anfang Juni bis Mitte Okt

♦ **Hallerangerhaus**, Alpenvereinshütte, Karwendel 3, 6067 Absam Tirol, +43 (0)6 64/893 75 83, info@hallerangerhaus.at, www.hallerangerhaus.at, Tiroler Küche aus fast ausschließlich regionalen Produkten, Bergsteigeressen, 88 Betten: 22 in Zimmern: DZ: € 42 (AV: € 30), MZ: € 33 (AV: € 21), 66 im Lager: € 26 (AV: € 14), HP + € 37, Online-Reservierung erforderlich, Anfang Juni bis Mitte Okt

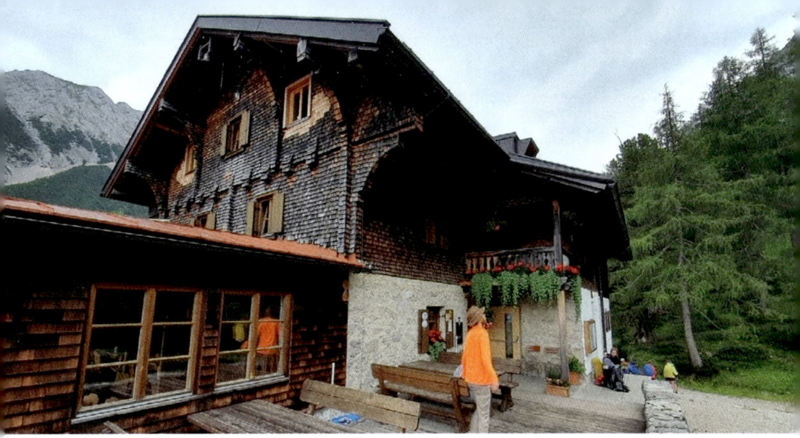

Das Hallerangerhaus

Das Karwendel liegt zum Großteil in Tirol und nur ein kleiner Teil im Norden gehört zu Bayern. Im Westen grenzt es bei Seefeld an das Wettersteingebirge und im Osten reicht es bis an den Achensee. Die südliche Grenze bilden der Inn und die Alpenmetropole Innsbruck. Es hat dabei eine Ost-West-Ausdehnung von 45 km und eine Nord-Süd-Ausdehnung von 30 km. Dabei besteht das Karwendel aus vier großen Gebirgsketten, die sich von West nach Ost ziehen. Hinzu kommen zahlreiche Seitenketten und alleinstehende Berge. Die einzelnen Ketten sind jeweils nach den Namen der Täler benannt, die im Süden an sie angrenzen. Von Nord nach Süd sind es die Nördliche Karwendelkette, Hinterautal-Vomper-Kette (Karwendelhauptkette), Gleirsch-Halltal-Kette und Inntalketten (Nordkette).

Unter Bergsteigenden ist das Karwendel ein beliebtes Ziel. Es umfasst 125 Gipfel über 2.000 m. Der höchste davon ist die Birkkarspitze mit 2.749 m. Von den Gipfeln sind nur wenige mit bequemen Wanderwegen erschlossen. Die meisten sind von Süden zwar erreichbar, aber die Anstiege sind oft weglos und recht steil. Außerdem entspringt im Karwendel die Isar, der viertgrößte Fluss Bayerns und Münchner Hauptwasserweg.

Benannt wurde das Karwendel nach einem germanischen Siedler mit dem altdeutschen Familiennamen „Kérwentil". Er besaß einen Hof im Westen, was der befahrbaren Alpe den Namen „Karwéndl" gab. Der Name wurde erstmals 1280 erwähnt und beschränkte sich ursprünglich nur auf das Karwendeltal bei Scharnitz. Die damalige Bevölkerung erweiterte den Begriff auf das gesamte Gebirge zwischen Seefeld und dem Achensee. 1774 wendeten zwei Tiroler Bauern den Begriff „Karwéndel" erstmals für die offizielle Kartierung der Region an.

Heute steht nahezu das gesamte Karwendel unter Schutz. Es begann mit dem Banngebiet von 1928, das als eines der ältesten Schutzgebiete der Ostalpen gilt. Im Jahr 2009 wurde das Karwendel zum Naturpark erklärt. Der Alpenpark Karwendel umfasst dabei insgesamt elf Schutzgebiete mit verschiedenen Schutzkategorien (Naturschutzgebiete, Landschaftsschutzgebiete, Ruhegebiete). Mit einer Fläche von 727 km² ist es der größte Naturpark Tirols, bietet Lebensraum für bedrohte Tierarten und beherbergt eine außergewöhnlich hohe Artenvielfalt. Unter anderem lässt sich eine Population des Rothirsches finden und eine Steinbockkolonie. Seit 1952 wurde in Tirol damit begonnen, Steinböcke wieder anzusiedeln. Die Kolonien entwickelten sich gut und umfassen heute wieder tirolweit etwa 5.600 Tiere.

Variante 6: Umgehung Birkkarspitze: Vom Karwendelhaus zum Hallerangerhaus/-alm

➲ 32,3 km, (davon optional 🚗 11,6 km), ⌛ 9 Std. 30 Min., ↑ 750 m, ↓ 740 m, ⇧ 1.025–1.774 m, Karte ☞ S. 96

Anspruch: Bergweg rot ●

0,0 km	⇧ 1.765 m	Karwendelhaus ⌂
1,8 km	⇧ 1.470 m	Karwendelbach
12,9 km	⇧ 1.110 m	Abzweigung ↳ Karwendelsteg
15,8 km	⇧ 1.025 m	Isarlodge Wiesenhof (🛏) ✕
🚗 (optional)		Taxifahrt, Isarlodge Wiesenhof – Kastenalm (dadurch -11,6 km, -3 Std. 15 Min.)
25,4 km	⇧ 1.160 m	Isarursprung
27,5 km	⇧ 1.220 m	Abzweigung ↳ zur Kastenalm ✕
31,7 km	⇧ 1.650 m	Abzweigung ↳ zur Hallerangeralm ⌂
32,3 km	⇧ 1.768 m	Hallerangerhaus ⌂

Es kommt nicht selten vor, dass der Übergang über die Birkkarspitze nicht möglich ist. Entweder liegt es an Alt- bzw. Neuschneefeldern oder das Wetter macht einen Strich durch die Rechnung. Richten Sie sich in jedem Fall nach den Ratschlägen des Hüttenwirts im Karwendelhaus.

Die Umgehung der Birkkarspitze ist über Scharnitz möglich. Dabei bieten sich Ihnen drei Möglichkeiten: Sie können die Birkkarspitze an einem Tag über die Isarlodge Wiesenhof umgehen – entweder komplett zu Fuß (✋ nur für konditi-

onsstarke Wandernde) oder mit einem Taxitransfer von Wiesenhof zur Kastenalm (verkürzt die Etappe um 3 Std. 15 Min.). Als dritte Möglichkeit bietet sich eine zweitägige Umgehung mit Übernachtung in Scharnitz an.

In jedem Fall steigen Sie für die Umgehung der Birkkarspitze zunächst auf einer Schotterstraße hinab ins Karwendeltal. Entweder Sie folgen der Schotterstraße dann bis Scharnitz und verbringen dort eine zusätzliche Nacht oder Sie biegen kurz vor Scharnitz links zum Karwendelsteg ab und gelangen so zur Isarlodge Wiesenhof. Von dort fahren Sie entweder mit dem Taxi zur Kastenalm oder Sie wandern zu Fuß dorthin. Von der Kastenalm erfolgt der letzte steile Aufstieg zum Hallerangerhaus/-alm über die Schotterstraße.

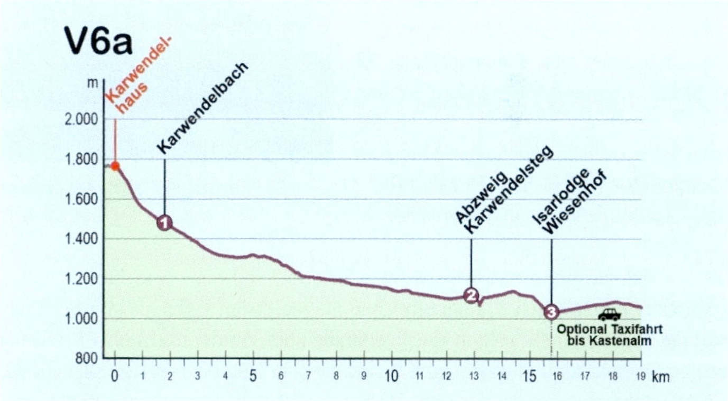

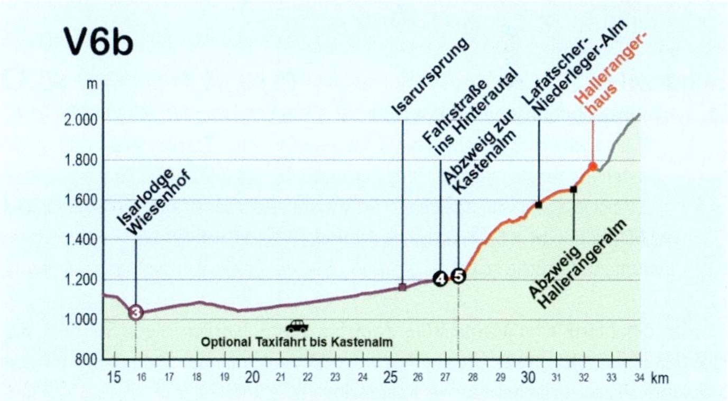

Anforderungen: überwiegend breite Schotterstraßen, aufgrund der Länge anstrengend

Für alle drei Möglichkeiten steigen Sie vom Karwendelhaus hinab ins Karwendeltal. Zu Beginn kürzt ein Wanderweg zwischen den Kehren der Schotterstraße ab. Nach 200 Hm Abstieg folgen Sie dann immer dem Verlauf der Schotterstraße bergab. Sie schlängelt sich zunächst in zahlreichen Kehren den Hang hinab und Sie überqueren den **Karwendelbach ❶ (1 Std.).** In seiner Nähe wandern Sie nun immer geradeaus durch das Tal, bis Sie nach 12,9 km links die Abzweigung zum **Karwendelsteg ❷ (3 Std. 45 Min.)** Richtung „Isarlodge Wiesenhof" erreichen.

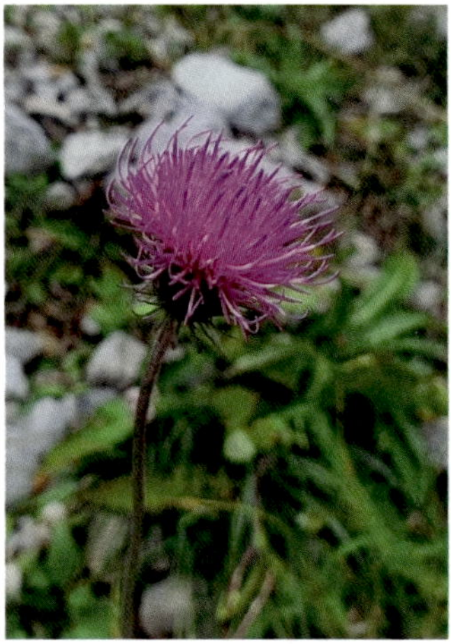

Farbtupfer am Wegesrand (Kratzdistel)

↳ Alle, die eine zusätzliche Nacht in Scharnitz verbringen möchten, wandern geradeaus weiter. Nach 3,3 km erreichen Sie die ersten Gebäude von Scharnitz und die Schotterstraße geht in eine Teerstraße über. An der nächsten T-Kreuzung biegen Sie links ab und überqueren rechts die Isar. Nun befinden Sie sich auf der Hinterautalstraße, auf der Sie dem Straßenverlauf folgend an der Touristeninformation vorbei ins Zentrum von Scharnitz gelangen.

Scharnitz

Touristeninformation, Hinterautalstr. 42, 6108 Scharnitz, ☎ +43 (0)50/88 05 40, info.scharnitz@seefeld.com, www.seefeld.com, täglich 9:00-17:00

Gästehaus Helga, Inrain 99, 6108 Scharnitz, ☎ +43 (0)52 13/20 59 80, helga@gaestehaushelga.at, www.gaestehaushelga.at, Frühstücksbuffet, EZ/DZ: € 60, € 5, ganzjährig geöffnet, @

☺ weitere Unterkünfte im Ort

Von der Pfarrkirche Mariahilf im Zentrum von Scharnitz folgen Sie dem Verlauf der Hinterautalstraße bis zur Isarlodge Wiesenhof oder Sie fahren mit dem Karwendel-Taxi von Scharnitz zur Kastenalm, ☞ S. 107.

Wer noch heute zum Halleranger gelangen möchte, biegt links auf den Weg 28 ab und wandert Richtung „Isarlodge Wiesenhof". Zunächst überqueren Sie auf der schmalen Holzfußgängerbrücke Karwendelsteg den Karwendelbach und steigen auf der anderen Seite bergauf. Kurz darauf treffen Sie wieder auf eine Forststraße, der Sie bis zur **Isarlodge Wiesenhof ❸ (4 Std. 30 Min.)** folgen.

(🛏) ✕ **Isarlodge Wiesenhof**, Hinterautalstr. 283, 6108 Scharnitz, ☎ +43 (0)52 13/53 80, ✉ info@isarlodge-wiesenhof.at, 💻 www.isarlodge-wiesenhof.at, Tiroler Spezialitäten, DZ: ab € 75, ganzjährig geöffnet, @

An der Isarlodge Wiesenhof treffen Sie auf die Talstraße, die links hinauf zum Hallerangerhaus/-alm führt.

🚗 **Karwendel-Taxi**: Das Taxiunternehmen Mair bietet eine Fahrt zur Kastenalm an. Aufgrund der Länge der Umgehung bietet es sich an, die Taxifahrt zu nutzen. Idealerweise vereinbaren Sie als Treffpunkt die Isarlodge Wiesenhof. Sie können sich allerdings auch in Scharnitz aufgabeln lassen. Die Fahrt kürzt die Etappe um ca. 3 Std. 15 Min., sodass Sie für die gesamte Etappe nur etwas über 6 Std. benötigen.

♦ **Taxi Mair (Karwendel-Taxi)**, 6108 Scharnitz, ☎ +43 (0)52 13/53 63, Preise auf Anfrage

☺ Nicht im ganzen Tal ist Mobilfunkempfang möglich. Der Hüttenwirt im Karwendelhaus gibt Auskunft, ab wo Sie idealerweise telefonieren können.

Für den Aufstieg zu Fuß wandern Sie auf der Schotterstraße der Beschilderung „Hallerangerhaus" folgend immer geradeaus. Die Straße verläuft durch das Tal in Isarnähe leicht bergauf. Ein Höhepunkt bildet der Isarursprung, der sich etwa 2 km vor der Abzweigung zur Kastenalm befindet. Kurz darauf trifft die Hauptroute an einem **Wegweiser ❹ (7 Std. 25 Min.)** von links auf die Schotterstraße und Sie wandern auf ihr weiter geradeaus

An der **Abzweigung zur Kastenalm ❺ (7 Std. 30 Min.)** endet auch die Taxifahrt. Zum Etappenende sind es noch gut 2 Std. Aufstieg bis zum **Halleranger (9 Std. 30 Min.)**. Die weitere Wegbeschreibung finden Sie bei der 6. Etappe, ☞ S. 102.

7. Etappe: Vom Hallerangerhaus/-alm zur Glungezerhütte

29,9 km (davon 11 km Bus- und Seilbahntransfer), 7 Std. 45 Min., ↑ 960 m, ↓ 1.560 m, ⇧ 560-2.610 m (Hm ohne Transfer)

Anspruch: Bergweg rot

0,0 km	⇧ 1.768 m	Hallerangerhaus/-alm
2,1 km	⇧ 2.081 m	Lafatscher Joch
4,8 km	⇧ 1.668 m	Issjöchl
6,1 km	⇧ 1.501 m	Herrenhäuser
7,9 km	⇧ 1.287 m	St. Magdalena
11,5 km	⇧ 780 m	Ortsrand Absam P
15,1 km	⇧ 560 m	Hall in Tirol, Bushaltestelle „Stadtgraben" i BANK P
		Bustransfer Hall i. T. bis Tulfes
22,1 km	⇧ 940 m	Tulfes i BANK P
		Seilbahntransfer Glungezerbahn zur Bergstation
26,0 km	⇧ 2.047 m	Bergstation Glungezerbahn
26,3 km	⇧ 2.035 m	Tulfeinalm
28,3 km	⇧ 2.278 m	Tulfeinjöchl (Materialseilbahn Glungezerhütte)
29,9 km	⇧ 2.610 m	Glungezerhütte

Auf der 7. Etappe schlagen Sie die Brücke zwischen dem Karwendel und den Tuxer Alpen und durchqueren dazu das Inntal. Zunächst führt Sie der Weg noch ein Stück weiter durch die herrliche Bergwelt des Karwendels und Sie steigen hinauf zum Lafatscher Joch. Dort erwartet Sie eine tolle Aussicht auf die Karwendelnordkette und die Tuxer Alpen im Hintergrund.

Am Joch zweigt die Variante nach Innsbruck ab, die für alle interessant ist, die nur ein Teilstück des Weges (München – Inntal) wandern oder ein Abstecher in die selbsternannte „Hauptstadt der Alpen" unternehmen möchten.

Ansonsten beginnt am Lafatscher Joch der lange Abstieg um 1.560 Hm ins Inntal nach Hall i. T. Sie passieren dort eine alte Bergbauregion mit zahlreichen aufgegebenen Stollen am Wegrand. Gute Wanderwege und Forstwege wechseln sich bis zum Rand von Absam ab. Dort geht es an der Straße entlang bis hinab ins Zentrum von Hall. Je nachdem, welches Etappenziel Sie für heute vorgesehen haben, ändert sich ab Hall der weitere Wegverlauf. Die hier beschriebene Haupt-

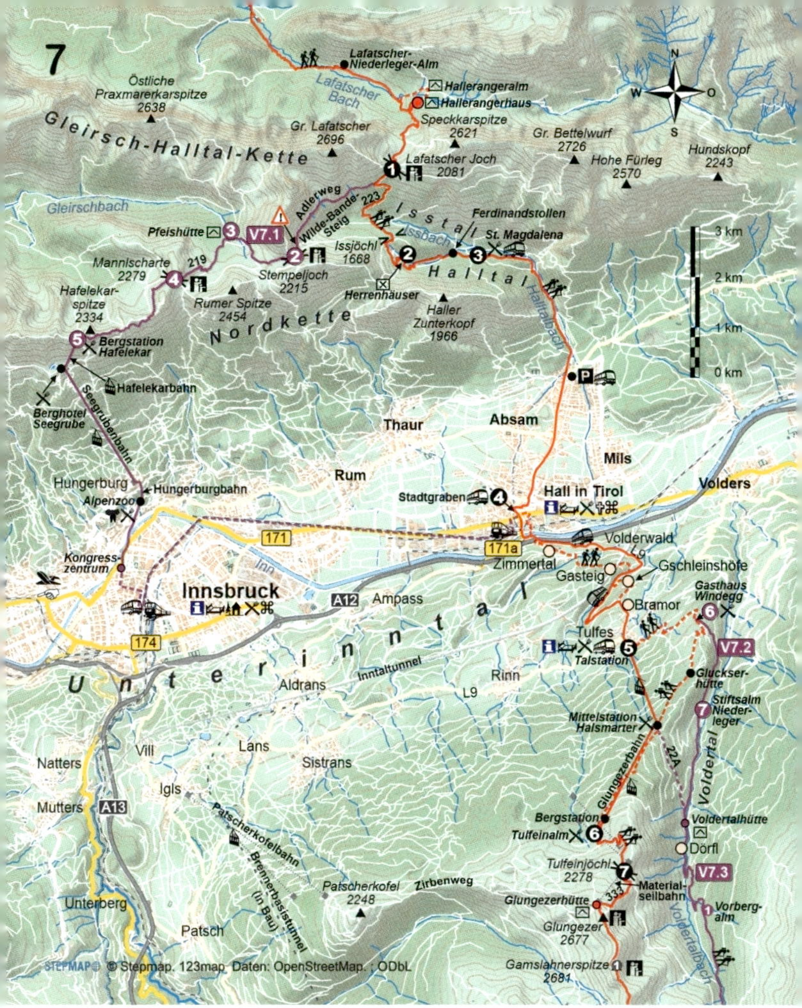

route führt von Hall mit dem Bus hinauf nach Tulfes und von dort mit zwei Seilbahnen hinauf zur Bergstation nahe der Tulfeinalm. Von der Bergstation sind es noch 560 Hm auf einer Schotterstraße und später auf herrlich schmalen Bergwegen hinauf zur Glungezerhütte. Es begleitet Sie dabei stets ein toller Blick zurück auf Innsbruck, dass Inntal und die sich majestätisch erhebende Nordkette des Karwendels.

Letzte Abfahrtszeiten der Seilbahn beachten!

Die Hauptroute über die Glungezerhütte und die Seven Tuxer Summits am nächsten Tag sollten Sie nur bei absolut guter Wetterprognose wählen. Bei schlechtem Wetter begehen Sie idealerweise die ☞ Variante 7.2 und Variante 7.3 über die Voldertalhütte.

☺ *Alle, die auf die Fahrten mit dem Bus und der Seilbahn verzichten möchten und den Aufstieg komplett zu Fuß wandern möchten, sollten eine zusätzliche Übernachtung in Hall einplanen. Von der Bushaltestelle in Hall sind es noch 2.050 Hm (!) Aufstieg zur Glungezerhütte.*

Anforderungen: mittelschwere Wanderwege über das Lafatscher Joch, vom Joch langer Abstieg nach Hall, zuletzt Forst- und Gehwege ins Zentrum, einfache bis mittelschwere Wege beim Aufstieg zur Glungezerhütte

Von den Hütten aus folgen Sie zunächst der Beschilderung „Pfeishütte“. Nach dem Hallerangerhaus wandern Sie für ca. 300 m eben auf einem Wanderweg durch den Wald. An der ersten Felswand rechts des Weges befindet sich ein kleiner Klettergarten. Daran vorbei kommen Sie durch eine steile Geröllrinne bergauf und gelangen oben angekommen rechts durch einen künstlichen Felsdurchschlag. Nach diesem steilen Stück wandern Sie sanft ansteigend über Almböden zum **Lafatscher Joch (2.081 m) ❶ (1 Std. 15 Min.)** hinauf.

☺ Auf dem Joch gibt es wieder Handyempfang.

Vom Lafatscher Joch aus bietet sich ein toller Ausblick Richtung Inntal, auf den östlichen Bereich der Karwendelnordkette und Richtung Alpenhauptkamm. Auch die für das Karwendel charakteristischen Schuttberge an den Füßen der gegenüberliegenden Berge lassen sich hier gut überblicken. Am Wegweiser auf dem Joch halten Sie sich Richtung „Herrenhäuser“ (Weg 223). Sie wandern zunächst 500 m in Richtung des gut sichtbaren Stempeljochs bis zu einer Abzweigung.

Geradeaus verläuft die Variant nach Innsbruck. Sie ist ideal für alle, die nur den Nordteil bis ins Inntal wandern möchten und Ihre Tour in Innsbruck beenden. Außerdem ist Innsbruck auch exzellent für einen Pausentag geeignet. Zunächst geht es über den Wilde-Bande-Steig und über das Stempeljoch, später weiter am

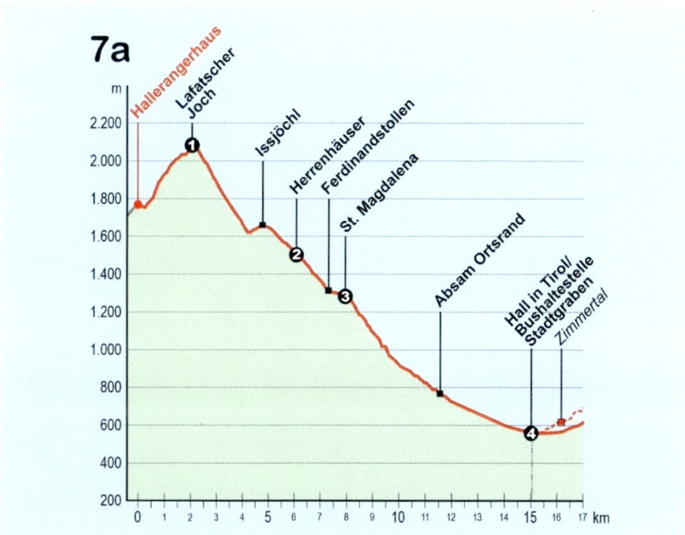

Grat entlang bis zur Bergstation der Hafelekarbahn und mit der Seilbahn hinab nach Innsbruck. (☞ Variante 7.1, S. 121)

Für den Normalweg nach Hall halten Sie sich links Richtung „Herrenhäuser“. Auf dem breiten Wanderweg 223 steigen Sie nun durch ausgedehnte Latschenfelder bergab. An der nächsten Kreuzung folgen Sie dem Weg geradeaus Richtung „Herrenhäuser“.

Die Forststraße steigt zum Issjöchl leicht an und lichter Wald beginnt. An der nächsten Abzweigung halten Sie sich rechts und wandern auf der Schotterstraße bergab. Folgen Sie nun dem Verlauf der Schotterstraße durch ein paar Kehren und kurz darauf am freien Hang entlang. Steinschlagwälle und -hügel schützen die tiefer liegenden Häuser vor Felsbrocken, die von Zeit zu Zeit über das weite Schotterfeld herabrollen. Sie betreten nun eine alte Bergbauregion im Halltal und gelangen an zahlreichen Zeitzeugen vorbei, beispielsweise liegen viele Eingänge zu den alten Hauptstollen neben dem Weg. Daneben bildeten die Herrenhäuser einst das Zentrum des Bergbaus im Halltal.

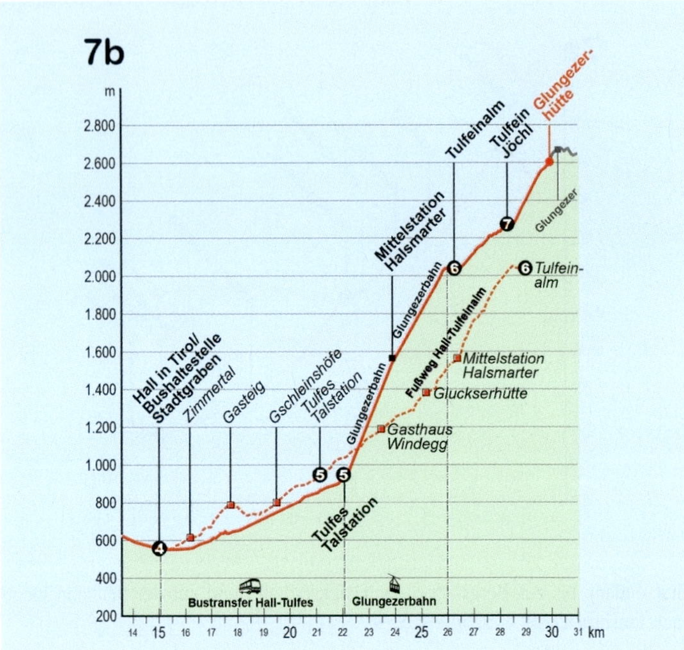

Bergbau im Halltal: Über 700 Jahre lang wurde im Halltal Salz abgebaut und in der Saline in Hall i. T. weiterverarbeitet. Der Legende nach entdeckte Ritter Nikolaus von Rohrbach salzhaltiges Quellwasser im oberen Halltal, durch das er auf ein unterirdisches Salzlager schloss. Die erste Saline in diesem Gebiet ist bereits aus dem Jahr 1232 belegt. Im Jahr 1272 wurde dann der Oberbergstollen als erster von insgesamt acht Hauptstollen im Halltal geschlagen. Seitdem wurde der Bergbau weiter ausgebaut und im Jahr 1555 betrug das Streckennetz der Stollen bereits eine Länge von 20 km. Bei der Schließung der letzten Abbaustätte im Jahr 1967 hatte sich dieses Streckennetz auf insgesamt ca. 80 km erweitert. Die Herrenhäuser bildeten damals das Zentrum des Bergbaus im Halltal. Von der einstigen Pracht ist leider nicht mehr viel erhalten und seit dem Abgang einer Lawine im Jahr 1999, bei dem die Herrenhäuser stark beschädigt wurden, sind sie leider dem Verfall preisgegeben.

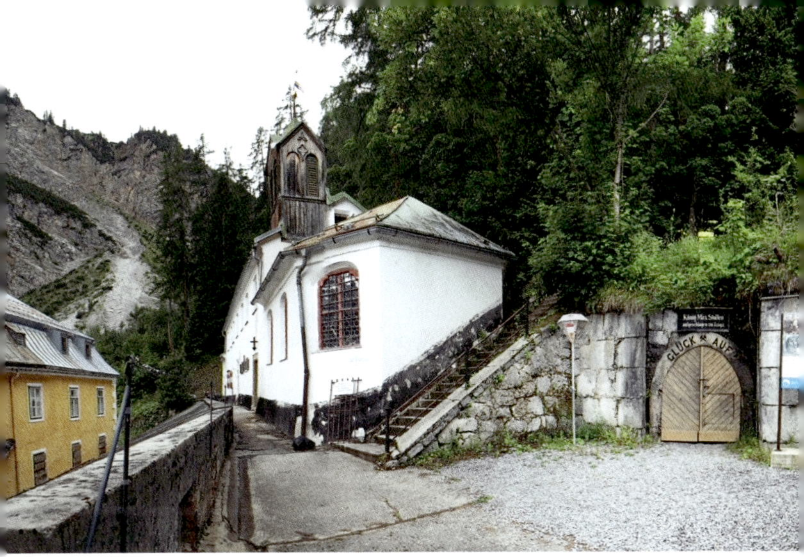

Die Marienkapelle und der Eingang zum König-Max-Stollen bei den Herrenhäusern

Auf der anderen Seite des freien Geröllhanges wandern Sie durch eine Kehre und weiter durch den Wald bergab bis zu einer Kapelle an den **Herrenhäusern ❷ (2 Std. 50 Min.)**. Die Gebäudeansammlung der Herrenhäuser war einst der Mittelpunkt des Bergbaus im Halltal und lässt noch viel von der einstigen Pracht erahnen. Das Knappenhäusle und die Marienkapelle können auch als Notlager verwendet werden.

☒ **Herrenhäuser**, Halltal, 6067 Absam, 🍷 Knappenhäusle unbewirtschaftet, aber teilweise Selbstbedienungs-Bierausschank mit Spendenkässchen, Notlager im Knappenhäusle und in der Marienkapelle

Geradeaus gelangen Sie an den Herrenhäusern vorbei weiter auf dem Weg 223 Richtung „Absam". Die Forststraße führt in vielen Kehren bergab und Sie passieren den Ferdinandstollen. Kurz darauf gelangen Sie über eine Brücke an einer Schranke vorbei zu einem Parkplatz. Bleiben Sie nun für 200 m auf der Teerstraße und biegen dann rechts auf eine Schotterstraße Richtung „St. Magdalena" ab (weißes Schild). Auf der Forststraße erreichen Sie nach kurzem Marsch **St. Magdalena ❸ (3 Std. 10 Min.)**.

Alpengasthaus St. Magdalena, Halltal 23, 6067 Absam, ☏ +43 (0)6 50/570 33 91, www.st-magdalena-absam.at, Tiroler Spezialitäten und internationale Gerichte, 10:00-18:00, Mo & Di Ruhetag,

Halltal-Shuttlebus, nur Sa und So bei Schönwetter: Shuttlebus zwischen St. Magdalena und dem Parkplatz am Ortsrand Absam, Abfahrt: 9:00-17:00 stündlich zu jeder vollen Stunde

Links an den Gebäuden vorbei führt ein schmaler Wanderweg über die Wiese bergab in den Wald. An der ersten Abzweigung halten Sie sich links und steigen weiter bergab. Der Weg führt gemütlich durch den Wald und Sie kommen der Fahrstraße im Tal immer näher.

Bei einem Parkplatz etwas unterhalb des Weges erreichen Sie das sogenannte Bettelwurfeck. Folgen Sie dem Wanderweg weiter geradeaus etwas oberhalb der Straße. Der Weg knickt nach Süden hin ab und der Fluchtsteig beginnt. Es öffnet sich ein erster Blick hinab ins Inntal. Der schmale Fluchtsteig führt teils steil bergab durch Latschengewächse und ein kurzes Stück ist stahlseilgesichert. Das Halltal ist in diesem Bereich relativ schmal und der Wanderweg teilt sich das Tal mit der nahen Straße und dem Halltalbach. Nach 1,5 km treffen Sie auf eine Kehre

Auf dem Fluchtsteig nach Hall in Tirol

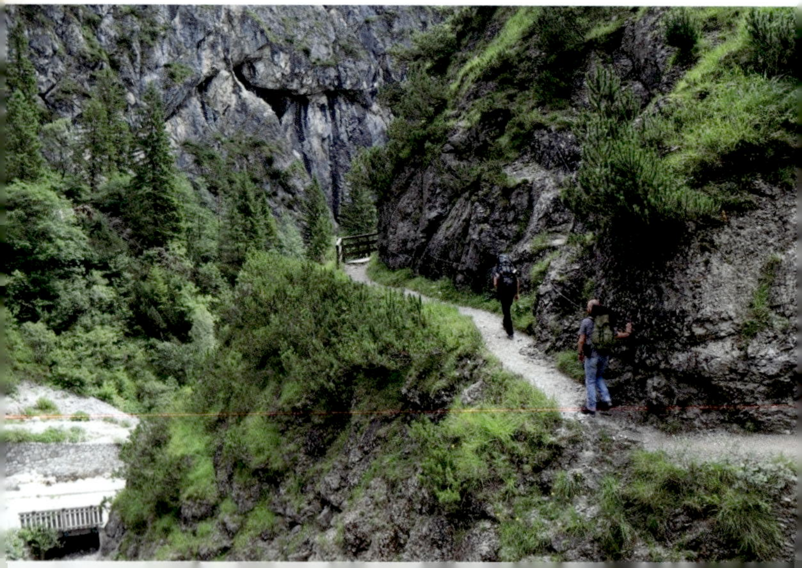

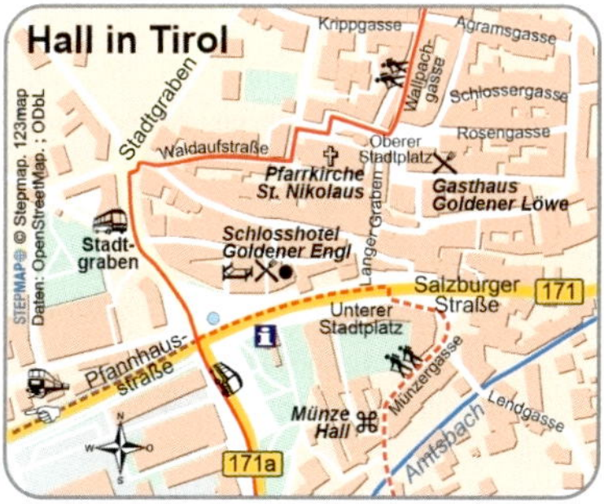

der Forststraße/Rodelbahn und folgen dieser links bergab. Die Schotterstraße trifft nach 800 m auf eine Teerstraße, der Sie geradeaus folgen, und kurz darauf betreten Sie die nördlichen Ausläufer von Absam.

Dort passieren Sie einen großen Wanderparkplatz und folgen der Straße Halltal auf dem Gehweg bergab. Nach 300 m treffen Sie in einer Kurve auf die Salzbergstraße, der Sie ebenfalls bergab folgen. Die nächsten 2,7 km wandern Sie an den folgenden Kreuzungen immer geradeaus bergab, bis Sie am dritten Kreisverkehr vor der mittelalterlichen Altstadt von Hall in Tirol stehen. Sie betreten das historische Hall geradeaus über die schmale Wallpachgasse und gelangen so zum Oberen Stadtplatz. Biegen Sie dort rechts ab und wandern Sie an der Pfarrkirche St. Nikolaus vorbei durch die Waldaufstraße zu einem Kreisverkehr. Auf der gegenüberliegenden Straßenseite leicht links erreichen Sie die **Bushaltestelle „Stadtgraben"❹ (5 Std. 20 Min.)**, von wo aus ca. alle 30 Min. die Busse nach Tulfes abfahren.

Busfahrt nach Tulfes (Regionalbus 540), Haltestelle: „Hall i. T./Stadtgraben" – „Tulfes/Glungezerbahn Talstation", ☏ +43 (0)5 12/39 03 90, 💻 www.vvt.at, Mo-Sa 8:20-19:20 halbstündliche Abfahrt, Sonn- und Feiertage stündliche Abfahrt, Fahrzeit: ca. 13 Min., einfache Fahrt: € 2,90

Taxi Kratzer-Heel, Schweygerstr. 7a, 6060 Hall i. T., ☏ +43 (0)52 23/58 88, 💻 www.taxi-kratzer.at, komfortable Alternative zum Bus bzw. bei Zeitproblemen schneller Transfer nach Tulfes

Hall in Tirol

Touristeninformation, Unterer Stadtplatz 19, 6060 Hall i. T., ☏ +43 (0)52 23/455 44, ✉ info@hall-wattens.at, 💻 www.hall-wattens.at, Mo-Fr 9:00-18:00, Sa 9:00-13:00

Schlosshotel Goldener Engl, Unterer Stadtplatz 5, 6060 Hall i. T., ☏ +43 (0)52 23/546 21, ✉ info@goldener-engl.at, 💻 www.goldener-engl.at, traditionelle Tiroler Küche gehobener Klasse, EZ: ab € 125, DZ: ab € 75, inkl. Frühstück, ganzjährig geöffnet, @

✕ **Gasthaus Goldener Löwe**, Oberer Stadtplatz, 6060 Hall i. T., ☏ +43 (0)52 23/415 50, ✉ goldenerloewe@cnh.at, 💻 www.goldenerloewe-hall.at, Tiroler Spezialitäten und internationale Gerichte, Di-Sa 17:30-24:00,

☺ weitere Unterkünfte unter 💻 www.hall-wattens.at/de/unterkuenfte.html oder im Tourismusbüro vor Ort

⌘ **Münze Hall**, Burg Hasegg 6, 6060 Hall i. T., ☏ +43 (0)52 23/585 55 20, ✉ info@muenze-hall.at, 💻 www.muenze-hall.at, zahlreiche Details zur Münzprägung inkl. Nachbau der ersten Münzprägemaschine, tolle Aussicht vom Münzerturm, Eintritt Kombiticket: € 13, Di-So 10:00-17:00, Mo Ruhetag

Hall in Tirol (14.400 Einwohner) blickt auf eine lange Geschichte zurück. Erstmals 1232 urkundlich erwähnt wurde der Ort durch den Salzhandel groß. Die Salzlauge aus den Salzbergwerken im Halltal wurde über hölzerne Leitungen zu den Salinen ans Innufer transportiert. Über den Inn gelangte das Brennholz für die Salzsiedung nach Hall und wurde mittels eines großen Holzrechens herausgefischt. 1477 wurde die landesfürstliche Münzstätte von Meran nach Hall verlegt und 1486 wurde dort der erste Taler geprägt, aus dem später der Dollar hervorging. Ein Besuch der Münze Hall in Burg Hasegg ist für jeden Geschichts- und Technikbegeisterten zu empfehlen. Heute verfügt Hall über die größte erhaltene mittelalterliche Altstadt in Nordtirol.

☺ Behalten Sie allerdings die Liftzeiten im Blick!

Aufstieg zu Fuß (+1 Tag): Hall i. T. – Tulfes – Bergstation Glungezerseilbahn (➲ 13,9 km, ⌛ 5 Std. 45 Min., ↑ 1.550 m, ↓ 70 m): Wer den Aufstieg zur Glungezerhütte zu Fuß bewältigen möchte, dem empfiehlt sich eine zusätzliche Nacht in Hall einzulegen.

Für den Aufstieg zu Fuß wandern Sie zur großen Kreuzung und biegen dort links ab zur Bushaltestelle „Unterer Stadtplatz“. Dort unterqueren Sie zunächst an der Unterführung neben der Bushaltestelle die Salzburger Straße und folgen ihr links für ca. 30 m. Dort biegen Sie rechts in die Münzergasse ab und passieren Burg Hasegg. Nach 300 m knickt die Straße nach links ab und Sie erreichen eine Unterführung an den Bahngleisen. Unterqueren Sie diese und folgen Sie auf der anderen Seite der Münzergasse zum Innufer.

Auf einer Fußgängerbrücke überqueren Sie dann den Inn und stehen kurz darauf an der Bundesstraße B171a. Folgen Sie dieser links für 150 m. Sie unterqueren die Inntalautobahn A12 und direkt auf der anderen Seite steigen Sie rechts auf einem Wanderweg bergauf. Der Weg trifft auf eine Kehre der Teerstraße und Sie wandern an ein paar Häusern vorbei. Die Straße geht am Waldrand in einen Forstweg über.

An der ersten Abzweigung im Wald halten Sie sich rechts bergauf und erreichen nach 200 m den Ort Zimmertal. Überqueren Sie die Straße und wandern Sie auf der gegenüberliegenden Seite auf einem Feldweg Richtung Wald. Am Waldrand biegen Sie links ab. Nach 300 m treffen Sie auf einen Forstweg, dem Sie ebenfalls links folgen, und kurz darauf erreichen Sie die Hauptstraße durch das Örtchen Gasteig. Folgen Sie der Straße links durch den Ort und in einem weiten Bogen zur Landstraße (L9), die nach Tulfes hinaufführt. Folgen Sie dieser rechts für 350 m bergauf und biegen Sie an der ersten Möglichkeit links ab. Nach 500 m, direkt nach einer Rechtskurve bei den Gschleinshöfen, führt scharf links ein Waldweg bergauf. Dieser führt durch ein paar Kehren nach Bramor, wo Sie wieder auf die L9 treffen. Folgen Sie nun für 700 m der Straße bergauf und biegen links in die Glungezerstraße ab, die an der Talstation der Glungezerbahn vorbeiführt.

Die Straße führt links an der Talstation vorbei und am Waldrand entlang bergauf. Folgen Sie dem Straßenverlauf der Straße Tulferberg für insgesamt 3,9 km immer bergauf. Nach der dritten großen Kehre erreichen Sie das Gasthaus Windegg und eine kleine Kapelle.

↳ Dort zweigt links die Variante zur Voldertalhütte ab, ☞ Variante 7.2, S. 127.

Gasthaus Windegg, Tulferberg 31, 6075 Tulfes, ☏ +43 (0)52 23/783 13, g.windegg@tirol.com, Tiroler Küche, Preise auf Anfrage, ganzjährig geöffnet,

Zum Etappenende Glungezerhütte folgen Sie der Fahrstraße geradeaus. Es zweigen immer wieder kleinere Sträßchen links und rechts ab. Bleiben Sie aber immer auf der größeren Straße, bis Sie die Gluckserhütte erreicht haben.

Dort geht die Straße in eine Schotterstraße über, die eine Piste hinaufführt. Nach 300 m verlassen Sie die Schotterstraße und wandern für 800 m auf der Piste immer geradeaus bergauf zur Mittelstation der Glungezerbahn. Dort erreichen Sie wieder eine Schotterstraße, der Sie für 100 m an der oberen Seilbahnstation vorbei folgen. Hinter den Seilbahnstationen wandern Sie wieder über die Piste immer parallel zur zweiten Seilbahn stets geradeaus hinauf zur Bergstation. Nach 2,1 km haben Sie die Bergstation der Glungezerbahn (Sektion II) erreicht.

Tulfes

Touristeninformation, Schmalzgasse 27, 6075 Tulfes, +43 (0)52 23/783 24, info@hall-wattens.at, www.hall-wattens.at, Mo, Mi, Fr 9:00-12:00, Ruhetag Di, Do, Sa, So

Gasthof Neuwirt, Milchgasse 4, 6075 Tulfes, +43 (0)6 64/590 80 98, office@gh-elisabeth.at, www.gästehaus-elisabeth-tulfes.at, gutbürgerliche und internationale Küche, Preise auf Anfrage, ganzjährig geöffnet

B&B Appartements Glungezer, Schmalzgasse 21, 6075 Tulfes, +43 (0)52 23/783 02, pension@glungezer.net, www.glungezer.net, EZ: ab € 64, DZ: ab € 49, MZ: ab € 52, inkl. Frühstück, ganzjährig geöffnet, 300 m zur Glungezerbahn, @

weitere Unterkünfte unter www.hall-wattens.at/de/unterkuenfte.html oder im Tourismusbüro vor Ort

In Tulfes angekommen überqueren Sie den großen Parkplatz der Glungezerbahn zur Talstation der **Gondel ❺ (5 Std. 20 Min.)** und fahren mit der Seilbahn zur Bergstation (Sektion I und II).

Glungezerbahn, Glungezerstraße, 6075 Tulfes, +43 (0)6 64/88 36 44 97, info@glungezerbahn.at, www.glungezerbahn.at, Bergfahrt: € 17, 8:30-17:00

Von der Bergstation der Glungezerbahn aus halten Sie sich zunächst an die Beschilderung „Tulfeinalm“ und folgen der Schotterstraße leicht bergab. Die Tulfeinalm eignet sich zu einer letzten Pause vor dem finalen Aufstieg um 575 Hm zur Glungezerhütte. Sie befindet sich am Ende des bei Tagestouristen beliebten Zirbenweges, der vom Patscherkofel zur Tulfeinalm führt. Das Gebiet dazwischen ist für seine große Zirbenkolonie bekannt.

Die Zirbe ist eine Kiefernart und wird auch Zirbelkiefer genannt. Für den Laien ist die Zirbe leicht mit einer Kiefer des Flachlandes zu verwechseln. Die Zirbe ist allerdings ein Baum des Hochgebirges und kommt in den obersten Wäldern bis zur Waldgrenze in bis zu über 2.500 m Höhe vor. Das höchstgelegene Vorkommen befindet sich beispielsweise in Italien auf 2.850 m. Sie wachsen sehr langsam und können über 1.000 Jahre alt werden. Dabei erreichen sie eine Höhe von bis zu 25 m. In Europa findet man sie hauptsächlich in den Alpen und Karpaten. Aufgrund ihrer unbeugsamen Lebenskraft, die es ihr ermöglicht, im Hochgebirge unter widrigsten Umständen den Natureinflüssen zu trotzen, wird sie auch als „Königin der Alpen“ bezeichnet. Ihr Holz wird hauptsächlich für Möbel oder den Innenausbau von Wohnräumen genutzt. Es ist sehr leicht und zäh und kann dadurch auch gut zum Schnitzen verwendet werden. Allerdings wird die Zirbe aufgrund des langsamen Wachstums nicht wirtschaftlich angebaut.

Tulfeinalm, Tulfein 3, 6075 Tulfes, ☏ +43 (0)52 23/784 68, tulfeinalm@gmx.at, www.tulfeinalm.at, Hausmannskost, internationale Küche, Dez bis Ostern, Juni bis Ende Okt, große Sonnenterrasse mit Liegestühlen,

Von der **Tulfeinalm ❻ (5 Std. 30 Min.)** aus folgen Sie der Schotterstraße weiter bergauf, die etwas oberhalb der Alm entlangführt. Die Straße führt unter der Seilbahn (nur Winterbetrieb) hindurch.

Folgen Sie für die nächsten 1,9 km der Schotterstraße durch mehrere Serpentinen und an einem Speichersee vorbei bergauf. Kurz vor dem Ende der Schotterstraße am **Tulfeinjöchl ❼ (6 Std. 30 Min.)** mit der Materialseilbahn der Glungezerhütte beginnt rechts der Wanderweg 333 Richtung Glungezerhütte. Der Name Glungezer lässt sich aus dem Wort *glunkezen* ableiten, was so viel wie

Abendstimmung an der Glungezerhütte

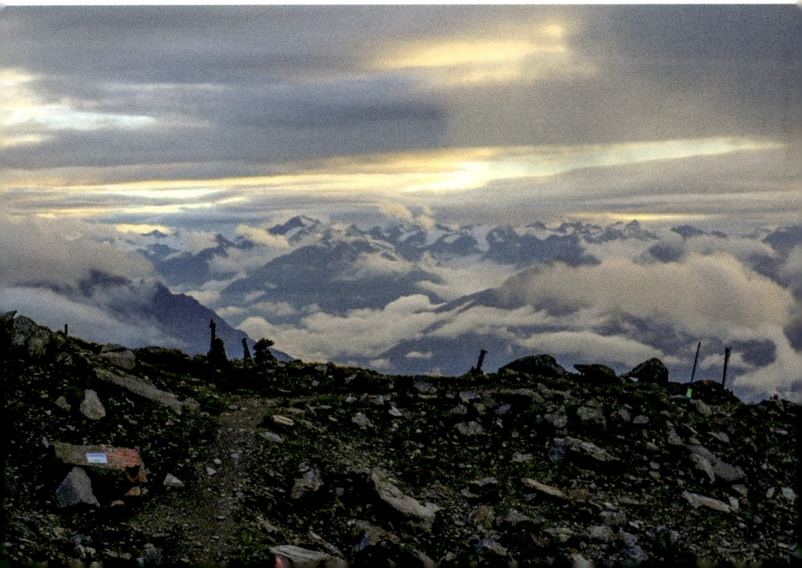

„glucksen" bedeutet. An mehreren Stellen läuft das Wasser, wie beispielsweise in einer Senke oberhalb der Tulfeinalm, unsichtbar glucksend unter den Felsblöcken dahin.

Beim Blick über die Schulter sehen Sie in der Ferne das Lafatscher Joch und die Karwendelnordkette, die wie eine Wand aus schroffem Felsen über Innsbruck und dem Inntal aufragt.

Auf dem gut markierten Wanderweg 333 steigen Sie teilweise über große Felsabsätze bergauf. Zwei Passagen sind mit einem Stahlseilgeländer versehen.

Kurz vor der Hütte geht es links auf den Glungezergipfel. Wer heute noch den Gipfel des Glungezers mitnehmen möchte, kann die restlichen 100 Hm in ca. 10-15 Min. aufsteigen und seinen Tourentag mit einem Gipfelerlebnis krönen. Die morgige Etappe führt allerdings auch über den Glungezer.

Geradeaus erreichen Sie kurz darauf die **Glungezerhütte (7 Std. 45 Min.)**, die sich in eine kleine Senke zwischen Sonnenspitze und Glungezer duckt.

Glungezerhütte, Alpenvereinshütte, Glungezer 1, 6075 Tulfes, +43 (0)52 23/780 18, office@glungezer-huette.at, www.glungezer-huette.at, Tiroler Küche, Bergsteigeressen, Frühstücksbuffet, 46 Betten: 9 in Zimmern: MZ: € 34 (AV: € 22), 37 im Lager: € 26 (AV: € 14), HP: + € 45, Online-Reservierung erforderlich, Mitte Juni bis Mitte Okt, Wetterbericht durch den Hüttenwirt nach dem Abendessen,

Die Tuxer Alpen sind eine kleine Gebirgsgruppe der zentralen Ostalpen und grenzen an die Tiroler Landeshauptstadt Innsbruck. Sie haben eine Nord-Süd-Ausdehnung von ca. 35 km und eine West-Ost-Ausdehnung von ca. 25 km. Sie werden im Norden vom Inntal, im Westen vom Wipptal, im Osten vom Zillertal und im Süden vom Tuxertal begrenzt. Einst wurde ein größeres Gebiet als Tuxer Alpen bezeichnet, was heute noch die Lage des „Tuxer Hauptkamms" anschaulich verdeutlicht. Er liegt um einiges südlich der Tuxer Alpen und wird heute zu den Zillertaler Alpen gezählt.

Der höchste Gipfel ist der Lizumer Reckner mit einer Höhe von 2.886 m. Daneben sind der Patscherkofel (Innsbrucker Hausberg) und der Glungezer bekannte Erhebungen. Touristisch ist das dünn besiedelte Gebiet der Tuxer Alpen im Sommer auch bei Wandernden sehr beliebt. Im Winter ziehen die namhaften Skigebiete Hochfügen-Hochzillertal, Glungezer und Patscherkofel Skitouristen an.

Variante 7.1: Vom Hallerangerhaus/-alm nach Innsbruck

18,3 km (davon 5,3 km Seilbahntransfer), 5 Std. 30 Min., ↑ 1.050 m, ↓ 550 m, ⇧ 560-2.279 m, Karte ☞ *S. 109*

Anspruch: Bergweg schwarz ●

0,0 km	⇧ 1.768 m	Hallerangerhaus/-alm
2,1 km	⇧ 2.081 m	Lafatscher Joch
5,5 km	⇧ 2.215 m	Stempeljoch
7,5 km	⇧ 1.922 m	Pfeishütte
9,8 km	⇧ 2.279 m	Mannlscharte
13,0 km	⇧ 2.256 m	Bergstation Hafelekar
		Talfahrt Nordkettenbahnen
13,7 km	⇧ 1.906 m	Berghotel Seegrube
17,0 km	⇧ 660 m	Alpenzoo
18,3 km	⇧ 560 m	Innsbruck, Kongresszentrum BANK

Diese Variante nach Innsbruck führt Sie von der Bergeinsamkeit der Karwendeltäler in die Alpenmetropole und selbst ernannte „Hauptstadt der Alpen". Der Pfad verläuft teilweise auf dem Höhenweg des Wilde-Bande-Steigs und des Goetheweges. Dazwischen befinden sich steile Aufstiege zum Lafatscher Joch und zum Stempeljoch, an dem Trittsicherheit und Schwindelfreiheit erforderlich sind. Die Etappe ist auf jeden Fall die landschaftlich schönere Routenführung ins Inntal. Sie ist für alle interessant, die beispielsweise einen Pausentag in Innsbruck einlegen möchten oder deren Route im Inntal endet. Zudem ist Innsbruck immer einen Besuch wert und in den zahlreichen Geschäften können die Vorräte wieder aufgefüllt werden.

Anforderungen: *mittelschwere Wanderwege über das Lafatscher Joch, schwerer Bergweg über das Stempeljoch, der Trittsicherheit und Schwindelfreiheit fordert, stahlseilgesicherte Passagen*

Bis zum Lafatscher Joch folgen Sie der Wegbeschreibung der 7. Etappe, ☞ S. 108-110.

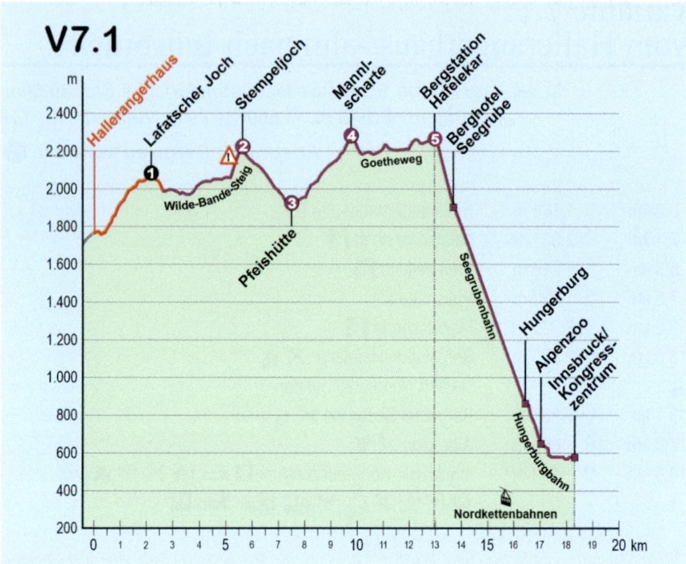

An der Abzweigung hinter dem Lafatscher Joch folgen Sie dem „Wilde-Bande-Steig". Sie wandern hier auf einem Höhenweg ohne Anstrengung immer leicht auf und ab. Vereinzelt gibt es stahlseilversicherte Passagen und es bieten sich tolle Tiefblicke ins Tal. Umgeben von Latschenkiefern wandern Sie immer in Richtung des gut sichtbaren Stempeljochs (2.215 m). Auch die charakteristischen Schuttkegel an den Füßen der gegenüberliegenden Berge lassen sich hier gut überblicken.

Nach dieser gemütlicheren Passage erfolgt der sehr steile Anstieg zum Stempeljoch. Die 150 Hm durch loses Geröllfeld sind mit Steighilfen aus runden Kunststofftritten, Seilen und Holzbalken versehen. Trotzdem erfordert die Passage in der steilen Rinne Kondition, Trittsicherheit und Schwindelfreiheit.

Vom **Stempeljoch ❷ (2 Std. 30 Min.)** aus folgen Sie nun den Wegweisern Richtung „Pfeishütte". In sanften Kehren führt Sie der Weg vom Geröllfeld wieder hinab ins Almengebiet. Nach 1,7 km gelangen Sie an eine Schotterstraße, der Sie links bis zur nahen **Pfeishütte ❸ (3 Std. 15 Min.)** folgen.

Pfeishütte, Alpenvereinshütte, Karwendelweg 845, 6100 Seefeld, ☎ +43 (0)512/55 29 06, info@pfeishuette.at, www.pfeishuette.at, bayerische Schmankerl und Tiroler Spezialitäten, Bergsteigeressen, 80 Betten: 30 in Zimmern: € 33 (AV: € 16,50), 50 im Lager: € 30 (AV: € 14,50), Reservierung erforderlich, Mitte Juni bis Mitte Okt, ☺ bequeme Sonnenterrasse, gemütliche Stube, gut gepflegt,

Von der Pfeishütte folgen Sie der Beschilderung zur „Bergstation Hafelekar". Zunächst geht es sanft bergauf und an der ersten Abzweigung halten Sie sich rechts. Nun befinden Sie sich auf dem sogenannten Goetheweg (219).

☺ 1977 wurde der Weg zu Ehren des österreichischen Alpinisten in „Hermann-Buhl-Weg" umbenannt. 2002 wurde dies allerdings wieder rückgängig gemacht und Hermann Buhl bekam stattdessen eine Gedenktafel an der Seilbahnstation Seegrube. Teilweise taucht der Name Hermann Buhl allerdings in Karten oder auf Schildern noch auf.

An der nächsten Abzweigung biegen Sie wieder rechts ab und steigen über einen Grashang hinauf zur Mannlscharte. Für den Aufstieg bieten sich Ihnen zwei Möglichkeiten: Entweder Sie wählen den direkten, steilen Weg über den Grashang oder den etwas weiteren, flacheren Weg durch eine weite Kehre. Beim Aufstieg bietet sich ganz unverhofft ein erster toller Blick auf Innsbruck. Nach gut 100 Hm haben Sie die **Mannlscharte (2.279 m) ❹ (4 Std. 45 Min.)** erreicht.

Auf der gegenüberliegenden Seite steigen Sie zunächst 30 Hm bergab, bevor der Weg nach links abknickt und im weiten Schotterfeld der Mandlspitze (2.366 m) am Hang entlangführt. Der weitere Goetheweg verläuft einmal auf der nördlichen, einmal auf der südlichen

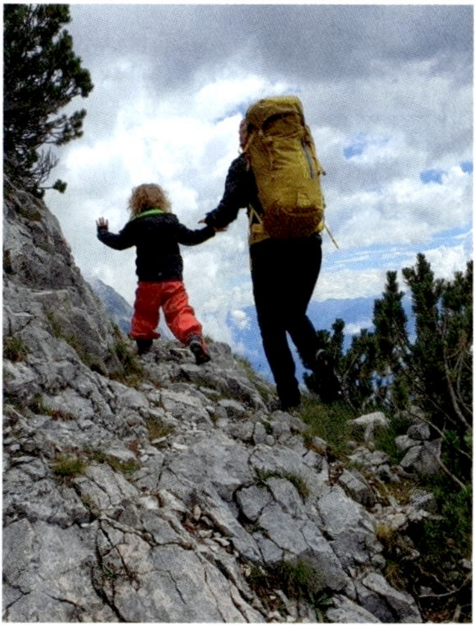

Auf dem Wilde-Bande-Steig

Seite der Nordkette und es bieten sich herrliche Aussichten nach Norden ins einsame Karwendel und im Süden über Innsbruck und den Alpenhauptkamm. Zudem kann die Zugspitze im Nordosten erblickt werden.

Der „Zugspitzblick" ist an einer Stelle deutlich markiert und kaum zu übersehen. Steht man direkt vor dem Felsblock und folgt dem roten Pfeil, blickt man direkt aufs sogenannte Platt, den ehemals großen Gletscher des Zugspitzmassivs mit dem Gipfel der Zugspitze am oberen rechten Eck.

Kurz vor dem Etappenziel bietet sich noch ein kleiner Abstecher rechts auf die Hafelekarspitze an. Für den Aufstieg um 100 Hm zum Gipfel benötigen Sie ca. 15 Min. Der Gipfel liegt sehr nahe bei der Bergstation der Hafelekarbahn und ist dadurch ein beliebtes Ausflugsziel. Er ist mit internationalem Publikum entsprechend viel besucht. Hier befindet sich auch eine kleine Station der Flugsicherungsanlage des Innsbrucker Flughafens. Der kurze Abstieg vom Gipfel erfolgt über einen gepflasterten Weg zur Bergstation.

Ansonsten erreichen Sie geradeaus die Bergstation der **Hafelekarbahn ❺ (5 Std. 30 Min.)**.

Bergstation Hafelekar, Hafelekarbahn, Hafelekar 1, 6020 Innsbruck, ☏ +43 (0)5 12/29 33 44, info@nordkette.com, www.nordkette.com, gutbürgerliche Küche, täglich 9:00-17:00, im 15-Min.-Takt, letzte Talfahrt 17:00, Talfahrt € 25 zum Kongresszentrum (mögliche Verbundtickets z. B. inkl. Alpenzoo), WC

Von der Bergstation Hafelekar lässt es sich bequem bis zum Innsbrucker Kongresszentrum abfahren. Die Abfahrt teilt sich in zwei Gondelbahnen und eine Standseilbahn auf. Dazwischen lässt es sich an verschiedenen Stationen aussteigen.

Zunächst fahren Sie mit der kurzen Hafelekarbahn zur Mittelstation „Seegrube" ab. Dort befindet sich ein großes Panoramarestaurant im Stil einer Skigastronomie. Am Berghotel Seegrube erfolgt auch der Umstieg auf die Seegrubenbahn.

Restaurant Seegrube, Hafelekar 1, 6020 Innsbruck, ☏ +43 (0)6 64/88 44 78 16, reservierung@seegrube.at, www.nordkette.com, gutbürgerliche Küche, täglich 8:30-17:30

Station Seegrube, Seegrubenbahn, ☞ Kontaktdaten siehe Hafelekarbahn, täglich 8:30-17:30 im 15-Min.-Takt

Mit der Seegrubenbahn fahren Sie hinab zur Hungerburg. Dort steigen Sie auf die Hungerburgbahn um und gelangen über die Haltestelle „Alpenzoo" hinab zum Kongresszentrum.

Station Hungerburg, Hungerburgbahn, ☞ Kontaktdaten siehe Hafelekarbahn, Mo-Fr 7:15-19:15, Sa, So & Feiertage 8:00-19:15, im 15-Min.-Takt

Vom Kongresszentrum sind es ein paar Minuten in die Altstadt oder zum Innsbrucker Hauptbahnhof.

Innsbruck

BANK P

Touristinformation, Burggraben 3, 6020 Innsbruck, ☏ +43 (0)5 12/598 50, info@innsbruck.info, www.innsbruck.info, täglich Mo-So 9:00-18:00

Hotel Weisses Rössl, Kiebachgasse 8, 6020 Innsbruck, ☏ +43 (0)5 12/58 30 57, weisses@roessl.at, www.roessl.at, traditionelle Gaststube mit Tiroler Spezialitäten, DZ: ab € 100, durchgehend geöffnet, @

Jugendherberge Innsbruck, Reichenauer Straße 147, 6020 Innsbruck, ☏ +43 (0)5 12/34 61 79, office@youth-hostel-innsbruck.at, www.jugendherberge-innsbruck.at, Frühstücksbuffet, EZ: ab € 70, DZ: ab € 48, MZ: ab € 36, inkl. Bettwäsche und Frühstück, Check-in 15:00-22:00, P

Alpenzoo Innsbruck, Weiherburggasse 37a, 6020 Innsbruck, ☏ +43 (0)5 12/29 23 23, office@alpenzoo.at, www.alpenzoo.at, Eintrittspreis: € 14, täglich 9:00-17:00

Innsbruck Hauptbahnhof, Südtiroler Platz 7, 6020 Innsbruck, ☏ +43 (0)5 17 17, www.oebb.at

☺ Um von Innsbruck wieder auf die Hauptroute zu gelangen, fahren Sie vom Innsbrucker Bahnhof mit dem Zug in ca. 10 Min. nach Hall in Tirol. Verlassen Sie dort das Bahnhofsgebäude geradeaus und folgen Sie der Bahnhofstraße, bis diese auf die große Pfannhausstraße trifft. Dieser folgen Sie wiederum rechts und gelangen kurz darauf an die große Kreuzung des Unteren Stadtplatzes. Auf der linken Seite befindet Sie die Bushaltestelle „Stadtgraben", von wo die Busse nach Tulfes abfahren bzw. die Beschreibung des „Aufstiegs zu Fuß" beginnt (☞ 7. Etappe, S. 116).

Variante 7.2: Vom Hallerangerhaus/-alm zur Voldertalhütte

29 km (davon 7 km Bus), 7 Std. 35 Min., ↑ 830 m, ↓ 1.600 m, ⇧ 550-2.081 m, Karte *☞ S. 109*

Anspruch: Bergweg rot

0,0 km	⇧ 1.768 m	Hallerangerhaus/-alm
2,1 km	⇧ 2.081 m	Lafatscher Joch
4,8 km	⇧ 1.668 m	Issjöchl
6,1 km	⇧ 1.501 m	Herrenhäuser
7,9 km	⇧ 1.287 m	St. Magdalena
11,5 km	⇧ 780 m	Ortsrand Absam
15,1 km	⇧ 560 m	Hall in Tirol, Bushaltestelle BANK P
		Bustransfer von Hall i. T. bis Tulfes
22,1 km	⇧ 940 m	Tulfes BANK P
24,4 km	⇧ 1.190 m	Gasthaus Windegg
26,6 km	⇧ 1.237 m	Stiftsalm Niederleger
29,0 km	⇧ 1.376 m	Voldertalhütte

Sollte das Wetter nicht mitspielen oder Ihnen die Seven Tuxer Summits am achten Wandertag zu anspruchsvoll sein, bietet sich die Variante über die Voldertalhütte an. Diese Routenführung kann auch bei schlechtem Wetter problemlos begangen werden und gehört zudem zu Ludwig Graßlers ursprünglicher Hauptroute. Dabei gibt es verschiedene Möglichkeiten, zur Voldertalhütte zu gelangen. In jedem Fall folgen Sie der Hauptroute bis Tulfes. Idealerweise fahren Sie dazu von Hall mit dem Bus hinauf nach Tulfes. Sollten Sie den Aufstieg zu Fuß bewältigen möchten, empfiehlt es sich, eine zusätzliche Nacht in Hall i. T. einzulegen. Von Tulfes wiederum bieten sich zwei Möglichkeiten. Die schnellste führt mit der Glungezerbahn hinauf zur Mittelstation und von dort in 190 Hm hinab zur Voldertalhütte. Alternativ können Sie zu Fuß von Tulfes über das Gasthaus Windegg zur Voldertalhütte wandern.

Anforderungen: ab Tulfes leichte Bergwege und Fahr- und Forststraßen zur Voldertalhütte

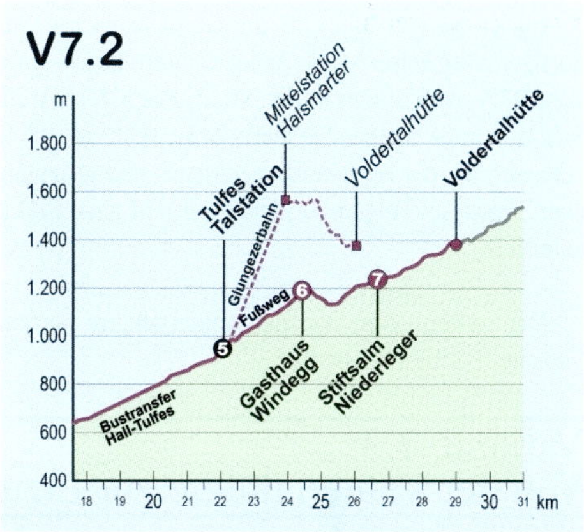

Die Beschreibung vom Weg nach Tulfes, inklusive des Weges von Hall i. T. nach Tulfes zu Fuß, finden Sie bei der 7. Etappe, ☞ S. 115.

Ab Tulfes zu Fuß: Von Tulfes wandern Sie wie in der 7. Etappe unter „Aufstieg zu Fuß" beschrieben auf der Teerstraße an der Gondelbahn vorbei bergauf und am Waldrand entlang gen Osten. Nach der dritten Kehre erreichen Sie das **Gasthaus Windegg ❻ (6 Std. 30 Min.)** (☞ 7. Etappe, S. 117) und eine kleine Kapelle. Schräg gegenüber dem Gasthaus zweigt links ein Forstweg ab, dem Sie in Richtung Wald folgen. Nach 800 m treffen Sie auf einen Fahrweg, dem Sie rechts für ca. 50 m folgen. Dort zweigt wiederum rechts ein schmaler Pfad (Weg 21) ab und führt in den Wald. Folgen Sie dem Pfad immer geradeaus. Nach 700 m betreten Sie eine Almwiese und passieren kurz darauf die **Stiftsalm Niederleger ❼ (6 Std. 50 Min.)**. Von dort gelangen Sie geradeaus Richtung des Baches auf die Talstraße. Folgen Sie dieser rechts und bleiben Sie immer auf der westlichen Seite des Voldertalbaches. Nach 2 km erreichen Sie die **Voldertalhütte (7 Std. 35 Min.)**.

Voldertalhütte, Naturfreundehaus, Voldertal 15, 6111 Tulfes, ☏ +43 (0)6 60/737 50 09, rebecca.unterlechner27@gmail.com, www.voldertalhuette.naturfreunde.at, Tiroler Küche, 30 Betten: 10 in Zimmern, 20 im Lager, Preis auf Anfrage, Ende April bis Ende Okt.

Ab Tulfes per Seilbahn: Sie können ab Tulfes auch mit der Seilbahn fahren.

Glungezerbahn, Glungezerstr., 6075 Tulfes, ☏ +43 (0)6 64/88 36 44 97, info@glungezerbahn.at, www.glungezerbahn.at, Bergfahrt zur Mittelstation „Halsmarter": € 13, 8:30-17:00

Fahren Sie von Tulfes mit der Gondelbahn zur Mittelstation „Halsmarter“. Am dortigen Wegweiser ist die Voldertalhütte bereits angeschrieben. Folgen Sie dem Weg 22A nach Süden in den Wald. Nach 1 km treffen Sie auf eine Kehre einer Schotterstraße. Folgen Sie dieser links weiter bergab bis zur nächsten Kehre. Dort verlassen Sie die Forststraße geradeaus und gelangen an den Häusern vorbei auf eine Almwiese. Folgen Sie dem Pfad und nach 600 m erreichen Sie die Voldertalhütte.

Der weitere Weg von der Voldertalhütte bis zur Lizumer Hütte ist in der Variante 7.3 beschrieben.

Variante 7.3: Von der Voldertalhütte zur Lizumer Hütte

➲ 16,4 km, ⌛ 6 Std. 30 Min., ↑ 1.250 m, ↓ 600 m, ⇧ 1.376-2.479 m
Karte ☞ S. 131

Anspruch: Bergweg blau ●

0,0 km	⇧ 1.376 m	Voldertalhütte
2,9 km	⇧ 1.666 m	Vorbergalm
6,1 km	⇧ 2.002 m	Steinkaseralm (privat)
8,7 km	⇧ 2.479 m	Naviser Jöchl
9,9 km	⇧ 2.334 m	Mölsjoch, ☝ Beginn militärisches Sperrgebiet (Sperrzeiten beachten!)
11,6 km	⇧ 2.448 m	Nördliche Schoberspitze
16,4 km	⇧ 2.019 m	Lizumer Hütte

Auf der Variante 7.3 führt Sie der Pfad am achten Wandertag durchs Voldertal hinauf zum Naviser Jöchl. Dort treffen Sie wieder auf die Hauptroute über die Seven Tuxer Summits und gelangen über einfache Wanderwege und entlang der Schotterstraße zur Lizumer Hütte. Dieser Wegverlauf ist auch bei schlechtem Wetter gut und sicher zu begehen.

Anforderungen: *leichte Bergwege, Forst- und Schotterstraßen*

Von der Voldertalhütte aus wandern Sie weiter gen Süden in das Voldertal hinein, zunächst auf der Schotterstraße. Nach 500 m passieren Sie die Häuser von

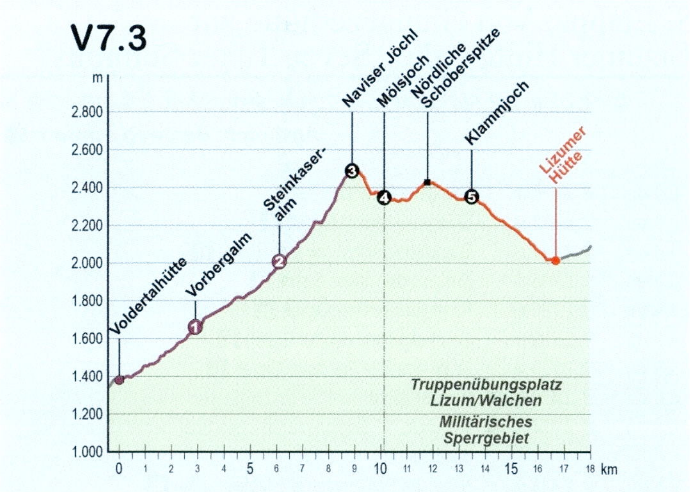

Dörfl und der Weg wird nun tendenziell schmaler. Bleiben Sie immer in Bachnähe. Nach weiteren 500 m überqueren Sie den Bach und steigen auf der anderen Bachseite auf einer Forststraße bergauf. An der ersten Abzweigung biegen Sie rechts ab und folgen nun für die nächsten 5,5 km immer dem Verlauf der Schotterstraße bis kurz hinter der Steinkaseralm. Zunächst verlassen Sie dafür nach 900 m den Wald und wandern an der ersten Kehre links hinauf zur **Vorbergalm ❶ (1 Std.)**. Hinter den Häusern führt die Forststraße wieder in den Wald und Sie steigen weiter bergauf. Bald überqueren Sie den Bach und betreten den Klausboden. Durch zwei Kehren erreichen Sie so die private **Steinkaseralm ❷ (2 Std. 30 Min.)**.

800 m hinter der Steinkaseralm am Zusammenfluss zweier Bäche verlassen Sie die Schotterstraße nach rechts und steigen Richtung „Naviser Jöchl" auf dem Wanderweg 331 bergauf. Besonders während der Alpenrosenblüte ist es ein wunderschöner Aufstieg durch das weite Wiesental mit den zahlreichen Alpenrosen. Über den Melkboden steigen Sie nun weiter hinauf bis zum **Naviser Jöchl ❸ (4 Std.)**.

Am Joch angekommen öffnet sich der Blick und Sie treffen auf die Hauptroute, der Sie links folgen, ☞ 8. Etappe, S. 135.

8. Etappe: Von Glungezerhütte zur Lizumer Hütte – die „Seven Tuxer Summits“

➲ 14,7 km, ⌛ 8 Std. 15 Min., ↑ 700 m, ↓ 1.290 m, ⇧ 2.019-2.796 m

Anspruch: Bergweg schwarz ●

0,0 km	⇧ 2.610 m	Glungezerhütte
0,3 km	⇧ 2.677 m	Glungezer (erster Gipfel)
1,6 km	⇧ 2.681 m	Gamslahnerspitze (zweiter Gipfel)
3,3 km	⇧ 2.746 m	Kreuzspitze (dritter Gipfel)
4,1 km	⇧ 2.796 m	Rosenjoch (vierter Gipfel)
4,9 km	⇧ 2.790 m	Grünbergspitze (fünfter Gipfel)
5,5 km	⇧ 2.720 m	Grafmartspitze (sechster Gipfel)
6,8 km	⇧ 2.479 m	Naviser Jöchl
8,1 km	⇧ 2.334 m	Mölsjoch, Beginn militärisches Sperrgebiet (Sperrzeiten beachten!)
9,8 km	⇧ 2.448 m	Nördliche Schoberspitze (siebter Gipfel)
11,4 km	⇧ 2.359 m	Klammjoch
14,7 km	⇧ 2.019 m	Lizumer Hütte

Die 8. Etappe steht im Zeichen der Gipfel, genauer der sogenannten Seven Tuxer Summits. Die sieben Gipfel reihen sich auf dem Grat der Rosenjochgruppe wie Perlen an einer Kette aneinander. Es wartet eine grandiose Gratwanderung mit beeindruckendem Panorama in alle Richtungen und sehr viel Fels und Blockgelände auf Sie. Die Etappe ist eine der alpinistischsten auf der Route von München nach Venedig. Gleichzeitig ist sie auch anstrengend und erfordert Kondition, Trittsicherheit und alpine Bergerfahrung. So geht es bis zur Grafmartspitze hauptsächlich über großes Blockgelände, das erhöhte Konzentration beim Setzen der Füße fordert. Vereinzelt sind auch Stahlseilsicherungen verlegt und es geht entlang teils ausgesetzter Hangpassagen. Von der Glungezerhütte ist es nicht weit zum Glungezer, dem ersten der sieben Gipfel. Von dort wandern Sie über Blockgelände und viel Schotter und Geröll von Gipfel zu Gipfel. Dazwischen sind oft Abstiege und Gegenanstiege zu bewältigen. Ab der Grafmartspitze (sechster Gipfel) wird der Weg tendenziell besser. Zunächst wird das Geröll weniger und Sie wandern auf einem normalen Wanderweg, bis kurz hinter dem Mölsjoch eine Schotterstraße beginnt, auf der Sie bis kurz vor der Lizumer Hütte bleiben können.

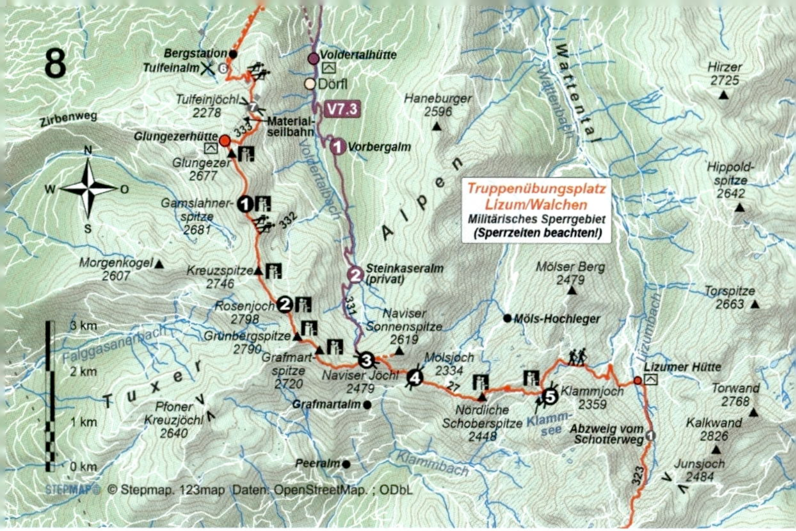

Kurz hinter dem Naviser Jöchl betreten Sie das militärische Sperrgebiet am Truppenübungsplatz Lizum/Walchen des österreichischen Bundesheeres (Sperrzeiten beachten!). Auch außerhalb der Sperrzeiten die Wanderwege nicht verlassen! (Infos unter www.glungezer-geier.at)

Die Seven Tuxer Summits können nur bei absolut guten Wetterprognosen begangen werden. Holen Sie im Zweifel Infos beim Hüttenwirt ein.

Anforderungen: *Über die Seven Tuxer Summits schwerer Bergweg mit stahlseilgesicherten Passagen und teils kurze, leichte Kletterei. Es ist erhöhte Trittsicherheit, Kondition und Schwindelfreiheit gefordert. Anstrengende Etappe, nach dem Mölsjoch leichte Bergwege/Schotterstraße. Bei Nässe besteht erhöhte Rutschgefahr.*

Seven Tuxer Summits (schreibt sich auch „7tuXer summits“): In Anlehnung an die „Seven Summits“, die jeweils höchsten Berge der sieben Kontinente, gibt es in den Alpen mittlerweile viele Gebirge, die aus Marketing-Gründen die sieben höchsten oder beeindruckendsten Gipfel eines Gebirges zusammenfassen. Das Sammeln dieser Gipfel gilt als besonderes touristisches Ziel oder wird als Alleinstellungsmerkmal der Region entsprechend vermarktet. Die Seven Tuxer Summits liegen auf dem Grat der Rosenjochgruppe aufgereiht wie Perlen an einer Kette.

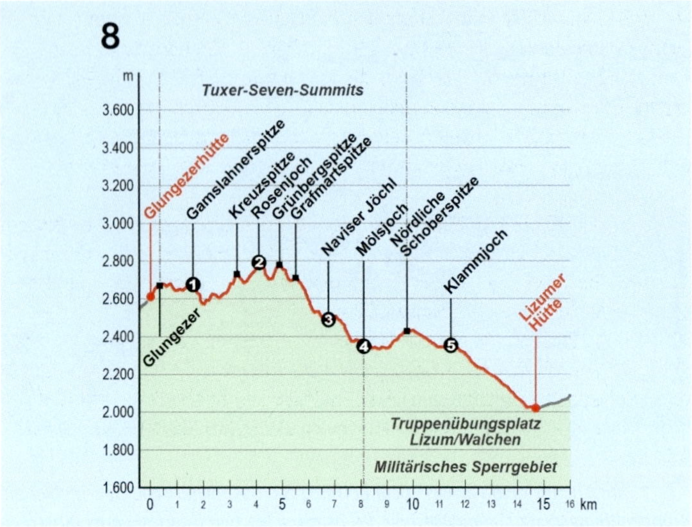

Von der Glungezerhütte aus können Sie mit moderaten Gegenanstiegen gut an einem Tag gesammelt werden.

www.glungezer-geier.at

Von der Hütte aus folgen Sie der Beschilderung „Glungezer" den Hang hinauf und gelangen an der Bergstation der Materialseilbahn vorbei zum nahen Gipfel des **Glungezers (15 Min.)**. Bei einer 360°-Drehung auf dem Gipfel können Sie bei guter Fernsicht gut 500 Bergspitzen bzw. Erhebungen erblicken.

1. Glungezer (2.677 m)

Das Kreuz des Glungezers steht etwas unterhalb des eigentlichen Gipfels und erinnert an das größte Flugzeugunglück der österreichischen Geschichte. Am 29. Feb. 1964 zerschellte die viermotorige „Britannia 312" der British Eagle International Airlines am Gipfel des Glungezers. 75 Passagiere und 8 Besatzungsmitglieder kamen ums Leben. Die Maschine war auf dem Weg von London Heathrow nach Innsbruck und befand sich gerade im Landeanflug. Aufgrund schlechter Sichtverhältnisse und Schneetreibens konnte der Pilot nicht direkt durch die Wolken stoßen und wollte zunächst um den Patscherkofel drehen. Wegen einer fehlerhaften Karte, auf der die Höhe des 400 m höheren Glungezers nicht angegeben war, flog die Maschine zu niedrig für den Glungezer. Der Einschlag löste eine gewaltige Lawine aus, riss die Flugzeugtrümmer in die Tiefe und sorgte für eine aufwendige Bergung. Das Unglück löste eine umfassende Modernisierung des Innsbrucker Flughafens aus, sodass solch ein Unglück heute nicht mehr denkbar ist.

Hinter dem Glungezer beginnt der Weg über den Gipfelgrat und Sie wandern über Blockgelände leicht auf und ab den Grat entlang. Blockgelände wird Sie über einen Großteil des Tages begleiten und erschwert das Vorankommen. Dafür ist der Weg durchgehend gut in rot-weiß-rot markiert.

Nach 1,4 km, kurz vor der Gamslahnerspitze, beginnt eine stahlseilversicherte Stelle, die zunächst an der Westflanke des Gipfels entlangführt und dann links in einem Schwung hinauf auf den Gipfel der **Gamslahnerspitze ❶ (1 Std. 15 Min.)** führt. Der kurze, aber anspruchsvolle Aufstieg mit leichter Kletterei ist gleich dem Abstieg.

2. Gamslahnerspitze (2.681 m)

Nach der Gamslahnerspitze steigen Sie steil um 106 Hm hinab zum Kreuzjöchl und direkt im Anschluss wieder bergauf zur **Kreuzspitze (2 Std. 45 Min.)**.

3. Kreuzspitze (2.746 m)

Der Abstieg von der Kreuzspitze ist kurz ausgesetzt und stahlseilgesichert und führt 75 Hm hinab zu einer Wegkreuzung auf einem Sattel. Ab der Wegkreuzung kann bei Bedarf der Weg 332 Richtung Steinkaseralm/Voldertalhütte als Notabstieg genutzt werden. Ansonsten bleiben Sie auf dem Grat und wandern geradeaus weitere 125 Hm hinauf zum Gipfel **Rosenjoch ❷ (3 Std. 45 Min.)**.

4. Rosenjoch (2.796 m)

Das Rosenjoch ist ein toller Aussichtsgipfel und gleichzeitig der höchste Punkt dieser Tagesetappe. Es bietet sich ein gigantischer 360°-Blick über die Tuxer Alpen. Beim Blick zurück ist der Grat zum Glungezer gut zu überblicken. Dahinter schweift am Horizont der Blick im Nordwesten über das Wettersteingebirge und das Karwendel. Der gestrige Abstieg vom Lafatscher Joch im Halltal ist auch

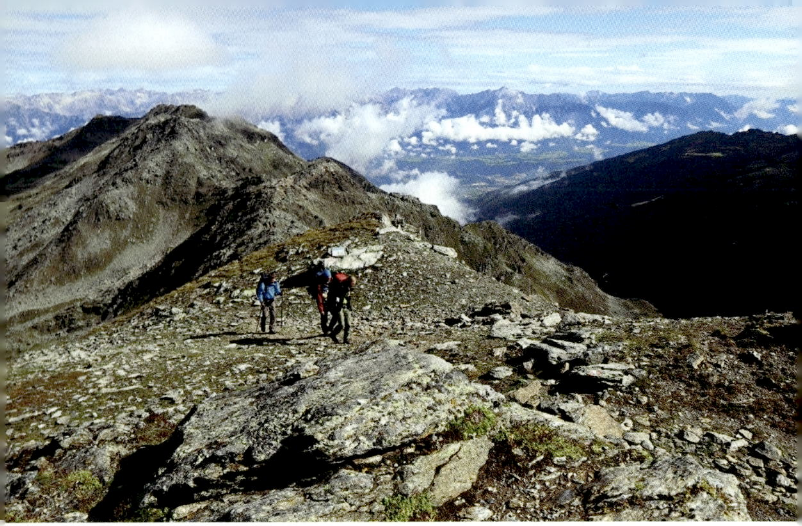

Auf den Seven Tuxer Summits: Blick von der Kreuzspitze nach Norden

in der Ferne gut zu sehen. Rechts davon befindet sich das Rofan. Im Osten erheben sich die Hohen Tauern. Im Süden ist der Tuxer Hauptkamm als Teil der Zillertaler Alpen mit der Friesenbergscharte bereits zu sehen (10. Etappe). Im Westen erheben sich die Stubaier und Ötztaler Alpen und schließen den Kreis der alpinen Pracht.

Vom Gipfel aus steigen Sie weiter Richtung „Naviser Jöchl". Der Weg führt wieder steil um gut 100 Hm hinab zum Sattel. Danach gelangen Sie auf guten Wanderwegen 100 Hm hinauf zur **Grünbergspitze (4 Std. 15 Min.)**.

5. Grünbergspitze (2.790 m)

Zur nahen Grafmartspitze ist es nicht weit. Es geht wieder steil bergab zum Joch und auf guten Wanderwegen hinauf zur **Grafmartspitze** (4 Std. 45 Min.).

6. Grafmartspitze (2.720 m)

An der Grafmartspitze knickt der Weg nach links (Osten) hin ab. Die nun in Marschrichtung liegende Alm ist allerdings noch nicht die Lizumer Hütte, sondern der Möls-Hochleger. Die Lizumer Hütte liegt in der Verlängerung der sichtbaren Schotterstraße hinter dem Grat.

Vom Gipfel aus wandern Sie weiter auf dem Grat entlang. Ab hier haben Sie den anspruchsvollsten Teil der Etappe hinter sich. Im Folgenden gelangen Sie auf einen roten Bergweg, der an der Schotterstraße in einen blauen Bergweg übergeht. Sie wandern nun tendenziell bergab mit leichten, kurzen Gegenanstiegen, teilweise auch wieder über Blockgelände. Die Naviser Sonnenspitze liegt nun gut im Blick. Nach einer Weile wandern Sie auf dem Grat genau nach Osten. Im Norden ist (links) nochmals die Karwendelkette über dem Inntal zu sehen.

Vom Gipfel aus haben Sie nach 1,1 km das **Naviser Jöchl (2.479 m) ❸ (5 Std. 45 Min.)** erreicht. Hier kreuzt der Wanderweg 331 links Richtung „Steinkaseralm" und rechts Richtung „Peeralm". Geradeaus zur Lizumer Hütte sind es noch gut 2 Std. 30 Min. Kurz hinter dem Naviser Jöchl betreten Sie den Truppenübungsplatz Lizum/Walchen des österreichischen Bundesheeres und damit militärisches Sperrgebiet.

Militärisches Sperrgebiet Lizum/Walchen. Auf dem großen Truppenübungsplatz rund um die Lizumer Hütte hält das österreichische Bundesheer seine Übungen ab. Während der Übungen gilt das gesamte Gebiet inkl. der Wege als militärisches Sperrgebiet und während der Schießzeiten mit scharfer Munition besteht für alle Zivilisten Lebensgefahr! Außerhalb der Übungen sind ausschließlich die Wanderwege vom Sperrgebiet ausgenommen und dürfen genutzt, aber nicht verlassen werden.

Erkundigen Sie sich in jedem Fall im Vorfeld über mögliche Sperrzeiten. Das TÜPL-Kommando stellt Informationen zu den Schießzeiten auf der Internetseite http://www.wattenberg.tirol.gv.at/Truppenuebungsplatz oder telefonisch unter +43(0) 502 01/64 420 10 bereit. Weitere Infos www.glungezer-geier.at

Bleiben Sie in jedem Fall auf den Wanderwegen und halten Sie sich an die Anweisung der bei Übungen aufgestellten Absperrposten.

Kurz darauf erreichen Sie eine Abzweigung, links geht es zur Naviser Sonnenspitze, geradeaus weiter auf dem Weg 27 zur Lizumer Hütte.

Naviser Sonnenspitze: Der Aufstieg um gut 100 Hm ist gleich dem Abstieg und Sie benötigen ca. 30 Min. hinauf und 20 Min. hinunter.

Wer heute noch einen achten Gipfel sammeln möchte, dem bietet sich hier eine gute Gelegenheit.

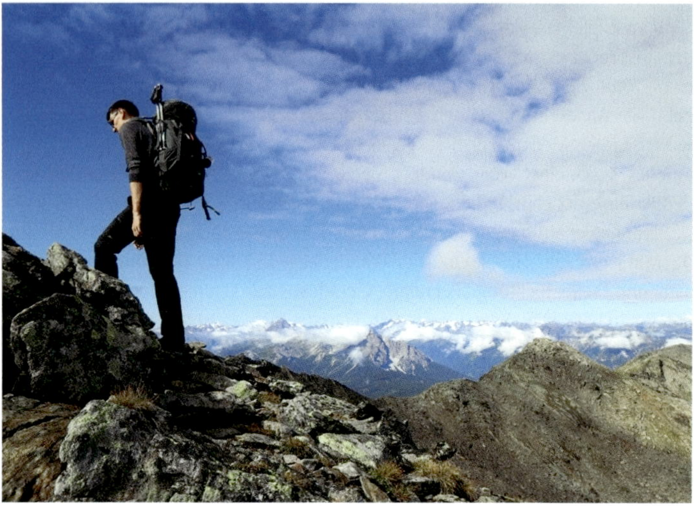

Auf den Seven Tuxer Summits

Sie steigen nochmals ein Stück bergab und betreten kurz darauf eine sanft geschwungene Wiese, auf der Sie gemütlich am **Mölsjoch ❹ (6 Std. 15 Min.)** vorbeiwandern. Nach dem vielen Fels der Seven Tuxer Summits ist es herrlich, wieder über grüne Almböden zu wandern. In Marschrichtung rechts blicken Sie auf den Tuxer Ferner unterhalb des Olperers (3.476 m).

Der Wiesenpfad führt zu einer Schotterstraße, der Sie 100 Hm bergauf folgen. Die Schotterstraße führt eben um den letzten Gipfel der Seven Tuxer Summits herum. Der Aufstieg zum Gipfel der **Nördlichen Schoberspitze (6 Std. 45 Min.)** befindet sich auf der anderen Seite gegenüber dem kleinen Postenhäuschen. Der Aufstieg um ca. 20 Hm ist gleich dem Abstieg.

7. Nördliche Schoberspitze (2.448 m)

Folgen Sie nun für 3,9 km der Schotterstraße – zunächst leicht bergauf und dann bergab an einem Beobachtungsbunker der Armee vorbei. Die Schotterstraße führt in Serpentinen bergab an ein paar kleinen Seen vorbei und steigt zum **Klammjoch (2.359 m) ❺ (7 Std. 15 Min.)** nochmals leicht an. Sie passieren den Klammsee und gelangen durch ein Gatter bergab in Richtung Lizumtal.

Die Straße beschreibt nun einen weiten Bogen über die Wiese und Sie wandern an der ersten Abzweigung geradeaus. Kurz darauf passieren Sie die Gemeinschaftsalm mit großen Ställen. Der Weg führt an den Ställen vorbei und weiter auf der Schotterstraße bergab. Nun erblicken Sie zum ersten Mal die Lizumer Hütte und links davon die große Militäranlage „Lager Lizum" des Truppenübungsplatzes. Nach 500 m zweigt rechts ein Wanderweg direkt unter einer Materialseilbahn ab, der zur Lizumer Hütte führt (in 20 Min.).

Das letzte Stück führt am Hang entlang bergab und über die Talwiese hinüber zur nahen **Lizumer Hütte (8 Std. 15 Min.)**.

Lizumer Hütte (auch Lizumerhütte), Alpenvereinshütte, Wattenberg 105, 6113 Wattenberg, ☏ +43 (0)6 64/647 53 53, info@lizumerhuette.at, www.lizumer-huette.at, Tiroler Küche, Bergsteigeressen, Frühstücksbuffet, 85 Betten: 45 in Zimmern: DZ: € 44 (AV: € 30), MZ: € 34 (AV: € 22), 40 im Lager: € 26 (AV: € 14), HP + € 46, Online-Reservierung erforderlich, € 10, Anfang Juni bis Mitte Okt,

9. Etappe: Von der Lizumer Hütte zum Tuxer-Joch-Haus

12,1 km, 6 Std. 30 Min., ↑ 1.170 m, ↓ 880 m, ⇧ 2.019-2.757 m

Anspruch: Bergweg rot

0,0 km	⇧ 2.019 m	Lizumer Hütte
3,6 km	⇧ 2.757 m	Geierjoch
4,6 km	⇧ 2.575 m	Tote Böden, Ende militärisches Sperrgebiet (bis hier Sperrzeiten beachten!)
6,4 km	⇧ 2.657 m	Geschützspitzsattel
10,0 km	⇧ 2.020 m	Wasserfall im Weitental
12,1 km	⇧ 2.310 m	Tuxer-Joch-Haus

Auf der 9. Etappe bleiben Sie den Tuxer Alpen treu und es steht wieder absolute Bergeinsamkeit gepaart mit grandiosem Panorama auf dem Programm. Bei gutem Wetter stellt die Etappe landschaftlich einen der Höhepunkte der Alpenüberquerung dar und es lohnt sich, die ein oder andere kleine Rast mit einzuplanen – entweder auf einer der Scharten mit gigantischer Fernsicht oder in den Tälern auf saftigen Wiesen mit plätschernden Bächen. Die Etappe beginnt unspektakulär als

Talwanderung weiter in den Talkessel hinein und steigt steil hinauf zum Geierjoch. Dort bietet sich eine gigantische Fernsicht bis zur Friesenbergscharte am Tuxer Hauptkamm (10. Etappe) und zurück zum Karwendel. Am tiefblauen Junssee vorbei steigen Sie durch die weite Ebene der Toten Böden und nochmals hinauf zum Geschützspitzsattel. Von dort blicken Sie bereits hinüber zum Tuxer-Joch-Haus und das Skigebiet am Hintertuxer Gletscher. Sie steigen zunächst hinab ins Weitental, von wo Sie über einen Schotterweg hinauf zum Tuxer-Joch-Haus gelangen. Die Etappe führt Ihnen das gesamte Spektrum alpiner Pracht vor Augen. Von der überwältigenden Fernsicht auf der Scharte auf geröllreichen Pfaden bis hin zu Tallagen mit saftigen Wiesen, Bächen und einem Wasserfall. Allerdings trübt das Ende der Etappe im Hintertuxer Skigebiet mit entsprechender Skiinfrastruktur und der abtauende Gletscher etwas das Bild dieser perfekten Bergidylle.

☝ *Bis kurz nach dem Geierjoch befinden Sie sich noch auf dem Truppenübungsplatz des österreichischen Militärs. Beachten Sie die Sperrzeiten! Infos erhalten Sie entweder auf der Infotafel vor der Lizumer Hütte oder auf der Internetseite 💻 www.wattenberg.tirol.gv.at/Truppenuebungsplatz.*

Anforderungen: schmale Bergpfade über Schotter und Blockgelände zu den Scharten. Hinter dem Geierjoch ist Schwindelfreiheit und Trittsicherheit an einer weiten, steilen Schotterhangflanke gefragt, dazwischen Wiesenpfade über die Toten Böden. Bei Nässe besteht Rutschgefahr!

Von der Lizumer Hütte aus orientieren Sie sich am Schild „München – Venedig 20 Tage" und wandern am See vorbei in den Talkessel Lizumer Boden hinein. Sie überqueren die Wiese und erreichen kurz darauf die durch das Tal verlaufende Schotterstraße. Dort halten Sie sich rechts Richtung „Geierjoch" und folgen dem Verlauf der Schotterstraße. Sie führt mit leichter Steigung am Bach entlang. In Blickrichtung steht die Gipfelkette aus „Torwand", „Kalkwand", „Reuterturm" und „Junsjoch" wie eine Wand vor Ihnen.

Nach 1,2 km erreichen Sie an einem Gatter mit Wegweiser eine **Abzweigung ❶ (20 Min.)**, an der Sie die Schotterstraße verlassen und rechts Richtung „Geierjoch" auf dem Weg 323 über einen Wiesenpfad an der Hangflanke bergauf steigen. Teilweise sind steile Passagen auf dem erdigen Pfad zu bewältigen. Nach 170 Hm geht es ein kurzes Stück über Blockgelände und auf den folgenden Almböden ist die Markierung kurzfristig etwas schlecht zu finden. Halten Sie sich im Zweifel geradeaus in Richtung eines kleinen Bachs in einer Schotterrinne.

Kurz darauf treffen Sie auf den alten Pfad, der an der linken Hangflanke heraufführt. Folgen Sie ihm rechts bergauf. Kurz drauf betreten Sie die Schotterrinne und überqueren den kleinen Bach. Der Weg steigt steil an und Sie steigen um einen kleinen Rücken herum in die Geiermulde hinein. Das Joch liegt nun zwischen den beiden spitzen, schroffen Gipfeln vor Ihnen.

Das letzte Stück zum Joch führt wieder über eine Menge Schotter. Hinter einem Einschnitt zwischen den Gipfeln öffnet sich der Blick und Sie sehen das Joch als riesigen, sanft geschwungenen Schuttberg aus zahlreichen kleinen Steinen.

Das sanft geschwungene **Geierjoch ❷ (2 Std. 30 Min.)** ist der höchste Punkt der Etappe und eignet sich hervorragend zu einer ersten Pause vor einem wirklich beeindruckenden Panorama. Beim Blick in Marschrichtung gen Süden erhebt sich der Olperer (3.476 m) als höchster Gipfel des Tuxer Kamms. Direkt links davon

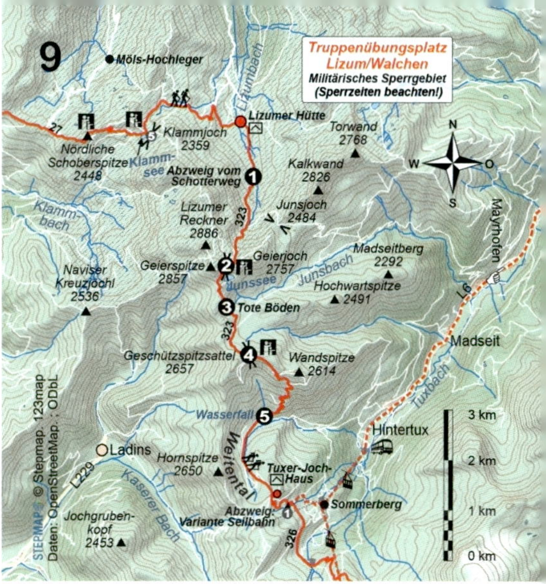

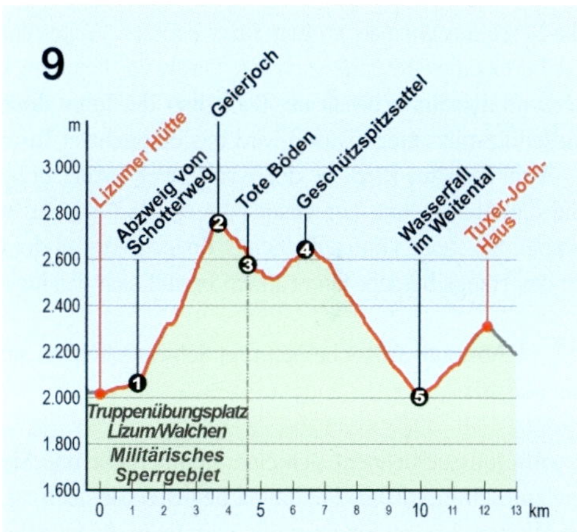

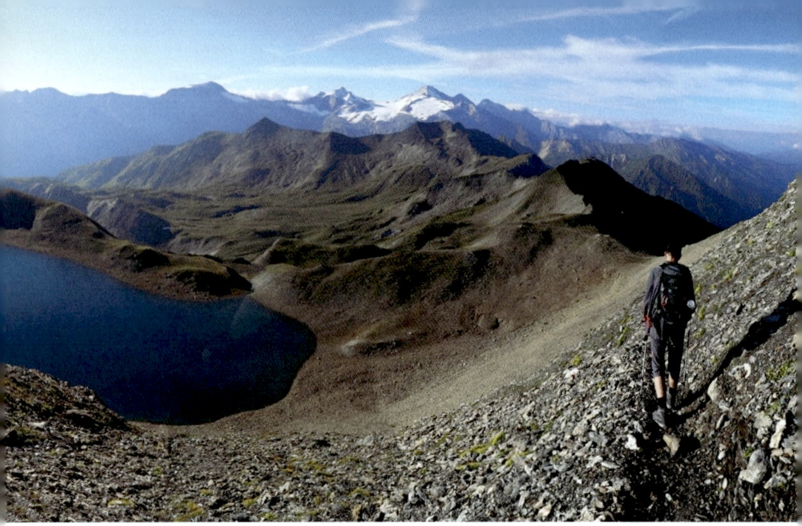

Blick über den Junssee zur Friesenbergscharte und dem Tuxer Hauptkamm

erheben sich die Gefrorene-Wand-Spitzen (3.288 m). Dazwischen befinden sich die Reste des ehemals großen Tuxer Ferners. Weiter links auf dem Grat erblicken Sie bereits die Friesenbergscharte. Direkt vor Ihnen im Tal liegt der tiefblaue Junssee und dahinter schweift der Blick über die Toten Böden auf den Höhenzug des Geschützspitzsattels. Davon wird das Etappenziel Tuxer-Joch-Haus verdeckt.

Vom Joch aus leitet Sie der Wanderweg wieder bergab. Kurz darauf erreichen Sie die Abzweigung zur Geierspitze (2.857 m) und wandern geradeaus daran vorbei. Sie steigen nun auf einem schmalen Weg an der weiten, steilen Schuttflanke des Hangs bergab. Unter Ihnen breitet sich der Junssee vor Ihren Füßen aus.

Absolute Trittsicherheit und Schwindelfreiheit sind hier gefordert. Vorsicht bei Nässe!

Am Junssee befindet sich eine Stempelstelle und Sie wandern weiter am Grat entlang. Ein herrliches Panorama begleitet Sie auch im weiteren Verlauf. Rechts, im Westen, blicken Sie über das Wipptal in die Ötztaler und Stubaier Alpen und es scheint, Sie befinden sich in einer einsamen, menschenleeren Region.

Nach einer kurze Passage am Grat folgt ein steiler Abstieg, bevor Sie danach gemütlich weiter über Schuttfelder wandern. Immer im Blick liegt die Friesenbergscharte am Horizont, auf der Sie bereits am morgigen Tag stehen werden. Nach einem weiteren kurzen Abschwung gelangen Sie auf weite Almböden, die **Toten Böden ❸** (3 Std.), auf denen Sie gut vorankommen. Dort verlassen Sie den Truppenübungsplatz Lizum/Walchen.

An den nächsten beiden Abzweigungen folgen Sie jeweils geradeaus dem Weg 323 Richtung „Geschützspitzsattel". Nach der flacheren Passage in den Toten Böden beginnt der Anstieg zum Geschützspitzssattel (2.576 m) – zunächst noch über die Wiese, später mit moderater Steigung durch ein Schuttfeld hinauf zum Sattel.

Am **Geschützspitzsattel ❹ (4 Std.)** angekommen ist das Tuxer-Joch-Haus etwas unterhalb eines Sees gut zu sehen. Außerdem blicken Sie auf die Skiinfrastruktur der Tuxer Gletscherbahnen.

Vom Sattel aus wandern Sie nun am Wiesenhang weiter auf einem guten Wanderweg und steigen in vielen Serpentinen 3,1 km hinab bis auf den Talgrund des Weitentals. Dort sehen Sie auch bereits den breiten Wanderweg und die Straße, die rechts zum Tuxer-Joch-Haus hinaufführt. An der nächsten Abzweigung halten Sie sich geradeaus. Kurz vor dem Tal blicken Sie rechts auf einen kleinen **Wasserfall ❺ (5 Std. 20 Min.)**. Folgen Sie dem kleinen Bach flussabwärts bis zum Wanderweg.

Am Tuxer-Joch-Haus, Blick zum Olperer und Gefrorene-Wand-Spitze

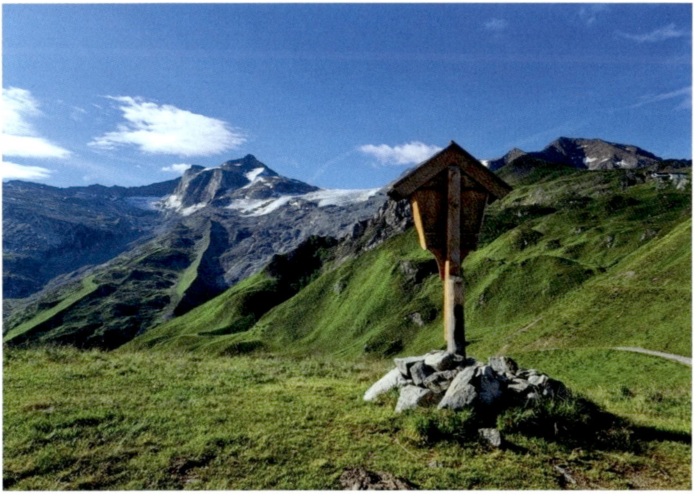

Nach 550 Hm Abstieg haben Sie den Talgrund erreicht. Dort wandern Sie rechts bergan durch das sanft geschwungene Wiesental. Zur Hütte sind es noch gut 300 Hm, die Sie ohne Schwierigkeiten bewältigen können. Der Wanderweg steigt an und wird immer breiter, bis er auf eine Schotterstraße trifft. Folgen Sie dieser weiter bergauf. Nach 300 m biegen Sie links auf einen Wanderweg ab – unbeschilderte Abzweigung.

Alternativ können Sie auch auf der Schotterstraße bleiben. Sie führt ebenfalls zum Tuxer-Joch-Haus.

Der Wanderweg führt nach wenigen Metern über den Bach und weiter bergauf am Hang entlang. Nach einem kurzen Aufstieg erblicken Sie bereits das Tuxer-Joch-Haus oberhalb am Hang. Kurz darauf treffen Sie wieder auf die Schotterstraße. Dort können Sie entweder geradeaus auf dem Wanderweg oder links auf der Schotterstraße weiter zum Tuxer-Joch-Haus wandern. Wenn Sie das zweite Mal auf die Schotterstraße treffen, folgen Sie dieser rechts bergauf und erreichen nach kurzer Zeit das **Tuxer-Joch-Haus (6 Std. 30 Min.)**.

Tuxer-Joch-Haus, Österreichischer Touristenklub (ÖTK), Hintertux Schommerbergalm 798, 6294 Hintertux, +43 (0)52 87/872 16, info@tuxerjochhaus.at, www.tuxerjochhaus.at, Tiroler Küche, Bergsteigeressen, 45 Betten: 9 in Zimmern: € 25 (AV: € 16), 36 im Lager: € 18 (AV: € 12,50), HP + € 40, Reservierung erforderlich, Ende Juni bis Ende Sep, @ ()

Die Zillertaler Alpen sind eine Gebirgsgruppe der zentralen Ostalpen und Teil des Alpenhauptkamms. Der größte Teil befindet sich dabei im österreichischen Teil Tirols. Der Rest liegt in Südtirol und ein kleiner Teil gehört auch zum österreichischen Bundesland Salzburg. Begrenzt werden die Zillertaler Alpen im Norden durch die Tuxer und Kitzbühler Alpen, im Osten durch die Venediger- und Riesfernergruppe, im Süden durch die Dolomiten und die Sarntaler Alpen und im Westen durch die Stubaier Alpen. Die Zillertaler Alpen bestehen dabei aus mehreren Hauptkämmen und zahlreichen Nebenkämmen. Die bedeutenden Untergruppen sind: Der Zillertaler Hauptkamm, der Tuxer Hauptkamm, die Reichenspitzgruppe und die Pfunderer Berge. Dabei erreicht der Zillertaler Hauptkamm Höhen von über 3.500 m. Der höchste Gipfel ist der Hochfeiler mit 3.509 m. Durch die Höhe befinden sich auch viele Gletscher in Höhen über 2.500 m. Sie sind allerdings, wie im gesamten Alpenraum, in starkem Rückgang begriffen.

Bedeckten 1850, zum Höhepunkt der kleinen Eiszeit, die Gletscher noch 154 km², so waren es zur Jahrtausendwende nur noch 66 km², was einem Rückgang von ca. 60 % entspricht. Einige der 3.000er am Hauptkamm sind heute von Süden her komplett eisfrei begehbar.

Die alpinistische Erschließung der Zillertaler Alpen begann etwa ab der Mitte des 19. Jh., als die ersten Erstbegehungen stattfanden. Durch die Gründung der Alpenvereine gegen Ende des 19. Jh. wurde die touristische Erschließung weiter vorangetrieben und zahlreiche neue Wege und Hütten wurden errichtet. Als im Jahr 1902 auch die Zillertalbahn fertiggestellt werden konnte, war die Anreise deutlich erleichtert. Heute sind die gesamten Zillertaler Alpen touristisch erschlossen und zahlreiche Fernwanderwege (Via Alpina – roter Weg, Zentralalpenweg) und hochalpine Höhenwege wie der Berliner Höhenweg, der Dreiländerweg oder der Tiroler Höhenweg führen kreuz und quer durch die Zillertaler Alpen.

10. Etappe: Vom Tuxer-Joch-Haus zur Olpererhütte

➲ *12 km,* ⌛ *6 Std.,* ↑ *830 m,* ↓ *750 m,* ⇧ *2.090-2.910 m*

Anspruch: Bergweg schwarz ●

0,0 km	⇧ 2.310 m	Tuxer-Joch-Haus ⌂
2,6 km	⇧ 2.125 m	Großer Kunerbach
5,0 km	⇧ 2.531 m	Spannagelhaus (nur Winterbetrieb)/Spannagelhöhle
7,1 km	⇧ 2.910 m	Friesenbergscharte
8,6 km	⇧ 2.620 m	Abzweigung ↳ Friesenberghaus (alternatives Ende) ⌂
12,0 km	⇧ 2.388 m	Olpererhütte ⌂

Auf der 10. Etappe liegt wieder ein alpinistischer Höhepunkt vor Ihnen. Die Friesenbergscharte ist der zweithöchste Punkt der Alpenüberquerung und der Abstieg ist technisch anspruchsvoll. Sie kann nur bei guten Wetterverhältnissen begangen werden! Die Etappe beginnt inmitten des Skigebiets des Hintertuxer Gletschers. Zu Beginn steigen Sie über die Schotterstraßen und einen Wanderweg hinab zum tiefsten Punkt der Etappe am Großen Kunerbach. Von dort führt Sie der Weg über eine Schotterstraße auf der Seitenmoräne des Gletschers hinauf zum Spannagelhaus.

Am Spannagelhaus wartet auch eine kleine Besonderheit. Direkt am Gebäude befindet sich der Eingang zum Höhlensystem der Spannagelhöhle. Sie kann im Rahmen einer geführten Tour besichtigt werden. Ab dem Spannagelhaus verlassen Sie das Skigebiet und steigen auf einem steilen Pfad über Blockgelände und viel Geröll hinauf zur Friesenbergscharte. An der Scharte befindet sich ein schmaler Durchschlupf zwischen den Felsen und Sie haben den Tuxer Hauptkamm erklommen. Es bietet sich ein grandioses Panorama zurück über die Tuxer Alpen und voraus Richtung Alpenhauptkamm. Das schwierigste Stück der Etappe liegt allerdings noch vor Ihnen. Der Abstieg von der Friesenbergscharte gehört zu einem der anspruchsvollsten auf der Strecke von München nach Venedig. Er führt durch die steile, brüchige Südwand und ist mit Stahlseilen und Tritthilfen in Form von Stahlstiften und -bügeln etwas entschärft. Der Abstieg erfordert trotzdem höchste Konzentration, Trittsicherheit und absolute Schwindelfreiheit. Nach der anspruchsvollen Passage erreichen Sie wieder einen Wanderweg, auf dem Sie gemütlich zur Olpererhütte „auslaufen" können.

Vorsicht beim Abstieg! Erhöhte Steinschlaggefahr bei nachfolgenden Wandernden durch losgetretenes Geröll.

Blick zur Friesenbergscharte

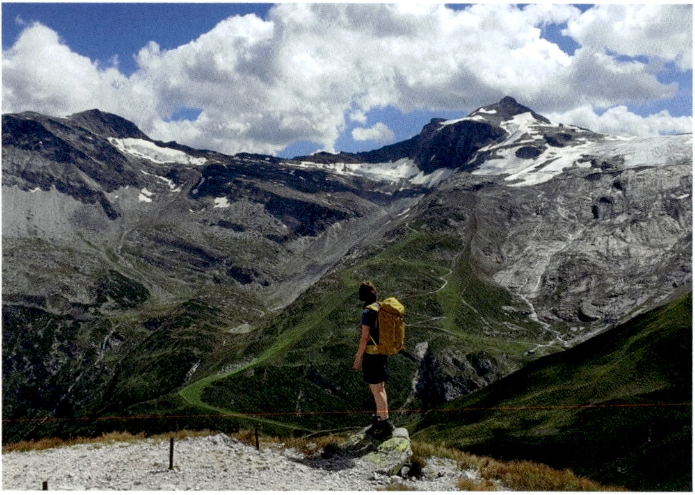

☺ *Die Seilbahn kann als Aufstiegshilfe zum Spannagelhaus verwendet werden. Anstelle von 440 Hm Aufstieg müssen Sie stattdessen 260 Hm Abstieg zurücklegen (zunächst zur Mittelstation der Bergbahn und von der Bergstation zum Spannagelhaus).*

☺ *Als Alternative Übernachtungsmöglichkeit zur Olpererhütte bietet sich auch das Friesenberghaus an.*

☺ *Als Schlechtwetteralternative zur Umgehung der Friesenbergscharte können Sie mit der Seilbahn nach Hintertux fahren und mit dem Bus über Mayrhofen zum Schlegeisspeicher gelangen. Dort bietet sich eine Nacht in der Dominikushütte an.*

Anforderungen: *durch das Skigebiet leichter Bergweg, ab Spannagelhaus mittelschwerer bis schwerer Bergweg über Geröll und großes Blockgelände zur Scharte, anspruchsvoller Abstieg von der Friesenbergscharte, alpine Bergerfahrung, absolute Trittsicherheit und Schwindelfreiheit sind Pflicht, nur bei guten Wetterverhältnissen begehen(!), zur Olpererhütte mittelschwerer Bergweg*

Vom Tuxer-Joch-Haus folgen Sie zunächst der Schotterstraße bergab Richtung „Spannagelhaus“ (Weg 324/326). Die breite Straße führt in Serpentinen den Hang hinab. Auf dem Weg bietet sich ein toller Blick hinüber zum Tuxer Ferner zwischen den Gefrorene-Wand-Spitzen und dem Olperer. Durch die große Bergbahn ist auf diesem Wegabschnitt deutlich mehr Publikumsverkehr unterwegs.

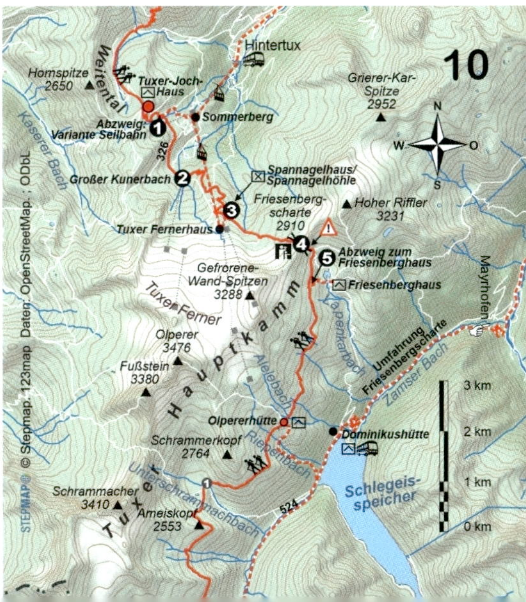

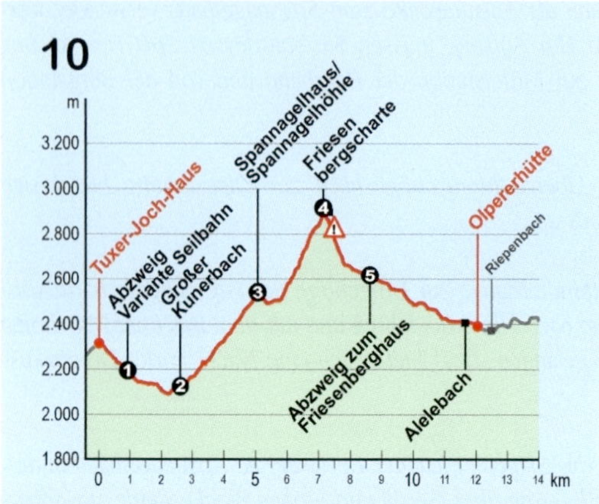

In vielen Serpentinen wandern Sie nun bergab und kommen auf der Schotterstraße gut voran. Nach 900 m gelangen Sie an eine **Abzweigung ❶ (15 Min.)**, an der Sie links zur ↬ Seilbahn kommen. Rechts zweigt der Wanderweg zum „Spannagelhaus" (Weg 326) ab.

↬ **Aufstieg mit der Bergbahn**: Alternativ können Sie auch auf der Schotterstraße weiter zur Mittelstation „Sommerberg" der Hintertuxer Gletscherbahnen (☞ siehe nächster Kasten, S. 146) absteigen (100 Hm) und mit ihr zur Bergstation „Tuxer Fernerhaus" fahren. Von dort müssen Sie wiederum 130 Hm zum Spannagelhaus absteigen, um wieder auf die Route zu treffen.

↬ **Umgehung der Friesenbergscharte**: Wandern Sie ebenfalls zur Mittelstation „Sommerberg" und fahren Sie dann mit der Bergbahn hinab ins Tal nach Hintertux. Von dort gelangen Sie mit dem Regionalbus 4104 nach Mayrhofen im Zillertal und von dort mit dem Bus 4102 hinauf zum Schlegeisspeicher.

Talfahrt nach Hintertux, Hintertuxer Gletscherbahnen, Hintertux 794, 6293 Tux, ☎ +43 (0)52 87/85 10, ✉ info@hintertuxergletscher.at, 💻 www.hintertuxergletscher.at, Talfahrt: € 19, Seilbahnen ganzjährig 8:15-16:30

Busfahrt zum Schlegeisspeicher (Regionalbus 4104 und 4102), Bus 4104: Haltestelle: „Hintertux" – „Mayrhofen/Bahnhof", Bus 4102: „Mayrhofen/Bahnhof" – „Schlegeisspeicher", ☎ +43 (0)5 12/39 03 90, 💻 www.vvt.at, Bus 4104: täglich 6:45-18:50 ca. halbstündliche Abfahrt, Fahrzeit 33 Min., Bus 4102: täglich 7:55, 9:10, 10:10, 11:35, 13:35, 15:10, 17:10, Fahrzeit: 50 Min.

Am Schlegeisspeicher angekommen bieten sich Ihnen verschiedene Möglichkeiten: Sie können nun entweder zum regulären Etappenende, der Olpererhütte, aufsteigen (➲ 4,3 km, ⌛ 2 Std., ↑ 580 m, ↓ 0 m) oder etwas oberhalb der Bushaltestelle in der Dominikushütte übernachten.

⌂ **Dominikushütte**, Dornauberg 104, 6292 Finkenberg, ☏ +43 (0)6 64/73 29 69 39, ✉ info@dominikushuette.at, 💻 www.dominikushuette.at, gutbürgerliche Tiroler Küche, 31 Betten: 13 in Zimmern: DZ: € 52, 18 im Lager: € 44, inkl. Frühstück, 🚪 Mitte Mai bis Ende Okt, 🚿 🔌 📱

➩ Alternativ können Sie auch gleich in die 11. Etappe starten und durch den Zamser Grund zum Pfitscher-Joch-Haus aufsteigen.

Aufstieg: Schlegeisspeicher – Pfitscher-Joch-Haus (➲ 7,3 km, ⌛ 2 Std. 20 Min., ↑ 470 m, ↓ 0 m): Von der Bushaltestelle am Schlegeisspeicher wandern Sie für 1,1 km an der Teerstraße entlang. An der ersten Brücke überqueren Sie den Zamser Bach und wandern auf der anderen Bachseite entlang flussaufwärts. Nach etwa 100 m passieren Sie einen kleinen Almkiosk.

Blockgelände beim Aufstieg zur Friesenbergscharte

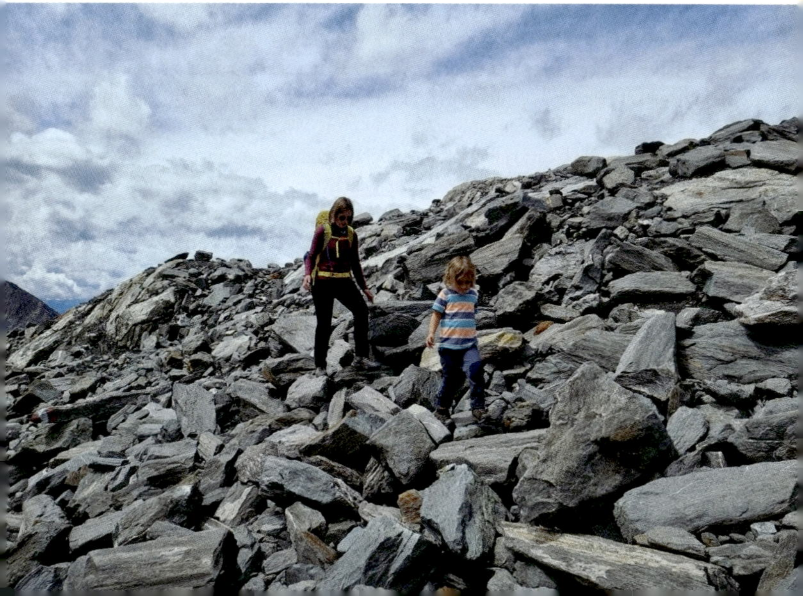

Ab der Brücke ist das Pfitscher Joch mit 2 Std. angegeben. Sie wandern ab hier auf dem Wanderweg 524 durch das breite Tal des Zamser Grunds. Der Weg wird nach kurzer Strecke steiniger und schmaler. Teilweise sind riesige Felsplatten verbaut, die das Vorankommen deutlich erleichtern. Bald beginnen ausgedehnte Latschenfelder neben dem Weg und die Lavitzalm wird weiter oben am Hang sichtbar. Auf dem breiten Wanderweg kommen Sie gut voran. Die Latschen werden weniger und gehen in große Alpenrosenfelder über.

✕ **Lavitzalm**, Pfitscher Joch, 6295 Ginzling, ☎ +39 04 72/64 60 76, 📱 +39 338/212 47 38, Jausenhütte mit Tiroler Spezialitäten, Ende Mai bis Anfang Sep, ☺ mit kleinem Museum im Nebengebäude

Hinter der Lavitzalm beginnt eine Schotterstraße, der Sie bis hinauf zum Pfitscher Joch folgen. Eines der kleinen Grenzhäuschen ist bereits sichtbar. Sie wandern zunächst in einen Talkessel hinein und auf der Schotterstraße weiter hinauf zum Joch. Kurz vor dem Joch trifft der Normalweg von rechts auf die Schotterstraße (☞ S. 157).

Auf dem Pfad wandern Sie nun am Hang entlang und treffen kurz darauf auf einen weiteren Wanderweg, dem Sie geradeaus folgen. Unter sich blicken Sie auf die große Mittelstation „Sommerberg“ der Hintertuxer Gletscherbahnen.

Der Weg führt weiter um einen Hangrücken herum und Sie blicken direkt auf den Tuxer Ferner, der vor Ihnen wie eine Wand aufragt.

Kurz darauf treffen Sie auf einen weiteren Wanderweg und Sie wandern geradeaus gemütlich am Hang entlang Richtung „Spannagelhaus“, das oben am Hang bereits gut zu erkennen ist. An der nächsten Abzweigung gehen Sie links weiter. Sie tangieren nun für ein kurzes Stück einen Bach und passieren eine kurze stahlseilversicherte Stelle.

Nach 1,3 km treffen Sie in einer Kehre auf eine Schotterstraße. Diese führt Sie rechts bergauf direkt zum Spannagelhaus. Kurz darauf überqueren Sie den **Großen Kunerbach ❷ (40 Min.)**.

Nach 1,6 km haben Sie an einer Abzweigung die Möglichkeit, rechts auf einem Wanderweg oder geradeaus auf der Schotterstraße zum Spannagelhaus zu wandern. Zeitlich sind beide Varianten ähnlich. Der Wanderweg trifft nach 1 km bereits wieder auf die Schotterstraße. Beide Wege zum Spannagelhaus schlängeln sich auf einer Seitenmoräne des Tuxer Ferners bergauf. Links befindet sich das Gefrorene-Wand-Kees, rechts der Tuxer Ferner (in Teilen Österreichs bezeichnet das Wort *Kees* einen Gletscher; am Tuxer Hauptkamm verläuft die Sprachgrenze). Beim Blick zurück sehen Sie über dem Tuxer-Joch-Haus den Geschützspitzensattel und am Horizont das Geierjoch.

Kurz nachdem der Wanderweg wieder auf die Schotterstraße trifft, biegen Sie scharf links auf einen Wanderweg ab und erreichen kurz darauf das im Sommer geschlossene **Spannagelhaus ❸ (2 Std. 15 Min.)**.

☺ Direkt am Spannagelhaus befindet sich der Eingang zur Spannagelhöhle.

☒ **Spannagelhaus**, nur winterbetrieb

⌘ **Spannagelhöhle**, Hintertux 799, 6294 Hintertux, ☏ +43 (0)52 87/872 51, info@spannagelhoehle.at, www.spannagelhoehle.at, Marmorschauhöhle mit zahlreichen Naturwundern, ganzjährige Besichtigungstouren, drei Führungen möglich: Tour 1 (Standard) € 20, Dauer 1 Std., max. 20-23 Personen, ohne Voranmeldung, Tour 2 und 3 sportliche Trekkingtour, nur auf Anmeldung, Dauer 3-5 Std., Schwierigkeit Klettersteig B bzw. E, Sommer 1. Juni bis 14. Okt auch tägliche Schauhöhlenführungen ohne Voranmeldung um 10:00*, 11:00, 12:00, 13:00, 14:00, 15:00* (*nur 10. Juli-09. Sep)

Die Spannagelhöhle verläuft in einer Marmorschicht von Hinterux nach Süden bis zum Spannagelhaus. Aktuell sind gut 10 km des Höhlensystems erforscht und 500 m sind als Schauhöhle ausgebaut. Das gut durchfeuchtete Höhlensystem beherbergt zahlreiche Naturwunder, Wasserfälle und teils nur durch Tauchen begehbare Siphons. Für alle höhleninteressierten München-Venedig-Wandernde ist sie ein Höhepunkt auf der Tour gen Süden. Unter fachkundiger Führung finden einstündige Standardführungen im vorderen, ausgebauten Bereich der Schauhöhle statt. Daneben gibt es auch bis zu fünfstündige Trekkingtouren in der Klettersteigschwierigkeit E, die einem die Arbeit von Höhlenforschenden anschaulich verdeutlichen.

Direkt hinter dem Spannagelhaus beginnt der Wanderweg, der zur Friesenbergscharte hinaufführt. Sie steigen zunächst leicht bergab unter steilen Felswänden entlang und überqueren eine Metallbrücke. Kurz darauf beginnt der Aufstieg um etwa 400 Hm zur Scharte.

Der Weg führt zuerst über eine Moräne, dann über das weite Schotterfeld des ehemaligen Gletschers. An der ersten Abzweigung folgen Sie dem Weg rechts bergauf. Der Steig ist gut rot-weiß-rot markiert. Teilweise steigen Sie nun über

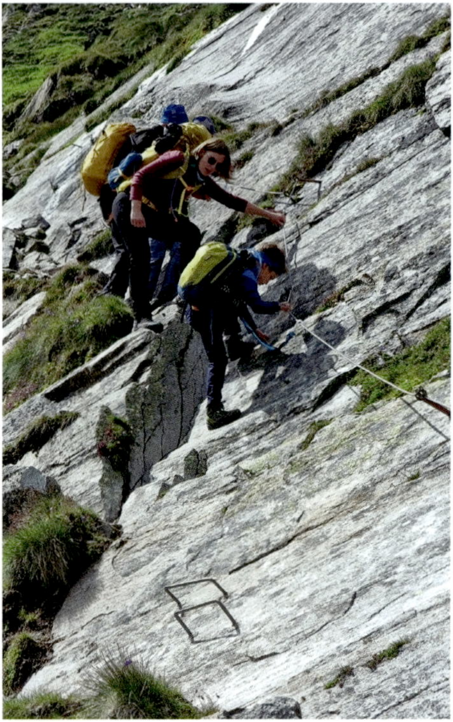

Gesicherter Abstieg von der Friesenbergscharte

großes Blockgelände und gelegentlich sind auch große Steine wie Treppenstufen verlegt, die das Vorankommen deutlich erleichtern.

Nach dem ersten steilen Anstieg folgt eine kurze flachere Passage. Rechts liegen die Reste des Gefrorene-Wand-Keeses. Während des Aufstiegs erblicken Sie auch eine große Gesteinsvielfalt am Boden und die Scharte ist bald durch den dortigen kleinen Wegweiser gut zu erkennen.

Der letzte Aufstieg zur Scharte ist anstrengend und es ist Trittsicherheit gefragt. Besonders die letzten 40 Hm sind sehr steil und teilweise auch durch kleine Steine auf großen Steinplatten mitunter rutschig.

Auf der **Friesenbergscharte ❹ (3 Std. 45 Min.)** angekommen schlüpfen Sie zwischen zwei Felsen hindurch und stehen auf der schmalen Scharte. Das dortige Panorama entlohnt Sie für alle Aufstiegsmühen. Sie stehen hier zudem auf dem zweithöchsten Punkt der Alpenüberquerung und haben wieder einen Höhepunkt der Tour bezwungen. Auf der anderen Seite blicken Sie hinab zum Friesenbergsee, an dem links oberhalb das Friesenberghaus steht. Etwas weiter im Tal liegen der Zamser Grund und das Zemmtal und dahinter blicken Sie über den Schlegeisspeicher auf den Alpenhauptkamm mit dem Hochfeiler, der die Grenze zu Italien darstellt. Beim Blick zurück erkennen Sie am Horizont deutlich das Geierjoch, an dem Sie gestern noch vorbeigekommen sind.

Der Abstieg auf der anderen Seite der Scharte ist deutlich anspruchsvoller als der Aufstieg. Der Hang fällt im Süden sehr steil ab und es ist erhöhte Trittsicherheit und absolute Schwindelfreiheit gefordert. Mehrere Stellen sind stahlseilversichert. An einigen Stellen helfen Stahlstifte und Trittbügel, über Felsabsätze oder große Felsplatten abzusteigen.

Vorsicht, Steinschlaggefahr beim Abstieg! Besonders bei vielen nachfolgenden Wandernden hinter Ihnen ist erhöhte Wachsamkeit vor losgetretenen Steinen gefordert und der Abstieg sollte zügig ohne unnötige Rast begangen werden.

Es ist ratsam, die vorhandenen Steighilfen auf deren Zustand zu prüfen und sich nicht blind an jedem Stahlseil festzuhalten. Besonders an diesem steilen Abstieg kommt es immer wieder zu Schäden durch witterungsbedingte Einflüsse.

Der Weg schlängelt sich in vielen Serpentinen die steile Wand hinab. Nach 115 Hm liegt das schwerste Stück hinter Ihnen und der Weg führt ein letztes Stück über das Schuttfeld hinab. An der ersten Abzweigung wandern Sie rechts Richtung „Olpererhütte". Der Wanderweg führt als gemütlicher Höhenweg in leichtem Auf und Ab am Hang entlang. Sie wandern tendenziell mit leichtem Gefälle ohne Schwierigkeiten. Nach 700 m haben Sie an einer **Abzweigung ❺ (4 Std. 30 Min.)** die Möglichkeit, zum alternativen Etappenende, dem Friesenberghaus, zu steigen.

Alternatives Etappenende Friesenberghaus (0,9 km, 25 Min., ↑ 35 m, ↓ 180 m): Die Variante zum Friesenberghaus zweigt hier links ab und verläuft über ein paar Felsabsätze hinab zum Friesenbergsee und daran vorbei hinauf zur Hütte.

Friesenberghaus, Alpenvereinshütte, 6295 Ginzling, ☏ +43 (0)6 76/749 75 50, friesenberghaus@gmx.at, www.friesenberghaus.com, Bergsteigeressen, Tiroler Küche, 66 Betten: 34 in Zimmern: € 40 (AV: € 24), 32 im Lager: € 30 (AV: € 15), Online-Reservierung erforderlich, ☺ Wetterbericht vom Hüttenwirt, Mitte Juni bis Ende Sep,

Von der Hütte aus steigen Sie denselben Weg zurück zum Höhenweg. Dort angekommen wandern Sie links zur Olpererhütte. (Friesenberghaus – Olpererhütte: ca. 2 Std.)

Zur Olpererhütte wandern Sie an der Abzweigung geradeaus auf dem bekannten Berliner Höhenweg. Vor Ihnen erhebt sich der Hochfeiler am Alpenhauptkamm. Teilweise müssen Sie über Blockgelände steigen. Im Tal bietet sich ein guter Blick auf den Schlegeisspeicher und dessen große Staumauer. An der Mauer befinden sich ein paar touristische Angebote in Form eines Flying Fox, einer Abseilstation und durch die Schlegeisstaumauer verläuft ein Klettersteig sowie eine Kletterroute im 7. Grad UIAA mit 150 m Kletterlänge. Durch die Wölbung der Mauer ist die Kletterroute ab der Hälfte überhängend und an der freien Betonmauer sehr exponiert.

💻 www.schlegeis131.at

Mit einem Mal blicken Sie auf die neue Olpererhütte. Die alte Olpererhütte von 1881 wurde im Sommer 2006 abgerissen und durch einen Neubau ersetzt, der im Sommer 2008 eröffnet werden konnte. Sie überqueren noch die Metallbrücke über den Alelebach und haben die herrlich gelegene **Olpererhütte (6 Std.)** hoch über dem Schlegeisspeicher mit tollem Panorama erreicht.

Olpererhütte, Alpenvereinshütte, 6295 Ginzling, ☏ +43 (0)6 64/417 65 66, info@olpererhuette.de, 💻 www.olpererhuette.de, Bergsteigeressen, Tiroler Küche, 72 Betten: 20 in Zimmern: € 33 (AV: € 21), 52 im Lager: € 27 (AV: € 15), Frühstück + € 17, HP + € 40, Online-Reservierung erforderlich, Anfang Juni bis Mitte Okt,

Die Gletscher der Alpen: Als Gletscher wird eine durch Schneefall entstandene Eismasse bezeichnet, die sich selbstständig bewegt. Die Bewegung kommt aufgrund der Hangneigung, des Eigengewichts des Eises, des jeweiligen Untergrunds und weiterer Faktoren zustande, sodass ein Gletscher im Prinzip auf einem dünnen Schmelzwasserfilm gen Tal gleitet. Die Flussgeschwindigkeit der alpinen Gletscher ist dabei sehr unterschiedlich und bewegt sich zwischen 30-200 m pro Jahr. Ein Gletscher ist damit klar von beispielsweise im Meer schwimmenden Eisbergen oder Packeis abgegrenzt.

Weltweit betrachtet speichern die Eiskappen an den Polen und die Gletscher etwa 70 % des Süßwassers und sind nach den Ozeanen die größten Wasserspeicher der Welt. Die Gletscher in den Alpen tragen dazu allerdings nur einen geringen Teil bei – zumal sich die Gletschermasse in den Alpen seit Beginn der Industrialisierung Mitte des 19. Jh. Kontinuierlich verringert hat. Dabei folgen die alpinen Gletscher einem weltweiten Trend. Messungen belegen, dass die Glet-

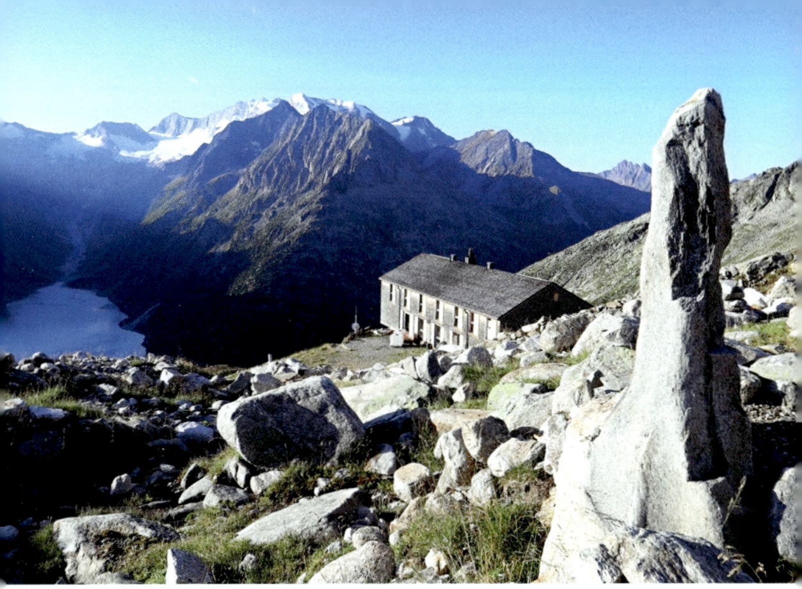

Die Olpererhütte mit Blick auf den Schlegeisspeicher und den Hochfeiler

scher zwischen 1850 und 1980 gut ein Drittel ihrer Fläche und die Hälfte ihrer Eismasse verloren haben. Seit 1980 sind nochmals 20-30 % der Eismasse abgetaut. Dies wird ursächlich dem Klimawandel zugeschrieben, der den Gletscherschwund stark beschleunigt. Erdgeschichtlich betrachtet unterliegen die Gletscher der Alpen seit jeher einer natürlichen Schwankung in ihrer Ausdehnung. Bereits vor Jahrtausenden waren beispielsweise die Gletscher der Alpen schon einmal komplett abgeschmolzen.

Gletscher gelten auch als große Landschaftsformer, die das Gesicht Europas während der letzten Eiszeiten gestalteten. Damals reichten die Inlandseismassen bis ins nördliche Mitteleuropa und auch die Gletscher der Alpen drangen weit ins Alpenvorland vor. Noch heute sind die durch Eis geschliffenen Täler und großen Gesteinsablagerungen Teil der Landschaft. Dabei wird die Gesamtheit des vom Gletscher transportierten Materials als „Moräne" bezeichnet. Im allgemeinen Sprachgebrauch wird der Begriff „Moräne" allerdings hauptsächlich auf die entsprechende Landschaftsform bezogen. Besonders im Umfeld der sich zurückziehenden Gletscher fallen die durch Ablagerung entstandenen großen Schuttwälle auf, die je nach Lage als Grundmoräne, Seitenmoräne oder Endmoräne bezeichnet werden.

Der Aufbau eines Gletschers besteht aus drei großen Teilen: dem Nährgebiet, dem Zehrgebiet und der Gletscherfront.

Nährgebiet: Das Nährgebiet, auch „Akkumulationsgebiet" genannt, liegt oberhalb der Schneegrenze, über der im langjährigen Durchschnitt mehr Schnee fällt, als abtauen kann. Hier wandelt sich in der sogenannten Schneemetamorphose der gefallene Schnee in Eis um.

Zehrgebiet: Das Zehrgebiet, auch „Ablationsgebiet" genannt, liegt unterhalb der Schneegrenze und ist der Bereich, in dem der Gletscher seine Masse wieder verliert. Dieser Abschmelzbereich umfasst den größten Teil der Gletscherzunge.

Gletscherfront: Die Gletscherfront ist der unterste Teil des Gletschers und bildet die Grenze zwischen Eis und nicht vereistem Gelände. Hier befindet sich auch das Gletschertor. Es ist ein höhlenartiges Eisgewölbe, an dem das Schmelzwasser des Gletschers abfließt. Das Schmelzwasser wird auch Gletschermilch oder Gletscherbach genannt.

☺ Im bajuwarischen Sprachraum (Bayern und Tirol) werden die Gletscher auch als „Ferner" und in Salzburg, Kärnten und östlichen Teilen Tirols als „Kees" bezeichnet.

11. Etappe: Von der Olpererhütte nach Stein

12,2 km, 6 Std., ↑ 370 m, ↓ 1.200 m, ⇧ 1.560-2.450 m

Anspruch: Bergweg schwarz ●

0,0 km	⇧ 2.388 m	Olpererhütte
2,7 km	⇧ 2.263 m	Unterschrammachbach
4,8 km	⇧ 2.450 m	Oberschrammachbach
8,3 km	⇧ 2.246 m	Pfitscher Joch, Grenze Nord-/Südtirol
8,7 km	⇧ 2.275 m	Pfitscher-Joch-Haus
10,7 km	⇧ 1.790 m	Abzweigung ↳ Umgehung Stein
12,2 km	⇧ 1.560 m	Stein P

Die 11. Etappe kann im Hinblick auf die Hm im Aufstieg als kleine Erholungsetappe betrachtet werden. Am morgigen Tag wartet schließlich die Überquerung der Gliderscharte auf Sie. Zu Beginn wandern Sie ein Stück auf der Neumarkter Runde – ein toller Panoramaweg, der in mühevoller Arbeit aus Steinplatten angelegt wurde, die das Vorankommen deutlich erleichtern. Im weiteren Verlauf durch-

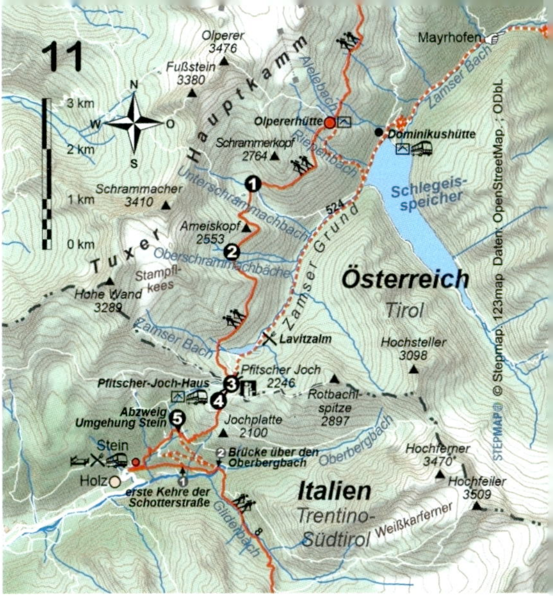

wandern Sie an der Hangflanke mehrere Taleinschnitte in den Berg und passieren idyllische Plätzchen, die zu einer Rast einladen. Am Pfitscher Joch überqueren Sie sodann die Grenze zwischen Nord- und Südtirol und befinden sich in Italien. Gleichzeitig überqueren Sie auch die Europäische Wasserscheide. Ab nun fließt das Wasser gen Mittelmeer. Gleich hinter dem Joch befindet sich das im Jahr 2012 renovierte Pfitscher-Joch-Haus, das zu einer Rast einlädt oder auch als alternative Übernachtungsmöglichkeit verwendet werden kann. Vom Pfitscher Joch steigen Sie auf Wanderwegen und Forststraßen über Almwiesen und später durch den Wald hinab bis in das kleine abgeschiedene Bergdörfchen Stein mit seinen beiden gemütlichen Gasthäusern.

Anforderungen: *schwerer Bergweg zum Pfitscher Joch, danach Abstieg nach Stein unproblematisch*

Von der Olpererhütte aus orientieren Sie sich an dem Schild „Neumarkter Runde". Für die ersten 2,7 km folgen Sie diesem Höhenweg, der 2006 in mühevoller Arbeit mit zahlreichen Steinplatten versehen wurde. Sie überqueren zunächst eine Brücke und kurz darauf den Riepenbach. Der steinige Pfad führt um den Schrammerkopf (2.764 m) herum und über einen kleinen Sattel ins Unterschrammachkar hinein. Der Weg fällt ab und Sie überqueren den **Unterschrammachbach ❶ (1 Std. 15 Min.)**, der unterhalb der majestätischen Gipfel Schrammacher (3.410 m), Fußstein (3.380 m) und Olperer (3.476 m) herabplätschert. Unterhalb der Gipfel blitzt auch das kleine Gletscherchen Unterschrammachkees hervor.

Am Unterschrammachbach befinden sich auch zwei kleine Seen und die Almböden eignen sich hervorragend zu einer Rast vor beeindruckendem Panorama. Am Wegweiser halten Sie sich Richtung „Pfitscher Joch". Der Weg steigt wieder an und führt um den Ameiskopf (2.553 m) herum ins Oberschrammachkar hinein. Dort überqueren Sie die beiden **Oberschrammachbäche ❷ (2 Std. 15 Min.)**, die vom höher liegenden Oberschrammachkees gespeist werden. Um den nächsten Rücken herum gelangen Sie hinab zum Zamser Bach. Das Pfitscher Joch ist bereits gut zu überblicken. Der Zamser Bach fließt durch ein breites Schotterfeld und wird vom größeren Stampflkees gespeist. Er kann zeitweise viel Wasser führen, was den Übergang etwas schwieriger gestalten lässt. Nach 800 m treffen Sie auf eine Schotterstraße, der Sie rechts bergauf zum Pfitscher Joch folgen.

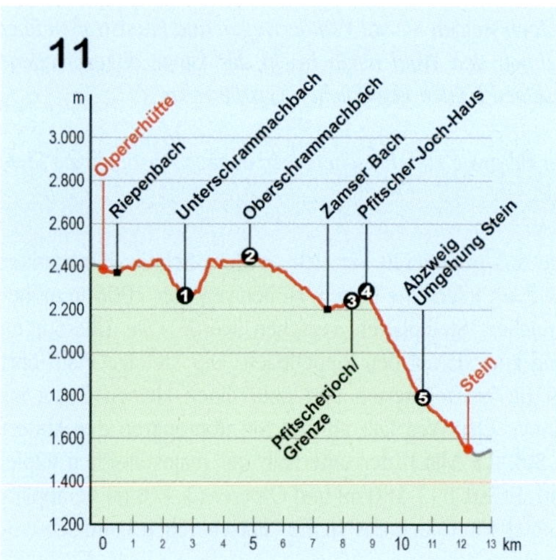

Am Grenzstein 147 am Pfitscher Joch überqueren Sie die Grenze zwischen Österreich und Italien bzw. Nord- und Südtirol. Das **Pfitscher Joch ❸ (4 Std. 30 Min.)** liegt etwa 23 km östlich vom Brennerpass. Sie gelangen an den ehemaligen Grenzhäuschen vorbei und sehen bereits das nahe **Pfitscher-Joch-Haus ❹ (4 Std. 35 Min.)** vor Ihnen auf einem kleinen Köpfchen hoch über dem Tal. Wer sich den Abstieg nach Stein sparen möchte, kann auch das Pfitscher-Joch-Haus als Etappenende nutzen. Am nächsten Tag muss dann nicht komplett nach Stein abgestiegen werden, sondern es kann an der dritten Schotterstraße links etwas abgekürzt werden.

Pfitscher-Joch-Haus (auch Pfitscherjochhaus), Pfitscher Joch, 39040 Pfitsch, ☏ +39 04 72/63 01 19, office@pfitscherjochhaus.com, www.pfitscherjochhaus.com, Südtiroler Küche, 45 Betten: Preise auf Anfrage, Mitte Juni bis Anfang Okt,

Pfitscher-Joch-Shuttlebus, ☏ +39 04 72/63 01 21, +39 34 01/45 63 13, Pfitscher Joch – Stein, Abfahrt: 9:30 und 16:20, Fahrzeit bis Stein 38 Min., Anmeldung erforderlich, täglich von Ende Juni bis Mitte Sep, einfache Fahrt € 5

Vom Pfitscher-Joch-Haus steigen Sie zunächst zum kleinen Jochsee hinab. Auf einem schmalen Weg passieren Sie ein Haus der einstigen Grenzsicherung und gelangen über herrliche Almböden bergab. Der Wanderweg kürzt zwischen den weiten Kehren der Schotterstraße ab. Nach 250 Hm beginnen lichte Bäume und

Am Pfitscher Joch an der Grenze zwischen Österreich und Italien

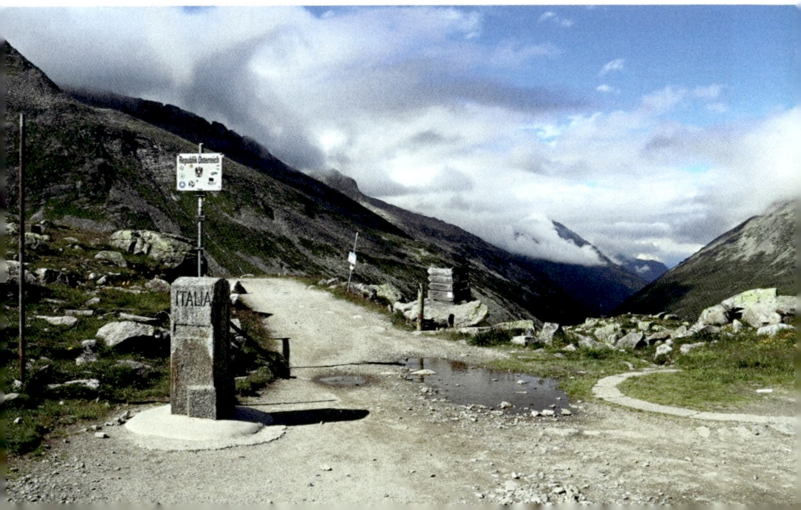

beim Blick nach links ist bereits der Aufstieg der nächsten Etappe zur Gliderscharte zu erkennen. Kurz darauf wird der Weg steiler und Sie steigen in zahlreichen Serpentinen bergab. Sie stoßen wieder an die Schotterstraße und biegen rechts ab und steigen gleich wieder links auf einem Wanderweg in den Wald. Sie kommen nun ein drittes Mal an die **Schotterstraße ❺ (5 Std. 30 Min.)** und überqueren sie geradeaus.

↳ Sollten Sie beispielsweise am Pfitscher Joch übernachtet haben und möchten Stein umgehen, folgen Sie der Schotterstraße an dieser Stelle nach links bis zur ersten großen Kehre. Dort verlassen Sie die Straße geradeaus, biegen bereits nach 50 m wieder rechts ab und steigen auf dem schmalen Wanderweg Nr. 1 über Treppenstufen leicht bergab zur Metallbrücke, wo Sie wieder auf den Normalweg treffen.

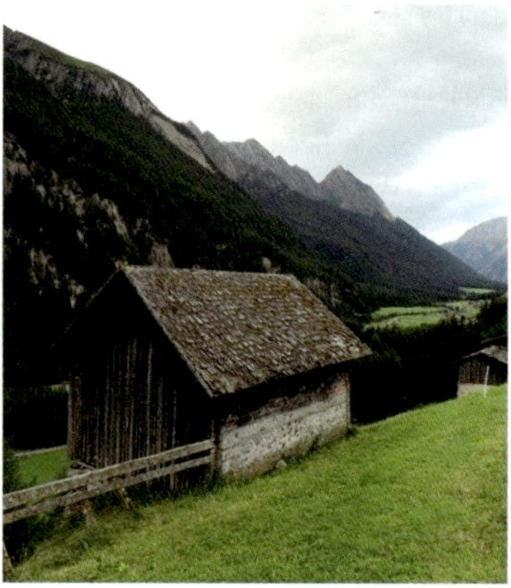

Das Dörfchen Stein

Kurz darauf treffen an einem Wasserhäuschen mehrerer Wege zusammen. Folgen Sie hier der rot-weißen Markierung (geradeaus bzw. halb rechts).

Sie wandern nun weiter durch dichten Wald und überqueren eine Metallbrücke über den Griglerbach. Ab hier sind es noch 600 m bis Stein. Auf einen Schlag verlassen Sie den Wald und der Blick öffnet sich über das Örtchen und weiter ins Tal. Über die Wiese gelangen Sie an einem alten Hof vorbei zu den beiden Gasthöfen in **Stein (6 Std.)**.

Stein

Gasthof Stein, Stein 95, 39049 Pfitsch, ☏ +39 04 72/63 01 30, gasthofstein@gmail.com, Gasthof-stein.it, Südtiroler Küche, DZ: ab € 35, inkl. Frühstück, HP € 50, ganzjährig geöffnet

♦ **Bartlhof**, Stein 96, 39049 Pfitsch, ☏ +39 04 72/63 01 28, 65stefmess@gmail.com, Südtiroler Küche, Preise auf Anfrage, ganzjährig geöffnet

Die Region **Tirol** befindet sich im Herzen Europas und ist auch als das sprichwörtliche „Land der Gebirge“ bekannt. Seit jeher ist es vielbereistes Transitland, um die Alpen auf dem Nord-Süd- oder West-Ost-Achse zu durchqueren. In ganz Tirol verlaufen zahlreiche wichtige Alpenpässe und mit dem Brennerpass besitzt es auch den niedrigsten Pass über den Alpenhauptkamm. Heute ist der Tourismus ein wichtiger Wirtschaftszweig. Daneben gibt es auch moderne Industriegebiete mit zahlreichen bekannten Firmen.

Das Gebiet des heutigen Tirols ist bereits seit etwa 10.000 Jahren besiedelt – zunächst von Jägern und Sammlern, die dann etwa 4.000 v. Chr. von den ersten ackerbaubetreibenden Völkern abgelöst wurden. Bekanntester Fund aus dieser Zeit ist sicherlich die 5.300 Jahre alte Gletscherleiche „Ötzi“, die unbeabsichtigt von der langen Tradition der Alpenüberquerung zeugt und gute Einblicke in das Leben der, aus heutiger Sicht, damaligen „Tiroler“ bietet. Den Namen „Tirol“ bekam das Land gewiss erst sehr viel später. Im Laufe des 12. Jh. gelang es den Grafen von Tirol, einem bayerischen Adelsgeschlecht, ausgehend von Schloss Tirol bei Meran ihren Einfluss durch geschickte Politik auszudehnen, woraufhin schließlich das gesamte Land nach ihnen benannt wurde.

Zur Teilung Tirols in einen nördlichen, östlichen und südlichen Teil kam es während des Ersten Weltkriegs. Damals verlief zwar die Gebirgsfront von 1915-1918 ausschließlich an der südlichsten Grenze Tirols entlang, allerdings wurde im Friedensvertrag von St. Germain 1919 die alpine Wasserscheide als Nordgrenze Italiens definiert. Das gesamte Gebiet südlich des Brenners wurde dadurch Italien zugeschrieben. Nord- und Osttirol blieben bei Österreich, wodurch Tirol einmal in der Mitte geteilt wurde. Auch nach dem Zweiten Weltkrieg blieb die Grenzziehung bestehen und gilt bis heute.

In der Nachkriegszeit gab es verschiedene Versuche, die Teile Südtirols mit deutschsprachiger Bevölkerung wieder an Österreich anzugliedern. Diese scheiterten, dafür bekam Südtirol den Status als „autonome Provinz“ mit umfassenden Kompetenzen, die beispielsweise die Zweisprachigkeit in Deutsch/Italienisch gesetzlich verankerten. Durch die europäische Integration erlangten Nord- und Südtirol zudem wieder eine gewisse Zusammengehörigkeit. Ohne Grenzkontrollen und mit dem Euro als gemeinsame Währung wächst die Region wirtschaftlich wieder enger zusammen. Seit 1998 gibt es darüber hinaus die Europaregion „Tirol-Südtirol-Trentino“, in der die einzelnen Landesregierungen einen gesamttirolerischen Landtag abhalten.

12. Etappe: Von Stein nach Pfunders

18,4 km, 8 Std., ↑ 1.150 m, ↓ 1.550 m, ⇧ 1.159-2.635 m

Anspruch: Bergweg rot

0,0 km	⇧ 1.560 m	Stein
2,2 km	⇧ 1.724 m	Brücke über den Oberbergbach
6,5 km	⇧ 2.635 m	Gliderscharte
7,4 km	⇧ 2.485 m	Grindlbergsee
8,9 km	⇧ 2.123 m	Obere Engbergalm
11,4 km	⇧ 1.800 m	Untere Engbergalm
14,2 km	⇧ 1.530 m	Dun
18,4 km	⇧ 1.159 m	Pfunders, Gasthaus Brugger BANK

Die 12. Etappe führt Sie nochmals in die unberührte Bergeinsamkeit rund um den Alpenhauptkamm. Sie steigen zunächst auf Forstwegen und über leichte Wanderwege in den Talkessel des Gliderbachs hinein. Dort leben zahlreiche Murmeltiere. Später steigt der Weg steil an und knickt nach Süden hin ab. Es bietet sich ein grandioses Panorama zurück auf den Hochfeiler und über ein Stück des Weißkarferners. Nach über 1.000 Hm Aufstieg haben Sie die Gliderscharte erreicht. Darauf folgt der lange Abstieg nach Pfunders – zunächst am Grindlbergsee vorbei und steil hinab zur Oberen Engbergalm. Die ursprüngliche Alm gehört bei vielen München-Venedig-Wandernden zu einem Höhepunkt ihrer Tour, vor allem aufgrund des Ziegenkäses und der selbst gemachten Getränke. Der weitere Abstieg erfolgt auf Schotterwegen bis Dun und von Dun über eine geschotterte Mautstraße bis Pfunders. Es empfiehlt sich ein früher Start, da sich der Auf- und Abstieg bis Pfunders ziehen.

Anforderungen: zu Beginn Schotterstraße und leichter Bergwege, teils steiler Pfad zur Gliderscharte, Abstieg über leichte Bergwege und Schotterstraßen bis Pfunders

Die Etappe beginnt an einem der beiden Gasthöfe in Stein. Folgen Sie zunächst der Teerstraße bergab. Nach etwa 50 m, kurz vor dem E-Werk Stein, biegen Sie scharf links auf eine Schotterstraße ab.

Nach 400 m auf der Schotterstraße überqueren Sie den Bärenbach und die Straße beginnt, leicht anzusteigen. Der große Aufstieg zur Gliderscharte hat somit begonnen. Folgen Sie nun der Schotterstraße für 850 m bis zur **ersten**

Kehre ❶ (25 Min.). Dort verlassen Sie die Schotterstraße geradeaus auf einem Wanderweg und kürzen zwischen den Kehren der Schotterstraße ab. Die Abzweigung ist unbeschildert und der Weg führt 750 m unmarkiert, aber gut zu finden, durch einen alten Fichtenwald, bis Sie an eine Brücke über den wilden **Oberbergbach ❷ (50 Min.)** treffen.

↳ Alternativ können Sie der Schotterstraße auch bis zur dritten Kehre folgen. Dort verlassen Sie die Schotterstraße geradeaus auf einem breiten Wanderweg. Diesen verlassen Sie bereits nach 50 m wieder nach rechts und steigen auf dem schmalen Wanderweg Nr. 1 über Treppenstufen leicht bergab zur Metallbrücke, wo Sie wieder auf den Normalweg treffen.

Auf der gegenüberliegenden Seite steigt der Weg über zahlreiche Treppenstufen einen steilen Hang hinauf. Nach dem steilsten Stück wird es wieder flacher und eine Bank lädt zum Verweilen ein. Dort bietet sich ein erster toller Blick zurück ins Pfitscher Tal. Am nächsten Wegeweiser halten Sie sich rechts Richtung „Gliderscharte“, passieren ein paar verfallene Heuschober und halten sich wieder rechts Richtung „Gliderscharte“.

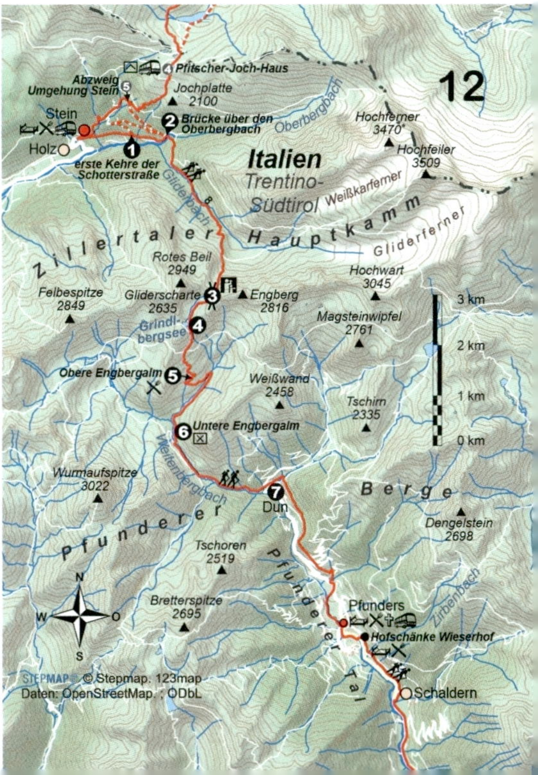

Rechts unten blicken Sie auf den Gliderbach, der sich hier durch einen Tobel seinen Weg bahnt. Der Weg ist in diesem Bereich recht eingewachsen und führt am Hang entlang. Die

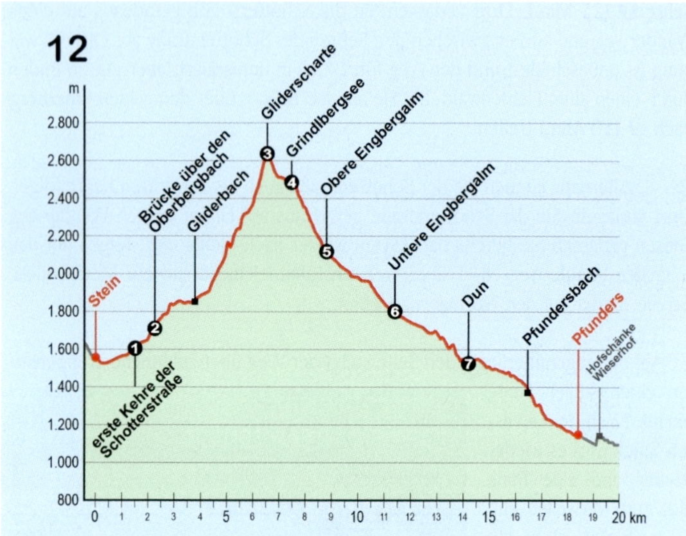

Bäume werden allerdings schnell lichter und Sie wandern über herrliche Almböden in den Talkessel des Gliderbachs hinein bergauf. In diesem Tal haben zudem zahlreiche Murmeltiere ihr Zuhause. Nach 600 m überqueren Sie den Gliderbach und steigen auf der anderen Bachseite mit moderater Steigung am Hang entlang. Der eingewachsene Pfad führt nochmals über kleine Bäche, die den Hang herabplätschert.

Murmeltiere sind Tiere des Hochgebirges, die in Europa nur in den Alpen vorkommen. Die putzigen Felltierchen leben in Familien mit bis zu 20 Tieren und können bis zu 15 Jahre alt werden. Sie ernähren sich rein vegetarisch von Gräsern und Kräutern und besonders junge, leicht verdauliche Pflanzenteile stehen auf ihrem Speiseplan. Ein Murmeltierpärchen lebt in dauerhafter Einehe und das Murmeltier verbringt gut 9/10 seines Lebens in seinem Bau unter der Erde. Dies liegt auch am Winterschlaf. Dieser dauert je nach Region zwischen sechs und sieben Monaten, kann allerdings auch bis zu neun Monate andauern. Der Bau besteht in der Regel aus einem geräumigen Kessel, der mit Pflanzenmaterial ausgepolstert ist. Daneben gibt es ein weitverzweigtes Tunnelsystem mit Zugängen und Fluchtröhren.

Den Wandernden fallen die gut getarnten Tiere meist zuerst durch ihren schrillen Pfiff auf. Ein Wächter stößt diesen aus, um die anderen Murmeltiere vor Gefahr zu warnen und der Pfiff lässt sie in ihren Bau zurückkehren.

Der Weg wird steiler und führt in zahlreichen Serpentinen den Hang hinauf. Nach dem ersten steilen Anstieg öffnet sich der Blick hinein in einen Hochtalkessel, an dessen Ende sich der Hochfeiler (3.509 m) gen Himmel reckt. Links ist ein kleines Stück des Weißkarferners zu sehen. Rechts lässt sich das Ziel des Aufstiegs, die Gliderscharte, bereits erahnen. Der Pfad führt entlang herrlicher Alpenrosenfelder. Vor allem während ihrer Blütezeit von Mai bis Juli ist es ein besonders schöner Anblick.

Am nächsten Wegweiser wandern Sie geradeaus weiter auf dem Wanderweg 8. Die Gliderscharte ist von hier noch 1 Std. entfernt. Eine kleine improvisierte Holzbank (Balken) lädt ein, den Ausblick zu den Gletschern und dem Hochfeiler zu genießen. Die Wiese wird im weiteren Verlauf immer durchsetzter mit Geröll und geht in den sehr steilen letzten Anstieg bis zur Scharte über.

An der **Gliderscharte ❸ (4 Std.)** angekommen bietet sich ein grandioses Panorama. Zurück sehen Sie auf den Alpenhauptkamm mit dem Hochfeiler und nach vorne blicken Sie auf das sanft geschwungene Hochtal fernab jeder Zivilisation. Links erhebt sich der Engberg (2.816 m), rechts das Rote Beil (2.949 m).

Die Obere Engbergalm

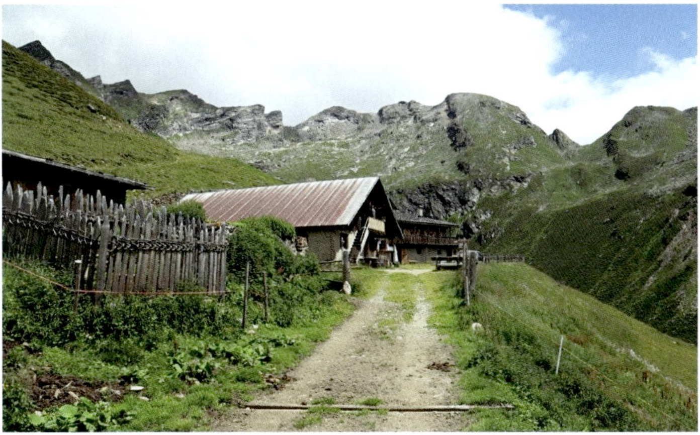

Der optionale Aufstieg auf beide Gipfel führt über wegloses Gelände!

Von der Scharte aus wandern Sie geradeaus in das karge Hochtal hinein Richtung „Obere Engbergalm“. Der Weg führt zunächst bergab und dann flacher an dem **Grindlbergsee ❹ (4 Std. 20 Min.)** vorbei. Die Wiese ist durch zahlreiche Steine durchsetzt und teilweise queren Sie Felder aus Blockgelände.

Sie überqueren einen Bach und biegen am Wegweiser links Richtung „Obere Engbergalm“ ab. An der nächsten Kreuzung richten Sie sich geradeaus Richtung „Dun/Engbergalm“. Sie wandern an einem steilen Wiesenhang entlang bergab und erreichen nach 1,3 km die **Obere Engbergalm ❺ (5 Std.)**.

☺ Die Obere Engbergalm wird von vielen Wandernden wegen des Ziegenkäses und der selbst gemachten Getränke als kleiner Höhepunkt ihrer Tour bezeichnet.

Obere Engbergalm, bewirtschaftet mit selbst gemachten Getränken und Ziegenkäse, 7. Juni bis Sep,

Ab der Oberen Engbergalm wandern Sie auf der Schotterstraße in moderater Steigung bergab ins Tal. Ein herrliches Panorama bietet sich Ihnen auf dem Weg durch mehrere Kehren und Sie gelangen so in 2,4 km zur unbewirtschafteten **Unteren Engbergalm ❻ (5 Std. 50 Min.)**.

Sie passieren die Alm auf der Schotterstraße und erreichen bald eine Brücke. Auf der anderen Bachseite biegen Sie links ab Richtung „Dun“. Sie wandern nun am Bach entlang und überqueren nochmals eine Brücke. Die Schotterstraße führt entlang einer weiten Wiese und kurz darauf wieder in den Wald. 2,6 km hinter der Alm treffen Sie auf eine Teerstraße. Wandern Sie dort links bergauf Richtung „Pfunders – Vintl“ nach **Dun ❼ (6 Std. 40 Min.)**. An der nächsten Kehre wandern Sie geradeaus und nach kurzer Steigung überqueren Sie zwei Brücken. Kurz darauf verlassen Sie an der Straßenkehre am nächsten Hof die Teerstraße geradeaus und wandern auf einer Forststraße am linken Hang des Pfunderer Tales entlang in den Wald. Folgen Sie dem Verlauf der Straße für 1,8 km, bis Sie eine Straßenkehre erreichen. Dort wandern Sie ca. 40 m auf der Teerstraße bergab und biegen rechts auf einen Wanderweg ab, der parallel zur Teerstraße im Wald verläuft. Wenn Sie wieder an der Straße angekommen sind, überqueren Sie diese geradeaus und wandern an einer kleinen Kapelle vorbei. Von dort aus bietet sich ein toller Blick auf das weitläufige Örtchen Pfunders.

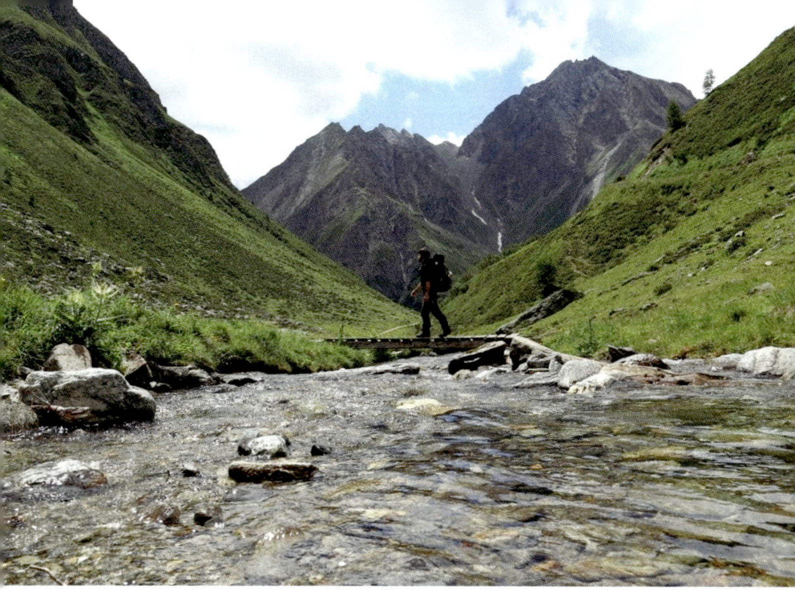

Brücke über einen Bach an der Engbergalm

Sie wandern weiter an einer Trockenmauer entlang bis zu einer Straße. Dort geht es rechts auf der steilen Teerstraße bergab bis zu einer T- Kreuzung. Dort biegen Sie links ab und folgen dem Straßenverlauf für 200 m.

Vor der Brücke mit Bushaltestelle biegen Sie rechts Richtung „Pfunders/(Brugger)" ab. Auf einer Schotterstraße gelangen Sie so bergab, überqueren den Bach und gehen daran entlang bis zu einer Straße. Auf der anderen Bachseite erkennen Sie bereits den **Gasthof Brugger (8 Std.)**.

Pfunders

Gasthof Brugger, Lärchstraße 12, 39030 Pfunders, ☎ +39 04 72/54 91 55, info@gasthof-brugger.com, www.gasthof-brugger.com, italienische und Südtiroler Küche, DZ: € 45, MZ: € 40, inkl Frühstück, ganzjährig 12:00-14:00 und 18:00-20:30,

♦ **Hofschänke Wieserhof**, Sonnseiter Str. 13, 39030 Pfunders, ☎ +39 04 72/54 91 43, info@wieserhof.net, www.wieserhof.net, Hofschänke mit bodenständigen Tiroler Gerichten, Frühstücksbuffet, 3 Ferienwohnungen ab € 45, ☺ eigene Käserei im Haus, ganzjährig geöffnet, Hofschänke: 9:30-21:00,

13. Etappe: Von Pfunders zur Kreuzwiesenalm

25 km, 8 Std., ↑ 1.300 m, ↓ 540 m, ⇧ 740-1.924 m

Anspruch: Bergweg rot

0,0 km	⇧ 1.159 m	Pfunders
0,8 km	⇧ 1.140 m	Hofschänke Wieserhof
4,4 km	⇧ 930 m	Bushaltestelle „Luechner“
6,5 km	⇧ 882 m	Weitental
9,8 km	⇧ 755 m	Niedervintl
10,5 km	⇧ 740 m	Brücke über den Rienz
15,0 km	⇧ 1.434 m	Moarkaser
18,3 km	⇧ 1.800 m	Hirschleiteralm
18,8 km	⇧ 1.832 m	Ronerhütte
21,3 km	⇧ 1.902 m	Abzweigung zur Starkenfeldhütte
25,0 km	⇧ 1.924 m	Kreuzwiesenalm

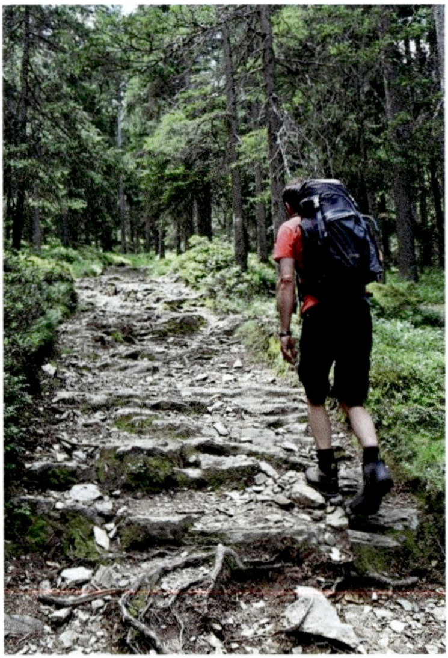

Aufstieg durch den Rodenecker Wald

Auf der 13. Etappe wartet zunächst eine Talwanderung auf Sie. Von Pfunders aus steigen Sie zu Beginn weiter durch das Tal bergab bis Niedervintl im Pustertal. Der Weg führt mangels Alternative für 1,9 km direkt an der Straße entlang. Alternativ könnten Sie auch mit dem Bus bis zur Haltestelle „Luechner“ fahren und von dort den schönen Talweg bis Niedervintl wandern oder Sie fahren direkt bis Niedervintl.

Von Niedervintl liegen gut 1.000 Hm durch den Rodenecker Wald bis zur Hirschleiteralm vor Ihnen. Die Wege wechseln dort zwischen Forststraßen und Wanderwegen ab und es ist etwas Orientierungssinn gefragt, da sehr viele Wege und Forststraßen kreuz und quer durch den Wald verlaufen. Halten Sie sich im Zweifel immer an die Beschilderung zur Ronerhütte. Nach der langen Wald-etappe durchs Pfunderer Tal und den Aufstieg durch den Rodenecker Wald ist der erste Blick auf die Dolomiten kurz hinter der Ronerhütte ein umso schönerer Anblick und er weckt die Lust auf die nächsten Tage in den Dolomiten. Die restlichen Kilometer der Tagesetappe zur Kreuzwiesenalm verlaufen über die weite Hochebene der Lüsner Alm und sind touristisch im Südtiroler Stil gut erschlossen. Zahlreiche Tagestouristen sowie Radelnde sind auf den breiten Schotterwegen zu erwarten.

Anforderungen: *unschwierige Talwanderung auf Schotterstraßen bis Niedervintl, Orientierungssinn beim Aufstieg durch den Wald gefordert, breite Schotterwege über die Lüsner Alm*

Vom Gasthof Brugger orientieren Sie sich zunächst Richtung Brücke und wandern über den Parkplatz zur Bushaltestelle.

↳ 🚌 **Busfahrt nach Niedervintl (Bus 418)**, Haltestelle: „Pfunders, Brugger" – „Lüchner" – „Vintl, Dorf", ☏ +39 840/00 04 71, 💻 www.sii.bz.it, stündliche Abfahrt, Fahrzeit: ca. 21 Min., einfache Fahrt: € 2

Hinter der Bushaltestelle überqueren Sie den Pfunderer Bach und biegen gleich hinter der Brücke links auf den Talweg nach Niedervintl ab. An der ersten Abzweigung halten Sie sich links und passieren ein Haus. Die Brück dahinter lassen Sie links liegen und folgen dem Weg für 150 m. Die folgende überdachte Fußgängerbrücke überqueren Sie und überqueren die Talstraße am Zebrastreifen. Dahinter führt Sie ein Wanderweg hinauf zum Wieserhof. Der Wieserhof besitzt einen Hofladen. Biegen Sie vor dem Hof rechts ab und halten Sie sich im Folgenden immer an die Beschilderung „Talweg Niedervintl".

Sie überqueren den Zirbenbach und der Weg trifft auf eine Teerstraße. Gehen Sie geradeaus am Hof Weissteiner vorbei und wandern Sie gleich wieder rechts auf einem Feldweg über die Wiese bergab. Der Weg führt in den Wald bis zu einer Straße. Dort gehen Sie rechts an einer kleinen Kapelle vorbei hinab zur Hauptstraße, wo Sie links abbiegen. Für die nächsten 1,9 km wandern Sie nun direkt an der Straße entlang. An der dritten Holzbrücke, gleich neben der **Bushaltestelle „Luechner" ❶ (1 Std.)**, verlassen Sie die Fahrstraße und überqueren den Pfunderer Bach. Auf der anderen Bachseite wandern Sie auf einer Teerstraße links weiter flussabwärts bis zur ersten Kehre. Dort verlassen Sie links die Straße

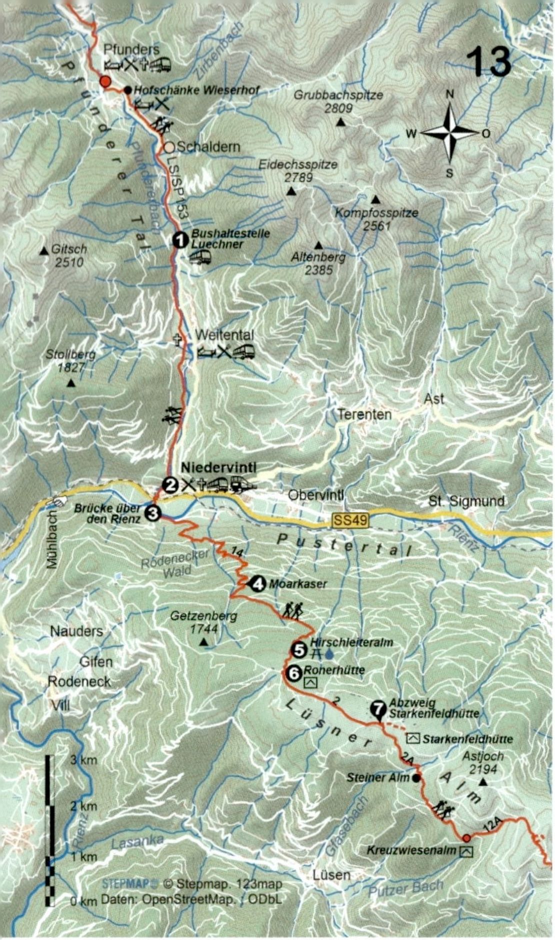

und folgen dem Verlauf des Wanderweges.

Folgen Sie dem Talweg am Bach entlang. Sie betreten den Ort **Weitental** () und gelangen an der Kirche St. Thomas vorbei. An der nächsten Abzweigung hinter der Kirche biegen Sie rechts ab und die Teerstraße führt aus dem Ort hinaus und geht in eine Schotterstraße über. Folgen Sie dem Straßenverlauf für 1,5 km bis zu einer Teerstraße. Dort folgen Sie dieser links bergab. Vor der Brücke halten Sie sich rechts und gelangen kurz darauf nach Niedervintl.

Sie betreten **Niedervintl ❷ (2 Std. 30 Min.)** und gelangen an die Raiffeisenbank. Wandern Sie geradeaus über den Raiffeisenplatz und überqueren Sie die gegenüberliegende Brücke. Nach der Brücke halten Sie sich an die Beschilderung „Moarkaser, Rodenecker/Lüsner Alm“ (Wanderweg 14) und folgen der Hauptstraße nach rechts.

☺ Folgen Sie nun bis zur Ronerhütte immer dem Wanderweg 14.

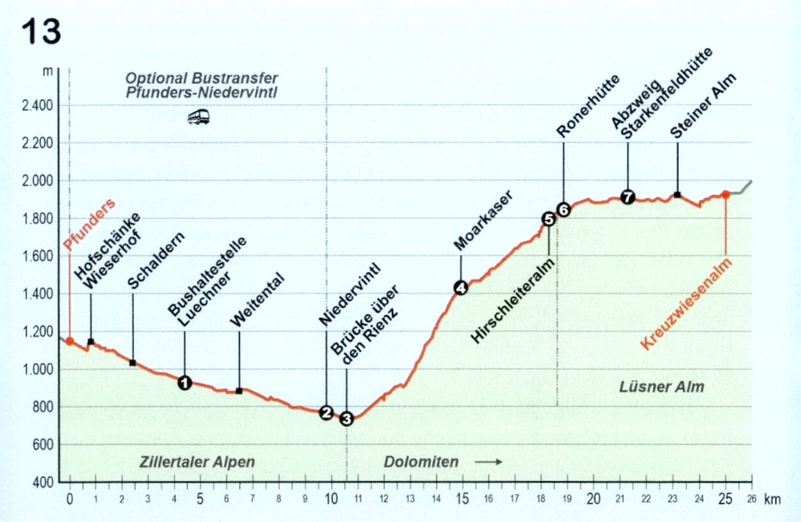

Niedervintl

Hotel Lodenwirt, Pustertaler Str. 1, 39030 Vintl, ☏ +39 04 72/86 70 00, info@lodenwirt.com, www.lodenwirt.com, Südtiroler Spezialitäten und mediterrane Gerichte, DZ: ab € 67, inkl. Frühstück, ganzjährig geöffnet, @

Pizzeria Restaurant Bruggerwirt, Zollerstr. 13, 39030 Vintl, ☏ +39 04 72/86 90 62, ganzjährig geöffnet

Folgen Sie für die nächsten 400 m dem Straßenverlauf der Hauptstraße. Vor der großen Pustertaler Straße (SS49) zwischen Brixen und Bruneck führt der Wanderweg 14 rechts unter der Straße durch. Auf der anderen Seite halten Sie sich links. Kurz darauf überqueren Sie eine **Brücke über den Rienz ❸ (2 Std. 40 Min.)** und halten sich wieder links. Auf der anderen Flussseite betreten Sie per Definition die Dolomiten. Noch bedarf es allerdings etwas Geduld, bis der Rodenecker Wald durchquert ist und Sie die ersten Dolomitengipfel erblicken können. Sie wandern nun auf der Teerstraße neben dem Fluss entlang.

Nach 500 m verlassen Sie an der zweiten Abzweigung den Talweg rechts Richtung „München Venedig" bzw. der Beschilderung des Wanderweges 14

„Moarkaser, Ronerhütte". Die Straße führt in den Wald hinein. Für die nächsten 7,3 km steigen Sie nun im Wald insgesamt 1.100 Hm bergauf. Folgen Sie zunächst der Teerstraße bis zu ihrem Ende. Dort biegen Sie scharf links ab und gelangen an einer Schranke vorbei. Sie wandern nun auf einem Schotterweg weiter.

Im weiteren Verlauf wechseln sich immer wieder Forststraßen und Wanderwege ab. Durch den ganzen Wald verlaufen zahlreiche Wege und Forststraßen. Die Beschilderung des Weges 14 ist allerdings durchweg gut, sodass Sie sich immer an die Beschilderung „Ronerhütte 14" halten können. Sie steigen meist durch den Wald, der immer wieder von Almwiesen unterbrochen ist. Nach 650 Hm Aufstieg erreichen Sie die überschaubare Lichtung des Moarkasers. An der dortigen Schotterstraße halten Sie sich rechts und wandern durch eine Kehre zu einem Wegweiser, der Sie links zum Gebäude des unbewirtschafteten **Moarkasers ❹ (4 Std. 50 Min.)** hinauf leitet.

An der Hütte führt der Weg rechts in den Wald. Dort biegen Sie gleich wieder rechts ab und folgen der Markierung nochmals rechts. Auf der Forststraße sind viele Markierungen und Sie wandern mit leichter Steigung bergauf. An der nächsten großen Schotterstraße biegen Sie scharf links ab und folgen der Straße bis zur nächsten Abzweigung, an der Sie rechts auf einen kleineren Schotterweg abbiegen.

Wandern Sie geradeaus auf dem Schotterweg bergauf. Sie überqueren einen kleinen Bach und steigen auf einem schmaleren Weg bergauf. An den nächsten beiden Kreuzungen gehen Sie jeweils geradeaus (Wanderweg 14) mit leichter Steigung. Auf dem Wanderweg passieren Sie das Naturdenkmal Langmoos und steigen über Wurzelgeflecht am Holzzaun entlang bergauf bis zu den Häusern der **Hirschleiteralm ❺ (6 Std.)** (⛼ 💧). An den Häusern vorbei gelangen Sie auf eine Schotterstraße und blicken nach wenigen Metern zu den Gebäuden der **Ronerhütte ❻ (6 Std. 15 Min.)**. Zu ihr gelangen Sie über die teilweise feuchte Wiese und über den Bretterzaun.

⌂ **Ronerhütte**, Rodeneckeralm, 39030 Rodeneck, ☎ +39 04 72/54 60 16, ✉ info@roneralm.com, 💻 www.roneralm.com, Südtiroler Küche, DZ: ab € 134, MZ: € 89, ganzjährig geöffnet, 🚿 🐕 🚭 @ 🚗 (📱)

🚗 **Shuttle-Dienst von Mühlbach zur Hütte oder umgekehrt**, Taxi Helli: 📱 +39 339/803 26 03

Folgen Sie von der Hütte aus kommend der Schotterstraße kurz bergab zur Kreuzung mit Wegweiser. Dort biegen Sie links auf den Wanderweg 2 Richtung

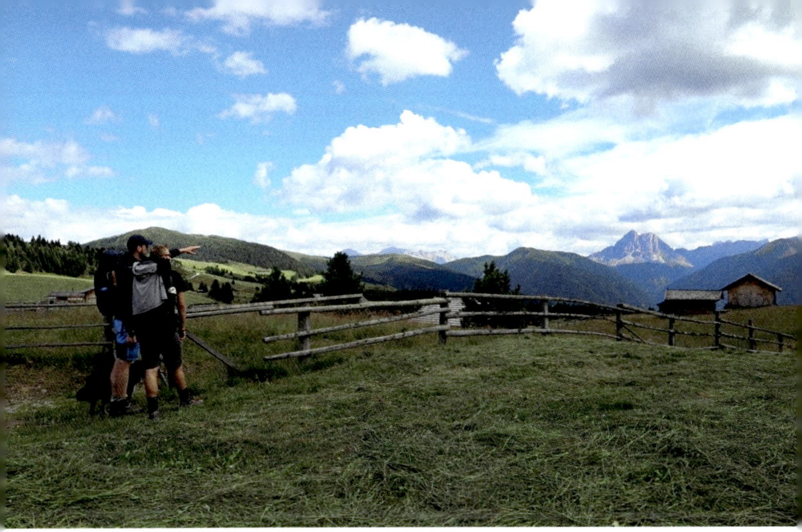

Erster Dolomitenblick von der Lüsner Alm Richtung Peitlerkofel (2.875 m)

„Astjoch“ab und steigen über einen Wanderweg bergauf. Dieser tangiert nach 200 m die Schotterstraße und führt weiter durch lichten Nadelwald. Der Wanderweg kürzt zwischen ein paar Kurven der Schotterstraße ab, bevor Sie nach 700 m der Schotterstraße nun endgültig folgen. Kurz darauf passieren Sie eine kleine Kapelle und können wenig später zum ersten Mal einen ersten Blick auf Dolomitengipfel genießen. Vor allem nach dem langen Aufstieg durch den Wald ist die Sicht von der freien Hochwiese hinüber zu den Dolomiten ein gigantischer Anblick. Im Blick liegen von links nach rechts die markanten Gipfel: Neuner, Zehner, Heiligkreuzkofel und Peitlerkofel. (Das Panorama wird an einer Infotafel etwas später am Weg detailliert erklärt.)

Bleiben Sie für die nächsten 1,7 km auf der Schotterstraße, bis Sie an eine **Gabelung ❼ (7 Std.)** kommen. Zur Kreuzwiesenalm biegen Sie rechts auf den Wanderweg 2A ab.

↳ Alternativ erreichen Sie von der Weggabelung geradeaus in wenigen Minuten die Starkenfeldhütte.

Starkenfeldhütte, Rodeneckeralm 20, 39037 Rodeneck, +39 331/351 30 49, info@starkenfeld.eu, www.starkenfeld.com, Südtiroler Küche, DZ: ab € 119, MZ: ab € 79, inkl. HP, ganzjährig geöffnet,

Auf einem Feldweg gelangen Sie an alten, urigen Häusern der Grimmatze Alm vorbei. Nach 1 km verlassen Sie nach einer scharfen Kehre den Feldweg und steigen links den Hang hinauf (Wanderweg 2A). Sie wandern nun am Zaun entlang bergauf zur Steiner Alm und biegen zum Hof hin rechts ab. Auf dem Wanderweg 2A wandern Sie nun gemütlich leicht auf und ab am Hang entlang.

An den nächsten Gebäuden wandern Sie rechts vorbei und treffen auf eine Schotterstraße. Dieser folgen Sie geradeaus. Nach 1,1 km haben Sie die **Kreuzwiesenalm (8 Std.)** erreicht.

Kreuzwiesenalm, Lüsner Alm, 39040 Lüsen, +39 333/748 48 80, info@kreuzwiesenalm.com, www.kreuzwiesenalm.com, selbst gemachte Südtiroler Spezialitäten, 34 Betten: 10 in Zimmern: DZ/MZ: ab € 79, 20 im Lager: € 39-42, inkl. Frühstück, € 12, Mitte Mai bis Ende Okt, Hofladen mit eigenem Käse, Butter und Milch, Führungen durch die eigene Käserei möglich,

14. Etappe: Von der Kreuzwiesenalm zur Schlüterhütte

21,9 km, 7 Std. 45 Min., 1.200 m, 830 m, 1.862-2.357 m

Anspruch: Bergweg rot

0,0 km	1.924 m	Kreuzwiesenalm
1,9 km	2.150 m	Abzweigung Campil
3,5 km	2.026 m	Jakobsstöckl
5,0 km	2.054 m	Wieseralm
6,9 km	2.143 m	Glittnersee
7,4 km	2.030 m	Turnaretschhütte (privat)
8,2 km	2.008 m	Lüsner Joch
11,1 km	2.120 m	Maurerberghütte
14,1 km	1.862 m	Pe de Börz P
15,8 km	1.987 m	Würzjoch, Würzjochhütte (Ütia de Börz) P
16,9 km	2.062 m	Alm Munt de Fornella/Sot Pütia
19,7 km	2.357 m	Peitlerscharte, Abzweigung Peitlerkofel
21,6 km	2.340 m	Kreuzkofeljoch
21,9 km	2.297 m	Schlüterhütte

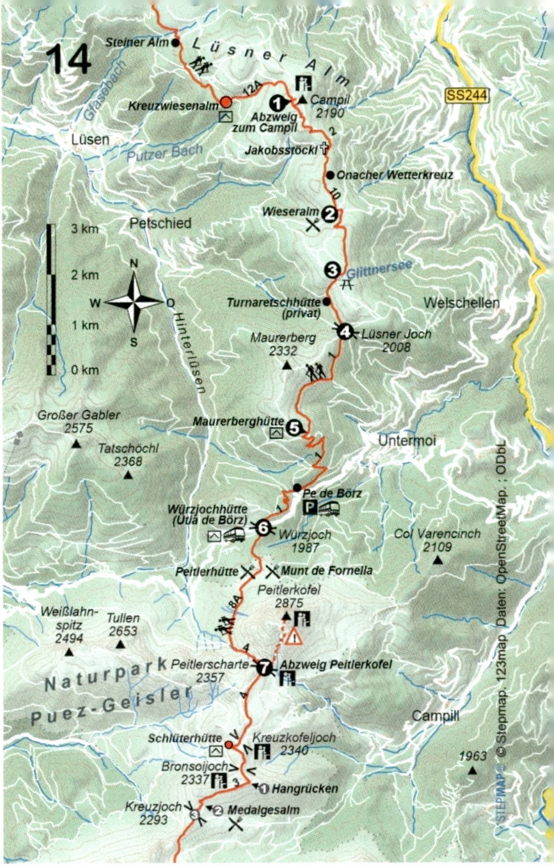

Auf der 14. Etappe überqueren Sie die herrliche Lüsner Alm und tauchen hinter dem Würzjoch in die faszinierende Bergwelt der Dolomiten ein. Zu Beginn gewinnen Sie zunächst an Höhe und können über einen Abstecher den Gipfel des Campil erreichen. Über die sanft geschwungenen Almwiesen der Lüsner Alm geht es nun gemütlich zum Jakobsstöckl und von dort in ständigem Auf und Ab über die Almwiesen. Immer im Blick türmt sich der Peitlerkofel als eindrucksvoller, nordwestlicher Eckpfeiler der Dolomiten vor Ihnen gen Himmel. Die Wieseralm ist ein kleiner kulinarischer Geheimtipp. Das selbst gebackene Brot und die selbst gemachte Butter suchen ihresgleichen! Hinter dem Würzjoch steigen Sie dann am Fuß des Peitlerkofels entlang und hinauf zur Peitlerscharte. Von der Scharte wandern Sie in herrlichem Dolomitenflair zur nahen Schlüterhütte.

☺ *Wer auf einem Abstecher noch den Gipfel des Peitlerkofels besteigen möchte, dem empfiehlt sich ein früher Aufbruch und entsprechende alpine Erfahrung.*

Anforderungen: leichte Bergwege und Schotterstraßen auf der Lüsner Alm, mittelschwere Bergwege beim Aufstieg zur Peitlerscharte

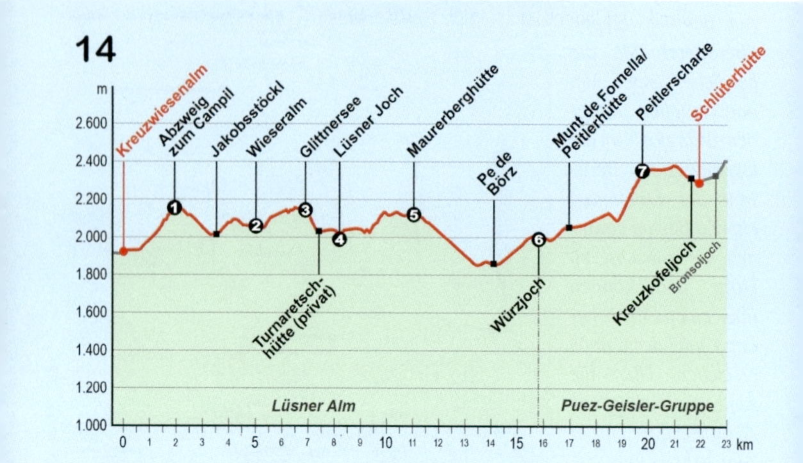

Von der Kreuzwiesenalm aus wandern Sie zunächst am Nebengebäude mit dem Lager vorbei zum Wegweiser. Folgen Sie dort dem Wanderweg 12A entlang der Schotterstraße, die zuerst flach, kurz darauf leicht ansteigend verläuft. Nach 600 m, in der ersten Kehre, biegen Sie links auf einen Feldweg ab und steigen unbeschildert auf dem Wanderweg 12A bergauf. Sie passieren an einem Hof ein Gatter und folgen den rot-weißen Markierungen. In der folgenden Kehre steigen Sie zunächst geradeaus über einen Holzsteg und dahinter über die Wiese bergauf.

Der Weg über die Weide bis zu einem Gatter ist etwas schwer zu finden. Markierungen befinden sich hier an Steinen und Bäumen.

Auf dem schmalen Wiesenpfad geht es hinauf bis zur nächsten Schotterstraße. Dort angekommen halten Sie sich rechts und folgen dem Verlauf der Straße durch ein Gatter.

Nach ein paar Metern bietet sich links ein Abstecher auf den Gipfel des **Campil (2.190 m) ❶ (1 Std.)** an. Folgen Sie dazu dem Weg 10A bis zum Gipfel (Aufstieg ca. 10 Min.). Vom Gipfel aus wandern Sie rechts bergab Richtung „Jakobsstöckl“, bis Sie wieder auf die Schotterstraße treffen.

Die Straße schlängelt sich über die weiten Wiesen der Lüsner Alm.

☺ Jedes Gatter geht hier anders auf.

Nach 1,5 km erreichen Sie eine Abzweigung, an der Sie rechts zum „Jakobsstöckl" abbiegen. Nach wenigen Metern erreichen Sie die kleine Kapelle des heiligen Jakobus. Dort befindet sich ein enger Durchschlupf durch das dortige Gatter, bei dem Wandernde mit großem Rucksack diesen u. U. abnehmen müssen. Von der Kapelle aus folgen Sie dem Wanderweg 10 Richtung „Wieseralm" und wandern hier wieder über eine große Weide.

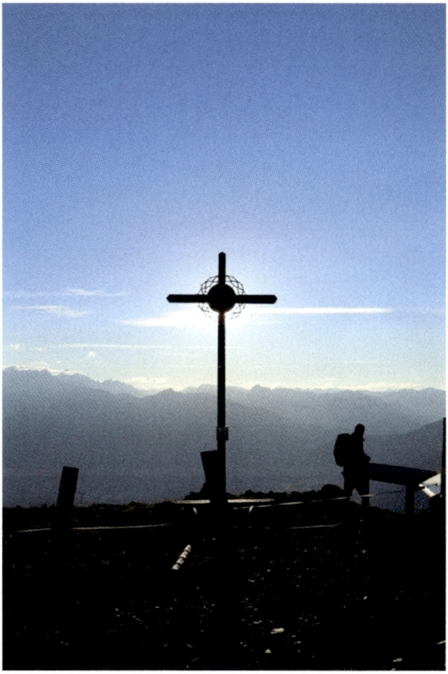

Am Gipfel des Campil

Zunächst führt der Weg ein kurzes Stück flach über die Wiese, dann steigen Sie ein kurzes Stück steil hinauf und gelangen durch eine Senke mit dem Onacher Wetterkreuz. Nach der Senke führt der Weg wieder leicht bergauf und Sie wandern nun in ständigem Auf und Ab über herrliche Almböden bis zur **Wieseralm ❷ (2 Std.)**.

✕ **Wieseralm**, urige Jausenhütte inkl. Hofladen: Milch, Butter, Brot, Käse aus eigener Produktion, keine Übernachtung, Mitte Juni bis Mitte Sep

Auf der Schotterstraße wandern Sie an der Wieseralm vorbei und biegen am Ende des Holzzauns rechts ab Richtung „Turnaretschhütte" (Wanderweg 10). Zunächst steigen Sie 100 Hm steil bergauf. Dann folgt auf der flachen Kuppe eine Passage gemütliches Panoramawandern. Geradeaus im Blick erhebt sich der Peitlerkofel. 1,8 km hinter der Wieseralm gelangen Sie an den wunderschönen

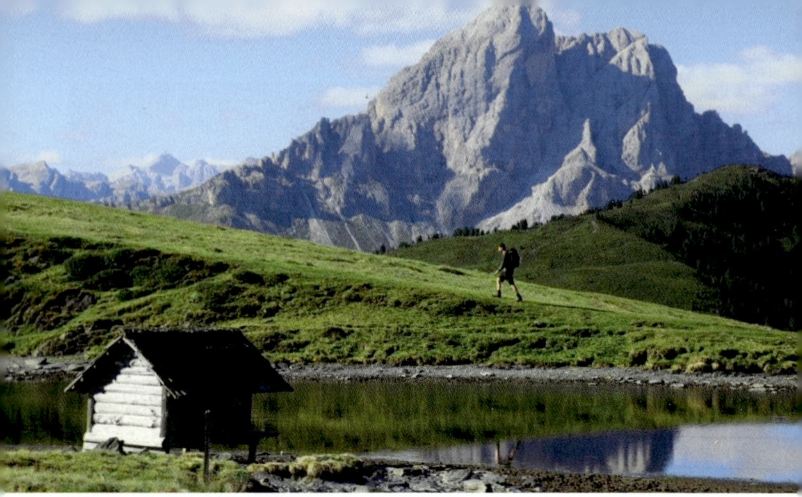

Am Glittnersee mit Blick auf den Peitlerkofel

Glittnersee ❸ (2 Std. 30 Min.). Am See halten Sie sich links und folgen der Beschilderung „Turnaretsch Hütte". Der Weg führt rechts teilweise steil bergab in einen Taleinschnitt. Nach 120 Hm Abstieg biegen Sie an der ersten Möglichkeit links ab und haben die unbewirtschaftete Turnaretschhütte erreicht.

☺ Beim Abstieg zur Turnaretschhütte entschwindet der Peitlerkofel aus dem Sichtfeld und wird vom Maurerberg verdeckt. Witzigerweise haben Sie, wenn die Gipfelspitze des Peitlerkofels gerade vollständig verdeckt ist, die Abzweigung zur Turnaretschhütte erreicht.

Sie wandern etwas oberhalb der Turnaretschhütte links am Hang entlang Richtung „Lüsner Joch" bis zu einer Forststraße, der Sie folgen. Von dieser biegen Sie nach 500 m rechts auf den Weg 1A ab. Bereits nach 100 m halten Sie sich nochmals rechts und erreichen über einen unbeschilderten kleinen Weg am Zaun entlang das **Lüsner Joch ❹ (3 Std.)** an einer Schotterstraße mit Bildstock. Dort folgen Sie rechts der Beschilderung „Maurerberghütte/Würzjoch" auf dem Wanderweg 1.

Für 800 m wandern Sie auf der Schotterstraße, bis sie in einen Wanderweg übergeht. Halten Sie sich im Folgenden an die Beschilderung „Maurerberghütte/-Würzjoch". Zunächst steigen Sie 120 Hm teils steil bergauf. Darauf folgt eine gemütliche Passage am Hang entlang mit herrlichem Blick ins Tal. Direkt hinter dem gut sichtbaren Bergrücken befindet sich die **Maurerberghütte ❺ (4 Std.)**. Die dortige Sonnenterrasse bietet einen grandiosen Blick auf die Nordabstürze der Geislerspitzen und des Peitlerkofels.

Maurerberghütte, Str. Börz 19, 39030 St. Martin in Thurn, ☏ +39 04 74/52 00 59, info@maurerberg.com, www.maurerberg.com, Südtiroler Küche, 30 Betten: Preise auf Anfrage, Anfang Juni bis Mitte Okt, @

Von der Maurerberghütte folgen Sie dem Wanderweg 1 Richtung „Würzjoch". Der Weg führt Sie in zahlreichen Kehren über die Schotterstraße bergab. Nach kurzer Zeit betreten Sie einen lichten Bergwald mit vielen Zirben am Wegrand. Nach 3,1 km Abstieg auf der Forststraße erreichen Sie den Parkplatz der Maurerberghütte mit Brunnen und der Bushaltestelle „Pe de Börz".

Wandern Sie dort rechts über den Parkplatz und lassen Sie die Passstraße links liegen. Hinter der grünen Schranke führt links der Wanderweg 1 zum Würzjoch hinauf. Auf einer breiten Schotterstraße steigen Sie nun gut 150 Hm bergauf. Oben angekommen biegen Sie an der nächsten Kreuzung links ab. Dort haben Sie die Hälfte des Weges nach Venedig bezwungen. 280,3 km liegen hinter Ihnen und ebenso viele warten noch auf Sie, bis Sie am Markusplatz in Venedig ankommen. Zunächst erreichen Sie nun nach wenigen Minuten das **Würzjoch (Ütia de Börz) ❻ (5 Std. 20 Min.)**.

Würzjochhütte/Almgasthof Ütia de Börz, Str. Börz 26, 39030 St. Martin, ☏ +39 04 74/52 00 66, info@passodelleerbe.it, www.wuerzjoch.com, herzhafte Südtiroler Küche, Preise auf Anfrage, Ende April bis Anfang Nov, @

Die Passhöhe der Passstraße befindet sich etwas unterhalb des großen Restaurants. In diesem Bereich ist mit verstärktem Publikumsverkehr durch allerlei Touristen zu rechnen. Überqueren Sie die Passstraße des Würzjochs und wandern Sie direkt auf der gegenüberliegenden Straßenseite rechts die Schotterstraße auf dem Wanderweg 8A bergauf Richtung „Peitlerscharte".

Nach kurzem Marsch passieren Sie die Ütia-Cir-Alm, die etwas abseits des Weges links oberhalb liegt. Folgen Sie dem Verlauf der Schotterstraße, die zunächst flach, später ansteigend verläuft. Die Straße führt direkt auf den Peitlerkofel zu und schwenkt dann an der nächsten Hütte rechts ab. Nach 1 km treffen Sie auf eine Abzweigung, an der Sie sich rechts halten.

In diesem Bereich passieren Sie zwei bewirtschaftete Hütten – zunächst an der Abzweigung links oberhalb des Weges die Alm Munt de Fornella und kurz darauf befindet sich die Peitlerhütte rechts unterhalb des Weges. Beide Hütten eigenen sich zu einer kleinen Rast vor dem letzten großen Anstieg des Tages hinauf zur Peitlerscharte.

✕ **Alm Munt de Fornella**, Str. St. Antone 113, 39030 St. Martin, +39 335/616 66 73, info@muntdefornella.it, www.muntdefornella.it, Südtiroler Küche mit hauseigenem schottischem Rind, Ende Mai bis Mitte Okt,

♦ **Peitlerhütte**, St. Antone, 39030 St. Martin, +39 338/500 96 98, info@frapes.it, www.frapes.it/de/utia-sot-putia, Südtiroler Jausenhütte mit Freiluftbar, Ende Mai bis Mitte Okt,

Auf der ebenen Schotterstraße wandern Sie oberhalb der Peitlerhütte über die weite Peitleralmwiese und kommen am Fuß des beeindruckenden Peitlerkofels gut voran. Durch die 700 m hohe Nordwand führen klassische Kletterrouten, auf denen bereits die Brüder Günther und Reinhold Messner die Nordwand bezwungen haben.

Nach 600 m, wenn die Schotterstraße beginnt, sich rechts bergab zu schlängeln, erreichen Sie eine unbeschilderte Abzweigung. Dort verlassen Sie die Schotterstraße links und wandern auf dem Peitlerkofel-Rundwanderweg weiter am Hang entlang. Der Wanderweg wird schmaler und führt mit leichter Steigung gemütlich weiter. Kurz darauf hört die Wiese auf und es beginnt eine kurze Schotterpassage. Darauf gehen Sie am Wiesenhang entlang bis zu einer Kreuzung. Dort wandern Sie geradeaus weiter auf dem Wanderweg 4 in Richtung „Peitlerscharte".

Der Weg steigt nun steil an und führt in eine Rinne hinein. Die Scharte liegt am Ende dieser Rinne. Bis zu ihr sind es noch gut 250 Hm, die Sie auf guten Wegen teilweise sehr steil und über einen großen Felsabsatz hinaufsteigen müssen.

Oben an der **Peitlerscharte ❼ (7 Std.)** angekommen eröffnet sich ein tolles Panorama hinab ins Campill- und Gadertal und zum Heiligkreuzkofel. Rechts davon erhebt sich der Monte Pelmo, den Sie an den nächsten Tagen noch des Öfteren am Horizont erblicken werden. In Marschrichtung liegt die Puez-Gruppe vor Ihnen, die Sie auf der nächsten Etappe durchqueren werden. Beim Blick zurück schweift der Blick über die Sarntaler und Ötztaler Alpen.

An der Peitlerscharte treffen an einem Bildstock und Rastbänken mehrere Wege zusammen. Links führt ein Weg zum Gipfel des Peitlerkofels (2.875 m).

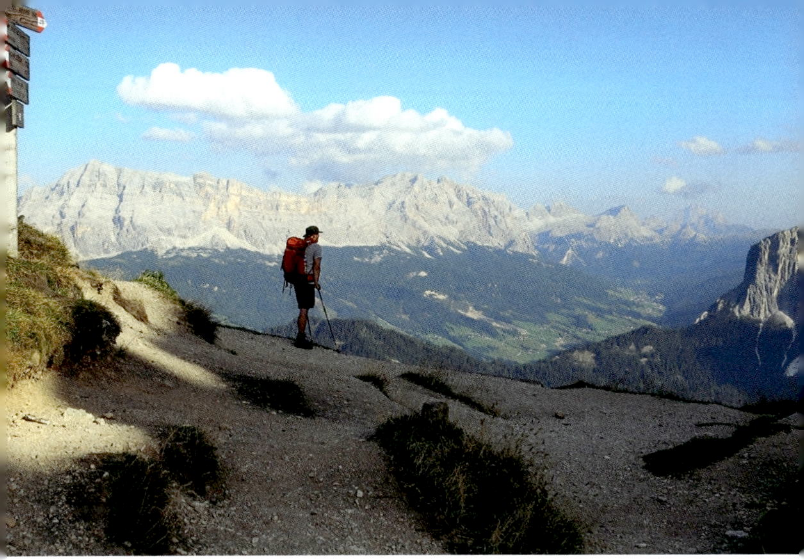

An der Peitlerscharte

Variante Peitlerkofel (Auf- & Abstieg: 4 km, 2 Std. 30 Min., 520 m, 520 m, es gibt einige ungesicherte Kletterstellen im I. Grad UIAA sowie einen leichten Klettersteig der Schwierigkeit A/B): Von der Peitlerscharte aus führt der Weg nach links in zahlreichen Serpentinen bergauf zum aussichtsreichen Sattel zwischen Großem und Kleinem Peitlerkofel. Dort beginnt der stahlseilgesicherte Aufstieg über den steilen Gipfelaufbau zum höchsten Punkt. Es ist absolute Trittsicherheit und Schwindelfreiheit gefordert. Bei Unsicherheit ist in jedem Fall eine komplette Klettersteigausrüstung empfehlenswert. Das Gipfelpanorama entlohnt dann für alle Mühen des Aufstiegs. Der Blick schweift weit über die Zillertaler, Ötztaler und Sarntaler Alpen und die Dolomiten liegen mit ihrer höchsten Erhebung, der Marmolata, vor Ihren Füßen. Der Abstieg ist gleich dem Aufstieg und erfordert nochmals erhöhte Aufmerksamkeit.

Zum Etappenende folgen Sie rechts dem Wanderweg 4 Richtung „Schlüterhütte“. Sie wandern das letzte Stück gemütlich am Hang entlang. An den zwei kommenden Abzweigungen halten Sie sich jeweils geradeaus. Der Weg führt nochmals leicht hinauf und dann weiter hinab zum sanft geschwungenen und mit Wiese bewachsenen Kreuzkofeljoch. Von dort sehen Sie rechts bereits auf die nahe **Schlüterhütte (7 Std. 45 Min.)** hinab.

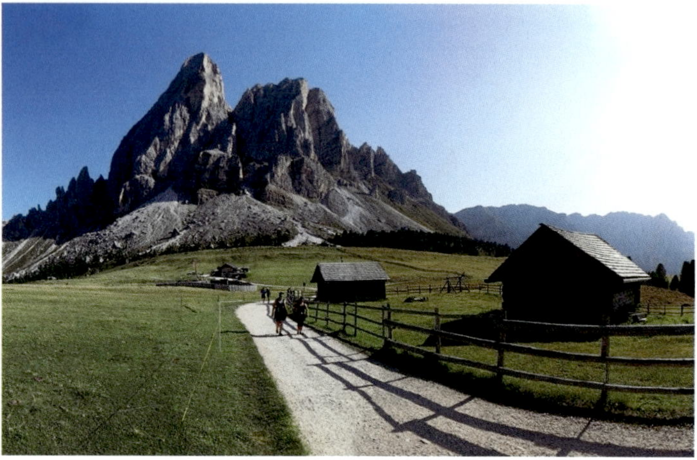

Am Fuß des Peitlerkofels

Schlüterhütte, CAI-Hütte, St. Magdalena 22, 39040 Villnöß, ☏ +39 04 72/67 00 72, +39 347/266 76 94, info@schlueterhuette.com, www.schlueterhuette.com, Südtiroler Spezialitäten, 90 Betten: 38 in Zimmern: DZ/MZ: € 48, 52 im Lager: € 40, inkl. Frühstück, Reservierung erforderlich, Mitte Juni bis Mitte Okt,

15. Etappe: Von der Schlüterhütte zur Puezhütte

11,9 km, 5 Std. 30 Min., ↑ 890 m, ↓ 740 m, ⇧ 2.184-2.617 m

Anspruch: Bergweg rot

0,0 km	⇧ 2.297 m	Schlüterhütte
0,6 km	⇧ 2.337 m	Bronsoijoch
1,0 km	⇧ 2.421 m	Hangrücken
2,3 km	⇧ 2.293 m	Medalgesalm
2,6 km	⇧ 2.293 m	Kreuzjoch
5,8 km	⇧ 2.617 m	Roa-Scharte
8,0 km	⇧ 2.505 m	Forc. Forces de Sièles
11,9 km	⇧ 2.475 m	Puezhütte

Auf der 15. Etappe wandern Sie weiter in die Dolomiten hinein und betreten den Naturpark Puez-Geisler. Es bieten sich herrliche Panoramen über eine faszinierende Landschaft. Zunächst steigen Sie hinauf auf den weiten Sattel des Kreuzkofeljochs und wandern vor gigantischem Panorama am Bronsoijoch vorbei zu einem Hangrücken. Dort knickt der Weg nach Westen hin ab und Sie gelangen auf einem Höhenzug zur Medalgesalm. Auf der gegenüberliegenden Talseite ragt der Piz Duleda auf, den Sie im Laufe des Tages noch besteigen können. Rechts davon blicken Sie auf die Roa-Scharte und die darunterliegende Schotterrinne, durch die der Weg in stetigem Zickzack verläuft. Aus dieser Perspektive wirkt die Rinne beinahe wie eine senkrechte Wand. Ganz so steil wird es allerdings nicht werden. Auch wenn es fast senkrecht anmutet, ist der Aufstieg zwar steil, aber gut zu bewältigen. Von der Roa-Scharte verläuft der Normalweg in einen einsamen Talkessel hinein und umgeht die anspruchsvolle Nives-Scharte. Wer diese anspruchsvolle Variante über die Nives-Scharte wählt, hat die Möglichkeit, im

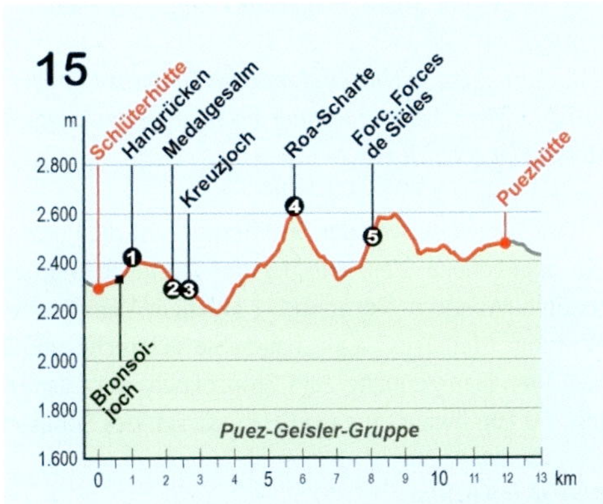

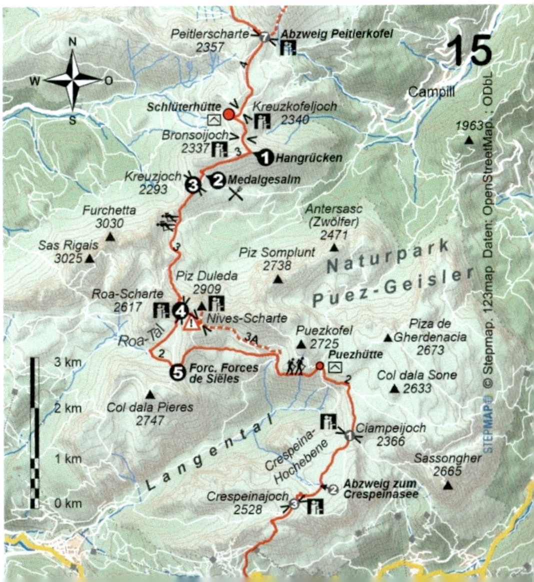

Anschluss noch den Piz Duleda zu besteigen. Beide Wegvarianten führen zuletzt an der Hangflanke der Puez-Gruppe zum Etappenende.

☝ *Der Weg über die Nives-Scharte verläuft über einen kurzen Klettersteig (Schwierigkeit A/B) mit Steighilfen in Form von Stahlseilen, Trittbügeln und Leitern. Es besteht Steinschlaggefahr! Zügig begehen.*

Anforderungen: *leichte und mittlere Bergwege, steiler Aufstieg zur Roa-Scharte, Variante Nives-Scharte leichter bis mäßig schwieriger Klettersteig (A/B, dort auch Steinschlaggefahr)*

Am Wegweiser vor der Schlüterhütte ist die Puezhütte bereits angeschrieben. Die angegebene Zeit war bei der Recherchetour allerdings deutlich zu kurz gewählt. Wandern Sie zunächst auf dem Wanderweg 3 über die Wiese hinauf Richtung „Medalges". Dort halten Sie sich rechts und folgen weiter dem Wanderweg 3 am Hang entlang zum Bronsoijoch. Kurz darauf steigt der Weg an und es geht 70 Hm hinauf zu einem Hangrücken des Sobutsch. Der Weg führt teilweise

Die Medalgesalm

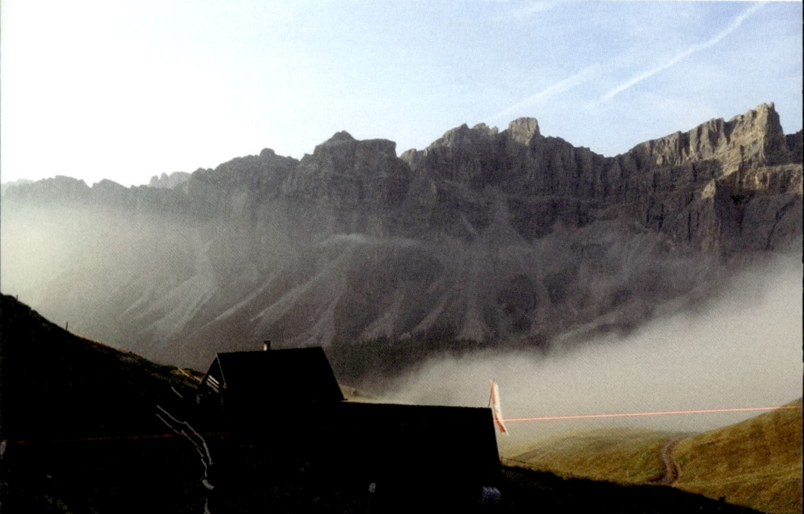

über Felsabsätze, an denen Trittsicherheit gefragt ist. Auf dem letzten Stück steigen Sie über feinen Sand, der eher an eine Nordseedüne erinnert als an eine Hangflanke mitten in den Dolomiten.

Oben am **Hangrücken ❶ (30 Min.)** angekommen bietet sich ein beeindruckendes Panorama. Eine Infotafel hilft, die sichtbaren Gipfel zu bestimmen. Folgen Sie dem Wanderweg 3 Richtung „Puezhütte/Medalgesalm". Sie wandern in leichtem Gefälle über eine weite Wiese am Hang entlang. Links bietet sich ein genialer Blick auf die Puez-Gruppe. Auch der Aufstieg zur Roa-Scharte ist von hier aus gut zu überblicken. Rechts davon befindet sich die Geislergruppe und links der Roa-Scharte erhebt sich der Piz Duleda, den Sie im Laufe der heutigen Etappe als Variante besteigen können. An der nächsten Abzweigung wandern Sie links bergab zur **Medalgesalm ❷ (55 Min.)**.

Medalgesalm, Campil, 39030 St. Lorenz, +39 347/504 91 69, Jausenhütte mit Südtiroler Küche, ☺ Sonnenterrasse mit tollem Panorama, Juni bis Sep,

Der Wanderweg 3 führt an der Alm vorbei zum nahen **Kreuzjoch ❸ (1 Std.)**. Dort treffen an einem Bildstock mehrere Wege zusammen. Wandern Sie hier links auf dem Weg 3 weiter zur ausgeschilderten „Roa Scharte". Sie wandern leicht bergab am Wiesenhang entlang und blicken in Marschrichtung auf den Weg zur Roa-Scharte. Es geht zunächst leicht auf und ab und über eine Schotterreise, an der etwas Trittsicherheit gefragt ist.

An der nächsten Abzweigung wandern Sie geradeaus und lassen die Abzweigung zur Wasserscharte rechts liegen. Kurz darauf beginnt das Schotterfeld, das Sie bereits von der gegenüberliegenden Hangseite unterhalb der Scharte gut überblicken konnten. Bis zur Scharte sind es noch 250 Hm, die steil bergauf führen. Der Weg verläuft dazu im Zickzack durch den harten Schotter bis hinauf zur Scharte. Im steilen Gelände auf viel Geröll sind erhöhte Trittsicherheit und etwas Schwindelfreiheit gefragt.

An der **Roa-Scharte ❹ (2 Std. 40 Min.)** angekommen blicken Sie geradeaus hinab ins einsame Val della Roa, das in Blickrichtung vom Col de la Pieres (2.747 m) begrenzt wird. Für den weiteren Weg gibt es zwei Möglichkeiten. Der leichte Normalweg führt geradeaus durchs Tal und dann links über die ausgeschilderte „Furc. de Sièles" (auf den Schildern mit „u" geschrieben) ohne Schwierigkeiten in 1 Std. 30 Min. zur Puezhütte. Dieser Weg ist bei zweifelhaften Witterungsverhältnissen oder Zeitmangel in jedem Fall der anspruchsvollen Variante vorzuziehen.

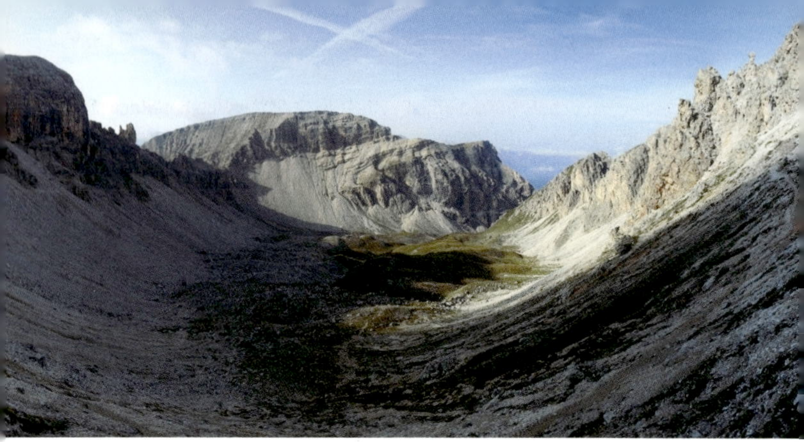

Auf der Roa-Scharte mit Blick nach Süden

Variante Nives-Scharte: Alternativ zum Normalweg führt eine anspruchsvolle Variante über die Nives-Scharte. Technisch kann sie als leichter Klettersteig (A/B) klassifiziert werden, in dem zahlreiche Steighilfen und zwei Leitern durch eine steile Passage führen, an der die Arme zum Vorankommen verwendet werden müssen.

Bei Unsicherheit ist in jedem Fall eine komplette Klettersteigausrüstung empfehlenswert.

Für die anspruchsvolle Variante wandern Sie auf der Roa-Scharte links am Hang entlang weiter auf dem Wanderweg 3A. Sie gelangen zunächst an der linken Flanke des einsamen Talkessels entlang. Nach 300 m beginnt die Stahlseilsicherung des Klettersteigs, der geradeaus steil den Hang hinaufführt.

Erhöhte Steinschlaggefahr! Das Stahlseil ist durch eine teilweise enge Rinne gespannt. Eine Leiter führt durch eine enge, überhängende Passage.

Oben angekommen haben Sie die weite, sanft geschwungene Nives-Scharte erreicht, die aus einer weiten Schotterebene besteht. In der Mitte befindet sich ein Wegweiser, der Sie geradeaus Richtung Puezhütte weist. Die Scharte bietet eine tolle Fernsicht. Im Süden erheben sich die Sellagruppe, in die Sie bereits morgen aufsteigen werden. Rechts davon liegen der Langkofel, die Rosengartengruppe und die Adamello-Gruppe. Links sehen Sie am Horizont die Civetta und den frei stehenden Monte Pelmo.

↳ Links gibt es die Möglichkeit, den Piz Duleda (2.909 m) zu besteigen. Für den Aufstieg um 170 Hm benötigen Sie ca. 30 Min. für den Abstieg auf derselben Route ca. 20 Min. Vom Gipfel bietet sich ein tolles 360°-Panorama – zurück Richtung Schlüterhütte und voraus Richtung Dolomiten. Der Aufstieg führt meist durch Schotter bergauf. Ein kurzes Stück vor dem Gipfel müssen Sie mit tollen Tiefblicken ins Tal Richtung Medalgesalm über Felsklötze steigen.

Vom Joch aus ist die Puezhütte ungefähr 1 Std. auf dem Weg 3A entfernt. Sie steigen zunächst bergab in ein breites Tal mit weiten Almböden und wandern an der linken Flanke des Hangs in einem weiten Bogen hinab auf die Hauptroute.

Für den Normalweg folgen Sie dem Wanderweg 3 und steigen geradeaus in den einsamen Talkessel des Val della Roa hinab. Sie steigen zunächst 300 Hm bergab und befinden sich in kompletter Bergeinsamkeit ohne Anzeichen auf Zivilisation. An der Abzweigung im Talkessel biegen Sie links auf den Wanderweg 2 ab und steigen 200 Hm hinauf zur Scharte **Forc. Forces de Siëles ❺ (4 Std. 10 Min.).** Dort knickt der Weg nach links ab und führt um den Hangrücken herum. An der folgenden Abzweigung nach 700 m biegen Sie rechts in das weite Hochtal ab.

Nach 150 Hm Abstieg von der Forc. Forces de Siëles beginnt dann der letzte Anstieg der Tagesetappe. Er führt nochmals um einen Bergrücken herum zur Hütte. Es geht mit moderater Steigung bergauf. Rechts von Ihnen liegt das Langental, an dessen Ende der Ort Wolkenstein liegt. Die Felswände brechen fast senkrecht zum Talgrund hin ab. Auf der gegenüberliegenden Talseite blicken Sie auf die großen Felswände der südlichen Puez-Gruppe. Nach 1,3 km erreichen Sie die **Puezhütte (5 Std. 30 Min.)** in dem sanft geschwungenen Talkessel.

Puezhütte, CAI-Hütte, Naturpark Puez Geisler, 39033 Corvara, ☏ +39 04 71/172 79 39, info@rifugiopuez.it, www.rifugiopuez.it, gutbürgerliche Küche, 45 Betten: im Lager: € 32 (AV: € 25,50), HP + € 45, Online-Reservierung erforderlich, Mitte Juni bis Anfang Okt,

Die Dolomiten sind ein großes Gebirge der südlichen Kalkalpen und befinden sich in den drei italienischen Provinzen Südtirol, Trentino und Venetien. Sie werden im Norden durch das Pustertal, im Osten vom Sextental, im Süden durch den Piave und im Westen durch die Täler von Etsch und Eisack begrenzt. Dabei haben sie eine Ausdehnung von 80 km in West-Ost- und 150 km in Nord-Süd-Richtung. Der höchste Berg der Dolomiten ist die Marmolata mit einer Höhe von

3.343 m. Weitere bekannte Gebirgsgruppen sind die Drei Zinnen, die Sella, die Rosengartengruppe sowie Lang- und Plattkofel. Seit 2009 gehört ein Teil der Dolomiten auch zum „UNESCO-Weltnaturerbe Dolomiten".

Das Gebirge besteht aus zahlreichen Gebirgsgruppen, zwischen denen sich breite Tallagen erstrecken. Charakteristisch ist der Wechsel zwischen sanften Almen und steilen Felswänden aus Kalkstein und Dolomit, die einen ganz besonderen landschaftlichen Reiz ausüben. So steht jede Gebirgsgruppe von saftigen Tallagen umgeben solitär in der Landschaft und zentriert den Blick auf die schroff aufragenden Felswände.

Durch die Dolomiten verläuft auch die Sprachgrenze zwischen Deutsch und Italienisch. Daneben leben dort in den vier vom Sellastock ausgehenden Tälern Gröden, Gadertal, Fassa und Buschstein die Ladiner mit ihrer eigenen ladinischen Sprache. In diesem Gebiet ist beispielsweise die Beschilderung der Straßen und Wanderwege in drei Sprachen gehalten.

Der Name Dolomiten geht auf den französischen Geologen Déodat de Dolomieu (1750-1801) zurück. Dieser beschrieb als Erster die Zusammensetzung des Gesteins und auch das darin enthaltene Mineral Dolomit wurde später nach ihm benannt. Dolomit macht allerdings nur einen kleinen Teil der Dolomiten aus. Der Fels besteht vielmehr zu großen Teilen aus Sedimentgestein, dessen Aufbau die typische Schichtung aufweist. Dazwischen befinden sich Lagen aus versteinerten Korallenriffen, die im Erdzeitalter des späten Trias im Tethysmeer gewachsen

Schafe kurz vor der Puezhütte

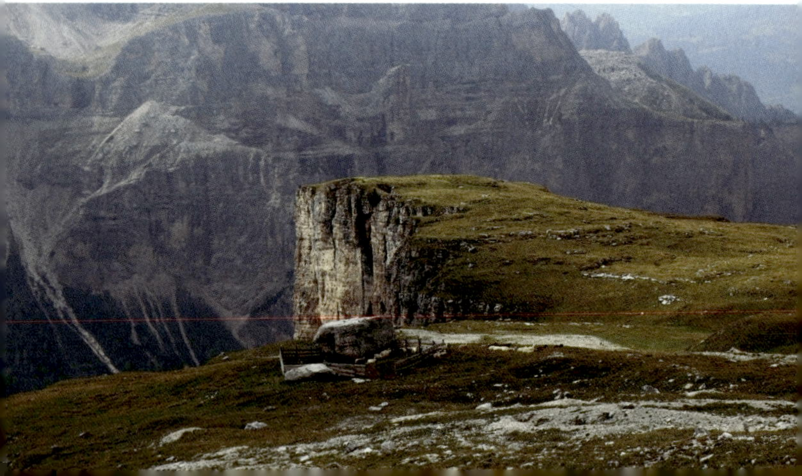

sind. Dieses Gestein wird als Dolomit bezeichnet. Dolomitstein besteht dabei zu mind. 90 % aus dem Mineral Dolomit; bei geringerem Dolomitgehalt wird von dolomitischem Kalkstein gesprochen. Dolomit ist erkennbar durch seine gelbliche Verfärbung an senkrechten Wänden. Ist es der Witterung ausgesetzt, z. B. an geneigten Wänden, ist es wiederum grau.

16. Etappe: Von der Puezhütte zur Pisciadù-Hütte

9,8 km, 5 Std., ↑ 700 m, ↓ 590 m, ⇧ 2.121-2.614 m

Anspruch: Bergweg schwarz ●

0,0 km	⇧ 2.475 m	Puezhütte
2,0 km	⇧ 2.366 m	Ciampeijoch
3,3 km	⇧ 2.400 m	Abzweigung zum Crespeinasee
4,3 km	⇧ 2.528 m	Crespeinajoch
5,1 km	⇧ 2.462 m	Cirjoch
6,1 km	⇧ 2.213 m	Jimmi-Hütte
7,1 km	⇧ 2.121 m	Grödner Joch
9,8 km	⇧ 2.585 m	Pisciadù-Hütte

Die 16. Etappe startet noch in der relativen Abgeschiedenheit der Puez-Gruppe. Im Laufe des Tages wird sich dies allerdings deutlich ändern. Zunächst führt der Weg auf dem Grödner Höhenweg über ein weites Plateau mit toller Aussicht. Sie passieren den schönen kleinen See Lech de Crespeina und überqueren zwei weitere Joche. Ab dem Cirjoch nimmt der Publikumsverkehr deutlich zu und kurz darauf blicken Sie auf den Grund für die vielen Tagestouristen: Vor Ihnen liegt das Grödner Joch inmitten sanft geschwungener Almwiesen. Dahinter ragt der beeindruckende Sellastock gen Himmel. Der Abstieg erfolgt durch das Skigebiet mit entsprechender Skiinfrastruktur. Am Grödner Joch herrscht reger Verkehr bestehend aus allen möglichen Verkehrsmitteln. Die Passstraße ist Teil der Sellarunde, die über vier Alpenpässe einmal um die Sellagruppe herumführt, und ist im Sommer vor allem unter Zweiradfahrenden beliebt. Vom Joch aus beginnt der Aufstieg in den Sellastock – zunächst an der Hangflanke entlang und später durch eine steile, stahlseilgesicherte Rinne hinauf auf ein kleines Hochplateau mit der Pisciadù-Hütte.

☺ *Als alternative Etappenenden bieten sich auch entweder das etwas höher gelegene Rif. Boè oder die kleine, urige Gipfelhütte auf der Boè-Spitze (3.152 m) an (☞ beide Etappe 17).*

Anforderungen: *mittelschwere Bergwege zum Grödner Joch, Aufstieg in die Sella durch das Val Setus auf schweren Bergwegen mit Stahlseilsicherung (A/B) – nur bei guten Wetterverhältnissen in den Sellastock aufsteigen!*

Von der Puezhütte aus folgen Sie dem Wanderweg 2 Richtung „Grödner Joch". Sie wandern auf einem breiten Wanderweg zunächst in Richtung der gut sichtbaren Fahnen auf einem tollen Aussichtsfelsen. Der Weg führt im weiteren Verlauf am Hang entlang leicht auf und ab. Tendenziell wandern Sie eher bergab und überqueren ein Plateau mit toller Aussicht. Rechts des Weges blicken Sie ins Langental mit seinen imposanten, senkrecht aufragenden Felswänden. Am unteren Ende des Tals liegt der bekannte Ort Wolkenstein. Kurz vor dem Joch schlüpfen Sie durch einen schmalen Felsendurchschlupf (✋ Rutschgefahr) und steigen steil bergab zum **Ciampeijoch (2.366 m) ❶ (30 Min.)**. Dort treffen mehrere Wege zusammen. Wandern Sie geradeaus auf dem Weg 2 Richtung „Grödner Joch". In diesem Bereich treffen Sie tendenziell auf mehr Publikumsverkehr.

Vom Joch aus steigt der Weg wieder an. An der nächsten Abzweigung halten Sie sich geradeaus und gelangen auf einem breiten Wanderweg leicht auf und ab durch die weitläufige Landschaft der Crespeinahochebene. Beim Blick zurück fällt der Col dala Sone (2.633 m), ein Kegelberg aus Schutt, auf, der mitten in der weiten Hochebene steht.

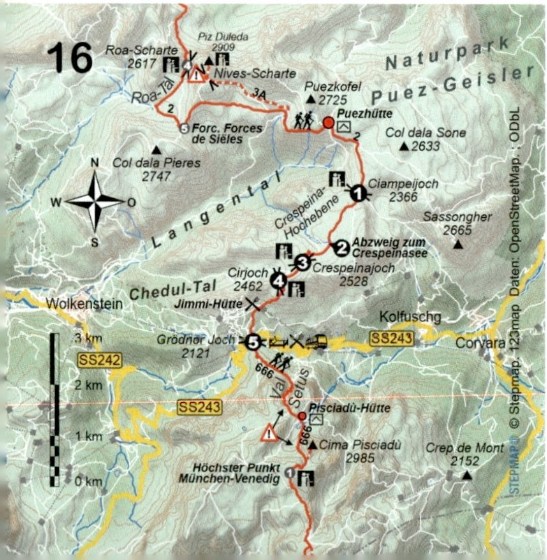

Neben dem Weg befinden sich hauptsächlich felsdurchsetzte Wiesen. Geradeaus ist das Crespeinajoch (2.528 m) bereits zu sehen und rechts blicken Sie nach kurzem Marsch hinab auf den Crespeinasee. An der Abzweigung zum **Crespeinasee ❷ (1 Std.)** bietet sich ein kurzer Abstecher ans Ufer des kleinen, wunderschön gelegenen Sees an.

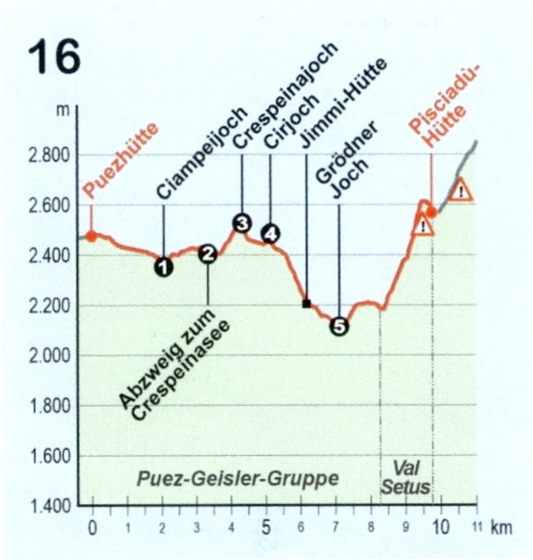

Zum Joch steigen Sie steil 100 Hm hinauf. Am **Crespeinajoch ❸ (1 Std. 25 Min.)** angekommen blicken Sie geradeaus ins Chedul-Tal und darüber in Blickrichtung liegt das Cirjoch.

Es geht zunächst steil über Treppenstufen aus Holz bergab und weiter durch die Schotterreisen. Nach 100 m steigen Sie an der Weggabelung links an der linken Flanke des Tals entlang Richtung des Cirjochs. Auf der anderen Seite blicken Sie auf die roten Felswände. An der nächsten Abzweigung steigen Sie geradeaus Richtung „Grödner Joch" und haben nach kurzem Aufstieg das **Cirjoch ❹ (1 Std. 50 Min.)** erreicht.

Am Cirjoch

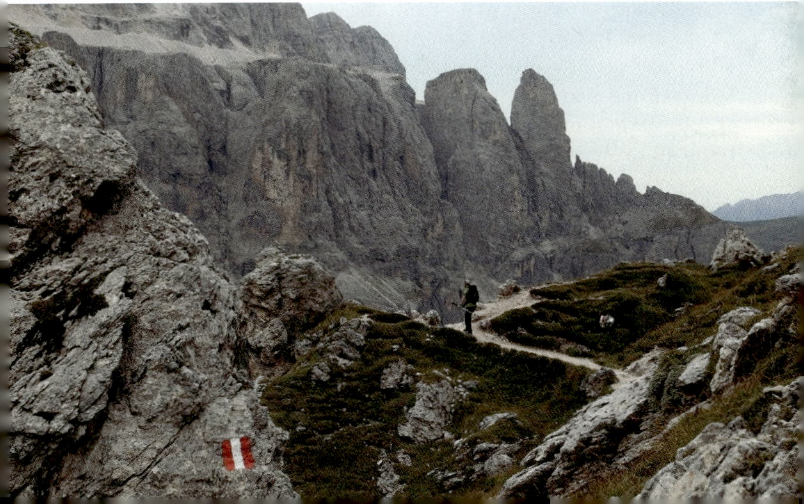

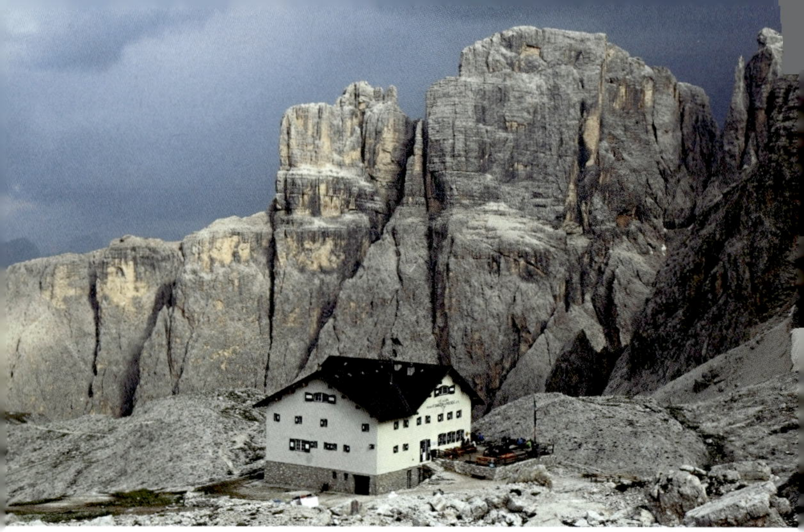

Die Pisciadùhütte

Auf der anderen Seite des Cirjochs geht es zunächst steil bergab und Sie gelangen zwischen beeindruckenden Felstürmen hindurch. Nach dem kurzen Abstieg blicken Sie bereits hinab auf das Grödner Joch mit der bekannten Passstraße.

Sellarunde: Im Sommer ist die Passstraße am Grödner Joch Teil der Sellarunde, die unter Radelnden und Motorradfahrenden sehr beliebt ist. Sie führt auf 50 km über vier Bergpässe einmal um den Sellastock herum. Im Winter kann die Sellarunde mit Skiern als Tagestour bewältigt werden. Die Runde fasst die vier Skigebiete Gröden, Alta Badia, Arabba und Fassatal zusammen und umfasst knapp 40 km, wovon 26 km über Skipisten verlaufen.

Durch das Skigebiet Alta Badia ist in der Gegend um das Grödner Joch die entsprechende Infrastruktur im Folgenden steter Begleiter. Nach einem Abstieg um 240 Hm erreichen Sie eine Schotterstraße kurz vor der Jimmi-Hütte.

✕ **Jimmi-Hütte**, Grödnerjoch, 39033 Corvara, ☏ +39 04 71/83 67 76, ✉ Jimmi.schrott@rolmail.net, 💻 www.jimmyhuette.com, moderne und traditionelle Gerichte im Stil einer Skigastronomie, ☺ schöne Sonnenterrasse und urige Stube, 🚪 Sommer- & Wintersaison geöffnet, 📱

Von der Jimmi-Hütte aus folgen Sie dem Verlauf der Schotterstraße weiter bergab. Nach 500 m, kurz nachdem Sie einen Sessellift unterquert haben, biegen Sie an der Abzweigung links ab und wandern am Hotel Cir vorbei. Kurz darauf haben Sie die Passstraße an der Passhöhe des **Grödner Jochs ❺ (2 Std. 45 Min.)** erreicht.

Grödner Joch

Hotel Cir, Grödnerjoch, 39033 Wolkenstein, +39 333/480 95 59, info@hotelcir.com, www.hotelcir.com, traditionelle Südtiroler Gerichte und italienische Küche, Preise auf Anfrage, ☺ Solarium im Haus, ganzjährig geöffnet, P @

♦ **Rifugio Frara**, Grödnerjoch, 39033 Corvara, +39 04 71/79 52 25, info@rifugiofrara.it, www.rifugiofrara.com, Südtiroler Spezialitäten, Fünf-Gänge-Menü, 38 Betten: DZ: € 62, inkl. Frühstück, ☺ Sauna im Haus, ganzjährig geöffnet, P @

Am Grödner Joch angekommen überqueren Sie die Passstraße zum Rifugio Frara. Hinter dem Gebäude beginnt der Wanderweg 666. Sie steigen zunächst über einen Wiesenrücken bergauf. Nach kurzem Anstieg knickt der Weg nach links ab und führt durch das weite Schotterfeld am Wandfuß der Sellagruppe entlang. Nach kurzem Marsch biegt der Weg rechts in die steile Rinne des Val Setus ab, das an dieser Stelle die senkrechten Felswände der Sella durchbricht. In der Rinne steigen Sie in zahlreichen Kehren bergauf. Am Ende des Schotterfeldes führt der Weg links über eine stahlseilversicherte Stelle um ein Felsnäschen herum. Es folgt eine längere anspruchsvolle Passage durch steilen Fels, die mit allerlei Stahlseilen, Trittbügeln und Stahlstiften versehen ist. Es ist hier erhöhte Konzentration, Trittsicherheit und Schwindelfreiheit gefordert. Nach dem stahlseilgesicherten Abschnitt erreichen Sie ein Hochplateau und blicken kurz darauf hinüber zur herrlich gelegenen **Pisciadù-Hütte (5 Std.)** am Fuß der beeindruckenden Cima Pisciadù gleich neben dem gleichnamigen See.

Pisciadù-Hütte, CAI-Hütte, 39033 Corvara, +39 04 71/83 62 92, +39 335/609 61 41, info@rifugiopisciadu.it, www.rifugiopisciadu.it, Köstlichkeiten aus der ladinischen Küche, 100 Betten: MZ: € 39 (AV: € 29), Lager: € 33 (AV: € 18,50) nur Übernachtung, Reservierung erforderlich, Ende Juni bis Ende Sep,

17. Etappe: Von der Pisciadù-Hütte zum Rifugio Viel dal Pan

11,5 km, 5 Std. 30 Min., ↑ 740 m, ↓ 890 m, ⇧ 2.239-2.967 m

Anspruch: Bergweg rot

0,0 km	⇧ 2.585 m	Pisciadù-Hütte
1,7 km	⇧ 2.967 m	höchster Punkt der Tour München – Venedig
3,5 km	⇧ 2.871 m	Rifugio Boè
5,9 km	⇧ 2.829 m	Rifugio Forc. Pordoi
8,3 km	⇧ 2.239 m	Passo Pordoi
9,7 km	⇧ 2.388 m	Rifugio Baita Fredarola
11,5 km	⇧ 2.432 m	Rifugio Viel dal Pan

Die 17. Etappe umfasst einen Höhepunkt der Route. Sie passieren auf 2.967 m den höchsten Punkt der Hauptroute zwischen München und Venedig. Sollte Ihnen dieser Höhepunkt nicht hoch genug sein, können Sie am heutigen Tag auch noch die Wegvariante über den Piz Boè (3.152 m) wählen. Von der Pisciadù-Hütte aus führt Sie ein schmaler Pfad teils stahlseilgesichert bergauf auf eine Hochebene mit zahlreichen Hügelchen. Der höchste dieser Hügel ist gleichzeitig der höchste Punkt der Hauptroute München – Venedig. Kurz darauf erreichen Sie das Rifugio Boè (ehemalige Bamberger Hütte) inmitten einer unwirklichen Mondlandschaft aus Geröll, Felswänden und schroffen Felstürmchen.

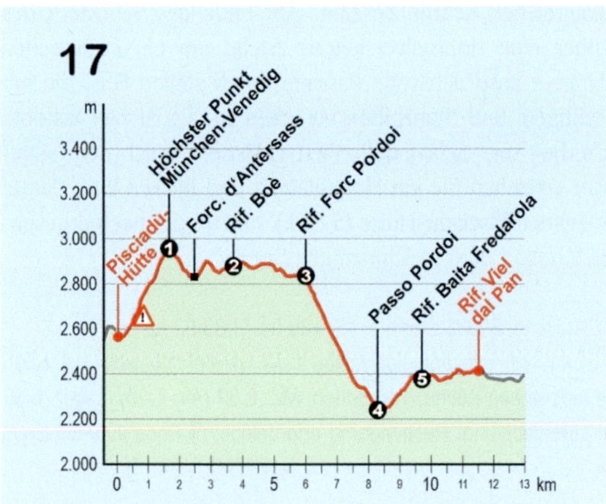

Vom Rifugio Boè aus bietet sich die Wegvariante über den Gipfel des Piz Boè an. Der Aufstieg umfasst zusätzliche 280 Hm und

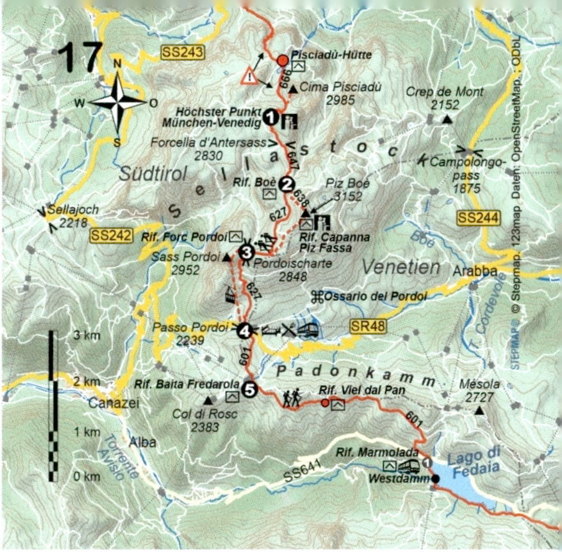

gehört bei gutem Wetter zum Pflichtprogramm der Alpenüberquerung. Die 360°-Rundumsicht ist einzigartig und der Piz Boè ist ein leicht zu erreichender 3.000er für die Gipfelsammlung. Außerdem befindet sich am Gipfel die Fassahütte, die zu einer gemütlichen Jause einlädt (auch Übernachtung möglich).

Aufgrund der Lage ist der Piz Boè auch ein beliebtes Ausflugsziel. Umso näher Sie durch die felsige Hochebene der Sella dem Pordoijoch kommen, desto mehr Tagestouristen werden Sie begegnen. Ein früher Aufbruch am Tag bietet sich daher nicht aufgrund der Länge der Etappe, sondern eher aufgrund des Publikumsverkehrs an. Etwas oberhalb des Pordoijochs befindet sich die Bergstation der Seilbahn, die hinab zur Passhöhe des Pordoipasses fährt. Der Abstieg zur Passstraße verläuft durch eine steile Schotterrinne (oder per Seilbahn). An der Passstraße finden Sie ähnliche Verhältnisse vor wie am Grödner Joch. Hier läuft ebenfalls die Sellarunde entlang und entsprechend viel Verkehr ist zu erwarten. Auf der anderen Seite steigt der Weg gut ausgebaut wieder an und verläuft über die saftigen Wiesen des Padonkamms. Hier leitet Sie ein Höhenweg gen Osten mit beeindruckendem Panorama auf die andere Talseite. Dort erhebt sich die Marmolata, die Königin der Dolomiten, und deren Anblick begleitet Sie bis zum gemütlichen Rifugio Viel dal Pan.

☺ *Alternatives Etappenende ist die Marmolata-Hütte am Lago di Fedaia.*

Anforderungen: mittelschwere bis schwere Bergwege beim Aufstieg zum Rifugio Boè und zum Piz Boè, dahinter mittelschwere bis einfache Bergwege zum Etappenende

Von der Hütte aus folgen Sie dem Wanderweg 666 Richtung „Ütia Boè". Sie steigen zunächst zum See hinab und an der linken Hangflanke in den Hochtalkessel hinein. Nach 600 m treffen Sie unterhalb des Wandfußes auf einen Felsriegel. Dort beginnt wieder eine stahlseilgesicherte Passage. Sie steigen über mehrere Felsabsätze hinauf. Tritthilfen in Form von Stahlstiften und Trittbügeln helfen beim Vorankommen. Nach der gesicherten Passage folgt Blockgelände. Der Weg knickt nach links ab und führt in einem Bogen in das Val di Tita hinein. An der folgenden Abzweigung bietet sich die Möglichkeit, links auf den Gipfel des Cima Pisciadù (2.985 m) zu gelangen

↳ Abstecher auf den Cima Pisciadù: Auf- und Abstieg verlaufen über denselben Weg. Zum Gipfel sind es 180 Hm Aufstieg.

☺ Der Sonnenaufgang ist vom Gipfel bei guter Sicht ein Traum!

Der Normalweg zweigt rechts ab und Sie wandern auf dem Weg 666 weiter Richtung „Rif. Boè". Sie steigen durch eine schmale Rinne und betreten eine weite Kuppe mit welligen Erhöhungen. Auf der höchsten Erhebung links des Weges befindet sich ein großes Steinmännchen (Steinhaufen zur Markierung des Weges). Dort befindet sich auf 2.967 m der **höchste Punkt der Alpenüberquerung von München nach Venedig ❶ (1 Std. 30 Min.)**.

☺ Das Dach der Route ist sicherlich einen besonderen Handschlag wert. So kann der „Gipfel" im Höhenprofil der Route von München nach Venedig als bezwungen betrachtet werden. In diesem Sinne ein herzliches Berg Heil! Von nun an führt der Weg bis Venedig, trotz zahlreicher Gegenanstiege, tendenziell bergab.

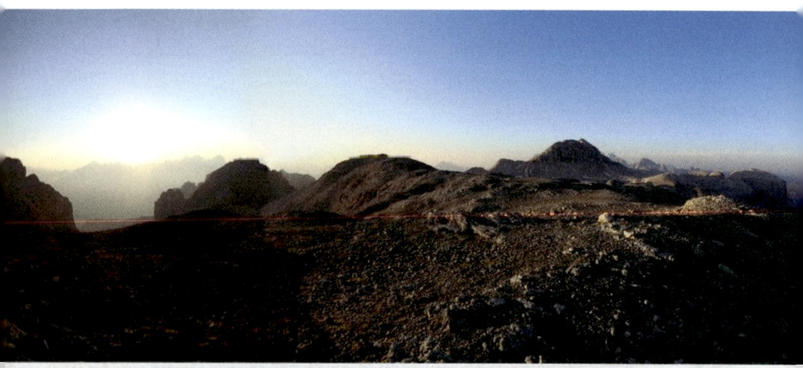

In Marschrichtung blicken Sie auf den beeindruckenden Piz Boè (3.152 m). Er ist an der großen Tafel, die einst für den Mobilfunk errichtet wurde, gut erkennbar. Etwas weiter rechts im Blick befindet sich die Seilbahnstation und links unterhalb davon das Rifugio Pordoi, an dem Sie der weitere Weg noch heute vorbeiführen wird.

Der Weg über dieses weite Hochplateau ist gut mit hohen rot-weiß-rot markierten Latten versehen, sodass er auch bei Schnee oder Nebel gut gefunden werden kann. Der Weg fällt nach der höchsten Erhebung wie zu erwarten ab. Am nächsten Wegweiser halten Sie sich links und folgen dem Weg 666 Richtung „Ütia Boè“ und steigen weiter bergab zur Forcella d'Antersass. Halten Sie sich dort links und folgen Sie dem Wanderweg 647. An der nächsten Abzweigung bleiben Sie wiederum auf dem Wanderweg 647. Der alternative Weg zum Rifugio Boè führt über den leichten Klettersteig Coburger Weg (Schwierigkeit B). Kurz darauf erreichen Sie das **Rifugio Boè ❷ (2 Std. 15 Min.)** inmitten einer unwirklichen Landschaft aus Schotter und bizarren Gipfeltürmchen.

Rifugio Boè, SAT-Hütte, Sellagruppe, 38032 Canazei, ☏ +39 04 71/193 03 40, rifugioboe@gmail.com, www.rifugioboe.it, Gerichte aus dem Fassatal, Polenta, Bergsteigeressen, 69 Betten: Preise auf Anfrage, Reservierung erforderlich, Ende Juni bis Anfang Okt,

Von der Hütte aus gesehen ragt die Boè-Spitze wie eine Wand vor Ihnen auf. Der Normalweg führt auf einem einfachen Weg um den Gipfel herum. Der Aufstieg um 281 Hm lohnt bei guter Sicht allerdings in jedem Fall und gehört quasi zum inoffiziellen Pflichtprogramm der Alpenüberquerung.

360-Grad-Panorama auf dem höchsten Punkt der Route München-Venedig

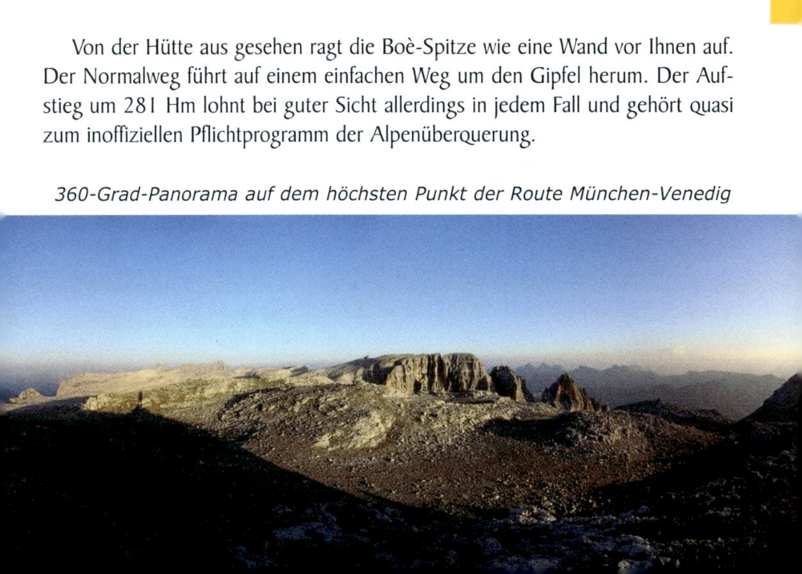

Der Piz Boè ist die höchste Erhebung in der Sellagruppe und einer der am leichtesten zu erreichenden 3.000er der Dolomiten. Vom Gipfel aus bietet sich ein beeindruckendes 360°-Panorama und an der Gipfelhütte kann eingekehrt bzw. auch übernachtet werden. Daneben markiert der Gipfel die Grenze zwischen drei italienischen Provinzen: Südtirol, Trentino und Belluno (Venetien).

Vom Rifugio Boè aus folgen Sie der Beschilderung „Passo Pordoi". Nach wenigen Metern Anstieg erreichen Sie die Abzweigung, an der die Normalroute rechts auf den Weg 627 abzweigt. Links führt die Variante über den Gipfel der Boè-Spitze (Weg 638) weiter.

➯ **Gipfelvariante Piz Boè** (Auf-/Abstieg: ➲ 2,4 km, ⌛ 1 Std., ↑ 281 m, ↓ 309 m): Der Weg 638 nach links steigt an und Sie steigen über ein Schotterfeld bergauf zum Wandfuß. Dort führt der Weg in zahlreichen Serpentinen durch eine Rinne bergauf. An der nächsten Abzweigung halten Sie sich für den Aufstieg rechts. Der Weg links ist ausschließlich für Absteiger gedacht.

Das Rifugio Boè und der Piz Boè (3.152 m) auf der weiten Hochebene der Sellagruppe

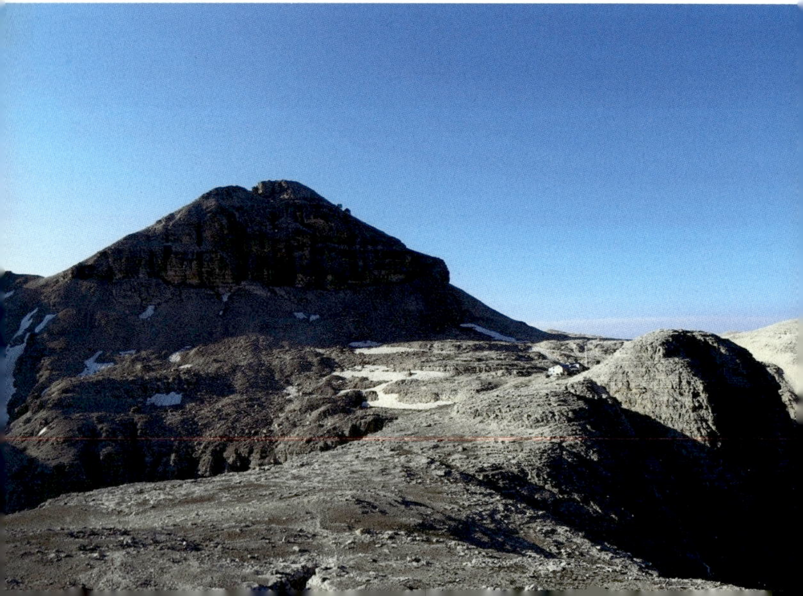

Es folgt ein kurzer stahlseilgesicherter Aufschwung zu einem Schotterfeld, über das Sie steil bergauf zum Grat und dort angekommen rechts weiter zum Gipfel gelangen.

Am Gipfel angekommen bietet sich ein tolles 360°-Panorama. Im Westen erheben sich die Rosengartengruppe, der Lang- und Plattkofel sowie die Geislerspitzen. Im Süden blicken Sie auf den niedrigen Padonkamm, der von der schneebedeckten Marmolata überragt wird. Östlich davon liegt die Civetta-Gruppe und der Monte Pelmo in Sichtweite. In der Fassahütte können Sie auf der Sonnenterrasse die Aussicht bei einer gemütlichen Jause genießen.

Rifugio Capanna Piz Fassa, Sellagruppe, 38032 Canazei, +39 04 62/60 17 23, +39 336/45 25 23, info@rifugiocapannapizfassa.com, www.rifugiocapannapizfassa.com, 2021 modernisiert, Jausenhütte und typisch regionale Gerichte, 22 Betten: im Lager: € 70, inkl. HP, Reservierung erforderlich, aufgrund von Wassermangel keine Dusche, nur Waschbecken, Mitte Juni bis Ende Sep,

Für den Abstieg folgen Sie auf der anderen Seite dem Weg vorbei am Helikopterlandeplatz über den Hangrücken bergab. Ein kurzes Stück ist stahlseilversichert. Ansonsten erreichen Sie problemlos nach 1,5 km und 309 Hm Abstieg den Normalweg.

Für den Normalweg folgen Sie rechts dem Weg 627 und wandern in leichtem Auf und Ab am westlichen Hangfuß des Piz Boè entlang. Nach 1,7 km trifft der Abstieg vom Piz Boè auf den Normalweg.

Auf dem weiteren Weg ist deutlich mehr Publikumsverkehr durch Tagestouristen zu erwarten. Die Seilbahn schafft an schönen Tagen Massen von Personen von der Pordoipassstraße herauf, die entweder den Piz Boè oder das Rifugio Boè besuchen möchten. Es kann passieren, dass höfliche Wandernde aus dem Dauergrüßen nicht mehr herauskommen.

Am Wegweiser folgen Sie dem Wanderweg 627 Richtung „Passo Pordoi". Sie gelangen so an der Schotterflanke des Höhenzugs entlang in leichtem Auf und Ab zum **Rifugio Forcella Pordoi ❸ (3 Std.)**.

Rifugio Forcella Pordoi, Sellagruppe, 38032 Canazei, ☏ +39 04 62/88 80 28, www.rifugioforcellapordoi.com, italienische Gerichte, MZ: € 55, inkl. Frühstück, HP € 15, Mitte Juni bis Ende Sep.

Alternativ können Sie auch mit der Seilbahn hinabfahren. Dafür müssen Sie allerdings zunächst 121 Hm zur Bergstation Sass Pordoi aufsteigen.

Seilbahn Sass Pordoi (funivie), Passo Pordoi, 38032 Canazei, ☏ +39 04 62/60 88 11, info@valdifassalift.it, www.valdifassalift.it, einfache Talfahrt € 15,50, Mitte Mai bis Mitte Okt 9:00-17:00

Für den Normalweg folgen Sie ab der Hütte dem Weg 627 Richtung „Passo Pordoi". Der Abstieg führt unterhalb der Materialseilbahn zwischen zwei Felstürmen hindurch über ein weites Schotterfeld 590 Hm bergab bis zur Passhöhe des Passo Pordoi. Nach 250 Hm Abstieg beginnt eine felsdurchsetzte Wiese. Nach der langen felsigen Passage über den Sellastock ist das erste Grün eine Wohltat für die Augen. Der Weg wird kurz darauf flacher und führt zuletzt über Balkenstufen hinab zur Passhöhe des **Passo Pordoi ❹ (4 Std. 15 Min.)**.

Passo Pordoi

Albergo Savoia, Passo Pordoi 9, 38032 Arabba, ☏ +39 04 62/60 17 17, info@savoiahotel.net, www.savoiahotel.net, Pizzeria-Restaurant und Konditorei, DZ: ab € 102, inkl. HP, Reservierung erforderlich, ganzjährig geöffnet, @

An der Passstraße angekommen halten Sie sich links. Nach ca. 100 m überqueren Sie vor dem Albergo Savoia die Passstraße und folgen dem Wanderweg 601 Richtung „Viel del Plan".

↬ Geradeaus an der linken Hangflanke befindet sich die Deutsche Kriegsgräberstätte Pordoi.

⌘ **Deutsche Kriegsgräberstätte Pordoi**: Die Gedenkstätte „Ossario del Pordoi“ befindet sich 1,5 km östlich des Pordoipasses. In dem großen, achteckigen Bau sind 8.582 gefallene österreichische und deutsche Soldaten des Ersten und 849 des Zweiten Weltkriegs beigesetzt.

Obwohl sich das Deutsche Kaiserreich 1915 noch nicht im Kriegszustand mit Italien befand, wurde das Deutsche Alpenkorps zur Unterstützung der österreichischen Truppen in die Dolomiten an die südliche Grenze entsandt. Neben den Kriegshandlungen hatten die Soldaten auch mit Schnee und Kälte zu kämpfen. Mit dem Bau der Gedenkstätte wurde 1937 begonnen und sie konnte 1956 als Mahnung an zukünftige Generationen eröffnet werden.

Der breite Wanderweg führt gut ausgebaut 120 Hm bergauf. Noch vor dem Erreichen der Bergstation halten Sie sich links und folgen der Beschilderung „Viel dal Plan“ unter der Seilbahn hindurch. Kurz darauf passieren Sie das **Rifugio Baita Fredarola ❺ (4 Std. 45 Min.)**.

Rifugio Baita Fredarola, Pordoi Str. 120, 38032 Canazei, ☏ +39 04 62/60 20 72, info@fredarola.it, www.fredarola.it, Pizzeria und Spezialitäten der Region, 32 Betten: DZ/MZ: Preis auf Anfrage, ganzjährig geöffnet,

Sie folgen nun weiter dem Weg 601. Im weiteren Verlauf ist der Weg durchweg breit ausgebaut und führt in leichtem Auf und Ab am Wiesenhang des Padonkamms entlang. Sehr viele Tageswandernde sind hier unterwegs. Dafür bietet sich rechts ein grandioser Blick auf die Marmolata, die Königin der Dolomiten.

Die Marmolata (ital. Marmolada) ist mit 3.343 m der höchste Gipfel der Dolomiten und wird auch als „Königin der Dolomiten“ bezeichnet. Die gesamte Marmolata-Gruppe ist ein Gratrücken mit westöstlicher Ausrichtung. Im Süden fällt dieser als Steilwand ins Ombrettatal ab – mit einer Breite von 2 km und einer Höhe von 800 m. Im Norden befindet sich der einzige größere Gletscher der Dolomiten, auf dem bis ins Jahr 2005 noch Sommerskifahren angeboten wurde. Der Gletscher ist stark im Rückgang begriffen. Im Jahr 1915 reichte er beispielsweise noch bis zur heutigen Baumgrenze hinab.

Der Gipfel wurde in den 1860er-Jahren vom Österreicher Paul Grohmann erstbestiegen. Im Ersten Weltkrieg war die Marmolata ein Grenzberg zwischen Österreich-Ungarn und Italien und umkämpftes Frontgebiet. Die sich nördlich befindenden Stellungen der Österreicher sprengten Stollen in den Marmolata-Gletscher, die neben Versorgungs- auch Unterkunftszwecken dienten und so zur Errichtung einer regelrechten „Eisstadt" führten. Während dieser Kampfhandlungen kam es auch zum größten Lawinenunglück der Alpingeschichte. Am 13. Dezember 1916 gingen im gesamten Alpenraum zahlreiche verheerende Lawinen nieder. Eine Nassschneelawine verschüttete dabei das österreichische Reservelager Gran Poz an der Marmolata. 270-332 Soldaten kamen allein dort ums Leben. Noch heute finden sich in dem gesamten Gebiet Spuren dieser Zeit in Form von alten Stellungen und Stollen.

Die Ausdehnung des ehemalig großen Marmolata-Gletschers ist anhand der abgeschliffenen Felsen gut zu erahnen. Rechts der Marmolata muten die bewaldeten Hänge mit ihren weiten Grashängen fast wieder wie die Nordalpen an. Der Wanderweg führt nun als Höhenweg 1,7 km am grünen Hang des Padonkamms entlang direkt zum **Rifugio Viel dal Pan (5 Std. 30 Min.)**.

Der Lago di Fedaia im Schatten der Königin der Dolomiten, der Marmolata

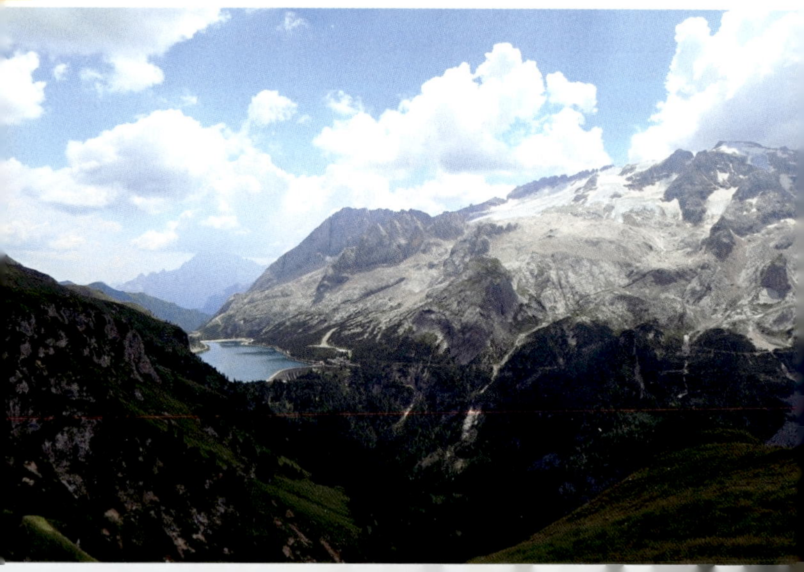

Rifugio Viel dal Pan, Viel dal Pan 1, 38032 Canazei, +39 339/386 52 41, info@rifugiovieldalpan.com, www.rifugiovieldalpan.com, typische Gerichte der Ladiner, Trentiner und Tiroler Küche, bekanntes Omelett, 23 Betten: Preis auf Anfrage, Reservierung erforderlich, ☺ tolle Sonnenterrasse mit Marmolatablick, Ende Juni bis Ende Sep,

Der Padonkamm erstreckt sich vom Pordoijoch Richtung Südosten und liegt zwischen dem Sellastock im Norden und der Marmolata im Süden. Im Vergleich zu den umliegenden Gebirgsgruppen der Dolomiten ist das Gestein des Padonkamms dunkel und stark verwittert. Dies liegt an seinem vulkanischen Ursprung. Er entstand aus erstarrenden Lavamassen im Penninischen Ozean des mittleren Trias-Zeitalters. Das Gestein ist im Vergleich zum Dolomitgestein weniger hart und wurde dadurch im Laufe der Zeit schneller abgetragen als das umliegende Gestein.

18. Etappe: Rifugio Viel dal Pan nach Alleghe

23,4 km, 7 Std., ↑ 200 m, ↓ 1.650 m, ⇧ 979-2.432 m

Anspruch: Bergweg blau

0,0 km	⇧ 2.432 m	Rifugio Viel dal Pan
3,9 km	⇧ 2.053 m	Rifugio Marmolada
4,5 km	⇧ 2.053 m	Lago di Fedaia, Westdamm
5,9 km	⇧ 2.053 m	Lago di Fedaia, Ostdamm
6,6 km	⇧ 2.057 m	Rifugio Fedaia
7,9 km	⇧ 1.780 m	Restaurant Rifugio Capanna Bill
10,8 km	⇧ 1.454 m	Malga Ciapella, Hotel Tyrolia
11,4 km	⇧ 1.425 m	Mautstelle Schlucht Serrai di Sottoguda
13,3 km	⇧ 1.280 m	Sottoguda i P
16,5 km	⇧ 1.111 m	Soraru
18,6 km	⇧ 1.008 m	Zusammenfluss der Flüsse T. Pettorina und T. Cordevole
21,0 km	⇧ 990 m	Santa Maria delle Grazie
23,4 km	⇧ 979 m	Alleghe i WC BANK P

Auf der 18. Etappe steigen Sie aus dem Schatten der Marmolata heraus und wandern durch grüne Täler hinab ins Örtchen Alleghe. Zu Beginn folgen Sie zunächst dem Höhenweg weiter an der Hangflanke des Padonkamms entlang und gelangen

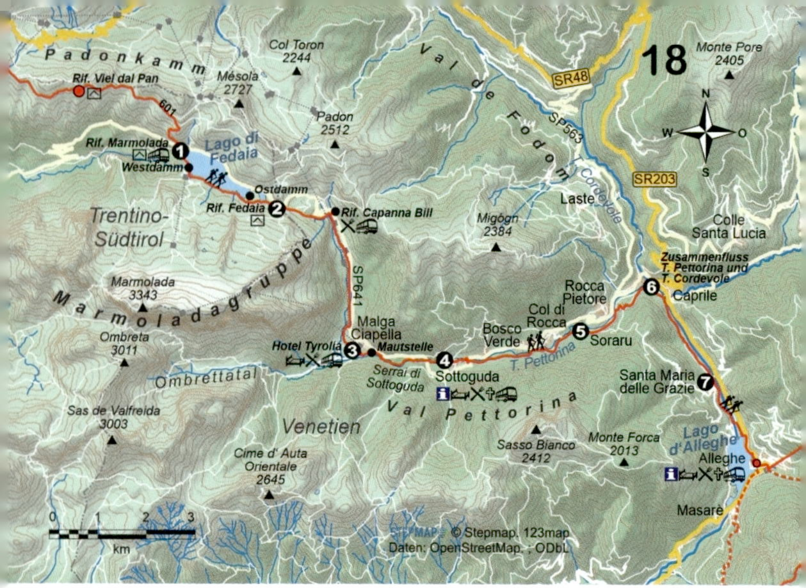

später hinab zum malerischen Lago di Fedaia. Der Stausee besitzt auf beiden Seiten eine Staumauer und das Baden ist strikt verboten. Am Ufer wandern Sie entlang gen Osten und betreten das Skigebiet von Malga Ciapella. Über die grünen Skipisten und unter Skiliften entlang steigen Sie nun hinab nach Malga Ciapella. Von dort wandern Sie durch die schmale Schlucht Serrai di Sottoguda. Die Schlucht ist mit einer Teerstraße erschlossen und an manchen Stellen gerade mal so breit wie die Straße selbst. Ein Themenpfad führt durch die Schlucht und informiert über lokale Geschichte und geologische Besonderheiten. Am Ende der Schlucht erreichen Sie das Örtchen Sottoguda. Es beherbergt zahlreiche historische Bauernhäuser und Scheunen, die wunderschön anzusehen sind. Außerdem bietet sich das dortige Lokal zu einer Rast an. Der weitere Weg verläuft als breiter, geschotterter Talweg zunächst durch das Val Pettorina bis zum Zusammenfluss zweier Flüsse und verläuft dann bis Alleghe am Ufer des T. Cordevole entlang.

☺ Als Schlechtwetteralternative können Sie mit dem Bus vom Lago di Fedaia nach Alleghe gelangen.

Anforderungen: leichte Bergwege, Schotterwege und Forststraßen

Von der Hütte aus wandern Sie auf dem Höhenweg 601 weiter am Hang entlang in Richtung des Lago di Fedaia. Sie begleitet dabei ein grandioses Panorama mit dem grünen Tal, dem türkisblauen See und der majestätischen, alles überragenden Marmolata auf der gegenüberliegenden Talseite.

An der ersten Abzweigung nach 2,3 km biegen Sie rechts ab und steigen hinab in Richtung des Sees. Der Abstieg erfolgt zunächst über die Wiese. Am nächsten Wegweiser halten Sie sich an die Beschilderung „Passo Fedaia". In vielen Serpentinen steigen Sie über die Wiese bergab. Einzelne Passagen sind stahlseilgesichert. Auf einen Schlag ist der See sehr nahe und der Wanderweg trifft auf die Teerstraße. Auf der gegenüberliegenden Straßenseite befindet sich die **Marmolata-Hütte (Rifugio Castiglioni Marmolada) ❶ (1 Std. 30 Min.)**.

Rifugio Castiglioni Marmolada, Passo Fedaia 5, 38032 Canazei, ☏ +39 04 62/60 16 81, info@rifugiomarmolada.it, www.rifugiomarmolada.it, regionale Spezialitäten, Polenta, DZ: ab € 54, MZ: ab € 43, inkl. Frühstück, Nov geschlossen, @

Der Weg führt geradeaus an der Marmolata-Hütte vorbei und über den 600 m langen Westdamm des Lago di Fedaia.

Am Ende des Damms biegen Sie links auf eine kleine Teerstraße ab, die etwas oberhalb des Südufers entlangführt.

Im See ist Baden verboten.

Nach 1,4 km passieren Sie den Ostdamm des Sees und folgen der Teerstraße, bis Sie am **Rifugio Fedaia ❷ (2 Std. 15 Min.)** auf die größere Fahrstraße SP641 treffen.

Rifugio Fedaia, Passo Fedaia 1, 32020 Rocca Pietore, ☏ +39 04 37/72 20 07, rifugiofedaia@gmail.com, www.rifugiofedaia.com, italienische Küche, DZ: ab € 60, MZ: ab € 55, im Lager: € 30, inkl. Frühstück, ganzjährig geöffnet, @

Folgen Sie der Straße nach rechts für 100 m. Noch vor der ersten Kehre verlassen Sie die Straße und steigen geradeaus über die Wiese der Skipiste bergab. Die Piste ist teils sehr steil. Sie wandern in Richtung der Pizzeria Panini Caldi.

Lassen Sie die Pizzeria linker Hand liegen und folgen Sie weiter dem Verlauf der Piste auf einem schmalen Wiesenpfad steil bergab. Die Piste macht einen Bogen und Sie wandern über den Bach am Rifugio Capanna Bill vorbei.

✕ **Rifugio Capanna Bill**, Localita Malga Ciapela 1, 32020 Rocca Pietore, ☏ +39 04 37/72 21 00, capannabill@marmolada.com, www.capannabill.com, regionale Küche, ganzjährig geöffnet

Folgen Sie der nun sehr breiten Piste weiter bergab. Auf der rechten Seite gibt es in der Nähe des Baches einen Wiesenpfad. Dieser führt ein Stück unter den blauen Schlepplift-Portalstützen hindurch in Richtung „Malga Ciapela“. Sie passieren nach 900 m die Talstation des Schlepplifts (Arei II) und biegen links auf den Schotterweg ab, der Sie durch eine Rechtskurve weiter bergab leitet. Sie wandern nun wieder auf der Schleppspur des Schlepplifts (Arei I) unter ebenfalls blauen Portalstützen hindurch und folgen ihr noch 1,4 km bis zu dessen Talstation. Am Ende des Schlepplifts halten Sie sich rechts und biegen gleich wieder links in eine Waldschneise ein.

Je nachdem, wie die Wiese weidetechnisch genutzt wird, ändert sich der Wegverlauf von Jahr zu Jahr etwas. Entweder Sie wandern geradeaus über die Piste direkt zu den Häusern oder Sie überqueren rechts einen Bach und steigen dann geradeaus Richtung der sichtbaren Häuser ab. An den Häusern treffen Sie auf eine Straße, der Sie in jedem Fall links folgen. Die Straße geht von Schotter zu Teer über und Sie gehen in Richtung der großen Talstation von **Malga Ciapela ❸ (3 Std. 45 Min.)**.

Malga Ciapela

✕ **Hotel Tyrolia**, 32023 Malga Ciapela, ☏ +39 04 37/52 29 99, tyrolia@marmolada.com, www.tyroliahotel.com, gutbürgerliche regionale Küche, DZ: ab € 70, inkl. HP, + Kurzaufenthaltspauschale auf Anfrage, ganzjährig geöffnet, P @

☺ weitere Unterkünfte im Ort unter www.marmolada.com

Noch vor dem Parkplatz der Gondelbahn kurz hinter dem Hotel Tyrolia führt rechts ein 200 m langer Wiesenpfad auf eine kleine Teerstraße hinunter (Pfeil auf dem Boden). (Sollte die Wiese gesperrt sein, folgen Sie der Teerstraße geradeaus zum Albergo Malga Ciapela.) An der Teerstraße angekommen folgen Sie dieser links bergab.

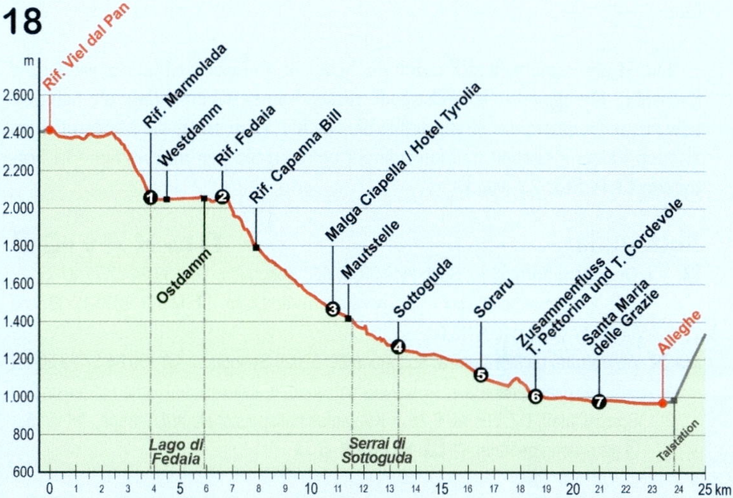

⛼ Hier gibt es einen schönen Rastplatz auf der anderen Bachseite mit Tischen, Bänken und Grillmöglichkeiten.

Nach 250 m treffen Sie am Albergo Malga Ciapela an das Mauthäuschen der Schlucht Serrai di Sottoguda.

⌘ **Serrai di Sottoguda**, 💻 www.serraipark.it

Die Schlucht **Serrai di Sottoguda** ist heute ein Naturpark und ein beliebtes Ausflugsziel bei Touristen und Einheimischen. Die Schlucht erstreckt sich dabei mit einer Länge von ca. 1,5 km zwischen Malga Ciapela und Sottoguda. Durch die Schlucht verläuft eine schmale Teerstraße, die im Ersten Weltkrieg angelegt wurde. Zwei alte Stollen, die als Munitionslager genutzt wurden, zeugen noch von dieser Zeit. Die Schlucht ist teilweise sehr schmal und die Felswände ragen über 100 m hoch gen Himmel. An einer Stelle ist die Schlucht gerade mal so breit wie die Straße selbst. Insgesamt wird der Wildbach dreizehnmal überquert. Im Winter ist auch Eisklettern an den Wänden möglich. Durch die gesamte

Schlucht führt ein Themenpfad mit zahlreichen informativen Tafeln am Wegrand.

Die Straße schlängelt sich durch die Schlucht und wechselt immer wieder die Bachseite. Die gigantischen Felswände rücken immer näher, sodass die Schlucht teils nur so breit wie die Straße selbst ist. Nach 1,5 km endet die Mautstraße am zweiten Kassenhäuschen und kurz darauf betreten Sie den malerischen Ort **Sottoguda ❹ (4 Std. 25 Min.)**.

Sottoguda

Touristeninformation, Sottoguda 33, 32023 Sottoguda, ☏ +39 04 37/72 22 77, info@marmolada.com, www.marmolada.com, Mo-Fr 8:00-12:30 und 14:00-17:00, Sa: 8:00-13:00

Alpenhotel La Montanara, Sottoguda 29, 32020 Sottoguda, ☏ +39 04 37/72 20 17, info@lamontanara.it, www.lamontanara.it, italienische Küche mit regionalen Spezialitäten, DZ: HP: ab € 75, + Kurzaufenthaltspauschale auf Anfrage, € 15, ganzjährig geöffnet, P @

Am Lago di Fedaia

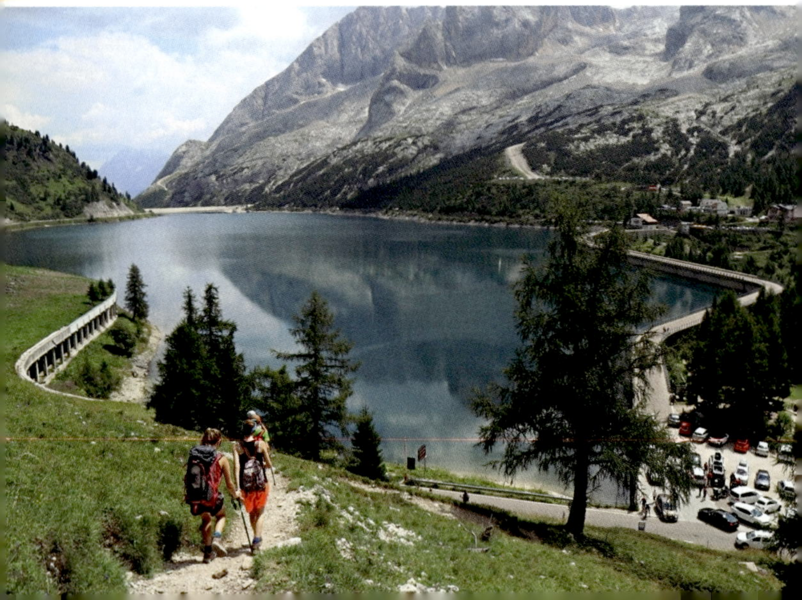

☺ weitere Unterkünfte im Ort unter 💻 www.marmolada.com oder im Tourismusbüro vor Ort

Eine gepflasterte Straße führt durch die schöne Ortschaft mit zahlreichen alten Bauernhäusern und Scheunen in der für die Region typischen Bauweise mit den rundumlaufenden Balkonen.

Folgen Sie der Hauptstraße, bis Sie nach 500 m an ein Stoppschild auf die größere SP641 treffen. Dort überqueren Sie rechts die Brücke und biegen gleich dahinter links auf einen breiten, geschotterten Weg ab. Der Weg verläuft als Talweg durch das ganze Tal und ist breit ausgebaut, sodass Sie ab hier gut und gemütlich vorankommen.

Sie wandern nun immer in der Nähe des Baches auf dem breiten Weg tendenziell bergab. Nach 700 m beginnt eine Teerstraße und Sie passieren einen schönen ⛼ Rastplatz im Wald mit Brunnen und Grillgelegenheit. Die Teerstraße führt zu einer Brücke, vor der Sie rechts auf den Schotterweg abbiegen. Bleiben Sie generell immer auf dieser Seite des Baches. Bei einer 90°-Kurve, nach der die Schotterstraße nochmals zu einer Brücke hin abfällt, biegen Sie noch vor der Brücke rechts ab. Kurz darauf treffen Sie wieder auf eine Teerstraße, der Sie rechts bergab folgen. Nach 300 m wandern Sie durch den Ort **Soraru ❺ (5 Std. 10 Min.)**. Dort haben Sie die Möglichkeit, links auf den Wanderweg zwischen den Häusern abzubiegen, oder Sie bleiben auf der Teerstraße. Nach dem Ortsausgang verlaufen die Teerstraße und der breite Talschotterweg 600 m parallel, bis die Schotterstraße wieder auf die Teerstraße trifft.

Diese führt zu einer Brücke, die Sie allerdings nicht überqueren, da Sie vor ihr auf den Talschotterweg abbiegen und auf der gleichen Uferseite bleiben. Nach 1,1 km erreichen Sie den **Zusammenfluss der beiden Flüsse Torrente Pettorina und Torrente Cordevole ❻ (5 Std. 40 Min.).** Der Uferweg knickt dort nach Süden hin ab. Bleiben Sie auf dem Uferweg auf dieser Bachseite und folgen Sie ihm für die nächsten 3,5 km bis zur Fußgängerbrücke.

Nach 2,4 km erreichen Sie den Ort **Santa Maria delle Grazie ❼ (6 Std. 20 Min.)**. Noch vor den ersten Häusern überqueren Sie links eine Brücke und folgen der kleinen Hauptstraße bergab durch den Ort. Sie überqueren den kleinen Dorfplatz und erreichen die Kirche Chiesa di Santa Maria delle Grazie. Direkt hinter der Kirche biegen Sie rechts ab und überqueren den Parkplatz. An dessen Ende folgen Sie der Teerstraße, die etwas später wieder in den geschotterten Uferweg übergeht. Nach weiteren 1,1 km erreichen Sie eine Hängebrücke und wechseln auf ihr die Flussseite.

Auf der anderen Uferseite halten Sie sich weiter flussabwärts und erreichen kurz darauf die ersten Häuser von Alleghe. An der ersten Abzweigung können Sie rechts an der malerischen Uferpromenade entlangwandern. Nach 200 m führt links ein Weg bergauf zur Kirche im Zentrum von **Alleghe (7 Std.)**.

Alleghe bietet mit einem Supermarkt, einer Bank und einer Apotheke alles, um die Vorräte für die nächsten Tage im Gebirge bis Belluno wieder aufzufüllen.

Alleghe

WC BANK P

Touristeninformation, Piazza Kennedy 17, 32022 Alleghe, +39 04 37/52 33 33, consorzio@alleghe.info, www.dolomiti.org/de/alleghe, Mo-Sa 9:00-12:30, Di und Do 15:30-18:30, Juli und Aug täglich 9:00-12:30 und 15:30-18:30

Hotel Alle Alpi, Piazza Kennedy 26, 32022 Alleghe, +39 04 37/52 33 10, info@allealpihotel.com, www.allealpihotel.com, italienische Küche mit regionalen Spezialitäten, DZ: ab € 66, ganzjährig geöffnet, P @

Hotel Garni Esperia, Via Lungo Lago 6, 32022 Alleghe, +39 04 37/72 36 79, garniesperia@gmailcom, www.hotelgarniesperia.it, Frühstücksbuffet, DZ: ab € 60, inkl. Frühstück, ganzjährig geöffnet, P @

♦ **B&B Giolai**, Via Alcide De Gasperi 55, 32022 Alleghe, +39 348/544 09 48, silviagiolai@alice.it, www.bbgiolaialleghe.com, Frühstücksbuffet, Preise auf Anfrage, ganzjährig geöffnet, P @

☺ weitere Unterkünfte im Ort unter www.dolomiti.org/de/alleghe oder im Tourismusbüro vor Ort

Alleghe (1.100 Einwohner) befindet sich zwischen den beiden Bergmassiven der Marmolata und der Civetta. Der malerische See entstand erst im Jahr 1771 und sorgte für viel Leid unter der Bevölkerung. Ein Erdrutsch begrub damals drei Ortschaften unter sich und der See staute sich innerhalb weniger Tage zu seiner heutigen Ausdehnung von 1,5 km Länge mit einer Tiefe von 18 m auf. Durch das aufgestaute Wasser wurden vier weitere Ortschaften überflutet. Das Dörfchen Alleghe blieb von all dem verschont und liegt seit jener Zeit direkt am Ufer des Bergsees.

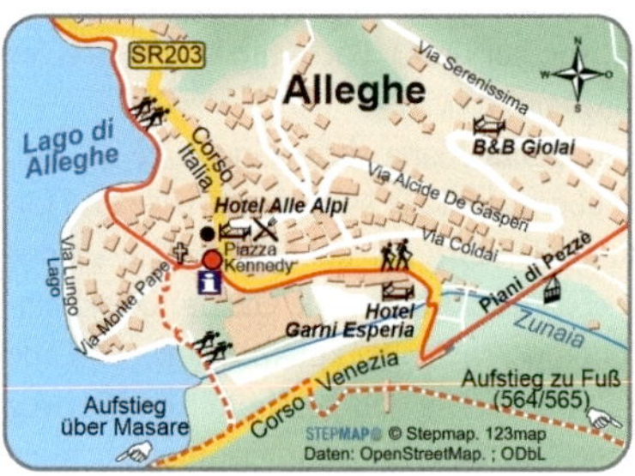

19. Etappe: Von Alleghe zum Rifugio Tissi

12,2 km (davon 3,5 km Seilbahn), 4 Std., ↑ 700 m, ↓ 370 m,
⇧ 979-2.250 m

Anspruch: Bergweg rot ●

0,0 km	⇧ 979 m	Alleghe
0,3 km	⇧ 984 m	Talstation Piani di Pezzè
		Gondelfahrt I + II
4,3 km	⇧ 1.922 m	Bergstation Col dei Baldi
5,8 km	⇧ 1.816 m	Schutzhütte Casera di Pioda
7,9 km	⇧ 2.132 m	Rifugio Coldai
8,2 km	⇧ 2.191 m	Forcella Coldai
8,6 km	⇧ 2.143 m	Lago di Coldai
11,5 km	⇧ 2.107 m	Forcella di Col Rean
12,2 km	⇧ 2.250 m	Rifugio Tissi

Die 19. Etappe umfasst den Aufstieg zum Rifugio Tissi im Schatten der beeindruckenden Civetta-Gruppe. Von Alleghe aus gibt es viele Wege, die hinauf zum Rifugio führen. Die klassische Hauptroute von Ludwig Graßler verläuft von Alleghe über den Ort Masare direkt über die Hangflanke hinauf zum Biwak Casamatta

Der Lago di Alleghe am Fuß der Civetta

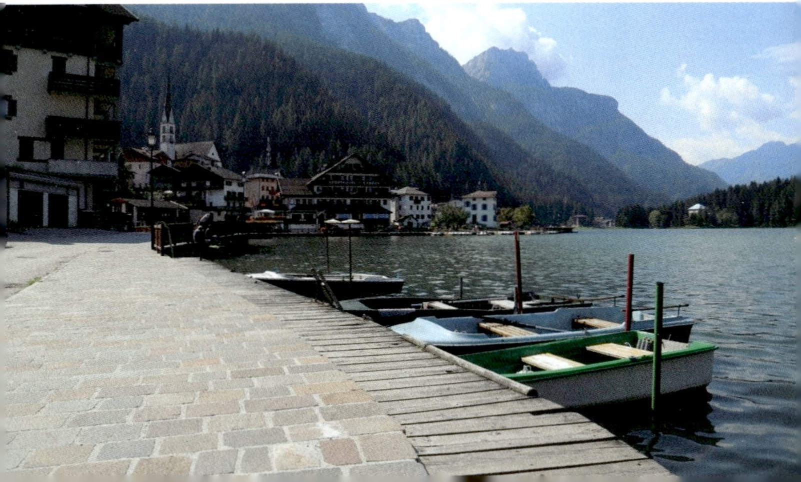

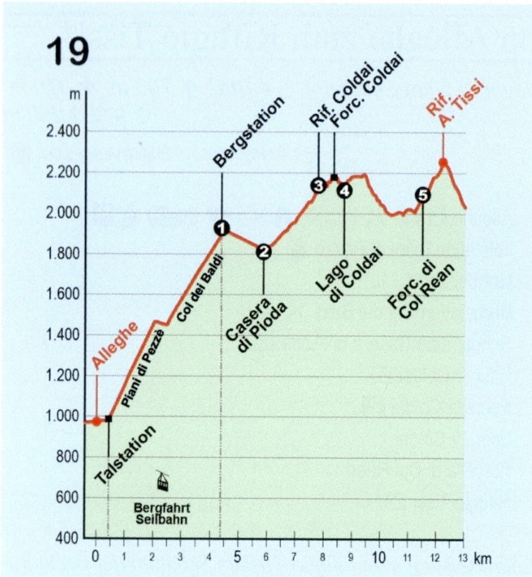

und weiter zum Rifugio Tissi. Dieser Routenverlauf ist relativ direkt und verläuft hauptsächlich durch den Wald. Eine deutlich schönere Möglichkeit für den Aufstieg wird in diesem Wanderführer beschrieben. Sie verläuft über den Col dei Baldi. Für den Aufstieg werden zwei Seilbahnen genutzt. Von der Bergstation aus führt Sie ein Wanderweg zur Forcella Alleghe und hinauf am Rifugio Coldai vorbei durch eine malerische Landschaft zu Füßen des gewaltigen Civetta-Massivs. Der Lago Coldai und die beeindruckende Civetta-Westwand sind landschaftliche Höhepunkte auf dieser Tagesetappe, die den kleinen Umweg über den Col dei Baldi allemal wert sind. Wer den

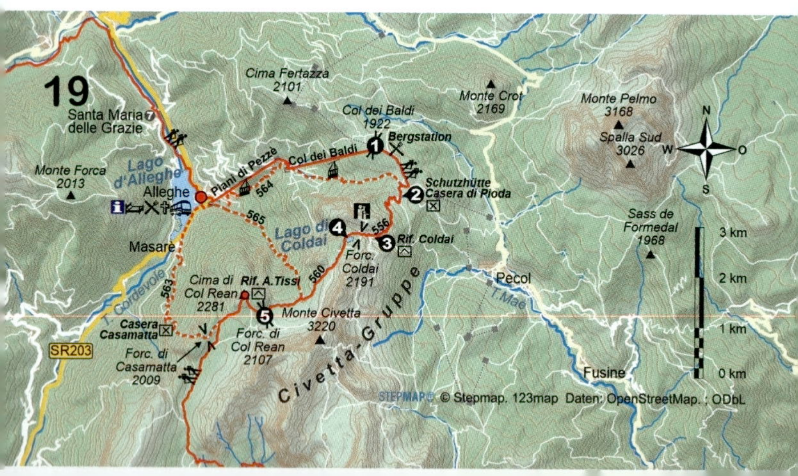

Aufstieg zu Fuß bewältigen möchte und auf die Seilbahn verzichten will, kann auch die 840 Hm in zusätzlichen 3 Std. 20 Min. zur Schutzhütte Casera di Pioda aufsteigen.

Am Rifugio Tissi angekommen schnuppern Sie nach der gestrigen Taletappe wieder Höhenluft. Die Lage der Hütte ist phänomenal, auf der einen Seite erhebt sich die Civetta-Westwand mit ihren beeindruckenden Ausdehnungen. Auf der anderen Seite fällt die Wand steil hinab zum Alleghesee und Sie blicken von dieser Felskanzel über Alleghe und bis weit in den Norden.

Anforderungen: *leichte bis mittlere Bergwege*

Für die 1.271 Hm Aufstieg von Alleghe zum Rifugio Tissi gibt es verschiedene Möglichkeiten. In diesem Führer ist die landschaftlich schöne Route über den Col dei Baldi beschrieben. Für den Aufstieg wird die Seilbahn verwendet.

↳ Die originale Route von Ludwig Graßler wird hier als Variante beschrieben. Sie verläuft am Ufer entlang nach Masare und an der Biwakschachtel Casera Casamatta vorbei relativ direkt zum Rifugio Tissi.

Aufstiegsvariante über Masare (Originalroute Ludwig Graßler) (➲ 6 km, ⌛ 5 Std., ↑ 1.270 m, ↓ 10 m): Vom Kirchplatz in Alleghe wandern Sie Richtung See bergab zum Brunnen und links am Supermarkt vorbei und die Treppen hinunter zum großen Parkplatz. Diesen überqueren Sie geradeaus oberhalb des Sandstrands bis zur großen Straße SR203. Dort biegen Sie rechts ab und wandern auf dem Gehweg neben der Straße bis Masare (insgesamt 1 km). Noch vor dem ersten Haus überqueren Sie die Straße auf dem Zebrastreifen und folgen links der Via del Pini bergauf. Nach 400 m endet die Straße an einer Kreuzung. Folgen Sie dem Wanderweg 563 halb links bergauf.

Der Wanderweg schlängelt sich durch den Wald teils steil bergauf. Nach 650 Hm und 2,4 km haben Sie die kleine Biwakhütte Casera Casamatta erreicht. Von dort steigen Sie steil unterhalb der Felswände hinauf zur Forcella di Casamatta (2.009 m). An der nächsten Abzweigung wandern Sie geradeaus weiter und erreichen kurz darauf das Rifugio Tissi (Infos zur Hütte ☞ S. 215).

An der malerischen Kirche im Zentrum von Alleghe orientieren Sie sich an der Hauptstraße und folgen ihr gen Osten. Wenige Meter hinter der Brücke über den Bach Zunaia erreichen Sie die Talstation der Gondelbahn, Piani di Pezzè.

↬ **Aufstieg zu Fuß**: Für den Aufstieg zu Fuß können Sie entweder den Weg 564 durch das Skigebiet von Alleghe über die Mittelstation Piani di Pezzè hinauf zur Casera di Pioda wählen. Dort wechseln sich schneefreie Pisten und Waldpassagen ab. Oder Sie wandern alternativ auf dem direkten Weg 565 Richtung Rifugio Tissi.

Alleghe Seilbahnen (funivie), Corso Venezia 3, 32022 Alleghe, ☏ +39 04 37/52 35 44, ✉ info@alleghefunivie.com, 💻 www.alleghefunivie.com, einfache Fahrt € 16 mit zwei Gondelbahnen: „Alleghe"/"Piani di Pezzè"/"Col dei Baldi", 🚪 Ende Juni bis Mitte Sep 8:30-17:30

Die erste Gondel überbrückt 490 Hm. Von der Bergstation der ersten Seilbahn wandern Sie geradeaus über den großen Parkplatz zur gut sichtbaren zweiten Seilbahn mit den roten Gondeln. Mit dieser fahren Sie weiter bergauf zur **Bergstation Col dei Baldi ❶ (15 Min.)** mit einer großer Skigastronomie und schönem Rundumblick von der Sonnenterrasse.

Der Lago Coldai am Fuß der Civetta

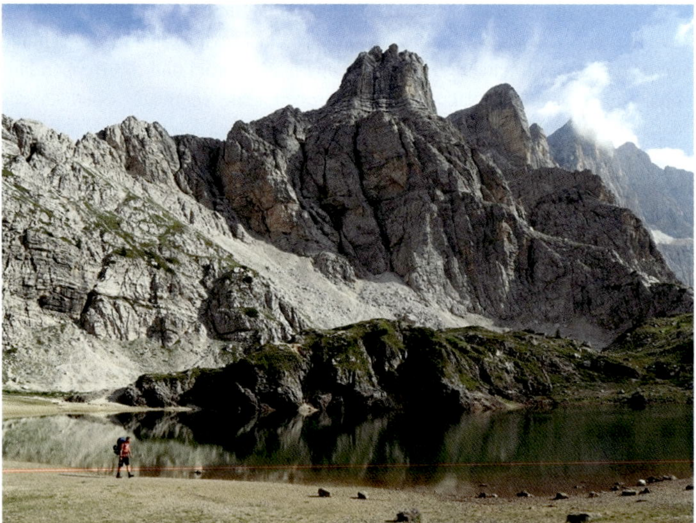

Chalet Col dei Baldi, 32022 Alleghe, ☏ +39 04 37/72 39 78, infochaletcoldeibaldi@gmail.com, www.chaletcoldeibaldi.com, italienische Küche im Stil einer Skigastronomie, ganzjährig geöffnet, @

Am dortigen Wegweiser ist das Rifugio Tissi bereits angeschrieben. Folgen Sie dem Wegweiser und laufen Sie eine breite Schotterstraße entlang. Von ihr bietet sich ein toller Blick auf die umliegenden Bergketten. Besonders der Monte Pelmo (3.168 m) ragt links im Blick beeindruckend wie ein überdimensionaler Gugelhupf aus der Landschaft. Er ist einer der großen Felsendome der Dolomiten und gehört mit seinen 3.168 m zu einem der höchsten Gipfel der Dolomiten.

Der Weg fällt leicht ab und Sie wandern nach 1,1 km durch eine Kehre zu dem sichtbaren Gebäude rechts unterhalb. An der Schutzhütte **Casera di Pioda ❷ (40 Min.)** treffen Sie auf den Dolomitenhöhenweg Nr. 1 (Alta Via 1). Dort verlassen Sie die Schotterstraße nach rechts und steigen am Wegweiser vorbei auf dem Wanderweg 556 bergauf Richtung „Rifugio Tissi".

☺ Im weiteren Verlauf können Sie sich am blauen Dreieck des Dolomitenhöhenweges 1 orientieren.

Dolomitenhöhenwege (Alta Via): Insgesamt gibt es zehn Dolomitenhöhenwege mit Längen zwischen 90 und 200 km. Auf ihnen können die Dolomiten in ca. ein bis drei Wochen durchquert werden. Das Spektrum reicht dabei von leichten Höhenwegen bis hin zu anspruchsvollen langen Touren mit Klettersteigen und Klettereien im II. Grad UIAA (Alta Via 7). Markiert sind die Wege mit einem farbigen Dreieck, das die jeweilige Nummer des Weges umschließt.

Auf dem breiten Wanderweg erreichen Sie nach zahlreichen Serpentinen und gut 300 Hm Aufstieg das wunderschön gelegene **Rifugio Coldai ❸ (1 Std. 40 Min.)**.

Rifugio Coldai, CAI-Hütte, 32022 Zoldo Alto, ☏ +39 04 37/78 91 60, infocoldai@gmail.com, www.rifugiocoldai.com, italienische und regionale Küche, 88 Betten: Preise auf Anfrage, ☺ tolle Sonnenterrasse, Ende Juni bis Ende Sep,

Um zum Rifugio Tissi zu gelangen, wandern Sie über die Terrasse an der Hütte vorbei und kommen auf einen Wanderweg. An der ersten Weggabelung halten Sie sich rechts und folgen der Beschilderung hinauf zum nahen Joch Forcella Coldai auf 2.191 m. Vom Joch aus bietet sich ein herrlicher Blick in ein kleines Hochtal hinab mit dem malerischen Lago del Coldai. Er ist umrahmt von den schroffen Gipfeltürmchen, wie sie für die Dolomiten so charakteristisch sind, und außer dem Wanderweg gibt es kein Anzeichen auf Zivilisation.

Über herrliche Almböden geht es nun zunächst hinab zum **Lago di Coldai ❹ (2 Std. 10 Min.)** und auf der gegenüberliegenden Seite leicht links wieder bergauf. Der Weg fasert in diesem Bereich stark auseinander, sodass es zahlreiche Möglichkeiten gibt, den See zu passieren. Dieser Bereich des Weges zum Rifugio Tissi eignet sich auch hervorragend, um eine kleine Rast vor idyllischem Dolomiten-Panorama einzulegen.

Im weiteren Verlauf öffnet sich langsam der Blick auf den Monte Civetta mit seiner beeindruckenden Westwand. Der Hauptgipfel und seine Nebengipfel der Civetta-Moizza-Gruppe bilden einen ca. 6 km langen Gebirgsstock mit einer gigantischen Felsmauer von bis zu 1.000 m Höhe. Zahlreiche alpine Kletterrouten ziehen sich mit einer Länge von bis zu 1.200 Klettermetern und über 30 Seillängen durch die beeindruckende Felswand. Außerdem gehören die beiden Klettersteige Attilio Tissi und Constanini zu den anspruchsvollsten Klettersteigen in den Dolomiten.

Auf dem Wanderweg 560 steigen Sie zum nächsten Joch auf, von dem das Rifugio Tissi bereits zu sehen ist. Es steht auf einem Gipfelköpfchen kurz unter dem Gipfel Cima di Col Rean (2.281 m), direkt gegenüber der Civetta-Westwand.

Rifugio Tissi mit Blick auf die beeindruckende Civetta Westwand

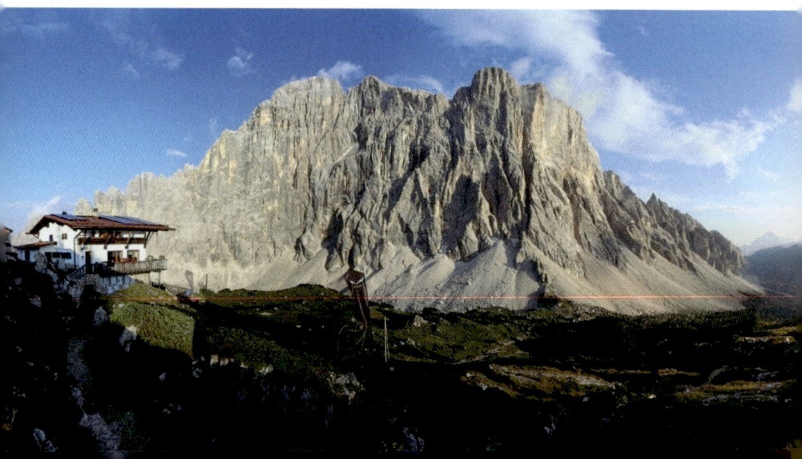

Es scheint, die Erbauer haben zur Würdigung dieser einmaligen Wand einen Platz ausgewählt, der die beeindruckenden Dimensionen auf einmalige Art und Weise vor Augen führen kann (und ebenso steinschlagsicher liegt). Gerade wenn man Seilschaften in der Wand erblickt, die kühn über 1.000 m gen Gipfel klettern, werden die Dimensionen der Wand deutlich.

Sie steigen vom Joch zunächst auf dem Wanderweg 560 bergab. Am Anfang des Abstiegs steigen Sie zuerst über Blockgelände, darauf folgt ein Wiesenhang. Rechts öffnet sich der Blick auf Alleghe hinab und weiter gen Norden ins Val de Fodom. Der Weg der gestrigen Tagesetappe entlang des Flusses Cordevole ist gut zu überblicken. Leicht rechts des Flusses vom gestrigen Tag ragt der Col di Lana als pyramidenförmiger Gipfel mit einer Delle anstelle des Gipfels in den Himmel.

Col di Lana: Nicht nur die ständige Erosion und die Naturgewalten formten diese Landschaft. Auch der Mensch kann „Berge bewegen“. Der Col di Lana ist dafür ein gutes Beispiel. Im Ersten Weltkrieg war der Gipfel eines der meist umkämpften Frontgebiete zwischen Österreich-Ungarn und Italien. Der Gipfel wurde im Zuge erbitterter Kampfhandlungen am 28.04.1916 mit 5 t Sprenggelatine gesprengt.

Von rechts trifft der Weg 565 auf den Wanderweg, der ebenfalls eine Aufstiegsmöglichkeit von Alleghe darstellt. Es folgt ein ebenes Stück, auf dem Sie in leichtem Auf und Ab gut vorankommen, bevor der letzte Anstieg des Tages beginnt.

Bleiben Sie bis kurz vor dem nächsten Joch, **Forcella di Col Rean ❺ (3 Std. 30 Min.)**, auf dem Wanderweg 560. Das Rifugio Tissi ist auf einem großen Stein rechts angeschrieben. Folgen Sie hier nun dem Weg 563 für den finalen Anstieg um ca. 150 Hm zum **Rifugio Tissi (4 Std.)**.

⌂ **Rifugio Tissi**, CAI-Hütte, 32022 Alleghe, ☏ +39 04 37/72 16 44, 📱 +39 347/593 18 33, ✉ rifugio.tissi@gmail.com, 💻 www.rifugiotissi.com, italienische und regionale Spezialitäten, Frühstücksbuffet, 65 Betten: 50 in Zimmern: € 39 (AV: € 31,50), 15 im Lager: € 34,50 (AV: € 27,50), ☺ tolles Panorama zur Civetta, 🚪 Mitte Juni bis Ende Sep, 🚿 🔌 📱

☺ Wenige Meter oberhalb der Hütte befindet sich das Gipfelkreuz des Cima di Col Rean an der steilen Abbruchkante. Hier bietet sich ein tolles Panorama über Alleghe und gen Norden auf die letzten Tagesetappen.

20. Etappe: Vom Rifugio Tissi zum Rifugio Bruto Carestiato

14,5 km, 5 Std. 45 Min., ↑ 680 m, ↓ 1.100 m, ⇧ 1.436-2.250 m

Anspruch: Bergweg rot

0,0 km	⇧ 2.250 m	Rifugio Tissi
2,9 km	⇧ 1.954 m	Sella di Pelsa
5,3 km	⇧ 1.714 m	Rifugio Vazzoler
7,5 km	⇧ 1.436 m	Abzweigung auf Weg 554
10,1 km	⇧ 1.826 m	Col d'Ors
11,8 km	⇧ 1.933 m	Forcella del Camp
14,5 km	⇧ 1.834 m	Rifugio Bruto Carestiato

Die 20. Etappe führt um den vom Monte Civetta und Monte Moiazza gebildeten Gebirgsstock herum, sodass Sie sich am Etappenende auf der südlichen Seite befinden. Zunächst liegt der Abstieg von der erhöhten Lage des Rifugio Tissi vor Ihnen. Sie gelangen durch lichten Wald auf eine herrlich weite Almwiese, wo Sie eine ehemalige Alm passieren und kurz darauf auf eine Schotterstraße treffen. Auf ihr gelangen Sie bequem zum Rifugio Vazzoler. Im weiteren Verlauf verlieren Sie auf der Schotterstraße weiter an Höhenmetern, bis Sie an der dritten großen Kehre die Schotterstraße verlassen und der Aufstieg zur Forcella del Camp beginnt. An der freien Hangflanke des Monte Moiazza wechseln sich immer wieder freie

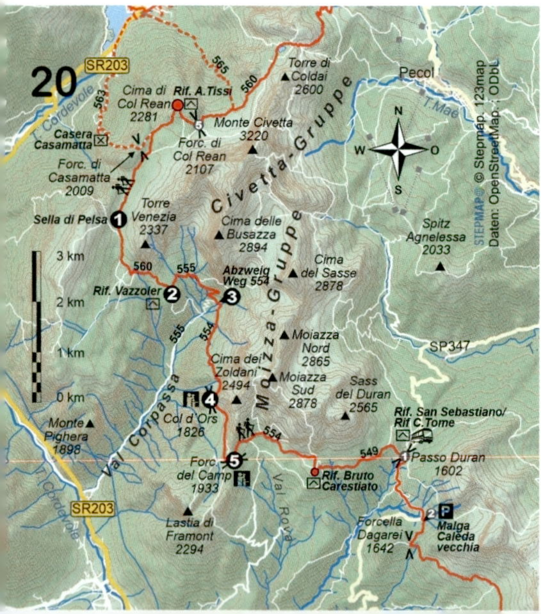

Passagen über Schotterreisen mit Waldpassagen in herrlicher Bergeinsamkeit ab. Nach dem Aufstieg zur sanft geschwungenen Scharte gelangen Sie in gemütlichem Auf und Ab zum Rifugio Bruto Carestiato.

☺ *Als alternatives Etappenende bietet sich auch das Rifugio San Sebastiano an. Eventuell wartet dort bereits Ihr Klettersteigset auf Sie,* ☞ *21. Etappe.*

Anforderungen: *überwiegend leichte Bergwege, teilweise auch mittelschwere Bergwege über Schotterfelder*

Für die heutige Etappe orientieren Sie sich am Wegweiser kurz vor der Hütte und folgen dem Weg 563 am freien Wiesenhang entlang. Nach wenigen Metern beginnt der Abstieg.

✋ Ein kurzes Stück ist stahlseilversichert und auf dem erdigen Pfad ist es bei Nässe recht rutschig.

Im Laufe des Abstiegs finden Sie zunächst Latschenkiefern und vereinzelte andere Bäume vor. An der ersten Abzweigung nach ca. 1 km biegen Sie links ab auf den Zubringer 560 („Inn. Sent. 560") bzw. in Richtung „Rif. Vazzoler".

Es folgt ein gemütlicher Abstieg durch ein breites Tal. Kurz darauf treffen Sie auf den Weg 560 und folgen ihm geradeaus in ein weites Hochtal, in dem zahlreiche Rinder weiden. Sie passieren dort den zerfallenen Stall Cason di Col Rean

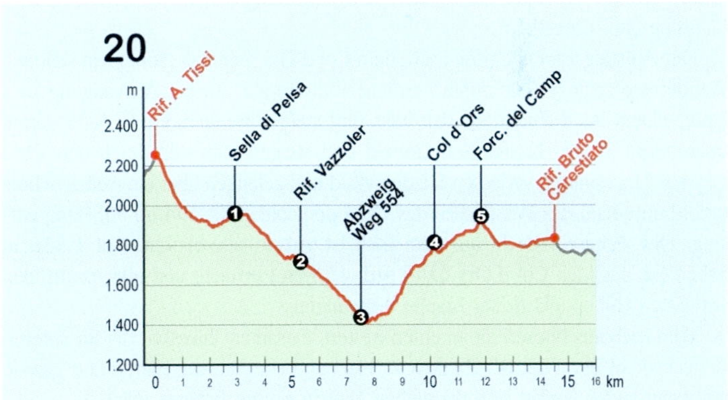

und wandern im Tal weiter geradeaus. Es bietet sich eine grandiose Aussicht auf die umliegenden Berge und gigantische Findlinge, die verstreut in der grünen Wiese liegen.

An der nächsten Abzweigung erreichen Sie die unscheinbare **Sella di Pelsa ❶ (1 Std. 20 Min.)** und folgen links dem Weg 560 durch ein Gatter Richtung „Rif. Vazzoler". Es folgt ein kurzes Stück bergab durch Latschen und lichten Wald, bevor Sie auf eine Schotterstraße treffen. Folgen Sie links dem Straßenverlauf teils sehr steil bergab. Später gelangen Sie mit moderatem Gefälle am Hang unterhalb des hoch aufragenden Turmes Torre Venezia entlang. Es bietet sich ein grandioser Ausblick ins Val Corpassa und auf die Moizza-Gruppe.

Die Straße wird flacher und steigt durch lichten Wald etwas an, bevor Sie gemütlich zum **Rifugio Vazzoler ❷ (2 Std.)** gelangen.

⌂ **Rifugio Vazzoler,** CAI-Hütte, Col Negro di Pelsa, 32027 Taibon, ☏ +39 04 37/195 66 19, ✉ rifugiovazzoler@gmail.com, 💻 www.rifugiovazzoler.com, italienische Küche und regionale Spezialitäten, Frühstücksbuffet, 88 Betten: DZ: ab € 72 (AV: € 57,50), MZ: ab € 65 (AV: € 52), Lager: € 59 (AV: € 47), 🚪 Ende Juni bis Ende Sep, ☺ Themenpfad mit Blumen der Region, 🚿 🚭 🔌 📱

Vom Rifugio Vazzoler aus folgen Sie dem Weg 555 Richtung „Rif. Bruto Carestiato". Für die kommenden 2,2 km folgen Sie nun der Schotterstraße bergab. Der Wald wird dichter und Sie steigen auf der Straße gut 280 Hm zum tiefsten Punkt der Etappe hinab. In der **dritten großen Kehre ❸ (2 Std. 45 Min.)** verlassen Sie die Schotterstraße nach links und folgen dem Wanderweg 554 Richtung „Rif. Carestiato".

Der Aufstieg zum nächsten Joch, dem Col d'Ors, beginnt. Auf einem schönen Wanderweg gelangen Sie durch herrlichen Mischwald. An der Abzweigung kurz hinter einem Bach halten Sie sich links und steigen weiter bergauf. Kurz darauf überqueren Sie ein breites Schotterfeld und steigen teils steil durch den Wald bergauf. Unvermittelt verlassen Sie den Wald und gelangen über ein weites Schotterfeld unterhalb des Wandfußes des Cima dei Zoldani (2.494 m) am Hang entlang. Der weitere Weg hinauf zum Joch ist gut zu überblicken. Auf 1.826 m haben Sie das Joch **Col d'Ors ❹ (4 Std. 15 Min.)** erreicht und gleichzeitig den vorletzten Höhepunkt dieser Etappe bezwungen.

Vom Joch aus blicken Sie in einen weiten, einsamen Talkessel, der im unteren Bereich dicht bewaldet ist. Zahlreiche Lärchen bedecken die Hänge und gerade im beginnenden Herbst sind die gelben Nadeln ein herrlicher Anblick.

Sie passieren den Talkessel an der linken Hangflanke. Der Weg steigt nach kurzem Abstieg wieder an und führt unterhalb des Cima dei Zoldani entlang. Auf ein weites Schotterfeld folgt ein großes Latschenfeld. An der nächsten Abzweigung wandern Sie geradeaus kurz durch Latschenkiefern und später auf eine Wiese.

Auf dem Weg erreichen Sie kurz darauf eine Almwiese, der Sie links 50 Hm hinauf zum nahen Joch **Forcella del Camp (1.933 m) ❺ (4 Std. 45 Min.)** folgen. Der Pfad über die Wiese ist erdig und bei Nässe rutschig.

Am malerischen Wiesenjoch gelangen Sie durch ein Gatter und es öffnet sich der Blick ins Tal Val Rova. Auf dem weiteren Weg steigen Sie hinab durch ein weites Latschenfeld und später durch lichten Wald. An der nächsten Abzweigung halten Sie sich links und folgen dem Weg 554. Auf dem Höhenweg kommen Sie gemütlich voran und wandern leicht auf und ab durch das Tal. Unvermittelt stehen Sie direkt vor dem **Rifugio Bruto Carestiato (5 Std. 45 Min.)**.

Das Haus wurde 2013 komplett neu errichtet und ist entsprechend gut ausgestattet. Auf der tollen Sonnenterrasse lässt sich der Abend gemütlich vor einem grandiosen Panorama ausklingen.

Rifugio Bruto Carestiato, CAI-Hütte, 32021 Agordo, ☏ +39 04 37/629 49, info@rifugiocarestiato.com, www.rifugiocarestiato.com, italienische Küche und regionale Spezialitäten, Frühstücksbuffet, 40 Betten: MZ: € 32 (AV: € 16,50), Lager: ab € 28 (AV: € 14,50), Frühstück + € 14, HP + € 32, Anfang Juni bis Ende Sep,

Auf dem Weg zum Rifugio Bruto Carestiato

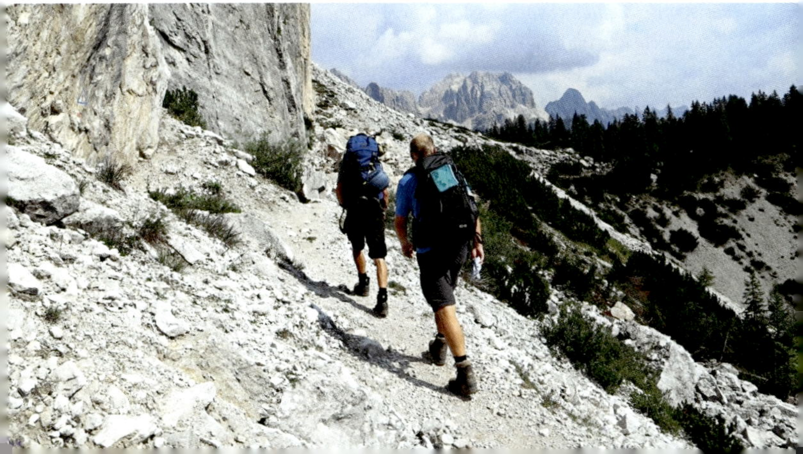

21. Etappe: Vom Rifugio Bruto Carestiato zum Rifugio Pian de Fontana

18,4 km, 8 Std., ↑ 1.100 m, ↓ 1.300, ⇧ 1.515-2.395 m

Anspruch: Bergweg rot

0,0 km	⇧ 1.834 m	Rifugio Bruto Carestiato
2,3 km	⇧ 1.601 m	Passo Duran (Rifugio San Sebastiano/Rifugio C. Tomé)
4,1 km	⇧ 1.515 m	Wanderparkplatz Malga Caleda vecchia P
4,8 km	⇧ 1.642 m	Forcella Dagarei
9,1 km	⇧ 1.800 m	Malga Moschesin
10,6 km	⇧ 1.940 m	ehem. Kaserne
12,7 km	⇧ 1.902 m	Abzweigung Rifugio Sommariva al Pramperet
13,8 km	⇧ 2.097 m	Portela del Piazedel
15,0 km	⇧ 2.395 m	Forcella de Zita Sud
18,4 km	⇧ 1.632 m	Rifugio Pian de Fontana

Die 21. Etappe ist sehr vielseitig und zeigt Ihnen alle Facetten der alpinen Bergwelt: von Forstwegen über das Bankett einer Passstraße bis zu schmalen Pfaden, abgeschiedenen Almen und absoluter Bergeinsamkeit. Der Übergang über die Scharte Forcella de Zita Sud und der Abstieg gehören zu einem der schönsten Wegabschnitte. Herrliche Bergeinsamkeit und eine abgeschiedene, urtümliche Hütte am Etappenende warten auf Sie. Es empfiehlt sich ein früher Aufbruch. Zunächst steigen Sie auf der Schotterstraße zum Passo Duran ab. Wer den Paketservice des Rifugio San Sebastiano in Anspruch genommen hat, kann dort sein Klettersteigset abholen. Es folgen 1,8 km im Bankett der Passstraße. Auf ihr verlieren Sie knapp 100 Hm. Am Wanderparkplatz tauchen Sie wieder in den Wald ein und steigen über die unscheinbare Forcella Dagarei. Dahinter betreten Sie eine Hangflanke des Monte Tamer (2.547 m) und der Blick schweift von den schroffen Felswänden über die darunterliegenden Schotterfelder und den dichten Nadelwald, der sich vom Tal her kommend in diese Welt der Steine vorgearbeitet hat. Sie bleiben an der Hangflanke und gelangen so zur Malga Moschesin, einer tollen, abgelegenen unbewirtschafteten Alm, die gut zu einer ersten Rast oder als Notunterkunft verwendet werden kann. Über die gleichnamige Scharte steigen Sie durch Latschen hinab zur Abzweigung zum Rifugio Sommariva al Pramperet, das sich ebenfalls hervorragend zu einer Rast eignet. Nun folgt der Höhepunkt der Etappe in landschaftlicher und absoluter Hinsicht. Der Aufstieg beginnt in einem

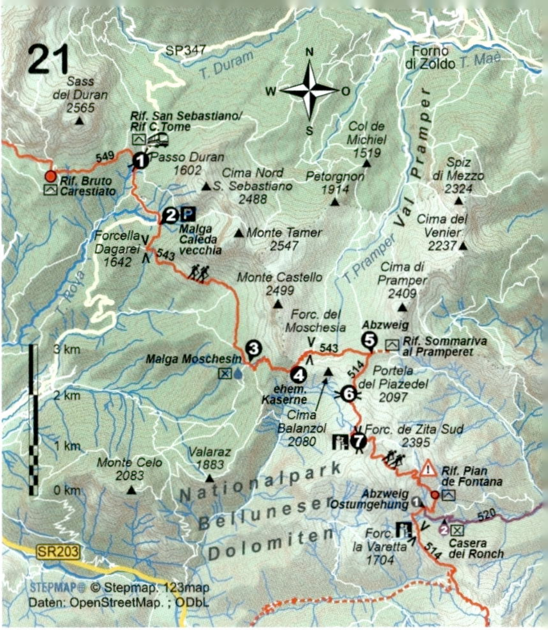

Latschenfeld und verläuft über die weite Pezedei-Hochebene und über mehrere Felsabsätze bis zur versteckt liegenden Scharte Forcella de Zita Sud. Von ihr bietet sich ein grandioser Ausblick in eine Welt von schroffen Felszacken und unberührter Natur. Eine Rast auf dieser exponierten Lage ist Pflicht. Der Abstieg verläuft über den Hochtalkessel in mehreren Absätzen zur Hütte. Im letzten Teil verläuft der Pfad über einen Wiesensteilhang, an dem Trittsicherheit gefragt ist.

Anforderungen: *leichte bis mittelschwere Bergwege, kurze Passage an der Passstraße, beim Abstieg Steilhang vor dem Etappenende*

Von der Hütte aus orientieren Sie sich am Wegweiser auf der Sonnenterrasse und folgen dem Weg 549 Richtung „Passo Duran". Sie gelangen auf eine Schotterstraße und folgen ihr rechts. Die Straße führt gemütlich durch den Wald und Sie kommen gut voran. Nach insgesamt 1,8 km verlassen Sie die Schotterstraße nach rechts und steigen auf dem Wanderweg 549 entlang Kuhweiden hinab bis zur Passstraße am **Passo Duran ❶ (40 Min.)**.

☺ Das hier liegende Rifugio San Sebastiano bietet für München-Venedig-Wandernde einen tollen Paketservice an. Sie können Ihre Klettersteigausrüstung für die 22. Etappe per Post vorausschicken. Mitarbeitende des Refugio nehmen das Paket an und lagern es ein, bis Sie es abholen. Der Service ist kostenfrei, allerdings freut sich der Wirt über eine Übernachtung oder Einkehr. Das Rifugio San Sebastiano ist auch eine gute Alternative zum Rifugio B. Carestiato.

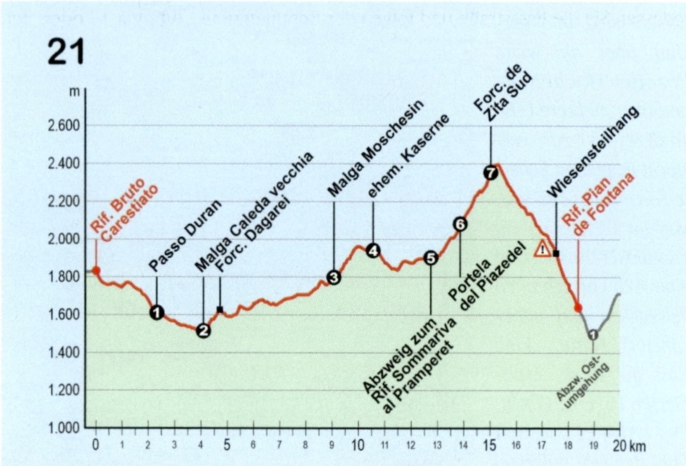

Passo Duran

Rifugio San Sebastiano, Passo Duran, 32010 Zoldo Alto, +39 04 37/623 60, info@passoduran.it, www.passoduran.it, italienische Gerichte und regionale Spezialitäten, Frühstücksbuffet, 40 Betten: Preis auf Anfrage,

Paketservice, Klettersteigset kann nach Absprache hier hingeschickt werden, ganzjährig bewirtschaftet,

♦ **Rifugio Passo Duran „C. Tomé“**, Passo Duran, 32020 La Valle Agordina, +39 349/684 83 07, www.rifugiopassoduran.it, italienische Gerichte und Polenta, Zimmer: ab € 40, im Lager: ab € 30, inkl. Frühstück, ganzjährig bewirtschaftet,

Am Passo Duran beginnt eine Passage entlang der Passstraße. Für die nächsten 1,8 km folgen Sie dem Verlauf der Passstraße rechts bergab. Es gibt kein Bankett, sodass meist direkt auf der Straße gewandert werden muss.

Vorsicht in den unübersichtlichen Kurven.

Auf der Passstraße kommen Sie gut voran und wandern durchweg leicht bergab. Nach 1,8 km erreichen Sie eine Brücke und den Wanderparkplatz **Malga Caleda vecchia ❷ (1 Std. 15 Min.)** auf der linken Seite. Am dortigen Wegweiser verlassen Sie die Passstraße und folgen der Beschilderung „Alta Via 1" oder „Rif. Pramperet" auf dem Weg 543.

Zunächst führt der Weg über die Wiese bergauf Richtung Wald. Nach wenigen Metern zweigt links der Weg zum Gipfel Cima S. Sebastiano ab, Sie bleiben allerdings rechts auf dem Weg 543. Es geht nun durch dichten, alten Nadelwald über Wurzelgeflecht bergauf.

Das erste Joch, das Sie passieren, ist die Forcella Dagarei. Es ist ein Waldjoch ohne Aussicht und auf der anderen Seite wandern Sie weiter im Wald ein kurzes Stück bergab. Kurz darauf endet der Wald und Sie blicken auf ein weites Latschenfeld, das den Schutthang unterhalb der Felswände besiedelt. Nach einer weiteren kurzen Waldpassage betreten Sie das weite Schotterfeld unterhalb des Monte Tamer (2.547 m).

Der Weg zieht sich in einem weiten Bogen an der linken Hangflanke entlang und führt tendenziell bergauf, allerdings ist die Steigung immer wieder durch Gefälle und Gegenanstiege unterbrochen. Weite Schotterfelder und Waldpassagen wechseln sich ab. 4,2 km nach der Forcella Dagarei haben Sie die unbewirtschaftete Alm **Malga Moschesin ❸ (3 Std. 30 Min.)** erreicht. Der dortige Rastplatz mit Brunnen eignet sich hervorragend für ein Pause vor dem weiteren Aufstieg.

Rast an der Malga Moschesin

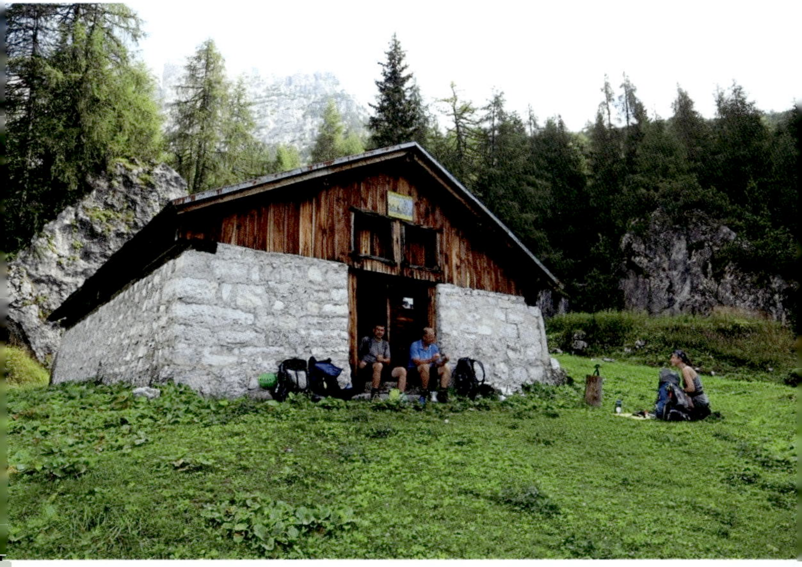

☒ **Malga Moschesin**: Zwei Gebäude können als Schutzhütte mit Feuerstelle genutzt werden, 💧.

Hinter der Alm steigt der Weg wieder an und führt durch lichten Wald bergauf. An der nächsten Abzweigung biegen Sie links ab und bleiben auf dem Weg 543. Mit einem Mal stehen Sie auf einem Bergrücken und blicken auf der anderen Seite ins Val Balanzola hinab. Durch Latschenfelder erreichen Sie bald eine eingefallene **ehemalige Kaserne ❹ (4 Std.)** aus dem Ersten Weltkrieg. Bleiben Sie von dort weiter auf dem Weg 543. Nach kurzem Marsch stehen Sie auf der Forcella del Moschesia und es öffnet sich ein grandioser Blick in das nach unten offene Val Pramper, an dessen Ende der Ort Forno liegt.

Biegen Sie dort links ab und steigen Sie in zahlreichen Kehren durch das Latschenfeld auf einem herrlichen Pfad bergab. Nach 90 Hm haben Sie eine Abzweigung erreicht, an der Sie rechts Richtung „Rif. Sommariva al Pramperet" auf dem Wanderweg 543 weiterwandern. Es geht nun auf einem schönen Wiesenweg gemütlich am Hang entlang. Nach 1,4 km erreichen Sie eine weitere **Abzweigung ❺ (4 Std. 50 Min.)**, an der Sie rechts auf den Weg 514 hinauf zur Scharte abbiegen.

↳ **Abstecher Rifugio Sommariva al Pramperet**: Alternativ gibt es die Möglichkeit, links einen Abstecher zum Rifugio Sommariva al Pramperet zu unternehmen und eine letzte Rast vor dem Aufstieg einzulegen.

⌂ **Rifugio Sommariva al Pramperet**, CAI-Hütte, 32013 Longarone, ☎ +39 04 37/195 61 53, ✉ info@rifugiosommarivaalpramperet.it, 💻 www.rifugiosommarivaalpramperet.it, italienische Gerichte und regionale Spezialitäten, 25 Betten: Preis auf Anfrage, 🚪 Ende Juni bis Mitte Sep, 🚿 🚭 🔌 @ 📱

Der Aufstieg zur Scharte erfolgt zunächst durch ein weites Latschenfeld an der Hangflanke des Cima Balanzol (2.080 m) entlang hinauf zur Scharte **Portela del Piazedel ❻ (5 Std. 35 Min.)**. Nach 180 Hm betreten Sie die Pezedei-Hochebene, eine schräge Ebene mit Felsplatten, die ein etwas unwirkliches Bild abgeben. Der Weg ist hier gut mit Steinmännchen und roten Markierungen ausgewiesen. Beim Blick über die Schulter blicken Sie auf die Südwand der Moizza-Gruppe. Es geht steil bergauf bis zu einer flachen Hochebene. Von ihr aus öffnet sich der Blick zum scheinbaren Ende des Aufstiegs. Das sichtbare Wiesenjoch ist allerdings noch nicht die Scharte – diese liegt außer Sichtweite links

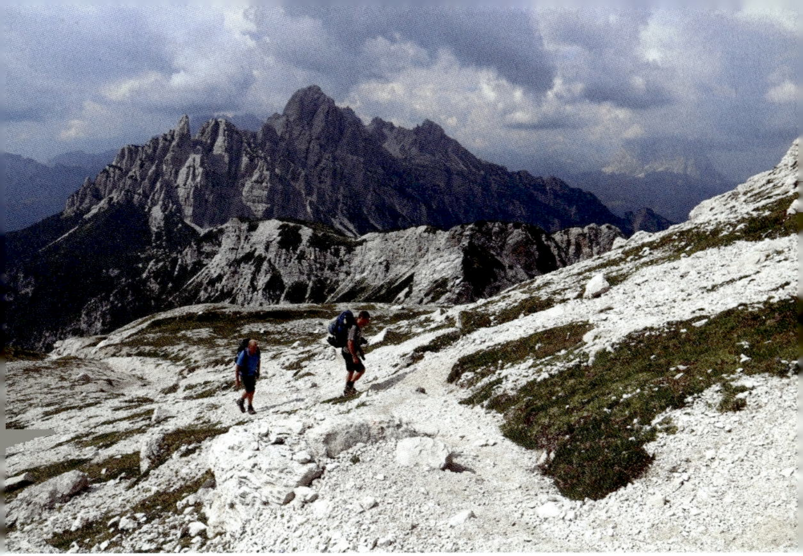

Aufstieg zur Forcella de Zita Sud

hinter dem Höhenzug. Nach dem steilen Anstieg geht es links weiter über Schotter zur **Forcella de Zita Sud ❼ (6 Std. 30 Min.)**.

Dort öffnet sich ein grandioser Blick in ein einsames Hochtal und rechts davon erhebt sich die Schiara-Gruppe. Der tiefe Einschnitt in den Gipfelgrat ist die Forcella del Marmol, an der der Klettersteig an der morgigen Etappe beginnt. Über mehrere Absätze geht es nun 820 Hm bergab zur Hütte. Der Weg schlängelt sich in herrlicher Bergeinsamkeit den Hang hinab. Es gibt außer dem Weg keine Anzeichen auf Zivilisation. Auf der gegenüberliegenden Talseite erhebt sich die Schiara und während des Abstiegs säumen zahlreiche Edelweiße den Weg. Der restliche Abstieg führt nochmals über einen Wiesensteilhang, an dem vor allem bei Nässe Trittsicherheit gefordert ist. In der urigen Hütte **Pian de Fontane (8 Std.)** lässt sich der Tag mit grandiosem Schiara-Blick gemütlich ausklingen.

Rifugio Pian de Fontana, CAI-Hütte, 32013 Longarone, ☏ +39 04 37/195 61 35, +39 335/609 68 19, piandefontana@livecom.it, www.piandefontana.it, italienische Gerichte und regionale Spezialitäten, Frühstücksbuffet, 24 Betten: im Lager: € 34,50 (AV: € 27,50), HP € 68 (AV: € 54), Reservierung per E-Mail, urige Hütte, warme Dusche nur solange Vorrat reicht, kalt meist verfügbar (je nach Wasservorrat), Anfang Juni bis Ende Sep, @

22. Etappe: Vom Rifugio Pian de Fontana zum Rifugio 7° Alpini

7,5 km, 7 Std. 45 Min., ↑ 960 m, ↓ 1.090 m, ⇧ 1.502-2.362 m

Anspruch: Bergweg schwarz (Klettersteig) ●

0,0 km	⇧ 1.632 m	Rifugio Pian de Fontana
0,6 km	⇧ 1.515 m	Abzweigung ↳ Ostumgehung
1,5 km	⇧ 1.704 m	Forcella la Varetta
2,8 km	⇧ 1.650 m	Abzweigung ↳ Westumgehung
3,2 km	⇧ 1.650 m	ehem. Alm Casonet di Nerville
4,2 km	⇧ 1.953 m	Forcella di Nerville
5,3 km	⇧ 2.262 m	Forcella del Marmol: Beginn Klettersteig (Anseilplatz)
5,6 km	⇧ 2.362 m	Abzweigung ↳ Monte Schiara
5,8 km	⇧ 2.266 m	Biwak Bivacco al Marmol
6,7 km	⇧ 1.810 m	Ende Klettersteig
7,5 km	⇧ 1.502 m	Rifugio 7° Alpini

Die 22. Etappe stellt für alle Klettersteiggehenden einen Höhepunkt auf dem Weg nach Venedig dar. Aufgrund des Klettersteigs ist sie auch die anspruchsvollste Etappe in diesem Wanderführer. Das Schiara-Massiv wird von Nord nach Süd überquert und dazu wird der Klettersteig Via ferrata Piero Rossi (ehemals Via ferrata del Marmol) begangen. Für die Begehung ist eine komplette Klettersteigausrüstung sowie Klettersteigerfahrung nötig! Der Klettersteig besitzt die Schwierigkeit KS3-C (mäßig schwierig) und darf auf keinen Fall ohne Ausrüstung oder bei schlechten Wetterverhältnissen begangen werden. In diesen Fällen wählen Sie bitte eine der beiden Umgehungen (West- oder Ostumgehung, gelber Kasten *Seite 227).*

Egal, welchen Weg Sie wählen, Sie steigen zunächst durch einen Buchenwald hinab ins Val dei Ross. Dort zweigt die Ostumgehung ab und führt hinab nach Longarone ins Tal. Alle, die die Ostumgehung nicht gehen, steigen auf der gegenüberliegenden Seite wieder hinauf zur Forcella la Varetta. Über herrliche Almwiesen und Waldpassagen mit tollen Fernblicken auf die Nordflanke der Schiara gelangen Sie zur Abzweigung der Westumgehung. Alle Klettersteiggehenden steigen weiter gen Süden, teils steil hinauf über Almwiesen, zur Forcella di Nerville und weiter zur Forcella del Marmol. Dieser Weg ist deutlich weniger begangen und kann zu Beginn eingewachsen sein. Auf der Scharte beginnt der Kletter-

steig und sie ist ein idealer Anseilplatz für die Klettersteigausrüstung. Der Klettersteig führt zunächst 100 Hm hinauf und dann 600 Hm hinab. Das Biwak Marmol eignet sich zu einer Rast bzw. als Notunterkunft bei Wetterstürzen. Der Klettersteig ist sehr vielseitig. Über Plattenkletterei, schmale Kamine, Leitern und beeindruckende Felsenbänder wie in der Brenta steht alles auf dem Programm. Nach gut 2 Std. 30 Min. haben Sie das Ende des Klettersteigs erreicht und steigen über die Almwiese gemütlich zum Rifugio 7° Alpini hinab.

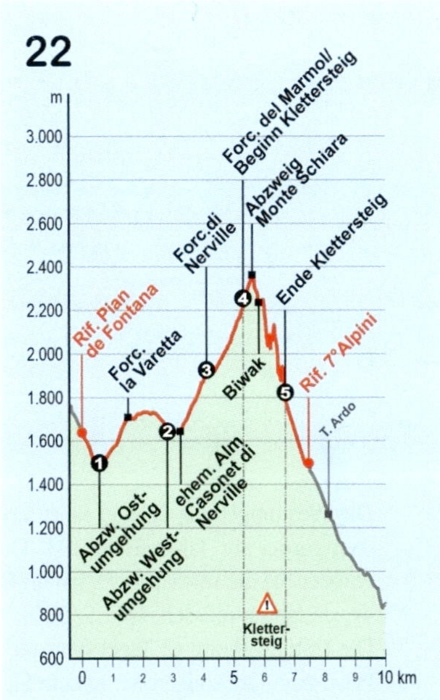

Anforderungen: *Aufstieg Forcella del Marmol schwerer Bergweg mit einer ungesicherten Passage über einen Felsabsatz, Klettersteig- Schwierigkeit KS3-C, Ausrüstung in jedem Fall nötig! (Umgehungen mittelschwere bis leichte Bergwege)*

Die Klettersteig-Umgehungen

Die heutige Tagesetappe umfasst den Klettersteig über den Monte Schiara. Sie ist allen zu empfehlen, die Erfahrungen im Klettersteiggehen gesammelt haben und die nötige Ausrüstung mitführen. Der Klettersteig ist einer der Höhepunkte der Alpenüberquerung und ein wunderschöner Abschluss der alpinen Etappen. Wer den Klettersteig umgehen möchte, dem bieten sich zwei Möglichkeiten: entweder die West- oder die Ostumgehung der Schiara.

☺ Wer noch bei der Planung der Tour ist, kann u. U. noch einen Klettersteigkurs besuchen und sich das nötige Know-how aneignen. Es lohnt sich in jedem Fall. Ohne Kurs oder Ausrüstung ist die Begehung eines Klettersteiges lebensgefährlich und es sollte eine Umgehung gewählt werden.

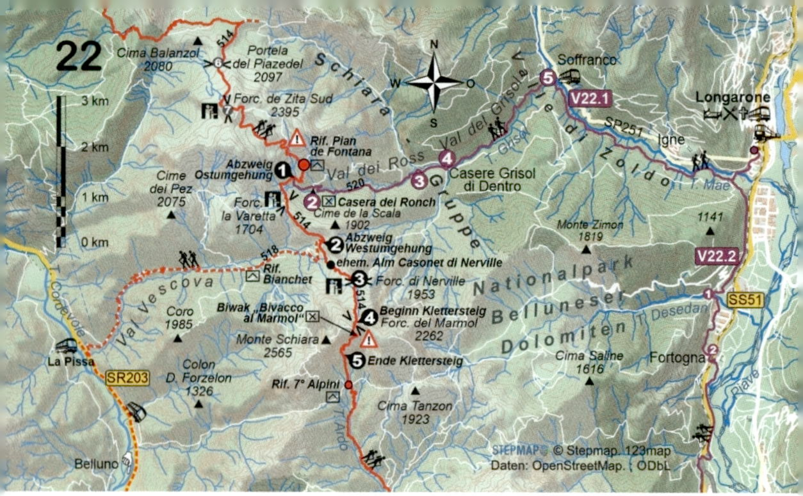

▷ **Die Westumgehung (1 Tag)** führt hinab ins Val Vescova am Rifugio Bianchet vorbei zur Talstraße SR203. Dort befindet sich eine Bushaltestelle, von der Sie die restlichen 18 km bis Belluno in Ermangelung von Wanderwegen fahren müssen. ☞ S. 229

▷ **Die Ostumgehung (2 Tage)** führt auf der anderen Seite hinab ins Tal des Piave zum Ort Longarone, in dem Sie übernachten können. Von Longarone bis Belluno wechseln Wanderwege und Straßenpassagen ab.
☞ Variante 22.1 und 22.2, S. 232

Von der Hütte aus wandern Sie über die freie Almwiese abwärts. Nach wenigen Metern betreten Sie den Wald und steigen teils steil bergab. Nach 120 Hm Abstieg haben Sie die **Abzweigung der Ostumgehung ❶ (15 Min.)** erreicht. Die Hauptroute zum Klettersteig zweigt rechts auf den Weg 514 ab und Sie steigen durch einen reinen Buchenwald bergauf. Nach 190 Hm haben Sie das Wiesenjoch Forcella la Varetta auf 1.704 m erreicht. Es liegt gegenüber der unbewirtschafteten Hütte Casera la Varetta. Dort biegen Sie am Wegweiser links ab und bleiben auf dem Weg 514 Richtung „Rifugio VII° Alpini“.

Der Weg steigt auf der Wiese weiter an und führt um einen Rücken herum in einen Wiesensteilhang unterhalb der Cime de la Scala (1.902 m). Den Hang queren Sie in leichtem Auf und Ab und es bietet sich ein grandioser Tiefblick ins Val Vescova. Vor allem das Massiv des Monte Schiara, das sich auf der anderen Talseite majestätisch gen Himmel reckt, ist gut zu überblicken.

Nach 60 Hm Abstieg erreichen Sie eine Abzweigung. Die Markierung ist sternförmig auf einem großen Stein aufgemalt. Hier zweigt links die Hauptroute zum Rifugio 7° Alpini ab. Rechts führt die **Westumgehung ❷ (1 Std. 30 Min.)** der Schiara weiter bergab.

Westumgehung Rifugio Pian de Fontana – Belluno (14 km, 5 Std., ↑ 250 m, ↓ 1.420 m): Folgen Sie dem Wanderweg 518 bergab bis zum Rifugio Bianchet.

Rifugio Bianchet, Pian dei Gat, 32036 Sedico, ☏ +39 04 37/66 92 26, +39 335/644 69 75, rifugiobianchet@hotmail.com, italienische Gerichte und regionale Spezialitäten, Frühstücksbuffet, 40 Betten: Preise auf Anfrage, Anfang Juni bis Ende Sep, @

An der Hütte beginnt eine Schotterstraße, der Sie durch das Val Vescova bergab folgen. Nach 5,7 km verlassen Sie die Schotterstraße links und steigen auf einem Wanderweg zur Talstraße SR203 hinab. Folgen Sie dieser für 350 m rechts gen Norden bis zur Bushaltestelle. Im Tal verlaufen leider keine Wanderwege, sodass der Bus nach Belluno die beste Wahl darstellt. Die Bushaltestelle ist eine Bedarfshaltestelle. Fragen Sie in jedem Fall beim Rifugio Bianchet nach den aktuellen Abfahrtszeiten.

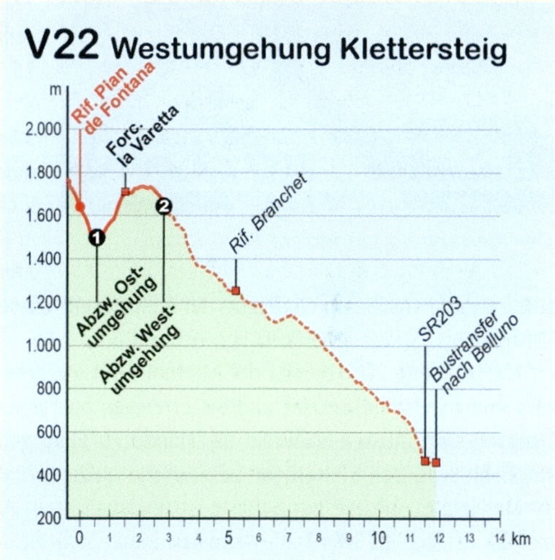

Dolomiti-Bus (Linie 1), Haltestelle: „La Pissa" – „Belluno F. S.", ☏ +39 04 37/21 71 11, www.dolomitibus.it, ca. stündliche Abfahrt, tagesaktuelle Abfahrtszeiten im Rifugio Bianchet erhältlich, Fahrzeit ca. 25 Min.

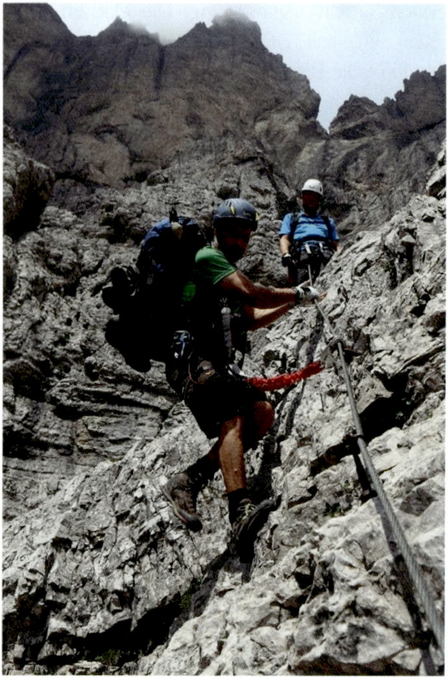

Der Klettersteig Via ferrata Piero Rossi

Der Weg ist ab der Abzweigung deutlich eingewachsener und weniger begangen als die bisherigen Wege. Kurz darauf passieren Sie die aufgegebene Alm Casonet di Nerville. Sie ist eine von fünf Almen, die 1958 geschlossen wurden. In allen fünf Almen zusammen lebten bis dahin 28 Personen und bis zu 500 Tiere.

Über den Wiesenpfad steigen Sie nun teils steil den Hang hinauf. Nach 280 Hm haben Sie die **Forcella di Nerville ❸ (2 Std. 15 Min.)** erreicht. Folgen Sie nun rechts dem Weg 514 und steigen Sie über den Wiesenrücken des Jochs weiter bergauf direkt in Richtung der Forcella del Marmol. Sie erhebt sich wie eine gewaltige Kerbe im Gipfelgrat der Schiara und ist gleichzeitig der Beginn des Klettersteigs. Sie ist noch 370 Hm entfernt.

Der Aufstieg zur Forcella del Marmol führt zunächst über die Wiese. Diese wird immer felsdurchsetzter und Sie erreichen bald einen ersten Felsabsatz. Zur Überwindung müssen teilweise die Hände zu Hilfe genommen werden und es empfiehlt sich, den Kletterhelm bereits jetzt aufzusetzen.

Der letzte Aufstieg zur Scharte ist nochmals steil. Auf der **Forcella del Marmol ❹ (3 Std. 45 Min.)** angekommen bietet sich die Möglichkeit, ohne starke Steinschlaggefahr nochmals eine Rast einzulegen, bevor der Klettersteig beginnt. Auf der Scharte ist auch ein idealer Anlegeplatz für die Klettersteigausrüstung.

☺ Partnercheck nicht vergessen.

Der Aufstieg im Klettersteig beginnt unspektakulär mit einem Aufschwung über ein paar Platten. Das Stahlseil ist immer wieder unterbrochen. Nach ca. 100 Hm erreichen Sie an einem Wegweiser den höchsten Punkt der Tagesetappe. Rechts würde es über die Via ferrata A. Berti zum Gipfel der Schiara gehen.

Geradeaus fällt der Weg langsam ab und immer wieder ist ein Stahlseil gespannt. Sie passieren einen größeren Felsspalt und klettern kurz darauf hinab zur roten Biwakschachtel Marmol. Im Tal ist bereits das Etappenende zu sehen und es scheint nur noch einen Steinwurf entfernt zu sein.

☒ **Bivacco al Marmol**, gut ausgestattete Biwakschachtel mit 6 Betten, ✋ kein Wasser in der Nähe, ☺ 2012 neu errichtet und gut in Schuss

Hinter dem Biwak folgt eine kurze Querung, dann beginnt ein steiler Abstieg durch eine Felswand. Nach 130 Hm führt der weitere Abstieg durch loses Geröll.

✋ Teilweise sehr rutschig durch kleine Steine auf größeren Felsplatten!

Sie steigen nun unterhalb der beeindruckenden Schiara-Südwand bergab in eine Rinne. Nach einer Weile folgt ein Quergang auf einem schmalen Felsband wie in der Brenta. Auf diesem schmalen Felsband laufen Sie an der nahezu horizontal geschichteten Felsplatten der Wand entlang und steigen danach hinab. Eine Leiter mit neun Sprossen bildet den Abschluss. Es folgt eine Passage, an der sich ein Wanderweg den Hang hinabschlängelt. Darauf folgt nochmals ein gesicherter Einschnitt in den Hang, den Sie wieder auf einem Felsband mit herrlichem Tiefblick durchqueren. Danach steigen Sie senkrecht durch einen schmalen Einschnitt hinab und passieren diverse Leiterkonstruktionen, die liebevoll angeordnet an der Wand befestigt sind (max. neun Sprossen).

Am **Ende des Klettersteigs ❺ (7 Std. 15 Min.)**, nach 600 Hm Abstieg, befindet sich wieder ein Schild und der schwierigste Abschnitt der Alpenüberquerung liegt hinter Ihnen. Über einen schönen Wanderweg schlängelt sich der Weg die letzten 300 Hm zum gut sichtbaren **Rifugio 7° Alpini (7 Std. 45 Min.)** hinab.

⌂ **Rifugio 7° Alpini**, CAI-Hütte, Gruppo della Schiara, 32100 Belluno,
☎ +39 04 37/94 16 31, ✉ infosettimoalpini@gmail.com,
💻 www.rifugiosettimoalpini.it, italienische Küche, Frühstücksbuffet, 60 Betten:
MZ: € 68 (AV: € 54,40), inkl. HP, Mitte Juni bis Ende Sep,

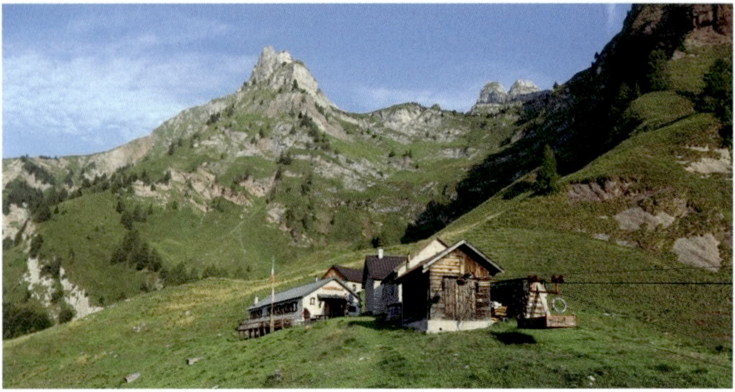

Das Rifugio Pian de Fontane

Variante 22.1: Ostumgehung Klettersteig: Vom Rifugio Pian de Fontane nach Longarone

14,4 km, 5 Std., ↑ 200 m, ↓ 1.360 m, ⇧ 473-1.632 m,
Karte *☞ S. 238*

Anspruch: Bergweg rot

0,0 km	⇧ 1.632 m	Rifugio Pian de Fontane
1,2 km	⇧ 1.388 m	Casera dei Ronch
3,9 km	⇧ 740 m	Casere Costa Granda
4,7 km	⇧ 694 m	Casere Grisol di Dentro, Teerstraße
8,0 km	⇧ 568 m	Soffranco
14,4 km	⇧ 473 m	Longarone, Piazza IX Ottobre 1963

Die Ostumgehung der Schiara führt hinab nach Longarone am Ufer des Piave. Dazu steigen Sie zunächst ins Vall dei Ross ab bis Soffranco. Dort knickt der Weg nach Osten hin ab und führt Sie durchs Valle di Zoldo weiter bergab bis Longarone.

Anforderungen: *leichte bis mittlere Bergwege, Forst- und Fahrsträßchen, Orientierungssinn gefordert*

Von der Hütte aus wandern Sie über die Wiese bergab. An der ersten **Abzweigung ❶ (15 Min.)** gleich hinter dem Bach biegen Sie links ab und folgen dem Wanderweg 520. Nach 500 m verlassen Sie bereits wieder den Wald und stehen auf der Almwiese um die **Casera dei Ronch ❷ (30 Min.)**. Die ehemalige Alm kann als Notunterkunft genutzt werden.

Bleiben Sie dort auf dem Wanderweg 520 und folgen Sie ihm in den Wald. Für die nächsten 3,5 km steigen Sie im Val dei Ross durch den Wald teils steil bergab. Sie passieren die Materialseilbahn des Rifugio Pian de Fontane und die Lichtung der **Casera Costa Granda ❸ (2 Std.)**. Kurz darauf treffen Sie in einer Kehre unterhalb der Häuser von Casere Grisol di Dentro auf eine **Teerstraße ❹ (2 Std. 15 Min.)**. Folgen Sie der Straße links. Die wenig befahrene Straße schlängelt sich durch das Val del Grisol. Nach 3,3 km betreten Sie den Ort **Soffranco ❺ (3 Std. 30 Min.)**. An der ersten Kreuzung biegen Sie vor dem Fluss scharf rechts ab. Auf dieser Flussseite steigen Sie dann gemütlich durch das Valle di Zoldo bergab.

Nach 900 m geht die Straße in eine Forststraße über und Sie wandern durch Wald, der immer wieder von Lichtungen unterbrochen wird. Die erste Brücke 3,3 km hinter der Kreuzung in Soffranco lassen Sie links liegen und folgen der Straße geradeaus am Waldrand entlang. Nach weiteren 2 km überqueren Sie nun den Fluss Torrente Maè. Die Straße führt Sie direkt in die Vororte von Longarone.

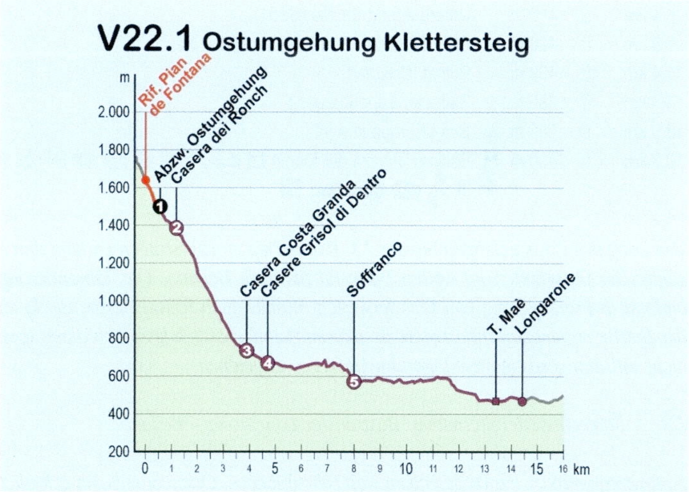

Folgen Sie der Straße, bis Sie nahe dem Zentrum auf die große Via Guglielmo Marconi treffen. Nach 200 m erreichen Sie dann einen Kreisverkehr gleich neben der Piazza IX Ottobre 1963 mit dem **Hotel Posta (5 Std.).**

Longarone

Hotel Posta, Piazza IX Ottobre 1963, 32013 Longarone, ☏ +39 04 37/77 16 61, info@hotelpostalongarone.it, www.hotelpostalongarone.it, Frühstücksbuffet, EZ: € 45, DZ: € 35, ganzjährig geöffnet, @

Variante 22.2: Ostumgehung Klettersteig: Von Longarone nach Belluno

19,3 km, 4 Std. 15 Min., ↑ 230 m, ↓ 300 m, ⇧ 360-520 m
Karte *☞ S. 238*

Anspruch: Bergweg blau ●

0,0 km	⇧	473 m	Longarone, Piazza IX Ottobre 1963
4,1 km	⇧	480 m	Torrente Desedan
5,6 km	⇧	436 m	Fortogna
8,4 km	⇧	410 m	Unterquerung Straße (SS51)
9,5 km	⇧	420 m	Pian di Vedoia, Hotel da Benito
11,4 km	⇧	409 m	Polpet, Ortsrand
14,1 km	⇧	385 m	Safforze, Bahnübergang
18,0 km	⇧	389 m	Hotel Europa
19,3 km	⇧	400 m	Belluno, Piazza dei Martiri

Von Longarone aus gelangen Sie am 23. Wandertag an Fahrstraßen entlang durch zahlreiche Ortschaften im weiten Piave-Tal bis nach Belluno. Die Talwanderung umfasst in Ermangelung von Wanderwegen oftmals auch Passagen, die direkt an der Straße entlanggewandert werden müssen. Landschaftlich lässt sich die Etappe nicht mit den vergangenen Tagen im Gebirge vergleichen.

☺ *Schlechtwetteralternative: Bustransfer Longarone – Belluno*

Anforderungen: *leichte Wege entlang von Fahrsträßchen, Orientierungssinn gefordert*

Vom Zentrum in Longarone aus wandern Sie zunächst den Weg von gestern zurück aus dem Ort hinaus und über den Torrente Maè. An der nächsten Abzweigung, an der Sie auf der letzten Etappe von rechts das Tal herabgekommen sind, biegen Sie nun links ab und folgen der Straße an der Trockenmauer entlang immer geradeaus bis zu einem Parkplatz. Am Ende des Parkplatzes beginnt eine Forststraße. Diese leitet Sie zu den Bahngleisen, an denen Sie weiter gen Süden wandern. Nach 1 km treffen Sie auf eine Straße und folgen ihr geradeaus. Nach einem weiteren Kilometer erreichen Sie die erste Abzweigung, an der Sie sich rechts halten, und kurz drauf überqueren Sie das breite Schotterflussbett des **Torrente Desedan ❶ (50 Min.)**. Auf der gegenüberliegenden Seite beginnt eine sehr

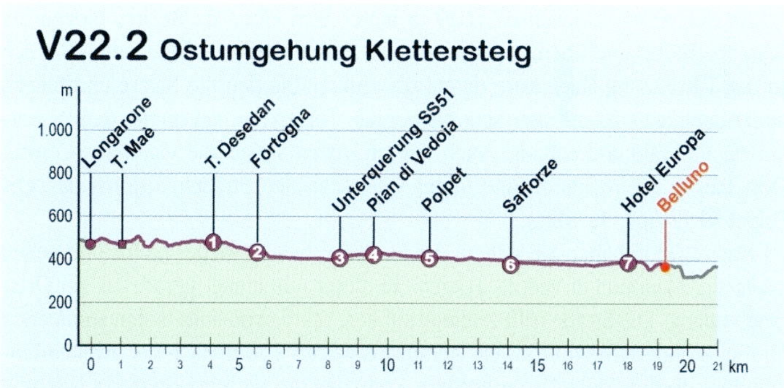

schmale Teerstraße. Nach 400 m treffen Sie an eine T-Kreuzung und biegen rechts in die Via Fortogna ab und folgen ihr für 250 m. Dann biegen Sie nochmals rechts ab und wandern im Halbkreis um ein rundes Friedhofsgelände herum. Auf der anderen Seite wandern Sie weiter ins Tal hinein.

Kurz darauf erreichen Sie den Ort **Fortogna ❷ (1 Std. 15 Min.)**. Biegen Sie an der ersten Straßengabelung links ab und wandern Sie geradeaus bis zu den Gleisen. Dort biegen Sie rechts ab und folgen der Straße für 100 m bis zu einer Unterführung. Unterqueren Sie die Gleise. Auf der anderen Seite wandern Sie in einem Bogen an einem Haus vorbei und an der Weggabelung rechts. Sie befinden sich nun auf einem Forstweg in der Uferböschung zwischen Bahnlinie und Piave. Folgen Sie dem Weg flussabwärts. Er kommt der großen Talstraße nahe und leitet Sie in dem schmalen Uferbereich unterhalb der Straße weiter. Nach 2,1 km im Uferbereich überqueren Sie das breite Schotterfeld des Rio dei Frari.

Auf der anderen Seite treffen Sie auf eine Schotterstraße, die Richtung Straße führt. Sie treffen auf eine 180°-Kurve einer Schotterstraße. Folgen Sie dieser links unter der **Brücke der SS51 ❸ (2 Std.)** hindurch. Das schmale Sträßchen führt hinauf zur wenig befahrenen Straße Frazione Pian di Vedoia, der Sie links folgen. Die Straße führt wieder an den Gleisen entlang in den Ort **Pian di Vedoia ❹ (2 Std. 15 Min.)**.

Hotel da Benito, Pian di Vedoia 7, 32014 Ponte delle Alpi, ☏ +39 04 37/994 20, info@hoteldabenito.it, www.hoteldabenito.it, italienische Küche, Frühstücksbuffet, EZ: € 60, DZ: € 40, inkl. Frühstück, ganzjährig geöffnet, @

An der ersten Möglichkeit, 100 m hinter dem Hotel da Benito, biegen Sie scharf rechts ab und überqueren die Gleise. Auf der anderen Seite halten Sie sich an der T-Kreuzung links. Kurz darauf überqueren Sie den Rio Salere und biegen direkt dahinter links auf den Schotterweg ab. Folgen Sie nun immer dem Schotterweg am Waldrand entlang. Nach 1,4 km treffen Sie auf die Via Giulio Cesare. Dort biegen Sie rechts ab und folgen dem schmalen Sträßchen durch den Ort **Polpet ❺ (2 Std. 45 Min.)**.

Nach 200 m halten Sie sich an der Straßengabelung wieder rechts und gehen in die Via Madonna di Vedola. Folgen Sie dieser nun immer geradeaus am Ortsrand entlang. Die Straße trifft zweimal auf eine schräg von links hinten kommende Straße. Wandern Sie dort jeweils geradeaus weiter. 200 m nach der zweiten Einmündung treffen Sie auf eine größere Kreuzung, an der eine Straße von schräg hinten links und zwei abzweigende Straßen vor Ihnen aufeinandertreffen. Halten Sie sich dort an das braune Fahrradschild bzw. das grüne Schild „Le Lingue Nel Mondo" und biegen Sie links in die Via Nuova Erto ab, die an einer niedrigen Betonmauer entlangführt.

Bereits nach 150 m biegen Sie an der Straßengabelung rechts ab und folgen der Fahrradbeschilderung 14. Die Straße führt hinauf zu einem grünen Tor. Davor zweigt links ein geteerter Fahrradweg ab. Dieser beschreibt einen Bogen und führt an den Bahngleisen entlang weiter durch das Tal. Nach 1,4 km erreichen Sie einen **Bahnübergang ❻ (3 Std. 15 Min.)** und überqueren links die Bahngleise. Nach 200 m beschreibt die Straße eine 90°-Kurve und an der folgenden Abzweigung wandern Sie geradeaus weiter bis zu einer T-Kreuzung mit der großen Via Caduti 14 Septembre 1944. Folgen Sie dieser rechts.

Die Straße besitzt zunächst keinen Gehweg, weswegen Sie im breiten Bankett wandern müssen. Die schnurgerade Straße führt durch die Gewerbevororte von

Belluno. Folgen Sie der Straße für 3,5 km bis zu einem zweiten Kreisverkehr kurz hinter dem **Hotel Europa ❼ (4 Std.)**. Dort gabelt sich die Straße. Wandern Sie links weiter auf der Via Vittorio Veneto. Nach 400 m zweigt in einer Rechtskurve links die Via Sant Antonio ab und führt steil bergab zum Fluss Torrente Ardo. Überqueren Sie die Brücke und den Zebrastreifen und steigen Sie zwischen den Häusern über eine breite Treppe hinauf in die Altstadt von **Belluno (4 Std. 15 Min.)**. Am Ende der Treppe folgen Sie links der Straße zur zentralen Piazza dei Martiri. Infos zu Belluno finden Sie auf ☞ S. 241.

23. Etappe: Vom Rifugio 7° Alpini nach Belluno

12,6 km, 4 Std. 10 Min., ↑ 140 m, ↓ 1.240 m, ⇧ 400-1.502 m

Anspruch: Bergweg blau ●

0,0 km	⇧ 1.502 m	Rifugio 7° Alpini
3,3 km	⇧ 690 m	Ponte del Mariano
6,0 km	⇧ 695 m	Case Bortot
8,3 km	⇧ 525 m	Gioz
8,7 km	⇧ 521 m	Conzago
9,0 km	⇧ 498 m	Bolzano Bellunese
10,3 km	⇧ 443 m	Vezzano
12,6 km	⇧ 400 m	Belluno, Piazza dei Martiri

Schmale Waldwege prägen den Abstieg zur Case Bertot

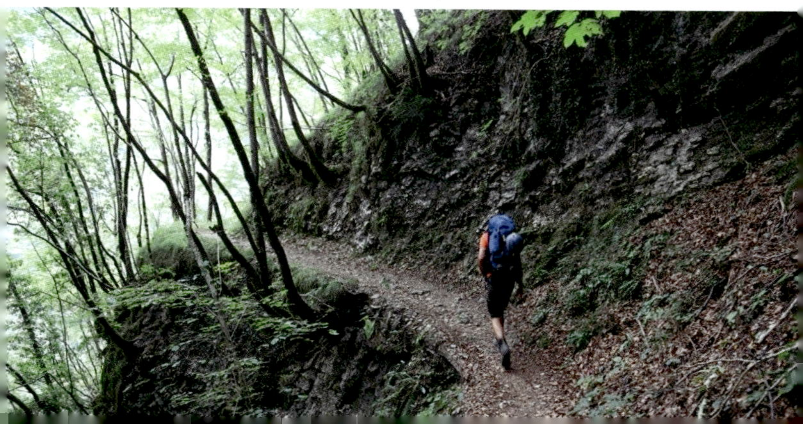

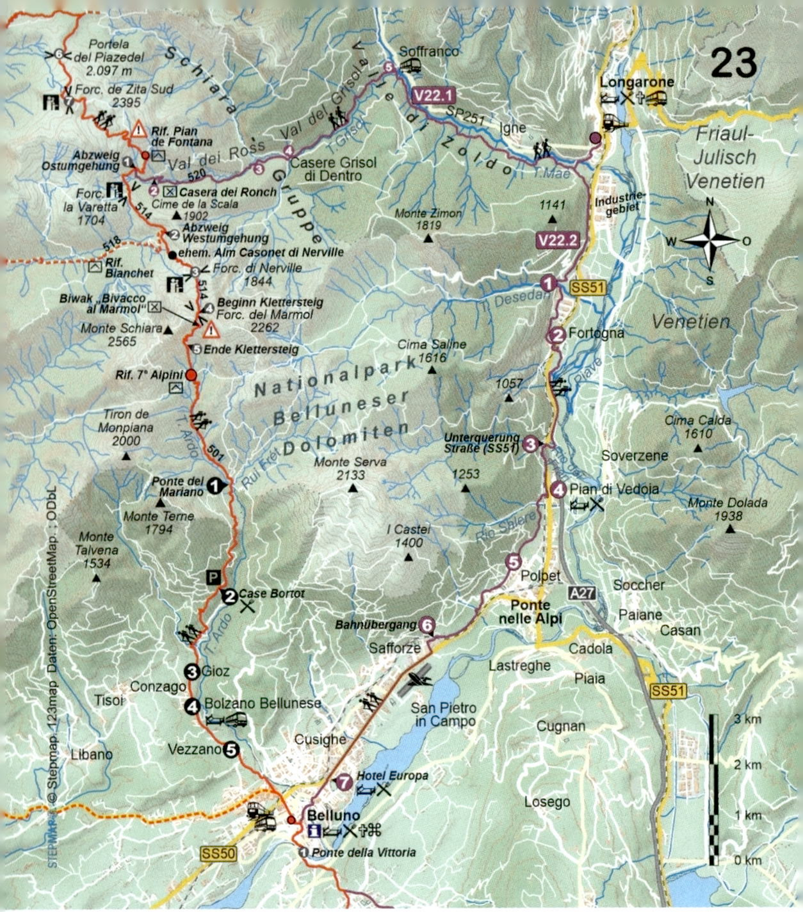

Auf der 23. Etappe verabschieden Sie sich von dem schroffen Schiara-Massiv und steigen durch den Wald bergab nach Belluno. Vom Rifugio 7° Alpini beginnt der Abstieg auf einem schönen Waldpfad durch einen alten Buchenwald über ausgeprägtes Wurzelgeflecht. Bald erreichen Sie den kleinen Bach Ardo, der zu einem Begleiter über weite Teile der Etappe wird. Er schlängelt sich am Anfang durch das Tal und hat sich seinen Lauf teils tief in den Fels gegraben. Am Zusammenfluss von Ardo und Frét endet der Wanderweg und eine Schotterstraße beginnt, der Sie bis zur Case Bortot folgen. Hier beginnt eine schmale Teerstraße und Sie

verlassen endgültig die alpinen Regionen. Auf der Straße wandern Sie durch kleine Ortschaften und teilweise im Bankett der Straße, die immer stärker frequentiert wird, bis Sie schlussendlich ins malerische Zentrum von Belluno gelangen.

Anforderungen: *leichter Wanderweg bis zur Ponte del Mariano, später Schotter- und Fahrwege, keine technischen Schwierigkeiten, aber Vorsicht an den befahrenen Straßen*

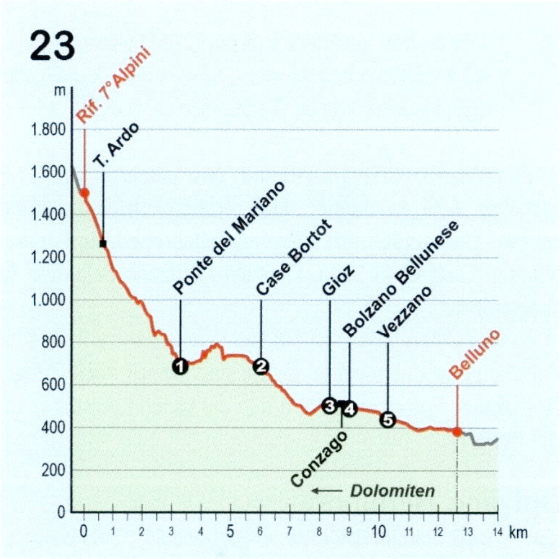

Von der Hütte aus wandern Sie auf dem Wanderweg 501 bergab Richtung „Case Bortot“. Der Weg schlängelt sich durch einen alten Buchenwald über ausgeprägtes Wurzelgeflecht bergab. Während des Abstiegs wird das Rauschen des Baches stärker, bis Sie nach 200 Hm den kleinen Bach Ardo erreichen. Das Wasser hat sich teils tief in den Felsen eingegraben und eine tolle Landschaft geschaffen. Es plätschert über zahlreiche Gumpen durch eine teils enge Schlucht.

☺ An der zweiten Brücke bietet sich die Möglichkeit, in einer Gumpe zu baden, und an der dritten Brücke bietet sich sogar eine kleine natürliche Duschmöglichkeit. (Das Abwasser der Hütte 7° Alpini wird beruhigenderweise nicht in den Bach geleitet. Immer wieder tritt unter dem Weg die Abwasserleitung zutage.)

Nach 730 Hm Abstieg erreichen Sie eine Weggabelung. Wandern Sie dort weiter bergab. Etwas oberhalb des Zusammenflusses zweier Bäche erreichen Sie nochmals eine Abzweigung. Überqueren Sie die dortige Brücke **Ponte del**

Mariano ❶ (1 Std. 45 Min.) und wandern Sie weiter auf dem Weg 501 Richtung Case Bortot. Es folgt ein Gegenanstieg um ca. 100 Hm durch einen herrlichen Laubwald.

Nach 1,8 km geht der Weg in eine Schotterstraße über. Folgen Sie dieser geradeaus. Immer wieder treffen nun kleinere Wege auf die Schotterstraße, an denen Sie jeweils geradeaus wandern. Kurz darauf erreichen Sie einen Wanderparkplatz etwas oberhalb der **Case Bortot ❷ (2 Std. 30 Min.)**.

✕ **Case Bortot**, Via Pra de Luni 60, 32100 Bolzano, ☏ +39 04 37/29 48 31, info@locandacasebortot.it, www.locandacasebortot.it, italienische Küche und regionale Spezialitäten, ganzjährig geöffnet, P

Am Wanderparkplatz beginnt eine geteerte Straße. Folgen Sie nun für die nächsten 4,75 km immer dem Straßenverlauf und wandern Sie teilweise steil bergab. Die Straße führt als wenig befahrene Hauptstraße durch die kleinen Ortschaften **Gioz ❸ (3 Std.)**, Conzago, **Bolzano Bellunese ❹ (3 Std. 15 Min.)** und Vezzano.

In den Orten passieren Sie mehrere Brunnen, in denen zu früheren Zeiten die Wäsche gewaschen wurde. Heute sind sie nur noch Zeugen eines einst geselligen Dorflebens, von dem heute durch die vielen Leerstände in der Region nicht mehr viel übrig ist.

Bolzano Bellunese

B&B Giardini dell'Ardo, Via Bolzano 50, 32100 Belluno, +39 338/793 91 07, giardinidellardo@gmail.com, www.giardinidellardo.it, Frühstücksbuffet, DZ: ab € 90, Preis pro Zimmer, ganzjährig geöffnet, @

In Bolzano Bellunese halten Sie sich unterhalb der Kirche links und folgen dem Straßenverlauf der Via Bolzano. An der nächsten Abzweigung, wenn Sie auf eine größere Vorfahrtsstraße gelangen, wandern Sie geradeaus weiter. Es geht nun auf dem Betongehweg an der Straße entlang leicht bergab. Der Gehweg endet und Sie müssen für die folgenden 800 m bis Vezzano mit dem Bankett der Straße vorliebnehmen.

In **Vezzano ❺ (3 Std. 35 Min.)** biegen Sie kurz vor dem Ortsausgang links von der Hauptstraße ab in die Via Fisterre. An der Kreuzung befindet sich ein kleines gelb-rotes Schild mit München-Venedig-Pfeil. Dieser Markierung können Sie im Umfeld von Belluno folgen.

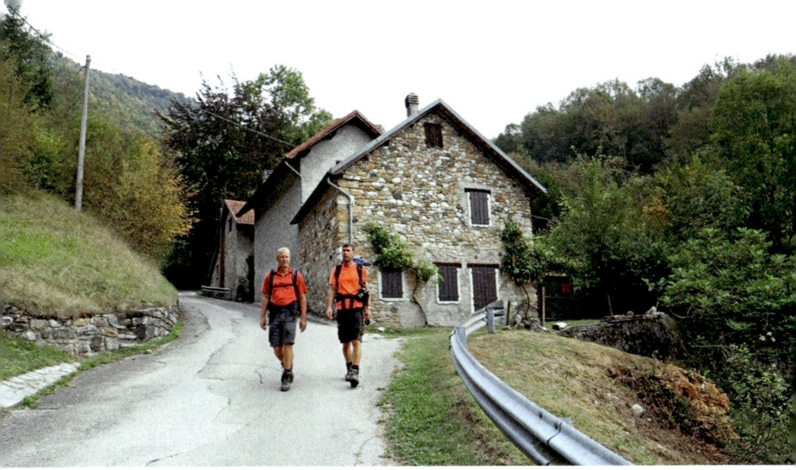

Abstieg nach Gioz an der Straße entlang

Die Straße ist wieder weniger befahren und Sie wandern an einem Wohnblock entlang. Am Ortsende geht es weiter bergab und entlang von Feldern bis zum Tennisplatz. Dort biegen Sie rechts ab und folgen dem rot-gelben Pfeil über eine Fußgängerbrücke und treffen kurz darauf an eine Straße, der Sie rechts bergauf folgen.

Nach 300 m treffen Sie auf die große Zufahrtsstraße nach Belluno. Folgen Sie dieser links und passieren Sie die Kaserne. Den Kreisverkehr überqueren Sie mithilfe zweier Zebrastreifen geradeaus. Folgen Sie nun dem rot-gelben Schild immer geradeaus in die kleiner werdenden Gassen Bellunos bis zur zentralen Piazza dei Martiri in der Alstadt von **Belluno (4 Std. 10 Min.)**.

Belluno

Touristeninformation, Piazza del Duomo 2, 32100 Belluno, ☎ +39 04 37/94 00 83, www.infodolomiti.it, Mo-Sa 9:00-12:30 und 15:30-18:30

Albergo Al Ponte Della Vittoria, Via Monte Grappa, 32100 Belluno, ☎ +39 04 37/92 52 70, info@alpontedellavittoria.it, www.alpontedellavittoria.it, gutbürgerliche Küche, Frühstücksbuffet, EZ: ab € 50, DZ: € 80, MZ: € 115, Preis pro Zimmer, inkl. Frühstück, ganzjährig geöffnet,

Albergo Cappello, Via Ricci 8, 32100 Belluno, ☎ +39 04 37/94 02 46, info@albergocappello.com, www.albergocappello.com, Frühstücksbuffet, DZ: ab € 40, inkl. Frühstück, ganzjährig geöffnet, @

Hotel Europa Executive, Via Vittorio Veneto 158, 32100 Belluno, +39 04 37/93 01 96, europabelluno@gmail.com, www.europabelluno.it, sehr vielseitiges Frühstücksbuffet, DZ: ab € 50, inkl. Frühstück, ganzjährig geöffnet, @

Pizzeria La Buca, Via Carrera 15, 32100 Belluno, +39 04 37/94 01 91, Pizzeria mit besonderem Pizzateig, ganzjährig 12:00-14:30 und 18:00-1:00

zahlreiche weitere Unterkünfte in Belluno im Internet oder im Tourismusbüro vor Ort

Belluno (35.400 Einwohner) ist die Hauptstadt der Provinz Belluno in der Region Venetien und liegt am Zusammenfluss von Ardo und Piave. Bereits seit dem 5. Jh. v. Chr. siedeln dort Menschen. Der Name Belluno kommt vom keltischen Ausdruck *Belo-donum,* was so viel wie „lichte Anhöhe" bedeutet. Im 2. Jh. v. Chr. war Belluno die römische Reichsstadt „Bellunum".

24. Etappe: Von Belluno nach Revine

23,3 km, 7 Std. 30 Min., ↑ 950 m, ↓ 1.100 m, ⇧ 250-1.130 m

Anspruch: Bergweg rot

0,0 km	⇧ 400 m	Belluno, Piazza dei Martiri
1,2 km	⇧ 337 m	Ponte della Vittoria
2,6 km	⇧ 415 m	Castion, Abzweigung Jochvariante/Gipfelvariante (+1 Tag)
5,2 km	⇧ 439 m	Cet
9,9 km	⇧ 570 m	Pian del Monte
10,7 km	⇧ 565 m	Tassei
13,7 km	⇧ 792 m	Valmorel
16,3 km	⇧ 920 m	Malga Montegal
19,3 km	⇧ 1.125 m	Rifugio Alpino Pian delle Femene
23,3 km	⇧ 250 m	Revine, Zentrum BANK

Die 24. Etappe verläuft über den letzten Berg vor der Venezianischen Tiefebene. Dabei haben Sie die Wahl zwischen dem hier beschriebenen Jochweg und der Gipfelvariante. Über das Joch erreichen Sie noch heute Revine auf der anderen Seite des Nevegal. Bei der Gipfelvariante benötigen Sie noch einen zusätzlichen Tag und übernachten direkt auf der Gipfelhütte neben dem weithin sichtbaren Sendemast, ☞ Variante 24.1 & 24.2 (S. 250-256). Bei schönem Wetter und

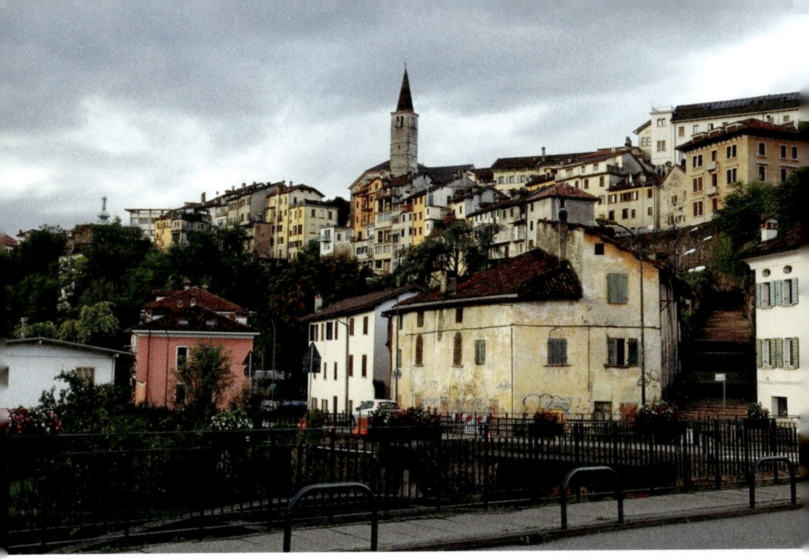

Blick über Belluno

genügend Zeit empfiehlt sich die Gipfelvariante in jedem Fall. Sie stellt einen schönen Ausklang der alpinen Etappen vor der weiten Ebene dar.

Die Originalroute von Ludwig Graßler führt über das Joch, weswegen sie auch hier als Hauptroute beschrieben wird. Der Aufstieg von Belluno verläuft durch ein landwirtschaftlich genutztes Gebiet und die Wege sind nicht für Wandernde ausgebaut, wie Sie es im Gebirge gewöhnt waren. Über Fahrwege, Forst- und Teersträßchen steigen Sie hinauf zum Joch am Rifugio Alpino. Der Abstieg nach Revine verläuft wieder auf einem gewohnten Wanderweg durch den dichten Wald auf der Südseite des Nevegal hinab bis zum Ort. Es empfiehlt sich ein früher Aufbruch für die doch recht lange Etappe.

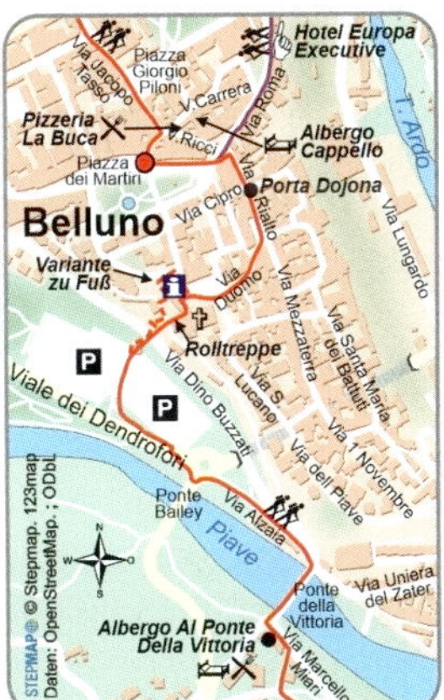

Anforderungen: leichte Forst- und Fahrwege zum Joch, Abstieg auf mittelschweren Bergwegen oder über die Straße

Von der zentralen Piazza die Martiri wandern Sie eine Schleife durch die Altstadt von Belluno. Sie gehen dazu links am Theater vorbei und durchqueren rechts das Tor „Porta Dojona" und folgen dem Straßenverlauf der Via Rialto durch die Altstadt bis zum Domplatz. Neben dem Dom im Zentrum von Belluno gelangen Sie durch die Touristeninformation zu einer Rolltreppe. Die drei aufeinanderfolgenden Rolltreppen gelten als längste Rolltreppe der Alpen und befördern Sie 50 Hm hinab zu einem Großparkplatz außerhalb des historischen Bellunos. Sie wurden errichtet, um die Altstadt vom Verkehr zu entlasten.

Abstieg zu Fuß: Wer es genau nimmt und sich durch die Rolltreppenfahrt nicht die Alpenüberquerung zu Fuß verderben möchte, der kann auch die normale Treppe hinab benutzen. Wandern Sie dazu vor der Touristeninformation nach rechts um das Gebäude herum. Direkt nach dem rötlichen Haus führen links die klassischen Treppen ebenfalls hinab zum Großparkplatz.

Vom Ausgang der Rolltreppe gelangen Sie geradeaus über den Parkplatz an eine Straße, der Sie links bis zu einem Kreisverkehr folgen. Überqueren Sie diesen geradeaus und wandern Sie an einer schmalen Straße bis zur nächsten Brücke, der **Ponte della Vittoria ❶ (15 Min.)**. Dort überqueren Sie den Piave (gelb-rotes Schild) und biegen auf der anderen Flussseite gleich links auf die Via Marcello Miari. Folgen Sie der Straße für ca. 20 m und biegen Sie gleich wieder rechts in

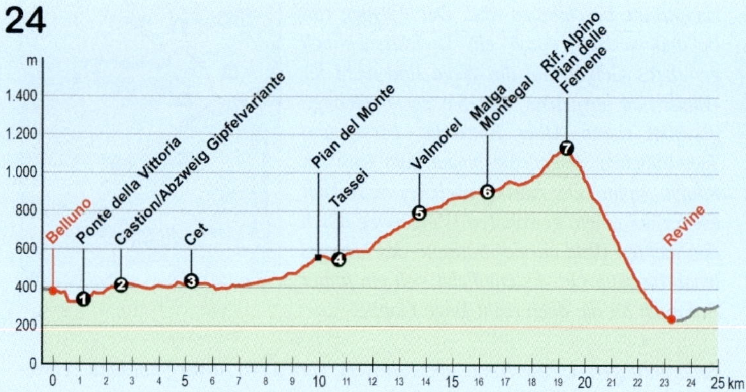

die kleine Via Sanfor ab, dem rot-gelben Schild folgend. Nach wenigen Metern wandern Sie geradeaus über die querende Straße Via Vincenzo Lante und folgen dem Straßenverlauf der Via Sanfor immer geradeaus bergauf. Die gewonnenen Höhenmeter auf der Straße sorgen für einen tollen Blick zurück über die Altstadt von Belluno und das Schiara-Massiv im Hintergrund.

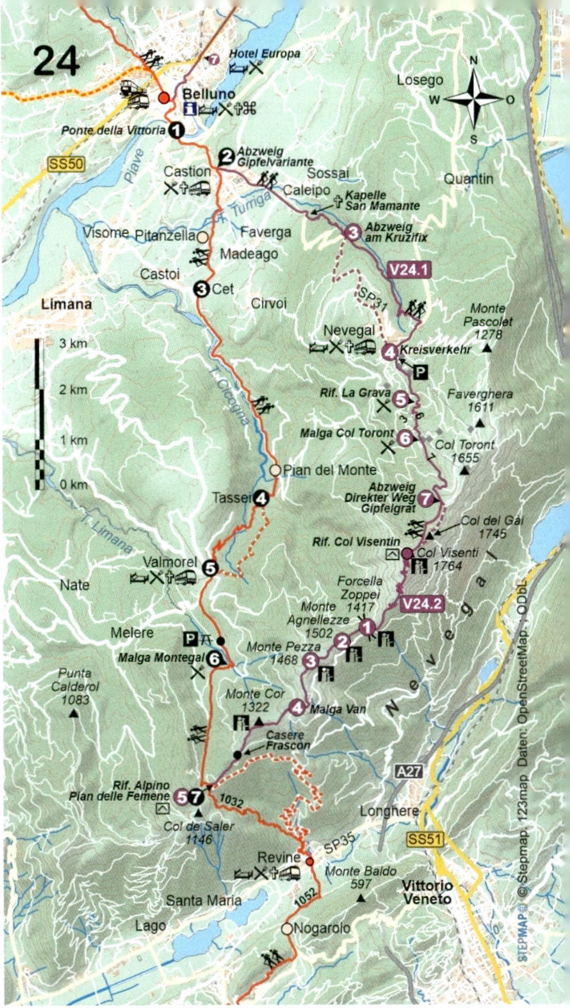

Nach 80 Hm Aufstieg betreten Sie **Castion ❷ (45 Min.)** (✗ 🛒 BANK ⚕ ✝ 🚌) und treffen auf eine große Hauptstraße, der Sie geradeaus durch den Ort folgen. Nach 300 m zweigt rechts die Via del Favero ab. An der Abzweigung trennen sich die Wege von Ludwig Graßlers Hauptroute (Jochweg) und der Variante über den Gipfel Col Visenti (Gipfelvariante ☞ Variante 24, S. 250-256). Das gelb-rote München-Venedig-Schild weist geradeaus für die Route über den Col Visenti (+ 1 Tag), rechts biegt der direkte Weg über das Joch ab (unbeschildert).

Für den Jochweg biegen Sie also rechts auf die Via del Favero ab und folgen der Straße bis zum unscheinbaren Dorfplatz, an dem fünf Straßen aufeinandertreffen. Folgen Sie nun der Via Giovanni Moro halb rechts bis zum Ortsausgang. Sie verlassen Castion und wandern leicht bergab bis zu einer Brücke. Dahinter biegen Sie rechts in die Via Pitanzella ab.

Die kleine Straße führt ein Stück am Bach entlang und über eine weitere Brücke leicht bergauf zu einer herrlichen Buchenallee. Kurz darauf erreichen Sie eine Kreuzung mit Brunnen und fünf Wegen. Folgen Sie geradeaus dem Feldweg Via Tisson entlang weiter Weiden und einzelner Höfe. Nach einem kurzen Wäldchen treffen Sie in einer 90°-Kurve auf eine Teerstraße. Folgen Sie dieser links.

Nach 250 m erreichen Sie eine Landstraße, der Sie rechts nach **Cet ❸ (1 Std.)** folgen. Am Straßenrand entlang gelangen Sie immer geradeaus durch den Ort. Am Ortsausgang von Cet treffen Sie auf die Via Val Tibolla, der Sie geradeaus Richtung Val Morel (Verkehrsschild) folgen.

Auf der wenig befahrenen Landstraße kommen Sie gut voran. Die Straße wird tendenziell schmaler. An der Straßengabelung in Pian del Monte halten Sie sich rechts Richtung „Tassei".

Durch den Wald nach Valmorel

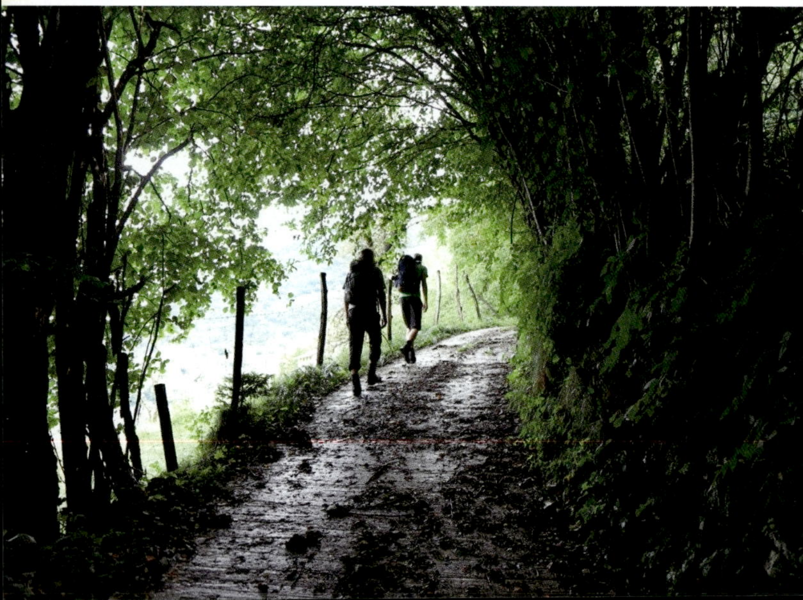

Nach 900 m, direkt vor dem Ortsausgang von **Tassei ❹ (2 Std. 45 Min.)**, haben Sie auf einer Kuppe die Wahl, entweder an der Straße weiter bis Valmorel zu wandern oder alternativ Valmorel links über Wald- und Forstweg zu erreichen. Für die Hauptroute an der Straße entlang folgen Sie immer dem Straßenverlauf für 2,7 km bis **Valmorel ❺ (4 Std.)**.

Forstvariante: Für den schönen Waldweg verlassen Sie die Straße auf der Kuppe am Ortsausgang links und steigen über eine Betoneinfahrt hinauf zu einem Hof. Dahinter geht es auf einem Feldweg in den Wald. Der Untergrund wechselt zu einem Betonweg. Nach 120 Hm geht der Beton in einen groben Steinweg über und führt durch Mischwald weiter bergauf. Auf dem Weg passieren Sie in einiger Entfernung leer stehende Höfe und etwas später einen ehemaligen Stall. Der Weg trifft auf einen Forstweg, dem Sie rechts folgen.

An der kommenden Weggabelung halten Sie sich rechts und wandern an den Häusern vorbei bergab über einen Betonweg zur Fahrstraße und weiter durch den Wald. Ganz unvermittelt stehen Sie in Valmorel. Dort wandern Sie links auf der Straße bergauf.

Valmorel

Trattoria alle Scole, Valmorel 13, 32020 Limana, ☏ +39 04 37/96 75 88, www.allescole.it, gutbürgerliche italienische Küche, Preise auf Anfrage, Juli bis Aug täglich, sonst Mo Ruhetag, @

Von der Kapelle in Valmorel folgen Sie der Straße bergauf Richtung „Passo S. Boldo“. Nach 750 m erreichen Sie eine Straßengabelung. Hier halten Sie sich links Richtung „Malga Montegal“. Nach 1,1 km passieren Sie einen schönen Rastplatz mit Wanderparkplatz, Picknick- und Feuerstelle. Die Straße führt entlang zahlreicher geschnitzter Figuren, die allerlei klassischer Handwerksberufe darstellen. Bleiben Sie auf der Teerstraße, bis Sie zur Alm **Malga Montegal ❻ (4 Std. 45 Min.)** kommen.

Malga Montegal, Via Montegal 3, 32020 Limana, +39 333/489 00 89, Jausenhütte, Getränke und Snacks, Anfang Mai bis Ende Okt täglich 8:00-20:00

Am Wegweiser hinter der Alm wandern Sie über die Almwiese Richtung „le Zircone“. Nach 500 m geht der Feldweg in einen breiten Wiesenweg über und Sie wandern leicht bergab durch ein kleines Wäldchen auf eine Schotterstraße.

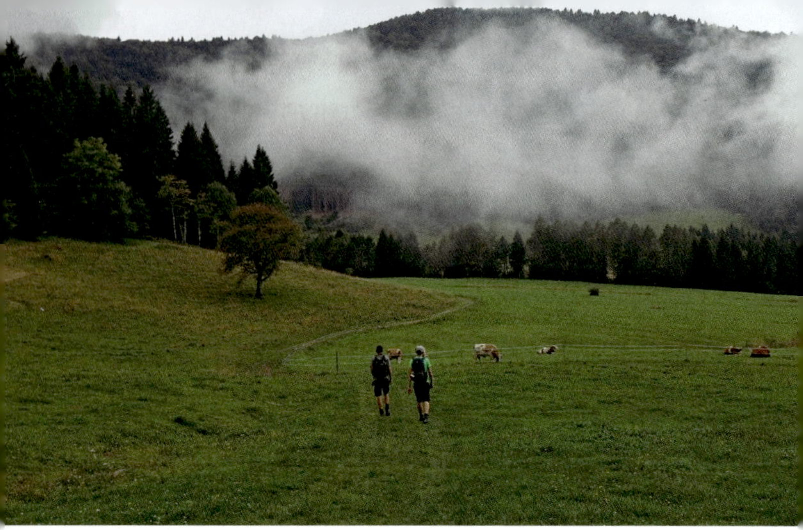

Wiesenpfad über die Almwiese der Malga Montegal

Auf der Schotterstraße angekommen folgen Sie dieser links weiter bis zum Joch. Der Untergrund wechselt immer wieder zwischen Beton und Schotter. Links und rechts zweigen immer wieder Zufahrten ab. Halten Sie sich immer geradeaus, bis Sie nach 200 Hm auf eine Teerstraße treffen. Dort biegen Sie scharf links in spitzem Winkel ab (auch wenn ein Schild nach rechts weist). Kurz darauf erreichen Sie das **Rifugio Alpino Pian delle Femene ❼ (5 Std. 45 Min.)**. Dort trifft die Gipfelvariante wieder auf den Hauptweg.

Rifugio Alpino Pian delle Femene, Via S. Francesco, 31020 Revine Lago, ☏ +39 04 38/52 40 01, gutbürgerliche italienische Küche, 9 Betten: Preise auf Anfrage, ganzjährig geöffnet, @

Vom Joch aus ist ein erster Blick Richtung Meer und über die weite Venezianische Tiefebene möglich. Es folgt der Abstieg nach Revine. Dafür bieten sich zwei Möglichkeiten. Entweder folgen Sie der Fahrstraße bergab oder Sie steigen durch den Wald auf einem Wanderweg die gut 800 Hm bergab nach Revine. Bei Regen ist die Straße in jedem Fall dem Abstieg durch den Wald vorzuziehen.

Für die Straßenvariante folgen Sie dem Straßenverlauf durch zahlreiche Kehren bis Revine.

Für den Abstieg auf dem Wanderweg führt gegenüber des Rifugio Alpino der Weg 1032 über die Wiese bergab Richtung Wald (gelb-rotes Schild). Der schmale, teils eingewachsene Abstieg führt überwiegend durch wunderschönen Buchenwald. Der Wanderweg trifft immer wieder Forststraßen und führt dann auf der anderen Seite weiter bergab in den Wald. Es ist etwas Orientierungsvermögen gefordert.

Bei Nässe teils sehr rutschig!

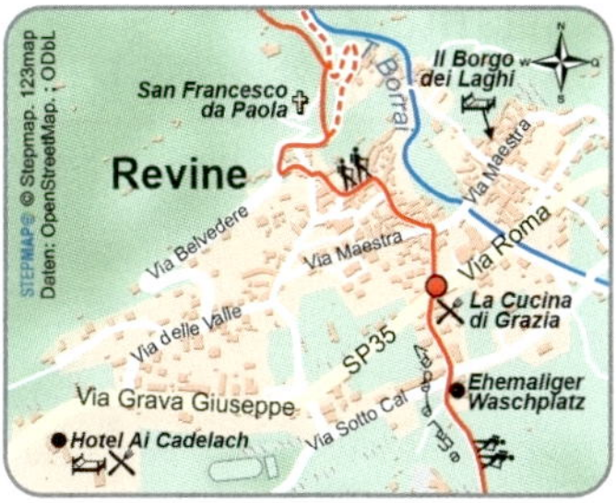

An der fünften Schotterstraße folgen Sie der Straße für ca. 20 m nach links und biegen dann wieder rechts in den Wald ab (Schild „1032"). Bald treffen Sie auf eine Betonstraße. Dort wandern Sie links bergab und geradeaus auf einen schmalen Wanderweg. Kurz darauf passieren Sie die Kirche San Francesco da Paola und treffen auf eine Teerstraße, der Sie rechts bergab folgen. Um ins Zentrum zu gelangen, biegen Sie an der nächsten Abzweigung links Richtung „Centro" ab und folgen dem Straßenverlauf immer bergab bis zur querenden SP35. Dort befinden Sie sich das Etappenende im Zentrum von **Revine (7 Std. 30 Min.)** gleich gegenüber der Bar Centrale Trattoria.

In dem kleinen Örtchen stehen Ihnen zwei Übernachtungsmöglichkeiten zur Verfügung: entweder das Hotel Ai Cadelach oder die schöne Ferienwohnung Il Borgo die Laghi. Zum Hotel folgen Sie der großen Hauptstraße rechts gen Westen, bis Sie das Hotel auf der gegenüberliegenden Straßenseite erreichen. Zur Ferienwohnung gelangen Sie, indem Sie nicht bis zur SP35 hinabwandern, sondern an der vorherigen Kreuzung links in die Via Maestra abbiegen und deren Verlauf folgen, bis Sie linker Hand die Hausnummer 43 erreichen.

Revine

Hotel Ai Cadelach, Via Grava Giuseppe 2, 31020 Revine, +39 04 38/52 30 10, info@cadelach.it, www.cadelach.it, italienische Küche mit traditionellen Gerichten, Frühstücksbuffet, EZ: ab € 85, DZ: ab € 55, inkl. Frühstück, Wellnessbereich im Haus, Pool im Garten, ganzjährig geöffnet, @

Il Borgo dei Laghi, Via Maestra 43, 31020 Revine, +39 345/459 42 24, italienisches Frühstück, sehr schöne Ferienwohnung mit Küche und 2 Doppelbetten: € 36 p. P., inkl. Frühstück, ☺ sehr nette Wirtin und schöne Wohnung, ☺ die Ferienwohnung befindet sich in einem historischen Gebäude und ist für Selbstversorger eingerichtet, April bis Ende Okt, @ .

La Cucina di Grazia (Bar Centrale Trattoria), Via Roma 7, 31020 Revine Lago, ☏ +39 04 38/58 34 47, italienische Küche, ganzjährig geöffnet, genaue Zeiten ungewiss

Variante 24.1: Von Belluno zum Rifugio Col Visentin

15,7 km, 7 Std., ↑ 1.460 m, ↓ 100 m, ⇧ 337-1.764 m, Karte ☞ S.245

Anspruch: Bergweg rot ●

0,0 km	⇧ 400 m	Belluno, Piazza dei Martiri
1,2 km	⇧ 337 m	Ponte della Vittoria
2,6 km	⇧ 415 m	Castion, Abzweigung Jochvariante/Gipfelvariante (+1 Tag)
4,9 km	⇧ 515 m	Abzweigung an der Kapelle San Mamante
6,2 km	⇧ 785 m	Abzweigung am Kruzifix
10,0 km	⇧ 1.038 m	Nevegal, Kreisverkehr
11,4 km	⇧ 1.180 m	Rifugio La Grava
12,5 km	⇧ 1.385 m	Malga Col Toront
14,3 km	⇧ 1.625 m	Abzweigung direkter Weg/Gipfelgrat
15,7 km	⇧ 1.764 m	Rifugio Col Visentin

Die Variante der 24. Etappe führt auf den Nevegal, den letzten Berg vor der Venezianischen Tiefebene. Sie können dort ein letztes Mal Höhenluft schnuppern, bevor der große Abstieg in die weite Ebene beginnt. Der Col Visentin als höchster Gipfel des Nevegal wirkt von der Schiara aus betrachtet wie ein kleines Hügelchen mit Sendemast, das vor der weiten Ebene im Weg steht. Von Belluno aus bezwungen sind es jedoch fast 1.500 Hm, was an vergangene Etappen wie die Birkkarspitze (6. Etappe) oder den Rodenecker Wald (13. Etappe) erinnert. Bei der Ankunft am Gipfel wird sicherlich niemand mehr über das „Hügelchen" bei Belluno schmunzeln. Der Aufstieg beginnt am Piave-Ufer und verläuft an Fahrstraßen entlang hinauf Richtung Nevegal. Ab einer Kapelle können Sie auf einem Forstweg bis zum Örtchen Nevegal gelangen. Von dort erfolgt der teils steile und lange Aufstieg durch das Skigebiet entlang grüner Pisten und breiter Wanderwege. Der Aufstieg ist sehr aussichtsreich und endet mit einer Gratwanderung zum Gipfel des Col Visentin.

Anforderungen: *leichte Bergwege, Schotter- und Forstwege, Orientierungssinn gefordert*

Bis zur Abzweigung in Castion folgen Sie der Wegbeschreibung der 24. Etappe, ☞ S. 242-245.

An der Abzweigung in Castion, an der sich die Gipfelvariante von Ludwig Graßlers Hauptroute trennt, wandern Sie geradeaus weiter und folgen der Beschilderung „München – Venedig Hütte 5° Art. Alp. Visentin". Die Straße Via Edmondo de Amicis steigt an und geht nahtlos in die Via San Cipriano über. Etwas später wird daraus die Via Nevegal. An deren Rand verlassen Sie den Ort Castion und überqueren den kleinen Bach Torrente Turriga. Die Straße führt

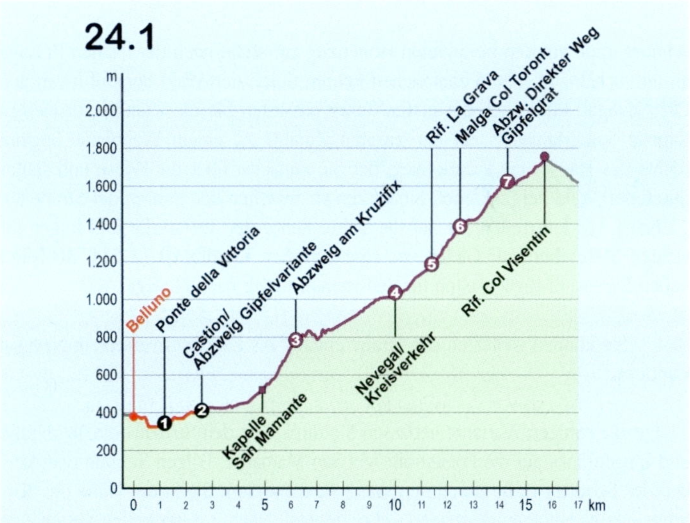

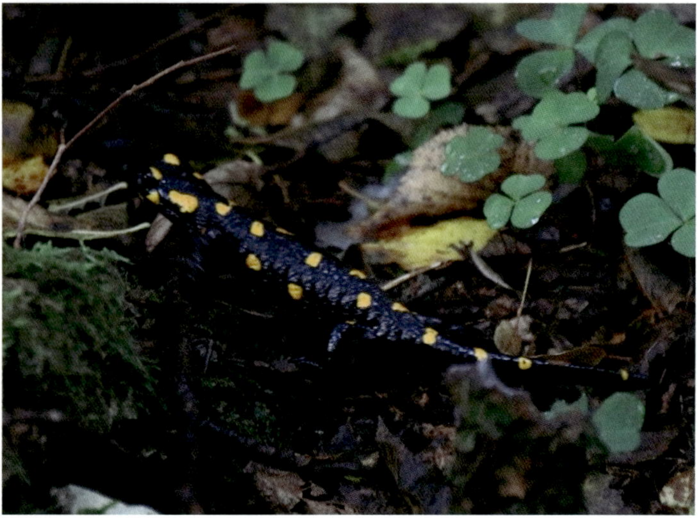

Ein Feuersalamander am Wegesrand

schnurgerade auf den bewaldeten Höhenzug zu, steigt nach der flachen Passage an und schlängelt sich in zahlreichen Kehren durch den Wald bergauf bis in den Ort Nevegal. Kurz nach der ersten Kehre passieren Sie die Zufahrt zur kleinen Kapelle San Mamante. An der zweiten Zufahrt zu einem Wohnhaus beginnt rechts des Hauses ein Wanderweg, der Sie zunächst über die Wiese und später durch den Wald bergauf leitet. Sie kürzen so zwischen den Kehren der Straße ab.

Nach 1,2 km treffen Sie auf die siebte Kehre der Teerstraße und folgen ihr wenige Meter bergauf. Gleich vor einem großen **Kruzifix ❸ (2 Std. 30 Min.)** haben Sie zwei Möglichkeiten für den weiteren Weg nach Nevegal.

↳ Sie können weiter an der Straße entlang bis zum Kreisverkehr in Nevegal wandern.

Für die ruhigere Variante verlassen Sie direkt vor dem Kruzifix die Teerstraße und biegen links auf die Forststraße Via San Mamante. Folgen Sie nun dem Verlauf der Schotterstraße durch den Wald. Bald wandern Sie in der Nähe des Torrente Turriga entlang und steigen weiter bergauf. Nach 2,8 km treffen Sie auf eine

T-Kreuzung, an der Sie rechts abbiegen. Beim Blick zurück erhebt sich am Horizont das Schiara-Massiv hoch über Belluno. Kurz darauf treffen Sie auf eine Teerstraße, der Sie ebenfalls rechts im Bankett bis zum Kreisverkehr in **Nevegal ❹ (3 Std. 50 Min.)** folgen. Dort biegen Sie links ab und wandern auf dem Gehweg an der Betonmauer entlang bis zu einem Parkplatz auf der rechten Seite.

Nevegal

Albergo Ristorante Slalom, Piazzale Nevegal 165, 32010 Nevegal, ☏ +39 04 37/90 82 09, info@albergoristoranteslalom.it, www.albergoristoranteslalom.it, traditionelle Gerichte aus der Region Belluno, EZ: ab € 60, DZ: ab € 40, inkl. Frühstück, ganzjährig geöffnet, @

Am Parkplatz ist das Rifugio Col Visentin bereits angeschrieben. Überqueren Sie gleich zu Beginn den Parkplatz und steigen Sie den Schotterweg empor. Nach wenigen Metern treffen Sie auf eine Kreuzung, an der Sie rechts der Beschilderung „Nevegal" und „München – Venedig" folgen. Kurz darauf treffen Sie auf die Talstation eines Schlepplifts, der am linken Rand der breiten Piste hinaufführt. Nun beginnt der Aufstieg durch das Skigebiet von Nevegal.

Steigen Sie links die breite Piste empor. Nach kurzem Aufstieg treffen Sie auf eine Schotterstraße, die die Piste quert und dann am rechten Rand weiter bergauf führt. Folgen Sie nun der Schotterstraße bergauf. Auf Höhe der Bergstation des Schlepplifts knickt sie nach rechts ab und führt durch eine schmalere Waldschneise immer geradeaus. Nach 600 m treffen Sie auf das **Rifugio La Grava ❺ (4 Std. 30 Min.)**.

Rifugio La Grava, Nevegal, 32100 Belluno, +39 339/673 01 98, Jausenhütte mit Sonnenterrasse und tollem Ausblick auf Belluno, täglich 10:00-18:30

Am Rifugio La Grava folgen Sie links der Schotterstraße bergauf. Nach 100 m zweigt rechts der geschotterte Weg 6 (Sentiero 6 del Toronte) ab und führt steil bergauf. Rechts im Tal bietet sich ein toller Blick zurück Richtung Schiara.

Nach 200 m zweigt in einer Kurve rechts der Weg 3 ab, Sie biegen allerdings links ab und folgen weiter dem Weg 6 teils steil bergauf. Sie unterqueren einen Skilift und verlassen kurz darauf den Wald. An der nächsten Abzweigung halten Sie sich links und steigen hinauf zur **Malga Col Toront ❻ (5 Std. 15 Min.)**. Sie bietet sich zu einer Rast vor tollem Panorama an.

✕ **Malga Col Toront**, Nevegal, 32100 Belluno, +39 371/343 98 76, www.alpedelnevegal.it, Jausenhütte mit hausgemachten regionalen Spezialitäten, täglich 9:00-16:00, ☺ Sonnenterrasse und toller Ausblick auf Belluno

An der Hütte vorbei gelangen Sie an eine Weggabelung. Folgen Sie dem Feldweg rechts am zweiten Gebäude vorbei und dort geradeaus weiter auf einen breiten Wiesenfahrweg (Weg 7, „Sentiero 7 Busa del Camp"). Auf dem Weg bietet sich ein gigantisches Panorama nach rechts ins Tal und zurück Richtung Südflanke der Alpen. Sie wandern gemütlich am Wiesenhang entlang und erreichen nach ca. 200 m den Wald. Bleiben Sie für die nächsten 1,5 km auf dem Pfad, bis Sie auf eine 180°-Kehre einer Schotterstraße treffen ❼ **(6 Std. 20 Min.)**.

Dort haben Sie zwei Möglichkeiten. Für den Normalweg halten Sie sich an die München-Venedig-Beschilderung und gehen rechts und folgen der Schotterstraße bis zum Etappenziel.

Variante Gipfelgrat: Bei gutem Wetter bietet sich allerdings die aussichtsreiche Variante über den Gipfelgrat an. Steigen Sie dazu geradeaus hinauf zur Bergstation des Schlepplifts und folgen Sie dann rechts dem schmalen Wiesenweg unterhalb der Strommasten über den breiten Wiesengrat. Die zusätzlichen Höhenmeter lohnen sich bei gutem Wetter in jedem Fall, da Sie eine grandiose Gratwanderung mit 360°-Panorama erwartet.

Rechts liegt die Ebene um Belluno mit der Schiara im Hintergrund vor Ihren Füßen. Links blicken Sie hinab auf den Lago Morto und die letzten Hügelketten der südlichen Voralpen. Dahinter öffnet sich die weite Venezianische Ebene und der Blick reicht bis zum Meer.

Kurz vor dem gut sichtbaren Etappenziel am Sendemast auf dem Col Visentin treffen die Normal- und die Gratvariante wieder zusammen. Über einen schmalen Wanderweg steigen Sie hinauf zum **Rifugio Col Visentin (7 Std.)**.

Rifugio Col Visentin, Col Visentin, 32100 Belluno, ☎ +39 04 73/271 10, +39 348/335 07 50, info@rifugiocolvisentin.net, www.rifugiocolvisentin.net, italienische Küche, 28 Betten: Preis auf Anfrage, Reservierung erforderlich, ☺ tolles 360°-Panorama auf dem letzten Berg der Tour, Mitte April bis Mitte Okt,

Variante 24.2: Vom Rifugio Col Visentin bis Revine

12,9 km, 4 Std. 30 Min., ↑ 100 m, ↓ 1.620 m, ⇧ 250-1.764 m,
Karte ☞ S.254

Anspruch: Bergweg rot

0,0 km	⇧ 1.764 m	Rifugio Col Visentin
3,3 km	⇧ 1.417 m	Forcella Zoppei
4,0 km	⇧ 1.502 m	Monte Agnellezze
4,9 km	⇧ 1.468 m	Monte Pezza
6,1 km	⇧ 1.306 m	Malga Van
7,3 km	⇧ 1.322 m	Monte Cor
8,0 km	⇧ 1.175 m	Cre. Frascon
9,0 km	⇧ 1.125 m	Rifugio Alpino Pian delle Femene
12,9 km	⇧ 250 m	Revine, Zentrum BANK

Der zweite Teil der Variante zur 24. Etappe führt Sie über den Gipfelgrat hinab zum Rifugio Alpino Pian delle Femene, wo Sie wieder auf die Hauptroute treffen und weiter nach Revine absteigen.

☺ *Diese Tagesetappe vom Col Visentin hinab nach Revine ist mit 4 Std. 30 Min. relativ kurz. Für alle, die diese Variante über den letzten Berg gewählt haben, bietet es sich an, noch etwas weiterzuwandern, zum Beispiel bis Nogarolo, Tarzo oder Arfanta. Damit kann die relativ lange 25. Etappe etwas verkürzt werden.*

Anforderungen: *mittelschwere Bergwege beim Abstieg nach Revine, sonst Fahrstraßen und Wege*

Schmale Gassen in Revine

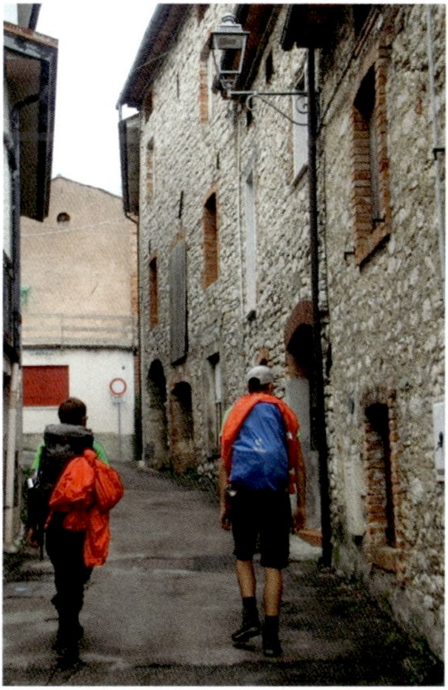

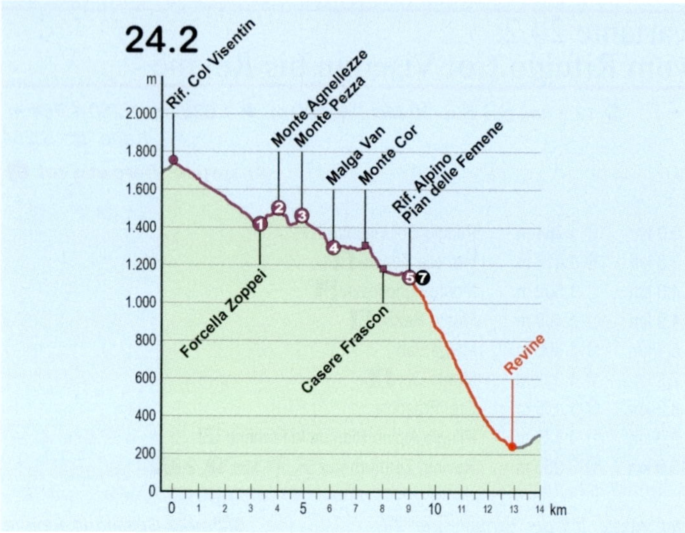

Von der Hütte aus folgen Sie der Schotterstraße bergab. Sie steigen über die weite Wiese mit tollem Fernblick gen Süden. Zwischen einzelnen Kehren kann abgekürzt werden.

Nach 3,3 km erreichen Sie so problemlos die **Forcella Zoppei ❶ (1 Std.)** an einem kleinen Felsabbruch. Dort verlassen Sie die Schotterstraße und steigen auf einem schmalen Wiesenpfad rechts um den Felsabbruch herum und orientieren sich am Bergkamm. Folgen Sie nun dem Kamm über den **Monte Agnellezze (1.502 m) ❷ (1 Std. 20 Min.)** und den **Monte Pezza (1.468 m) ❸ (1 Std. 35 Min.)**. Sie passieren eine zerfallene Alm und etwas später die **Malga Van ❹ (2 Std.)** mit einem kleinen Weiher.

Dort beginnt ein Feldweg, dem Sie für 300 m folgen. Dann verlassen Sie ihn rechts und wandern weiter auf dem Grat. Sie gelangen so unterhalb des Monte Cor vorbei und steigen über den Wiesenpfad hinab zu den Häusern der Casere Frascon. Dort beginnt wieder ein Feldweg, dem Sie 100 m bis zu einem Weiher folgen.

Am Weiher verlassen Sie die Schotterstraße geradeaus und folgen dem Kamm. Nach 850 m treffen Sie am **Rifugio Alpino Pian delle Femene ❺ (2 Std. 45 Min.)** auf die Hauptroute, ☞ 24. Etappe, S. 248.

25. Etappe: Von Revine nach Ponte della Priula

33 km, 8 Std., ↑ 560 m, ↓ 740 m, ⇧ 70-360 m

Anspruch: Bergweg blau ●

0,0 km	⇧ 250 m	Revine, Zentrum
1,8 km	⇧ 320 m	Nogarolo
4,7 km	⇧ 260 m	Tarzo, Kirche Chiesa Parrocchiale di Tarzo
5,5 km	⇧ 310 m	Kapelle Chiesetta Alpina di S. Pietro
8,3 km	⇧ 360 m	Arfanta
12,5 km	⇧ 175 m	Molinetto della Croda
13,7 km	⇧ 170 m	Ristorante Il Buon Gustaio
13,8 km	⇧ 170 m	Trattoria Al Molinetto
14,8 km	⇧ 203 m	Refrontolo
17,8 km	⇧ 130 m	Kreisverkehr SP38
20,9 km	⇧ 125 m	Barbisano, Zentrum
22,8 km	⇧ 160 m	Collalto, Zentrum
26,6 km	⇧ 235 m	San Daniele
29,0 km	⇧ 80 m	Colfosco, Zentrum
33,0 km	⇧ 70 m	Ponte della Priula, Hotel San Carlo

Auf der 25. Etappe durchqueren Sie eine malerische Hügellandschaft mit vielen Weinreben am Wegrand, aus denen der weithin bekannte Prosecco gekeltert wird. Zunächst gelangen Sie von Revine durch den Wald nach Nogarolo und weiter über die Ortschaft Tarzo nach Arfanta, wo sich beim Aufstieg schöne Blicke über die Hügel des nördlichen Venetiens bieten. Ein Höhepunkt der Route ist die kleine Wassermühle Molinetto della Croda, die zu einer ersten Rast einlädt. Weiter geht es hauptsächlich auf Teer- und Schotterstraßen an der Burgruine in Collalto vorbei auf den letzten Höhepunkt in San Daniele (235 m). Dort liegt die Venezianische Tiefebene vor Ihren Füßen und es geht bis zum Meer nur noch bergab. Während des Abstiegs an der Straße entlang tauchen Sie vollends in die flache und geschäftige Ebene Norditaliens ein und die Vorfreude auf die baldige Ankunft am Ziel steigt langsam. Nach dieser langen Etappe erreichen Sie das einzige Hotel im betriebsamen Herzen von Ponte della Priula und es wird klar, dass die beschaulichen Zeiten in abgeschiedenen Berghütten endgültig vorbei sind.

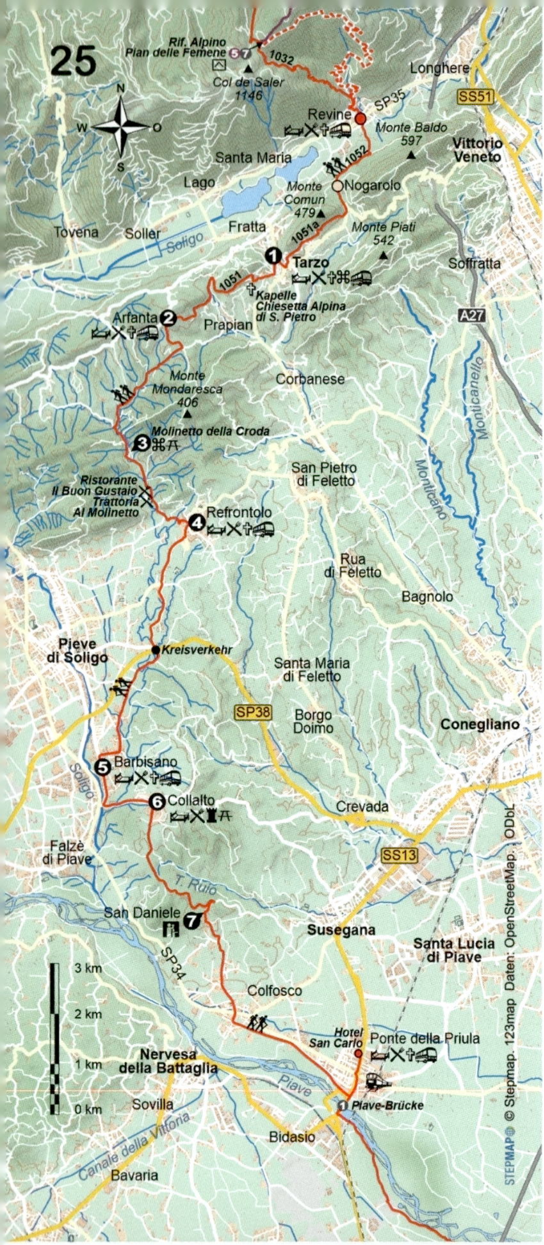

Anforderungen: leichte Fahrwege, teils Schotterstraßen, hauptsächlich unmarkiert. Es empfiehlt sich ein früher Aufbruch für die lange Etappe.

An der Bar Centrale Trattoria im Zentrum von Revine folgen Sie der kleinen Straße Via delle Lame leicht bergab und gelangen kurz darauf an einen großen Waschplatz. Daran führt geradeaus eine kleinere Straße vorbei. Das Sträßchen steigt an und Sie gelangen an einem rotbraunen Haus vorbei zu einer T-Kreuzung. Dort folgen Sie rechts dem Feldweg 1052 Richtung „Selve-Fratte".

Der Weg schlängelt sich direkt an Weinreben entlang und wird ein kurzes Stück immer schmaler und eingewachsener, bis Sie nach 800 m an eine Teerstraße gelangen. Dort wandern Sie links am Straßenrand bergauf in den kleinen Ort Noga-

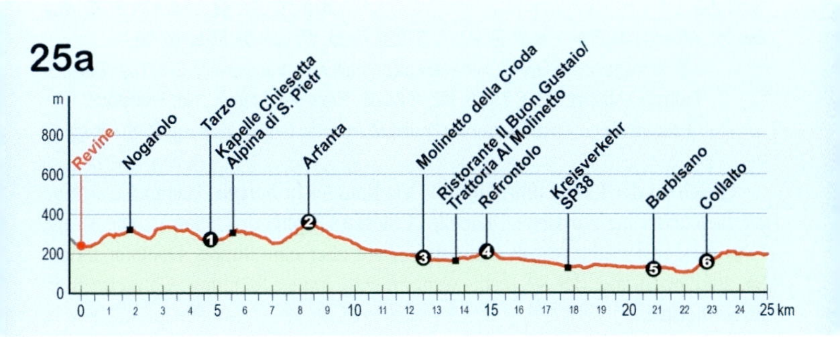

rolo. Sie passieren die Kirche auf der Hauptstraße und wandern dort rechts bergab Richtung „Tarzo" (Wanderweg 1051a). Sie verlassen Nogarolo im Bankett der Straße. Nach 450 m trifft von links kommend die Via Piadera auf die Straße und Sie wandern geradeaus weiter bergab. Bereits 150 m hinter der Einmündung biegen Sie rechts in die kleine, steile Betonstraße Via Belstar ab (braunes Schild). Nach weiteren 200 m halten Sie sich nochmals rechts und folgen dem Weg 1051a.

Die Betonstraße geht in Schotter über und der Weg führt durch niedrigen Wald bergauf. Im weiteren Verlauf geht es gemütlich leicht auf und ab bis zu den ersten Häusern von Tarzo. An der ersten Straße folgen Sie geradeaus dem braunen Fahrradschild und dann immer dem Straßenverlauf geradeaus bis zu einer Kreuzung mit vier Straßen. Dort wandern Sie geradeaus weiter bis zu einer T-Kreuzung, an der Sie rechts zur größeren Via Roma gelangen. Dort biegen Sie wiederum rechts ab (Weg 1051) und Sie erreichen kurz darauf die **Kirche von Tarzo ❶ (1 Std. 10 Min.)**.

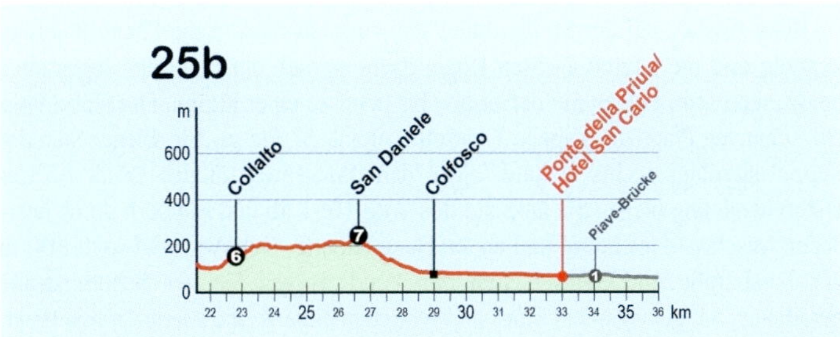

Tarzo

Albergo Ai Pini, Vicolo dei Pini 6, 31020 Tarzo, ☏ +39 04 38/58 62 06, info@albergoaipini.it, www.albergoaipini.it, traditionelle Gerichte, Polenta, Frühstücksbuffet, DZ: € 75-85, MZ: € 88-98, Preis pro Zimmer, inkl. Frühstück, ganzjährig geöffnet, Restaurant Di und Mi Ruhetag (außer Juli/Aug), @

Gleich an der Kirche führt links die Via Ruio leicht bergab. Halten Sie sich an die Beschilderung zur kleinen Kapelle „Chiesette Alpina di S. Pietro". Die Straße führt zunächst leicht bergab und dann hinauf über eine Kuppe. Dahinter treffen Sie auf eine Straße, der Sie rechts weiter folgen, immer Richtung „Chiesetta Alpina S. Pietro".

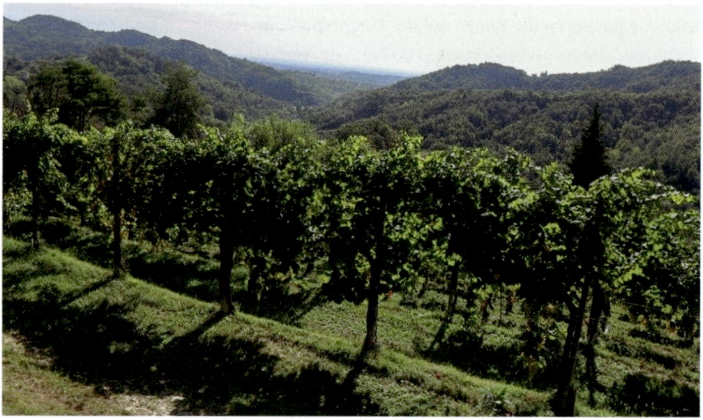

Weinreben vor Arfanta

Beim Anstieg auf der Straße öffnet sich kurz ein Blick in die Ebene Richtung Venedig und die letzten leichten Hügel davor werden am Ende des Tages auch bezwungen sein. Folgen Sie der Straße bis hoch zu einer Kuppe. Dort führt links ein schmaler Pfad zur Kapelle Chiesetta Alpina S. Pietro. Sie biegen auf der Kuppe allerdings rechts ab und folgen dem Wiesenweg in den Wald. An der ersten Kreuzung biegen Sie links auf den Weg 1051 ab und wandern durch herrlichen Mischwald leicht auf und ab am Hang entlang. Der Weg wird nach 600 m zur Forststraße und Sie verlassen den Wald. Folgen Sie der Schotterstraße geradeaus. Sie gelangen ein Stück an Weinreben entlang und wieder in den Wald.

Nach 500 m passieren Sie ein Haus und erreichen kurz darauf einen Brunnen. Noch vor dem Brunnen biegen Sie scharf links ab und folgen für ein kurzes Stück dem Weg 1053 („München – Venedig") bergab. An der ersten Weggabelung halten Sie sich rechts auf den Weg 1051 Richtung „zuel die Qua".

Folgen Sie dem Wegverlauf immer geradeaus und wandern Sie an den Häusern geradeaus bergauf. Nach 100 m erreichen Sie eine Teerstraße, der Sie rechts bergauf bis nach Arfanta folgen. Die wenig befahrene Straße führt teils steil bergauf. Sie passieren auf ihr weitläufige Weinreben, an denen die Rebsorte Glera wächst, aus denen der bekannte Prosecco gekeltert wird. Nach 90 Hm haben Sie das Örtchen **Arfanta ❷ (2 Std. 15 Min.)** an einer T-Kreuzung erreicht.

Arfanta

Hotel da Tullio, Via alla Chiesa 27/a, 31020 Tarzo, ☏ +39 04 38/58 70 93, info@datullio.it, www.datullio.it, italienische und venezianische Küche, DZ: ab € 47,50, inkl. Frühstück, ganzjährig geöffnet, Restaurant: 12:00-14:00 und 19:30-22:00, Mo Ruhetag (außer Juli/Aug), @

Prosecco: In der Provinz Belluno wandern Sie durch das Anbaugebiet dieses bekannten italienischen Exportschlagers. Prosecco ist der zweitmeist produzierte Wein Italiens und sicher einer der bekanntesten italienischen Weine. Ursprünglich war Prosecco der Name einer Rebsorte, die nur in Venetien angebaut wurde. Heute gilt Prosecco als Herkunftsbezeichnung und wird hauptsächlich aus der weißen Rebsorte Glera hergestellt. Er kommt hauptsächlich als Schaumwein auf den Markt, es gibt allerdings auch Prosecco als Perlwein oder Weißwein. Das Anbaugebiet sowie der Herstellungs- und Abfüllort dürfen dabei nur aus bestimmten Provinzen der Region Venetien im Nordosten Italiens stammen. Bereits im Altertum war der Prosecco als „Vinum Pucinum" bekannt und stammte aus dem Raum Triest. Die dritte Gattin von Kaiser Augustus soll den Vinum Pucinum aufgrund seiner medizinischen Wirkung begehrt haben. Sie schrieb ihr hohes Alter von 87 Jahren dem regelmäßigen Genuss des Weins zu und empfahl jedem das „Elixier für ein langes Leben". In diesem Sinne bietet sich auch Alpenüberquerenden eine Verkostung dieser regionalen Spezialität in jedem Fall an.

An der T-Kreuzung folgen Sie der breiteren Fahrstraße links bergab. Nach 1 km, noch vor einer kleinen Kapelle, verlassen Sie die Straße rechts Richtung „Mulinetto della Croda" (München-Venedig-Schild). Für die nächsten 2,4 km wandern Sie durch den Wald und entlang von Weinbergen immer leicht bergab.

Zahlreiche Wege zweigen links und rechts ab. Bleiben Sie immer auf der Schotterstraße, bis Sie auf eine Teerstraße treffen. Dieser folgen Sie nach links.

↳ Nach 700 m bietet sich ebenfalls links ein kleiner Abstecher zur Mühle **Molinetto della Croda ❸ (3 Std. 15 Min.)** an.

⌘ **Molinetto della Croda**, Via Molinetto 40, 31020 Refrontolo, ☏ +39 04 38/97 81 03, info@molinettodellacroda.it, www.molinettodellacroda.it, historische Wassermühle von Croda mit schönem Rastplatz, in der Mühle finden wechselnde Ausstellungen statt, Führung € 2, ☺ heiraten möglich, Fr-Sa 10:30-12:00 und 15:30-18:30, So 10:00-12:30 und 15:00-18:30, Ⱥ

Die **Molinetto della Croda** ist eine kleine, beschauliche Wassermühle und heute ein Kleinod der Region. Sie wurde im Jahr 1630 am Fuß einer 12 m hohen Felswand erbaut und nutzt das Wasser des Lierza-Baches zum Betrieb ihres Mühlsteins. Im Lauf der Zeit wurde die Mühle um ein Wohnhaus, einen Stall und eine Scheune erweitert, um der gesamten Müllerfamilie Platz zu bieten. Nach über 300 Jahren wurde sie im Jahr 1953 außer Betrieb gestellt und dem Verfall preisgegeben, bis sie von der Stadt Refrontolo aufgekauft und sorgfältig restauriert wurde. Heute enthält sie ein Mühlenmuseum sowie wechselnde Ausstellungen. Das Museum zeigt die historische Technik der Mühle und bietet einen guten Einblick in das Leben und Arbeiten der Müllerfamilien.

Bis Refrontolo wandern Sie insgesamt 2,3 km im Bankett der Straße. Dabei passieren Sie die beiden Gasthöfe Ristorante Il Buon Gustaio und Trattoria Al Molinetto, die sich zu einer Pause anbieten.

✕ **Ristorante Il Buon Gustaio**, Via Molinetto 5, 31020 Refrontolo, ☏ +39 04 38/89 41 43, italienische und venezianische Küche, Mo Ruhetag, genaue Zeiten ungewiss

♦ **Trattoria Al Molinetto**, Via Molinetto 1, 31020 Refrontolo, ☏ +39 04 38/89 41 75, italienische Küche und Spezialitäten vom Grill, 11:00-15:00 und 19:00-0:00, Di Ruhetag

Kurz vor Refrontolo treffen Sie in einer Kurve auf eine Straße, der Sie links bergauf folgen. Nach 700 m erreichen Sie im Zentrum von **Refrontolo ❹ (3 Std. 45 Min.)** ein orangenes Haus mit der Antica Osteria Al Forno.

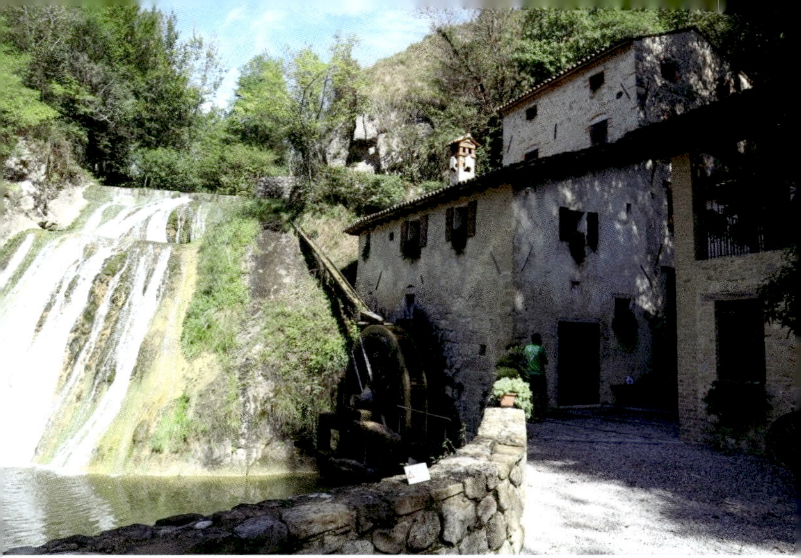

Die Molinetto della Croda

Refrontolo

B&B Micasatucasa, Via della Vittoria 30, 31020 Refrontolo, ☏ +39 04 38/89 43 23, info@bbmicasatucasa.it, www.bbmicasatucasa.it, Frühstücksbuffet, EZ: € 30-50, DZ: € 50-80, inkl. Frühstück, ganzjährig geöffnet, @

Antica Osteria Al Forno, Viale degli Alpini 5, 31020 Refrontolo, ☏ +39 04 38/89 44 96, www.alforno.it, italienische und venezianische Küche, Mi-So zum Mittagessen und Fr-So zum Abendessen geöffnet

An der Osteria gelangen Sie rechts hinüber zur größeren Via della Vittoria und folgen dieser ebenfalls nach rechts. Nach 300 m zweigt rechts eine kleine Straße ab, der Sie leicht bergab Richtung „Cal de Pos“ (weißes Schild) folgen. Das Sträßchen kürzt zwischen einer weiten Kehre der Via della Vittoria ab, sodass Sie kurz darauf wieder auf sie treffen und ihr geradeaus im Bankett folgen. Die Straße führt aus dem Ort heraus. Nach 1 km im Bankett der Straße treffen Sie an eine Straßengabelung, an der Sie links Richtung „Conegliano“ abbiegen.

Nach weiteren 1,5 km erreichen Sie eine große Kreuzung. Dort wandern Sie geradeaus an der Bushaltestelle vorbei und unterqueren die SP38. Folgen Sie nun geradeaus dem weißen München-Venedig-Schild Richtung „Barbisano“. Die Via Fornaci di Collalto geht nach 750 m in die Via Toti dal Monte über. Sie ignorieren die abzweigenden Sträßchen und folgen immer der größeren Straße in die Randbezirke von Barbisano. Nach 2,1 km erreichen Sie eine 90°-Kurve, in der Sie rechts in die Via Kennedy abbiegen. Dieser folgen Sie bis zu einer T-Kreuzung an der großen Via Monte Grappa, an der Sie links abbiegen.

An der Hauptstraße durchqueren Sie **Barbisano ❺ (5 Std.)** (🛏 🍴 🛒 ⚕ 🏤 ✝ 🚌 🅿) und verlassen den Ort auf der Via Piave bergab. Noch vor der Brücke über den Fiume Soligo biegen Sie links Richtung „Collalto" ab. Das kleine Sträßchen steigt an und führt über 50 Hm in den Ort **Collalto ❻ (5 Std. 35 Min.)**. Links erhebt sich die verfallene ♜ Burg Castello di Collalto. Folgen Sie der Hauptstraße durch eine 90°-Kurve mit Brunnen, der an heißen Tagen für eine tolle Abkühlung sorgen kann, weiter bergauf. Am Ende des Anstiegs angekommen geht die Teerstraße in eine Schotterstraße über und führt durch eine herrliche Allee an Weinreben entlang. Es bietet sich von diesem Höhenzug aus eine tolle Sicht.

Die Schotterstraße führt für 2,6 km zunächst an Weinreben entlang und später durch den Wald. Es zweigen immer wieder kleinere Sträßchen ab. Folgen Sie allerdings immer dem Verlauf der größeren Schotterstraße, bis Sie auf die Teerstraße Via San Daniele treffen und dieser scharf rechts Richtung „Colfosco" bergauf folgen. Nach 300 m haben Sie **San Daniele ❼ (6 Std. 25 Min.)** erreicht und stehen auf dem letzten Höhepunkt der Tagesetappe und der restlichen Tour nach Venedig. Vor Ihren Füßen breitet sich die Venezianische Tiefebene aus und das Meer ist bereits am Horizont zu erahnen. Vor Ihnen liegen nun nur noch der Abstieg und flache 98,9 km bis Venedig.

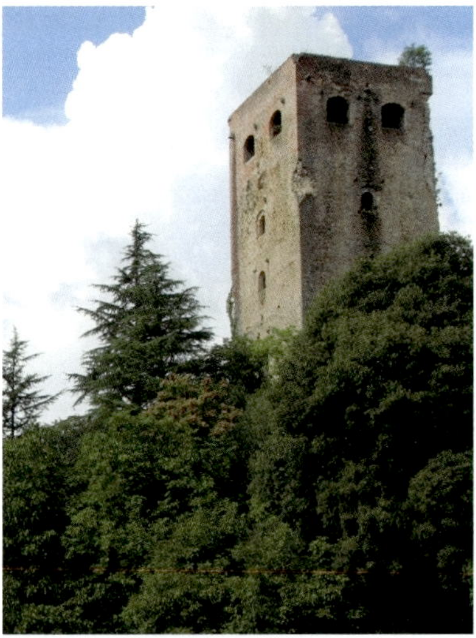

Die verfallene Burg von Collalto

Folgen Sie für die nächsten 2,3 km dem Bankett der Straße Via San Daniele. Sie passieren den Ort Colfosco und gelangen an der Kirche vorbei weiter geradeaus auf der Via F. Baracca bis zu einer größeren Straße im Tal (SP34). Überqueren Sie diese geradeaus. Dahinter gelangen Sie nach 200 m auf einen Hochwasserdamm, dem Sie links Richtung „Ponte della Priula" folgen. Auf dem niedrigen Damm verläuft ein schmaler Wiesenpfad. Folgen Sie dem Damm für 2,9 km, bis Sie die große Via IV Novembre direkt an der großen Piave-Brücke erreichen.

Zum **Hotel San Carlo (8 Std.)** folgen Sie der Straße links in den Ort hinein. Nach 500 m überqueren Sie den Kreisverkehr geradeaus und erreichen kurz darauf das Hotel auf der linken Straßenseite.

Ponte della Priula

Albergo Hotel San Carlo, Via IV Novembre 105, 31058 Ponte Della Priula, +39 04 38/270 22, info@hotelsancarlo.net, www.hotelsancarlo.net, italienische Küche, Frühstücksbuffet, EZ: ab € 35, DZ: ab € 55, MZ: ab € 75, Preis pro Zimmer, ganzjährig geöffnet, @

Ponte della Priula (4.600 Einwohner) befindet sich am Ufer des Piave und ist seit der Römerzeit ein zentraler Punkt der Straßenverbindung. Genaue Belege liegen nicht vor, allerdings wird vermutet, dass die Brücke über den Piave sehr alten Ursprunges ist. Die ersten Brücken bestanden aus Holz und wurde nach jeder Zerstörung immer wieder neu aufgebaut. Erst im frühen 20. Jh. wurde die heutige Brücke aus Stein und Zement errichtet.

26. Etappe: Von Ponte della Priula nach Bocca Callalta

26 km, 6 Std. 15 Min., 40 m, 100 m, 10-70 m

Anspruch: Bergweg blau

0,0 km	70 m	Ponte della Priula, Hotel San Carlo
1,0 km	60 m	Piave-Brücke
3,7 km	60 m	Kieswerk
6,5 km	50 m	Autobahnbrücke
10,7 km	35 m	Salettuol
17,1 km	20 m	Candelù
20,2 km	15 m	Saletto di Piave, Zentrum
21,6 km	15 m	San Bartolomeo, Hotel Colombo
26,0 km	10 m	Bocca Callalta, Hotel

Auf der 26. Etappe ist der Piave Ihr steter Begleiter auf dem Weg gen Meer. Mal wandern Sie direkt in den angeschwemmten Kieselsteinen des Ufers, mal etwas abseits entlang Wiesen und Felder immer weiter gen Süden. Zunächst wechseln Sie allerdings die Flussseite über die berühmte Piave-Brücke. Sie ist neben der Autobahnbrücke die einzige Brücke für den Autoverkehr und entsprechend viel befahren. Auf der gegenüberliegenden Seite steigen Sie in den Uferbereich ab und wandern bis zur Autobahn in direkter Ufernähe. Der schmale Pfad durch die Uferböschung wird die technisch anspruchsvollste Passage der Etappe bleiben. Es folgen überwiegend Fahrstraßen und Dammwege durch eine landwirtschaftlich genutzte Region mit drei Kieswerken, Baumschulen und vielen Weinreben.

Anforderungen: *leichte Wanderwege, Schotterstraßen und Fahrwege (unmarkiert). Es ist Orientierungssinn gefragt. Lange Etappe*

Vom Hotel San Carlo in Ponte della Priula wandern Sie den Weg von gestern wieder zurück bis zur großen **Piave-Brücke ❶ (15 Min.)**. Die Rundbogenbrücke hat eine Länge von knapp 450 m. Überqueren Sie die Brücke auf der linken Brückenseite. Auf der anderen Flussseite leitet Sie links ein Fußweg hinab Richtung Ufer.

Die bekannte Brücke von Ponte della Priula

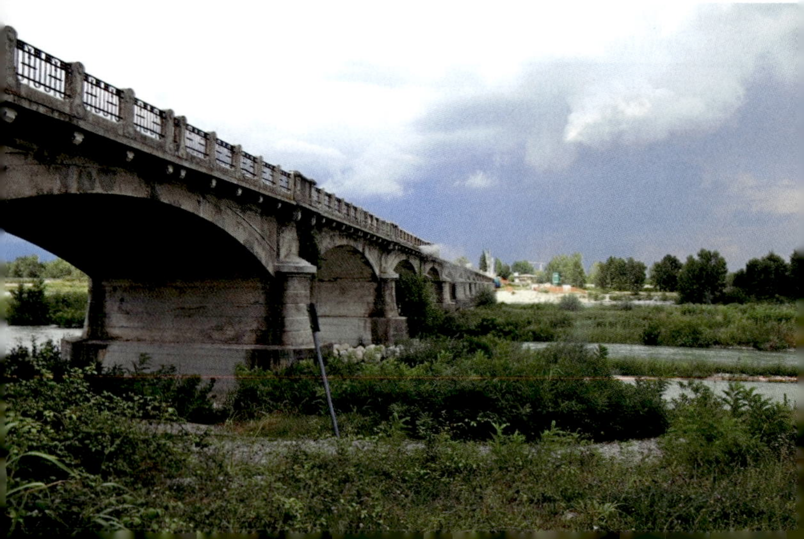

Nicht auf den Dammweg, sondern direkt ans Ufer gehen.

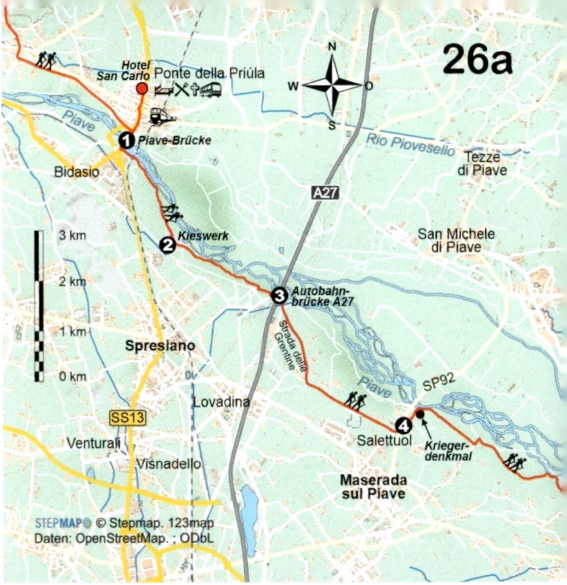

Dort gelangen Sie auf einer geschotterten Fahrstraße am Ufer entlang und unterqueren nach 200 m eine Eisenbahnbrücke. Dahinter wandern Sie ein kurzes Stück auf einem schmalen Uferpfad. Kurz darauf trifft der Weg auf eine Schotterstraße, der Sie links weiter flussabwärts folgen.

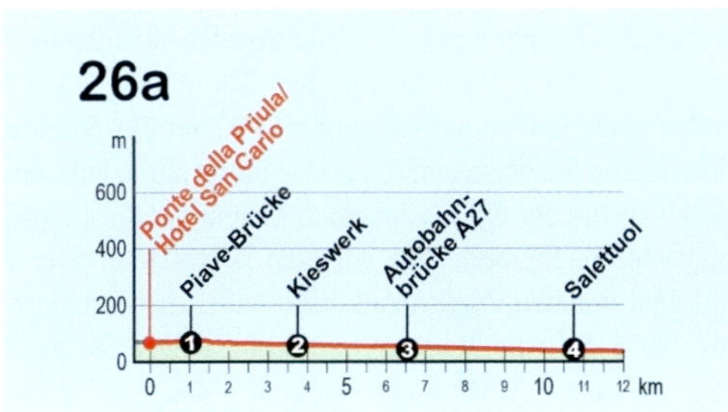

Sie passieren das erste **Kieswerk ❷ (50 Min.)** des Tages und wandern weiter auf dem Uferpfad in Richtung der großen, weithin sichtbaren Autobahnbrücke. Der Pfad ist teilweise schmal und führt durch das Ufergestrüpp. Der nahe Fluss ist dabei eine gute Orientierungsmöglichkeit, da Sie bis zur Autobahnbrücke immer am Ufer entlangwandern. Die Wege können teilweise wegegeschwemmt sein oder fasern auseinander (als Alternative bietet sich auch rechts der Uferdamm an). Kurz vor der Autobahnbrücke knickt der Weg nach rechts ab und Sie wandern links auf dem Uferdamm weiter.

Nach 5 km am Ufer haben Sie die Autobahnbrücke erreicht. Sie unterqueren die **Autobahn A27 ❸ (1 Std. 30 Min.)** und gelangen so auf eine Fahrstraße etwas unterhalb des Uferdammes. Folgen Sie dem Straßenverlauf der wenig befahrenen

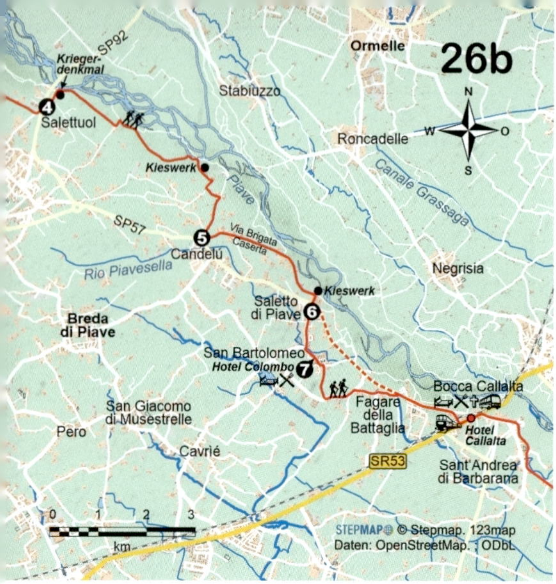

Via Barcador. Nach 250 m erreichen Sie hinter einer Brücke eine Straßengabelung, an der Sie links der Strada delle Grentine folgen. Immer wieder zweigen Zufahrten zu den Höfen links und rechts der Straße ab. An der ersten Kreuzung nach 1,6 km (rechts Hofeinfahrt) biegen Sie links in eine Straße ab, die kurz darauf in eine breite Schotterstraße übergeht.

Auf dieser sehr breiten, schnurgeraden Schotterstraße wandern Sie entlang von Weinreben 2,1 km bis zu einer T-Kreuzung. Dort biegen Sie links ab und treffen nach 150 m auf die große SP92 im Ort **Salettuol ❹ (2 Std. 30 Min.)**. Überqueren Sie diese und folgen Sie ihr für 50 m links und biegen Sie dann gleich wieder rechts auf die Via Spartaco Lantini ab. Kurz hinter einem Kriegerdenkmal folgen Sie rechts dem Weg vor dem Betondamm. Der Weg endet nach 250 m und geht in einen Wiesenpfad über. Auf diesem wandern Sie für 1,2 km geradeaus, bis er auf eine Schotterstraße trifft. Folgen Sie dieser links weiter und wandern Sie nach 120 m an der nächsten T-Kreuzung rechts.

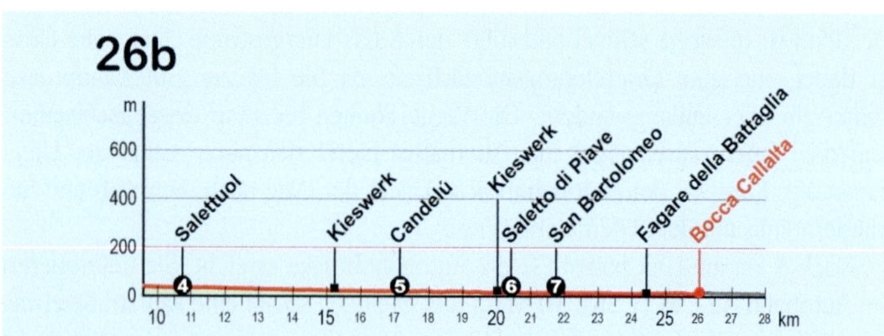

Die Schotterstraße schlängelt sich durch die Landschaft an Wiesen und kleinen Baumgruppen entlang. Nach 2,3 km geht der Schotter am nächsten Kieswerk in eine Teerstraße über. Folgen Sie dieser weiter durch drei 90°-Kurven. Nach 1,7 km passieren Sie die ersten Häuser von **Candelù ❺ (4 Std.)** und rechts

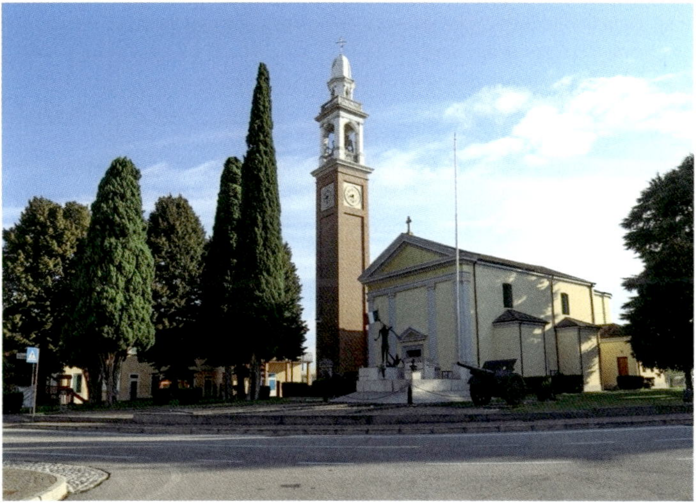

San Bartolomeo

beginnt ein Gehweg. Diesen verlassen Sie allerdings nach 100 m und biegen links in die Via Brigata Caserta ab. Folgen Sie dem Straßenverlauf nun immer geradeaus. Die Straße führt an vielen Baumschulen vorbei. Nach 3 km knickt die Straße am dritten Kieswerk nach rechts hin ab und Sie überqueren kurz darauf die große SP57.

↳ Die SP57 führt links direkt nach Bocca Callalta und das Bankett der Straße wäre der kürzeste Weg zum Tagesziel. Die Straße ist allerdings viel befahren, darum wird hier die etwas weitere Parallelroute über kleinere Landsträßchen am Hotel Colombo vorbei beschrieben.

Überqueren Sie die Straße geradeaus und biegen Sie nach 150 m links in die Via Molinetto ab. Auf dem breiten Gehweg wandern Sie nun durch **Saletto di**

Piave ❻ (4 Std. 45 Min.). Nach 800 m auf dem Gehweg passieren Sie das Ortsschild von Saletto und überqueren eine kleine Brücke. Direkt dahinter biegen Sie links Richtung „S. Bartolomeo“ ab.

Nach 400 m passieren Sie das Hotel Colombo in **San Bartolomeo ❼ (5 Std. 10 Min.)**, das sich als alternatives Etappenende hervorragend für eine Übernachtung eignet. Allerdings wäre dadurch die nächste Tagesetappe nach Jesolo mit insgesamt 37,6 km relativ lang.

San Bartolomeo

Hotel Colombo, Piazza Colombo 17, 31030 San Bartolomeo, +39 04 22/68 66 85, info@hotel-colombo.it, www.hotel-colombo.it, italienische, meernahe Küche, Fischgerichte zählen zu der Spezialität des Hauses, Preise auf Anfrage, ganzjährig geöffnet, @

Folgen Sie dem Straßenverlauf der Hauptstraße weitere 100 m und biegen Sie dann rechts in die Via XII Ottobre ab. Auf ihr bleiben Sie für 750 m und folgen an der nächsten T-Kreuzung links der Via Indipendenza. Diese verlassen Sie nach 650 m an der zweiten Abzweigung rechts auf die Via Cal Bassa. Nach 1 km treffen Sie auf die SP57.

Folgen Sie dieser rechts. Für die nächsten 1,3 km müssen Sie im Bankett der Straße wandern. Teilweise gibt es etwas unterhalb des hohen Straßendammes auch einen Feldweg. Kurz vor der Eisenbahnunterführung beginnt ein Gehweg. An der nächsten T-Kreuzung in **Bocca Callalta (6 Std. 15 Min.)** biegen Sie links ab und erreichen nach 250 m das Hotel Callalta.

Bocca Callalta

Hotel Callalta, Via Postumia Est 160, 31042 Bocca Callalta, +39 04 22/89 57 15, info@albergocallalta.it, www.hotelcallalta.com, Pizzeria, Preise auf Anfrage, ganzjährig geöffnet, @

Nach Ponte di Piave (+ 2,2 km, siehe Karte 27a): Folgen Sie der Hauptstraße durch Bocca Callalta und überqueren Sie die Brücke. Am ersten Kreisverkehr biegen Sie rechts in die Via Jesolo ab und erreichen das Hotel Belvedere.

Hotel Belvedere, Via Jesolo 20, 31047 Ponte di Piave, +39 04 22/75 91 06, info@belvhotel.it, www.belvhotel.it, EZ: € 45, DZ: € 38, ganzjährig geöffnet, @

27. Etappe: Von Bocca Callalta nach Jesolo

33,5 km, 8 Std., ↑ 20 m, ↓ 28 m, ⇧ 2-10 m

Anspruch: Bergweg blau

0,0 km	⇧ 10 m	Bocca Callalta
1,8 km	⇧ 10 m	Sant'Andrea di Barbarana
5,7 km	⇧ 8 m	Zenson di Piave, Zentrum
8,2 km	⇧ 7 m	Autobahnbrücke A4
9,8 km	⇧ 6 m	Ponte di Barche
13,5 km	⇧ 6 m	Eisenbahnbrücke
17,2 km	⇧ 6 m	Musile di Piave BANK P
23,5 km	⇧ 2 m	Caposile, B&B L'Erba Matta
29,1 km	⇧ 2 m	Country House Salomè
33,5 km	⇧ 2 m	Jesolo BANK P

Auf der 27. Etappe liegt nochmals ein langer Marsch vor Ihnen. Für die berggeprüften Füße sind die langen Etappen in der Ebene etwas gewöhnungsbedürftig. Dafür rückt mit jedem Schritt das Ziel ein Stückchen näher und Sie können bald den ersten Meerblick genießen. Am heutigen Tag wandern Sie lange Strecken auf einem Hochwasserdamm, der von Teersträßchen bis schmalen Wiesenpfaden recht vielseitige Untergründe bietet. Ab der großen Eisenbahnbrücke folgen Sie dem gut ausgebauten Uferweg an Musile di Piave vorbei. Dort verabschieden Sie sich vom Piave und wandern am idyllischen Uferweg des alten Piave entlang nach Caposile. Sie folgen nun auf einer fast schnurgeraden Teerstraße dem schmalen Landstreifen zwischen Sile und der Venezianischen Lagune bis Jesolo.

Anforderungen: *Schotterwege und Fahrstraßen, unmarkiert, lange Etappe*

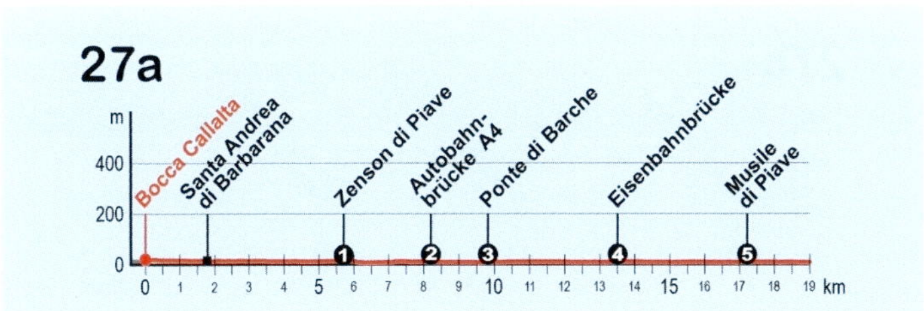

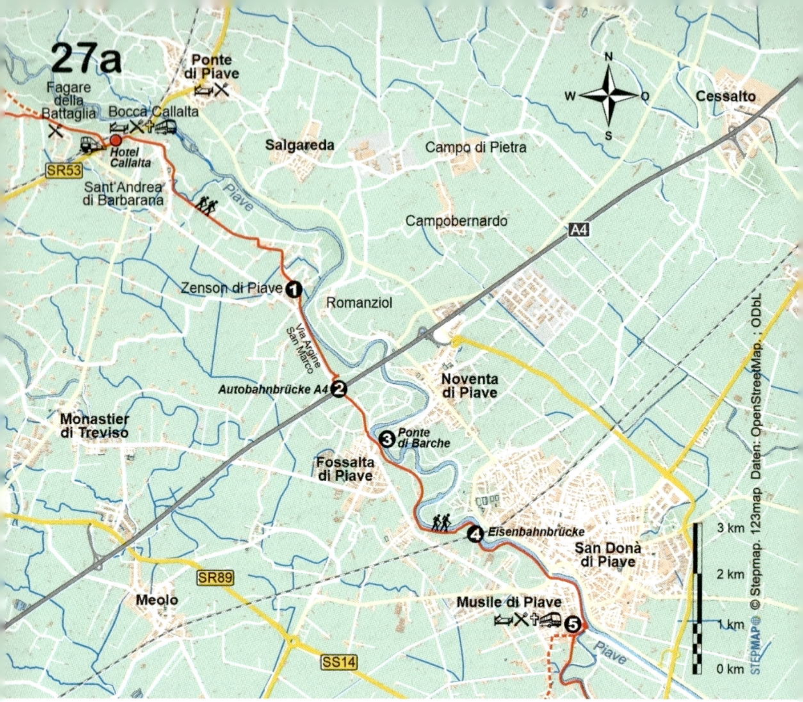

Vom Hotel Callalta in Bocca Callalta folgen Sie der Hauptstraße weiter durch den Ort bis zur nächsten Kreuzung. Dort biegen Sie rechts Richtung „S. Andrea d. B.“ ab und folgen dem schmalen Teersträßchen auf dem Hochwasserdamm. Für die nächsten 3,9 km folgen Sie diesem wenig befahrenen Sträßchen auf dem Damm und wandern durch eine landwirtschaftliche Region mit Ackerland, Weinreben und kleinen Dörfchen.

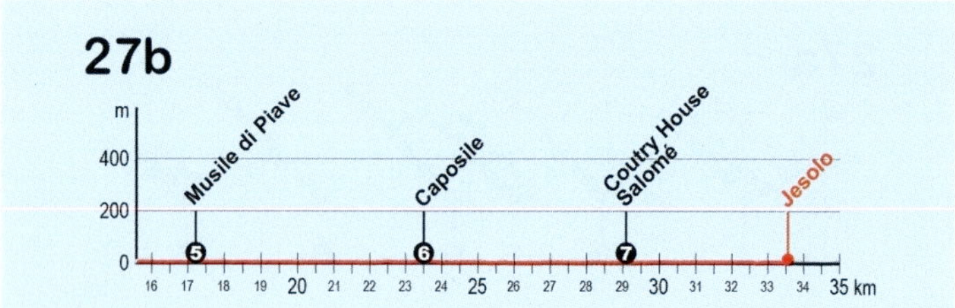

Nach 3,9 km zweigt rechts die Via Isola ab und Sie verlassen auf ihr den Damm. Kurz darauf gelangen Sie an Feldern entlang in den Ort **Zenson ❶ (1 Std. 15 Min.)**. Am Kreisverkehr wandern Sie geradeaus am Dorfplatz vorbei. Dort findet immer dienstags der Wochenmarkt statt, auf dem regionale Produkte gekauft werden können.

250 m hinter dem Kreisverkehr führt links ein schmaler Wiesenpfad wieder hinauf auf den Hochwasserdamm und Sie folgen diesem rechts. Nach 1,8 km treffen Sie auf eine Schotterstraße und folgen ihr scharf rechts zur Via Argine San Marco. Auf diese biegen Sie links ab und überqueren auf einer Brücke die Autobahn **A4 ❷ (2 Std.)**. Nach 1,3 km, etwa 100 m nach dem Ortsschild von Fossalta di Piave, führt links ein schmaler Pfad über die Wiese auf den Damm. Folgen Sie dem Damm rechts. Sie passieren etwas oberhalb die Brücke **Ponte di Barche (private Mautbrücke) ❸ (2 Std. 20 Min.)**, bleiben dort allerdings oben auf dem Damm und folgen nun immer dem Dammweg für knapp 3 km bis kurz vor die Bahngleise. Der Untergrund ändert sich immer wieder, von Schotterstraßen bis zu schmalen Wiesenwegen. 250 m vor den Bahngleisen verlassen Sie den Damm nach links auf einen Schotterweg und wandern auf dem schönen Uferweg des Piave entlang.

Kurz darauf unterqueren Sie die **Eisenbahnbrücke ❹ (3 Std.)**. Ab hier wandern Sie auf dem herrlich schattigen Uferweg zwischen Piave und wechselnden Feldern und Weinreben.

Nach 3,5 km macht der Uferweg einen 180°-Bogen und führt zur **Straße ❺ (4 Std.)** hinauf. Überqueren Sie die Straße und folgen Sie links der Via Intestadura leicht bergab.

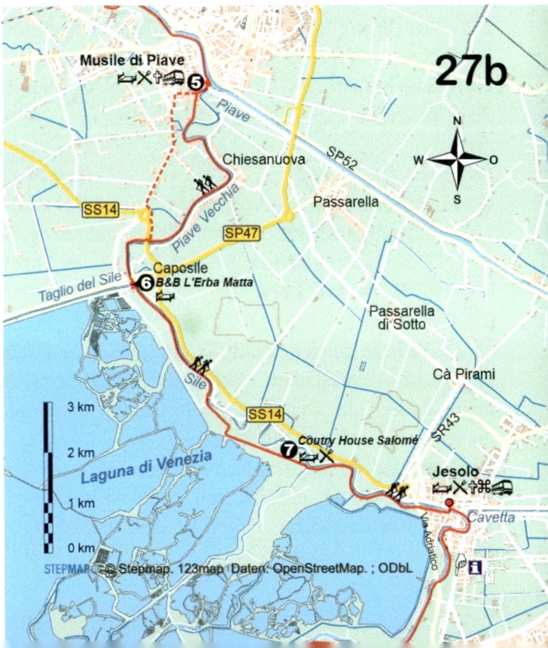

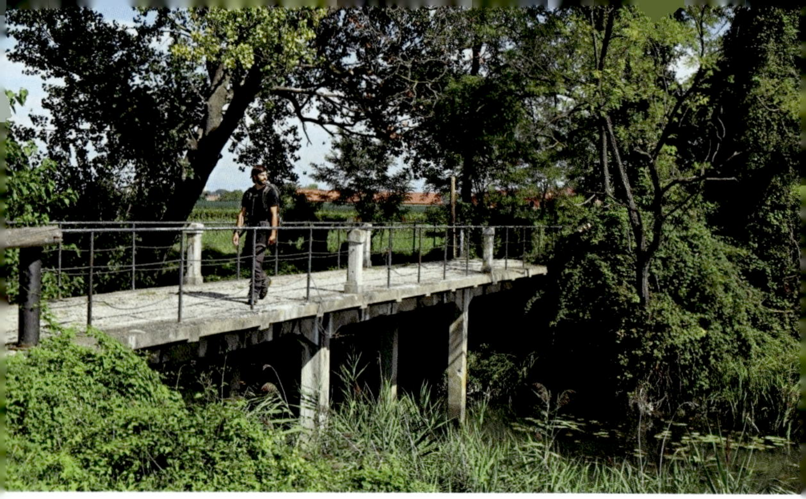

Auf dem Uferweg des Piave Vecchia

Sie kommen an einem kleinen Bootsanlegeplatz vorbei und gelangen nach 250 m an eine Straßengabelung. Dort gibt es zwei Möglichkeiten für den weiteren Weg. Die etwas kürzere Variante führt durch den Ort Musile di Piave und an einer stark befahrenen Straße entlang. Die landschaftlich schönere und deutlich ungefährlichere Strecke führt am Ort vorbei und Sie bleiben auf dem Uferweg des Flusses Piave Vecchia.

Musile di Piave

Hotel Calaluna, Via Guglelmo Marconi 70, 30024 Musile di Piave, +39 04 21/533 03, info@hotel-calaluna.com, www.hotel-calaluna.com, Café/Konditorei im Haus, EZ: € 40, DZ: € 30, inkl. Frühstück, ganzjährig geöffnet,

Variante durch den Ort (1,1 km kürzer): Folgen Sie an der Straßengabelung der Via Intestadura. Nach 500 m treffen Sie auf die große Via Martiri und folgen dieser links. Den Kreisverkehr überqueren Sie geradeaus und folgen nun immer dem Straßenverlauf im Bankett der Straße. Nach 2,1 km erreichen Sie einen sehr großen Kreisverkehr. Noch bevor dieser beginnt, zweigt links ein Feldweg ab. Auf ihm umgehen Sie den Kreisverkehr und treffen nach 700 m auf den Fluss und die Hauptroute. Folgen Sie dem Uferweg rechts unter der Brücke hindurch.

Für den Uferweg biegen Sie nach dem Bootsanleger links in die Via Piave Vecchia und folgen dem Straßenverlauf. Die Straße geht in eine Schotterstraße über und führt durch eine Birnenplantage zwischen den Feldern hindurch, bis sie am Fluss endet. Dort treffen Sie wieder auf den Uferweg. Folgen Sie dem Uferweg nach rechts für die nächsten 5,5 km. Der schöne Weg am Ufer des Piave Vecchia entlang besitzt schattige und sonnige Passagen. Nach 4,3 km unterqueren Sie die SS14, wo die kürzere Variante wieder auf die Route trifft. Unterqueren Sie die Brücke und wandern Sie weiter am Uferweg entlang. Nach 1,2 km passieren Sie eine Weinkelterei und stehen oberhalb des Zusammenflusses von Piave Vecchia und Taglio del Sile. Dort überqueren Sie die schwimmende Brück **Ponte di Barche in Caposile ❻ (5 Std. 40 Min.)**.

Auf der gegenüberliegenden Seite befindet sich der Eingang zum B&B L'Erba Matta.

B&B L'Erba Matta, Via Salsi 6, 30024 Caposile, +39 380/511 61 06, info@erbamatta.it, www.erbamatta.it, Frühstücksbuffet, Preis auf Anfrage, ganzjährig geöffnet,

Der erste Blick übers Meer

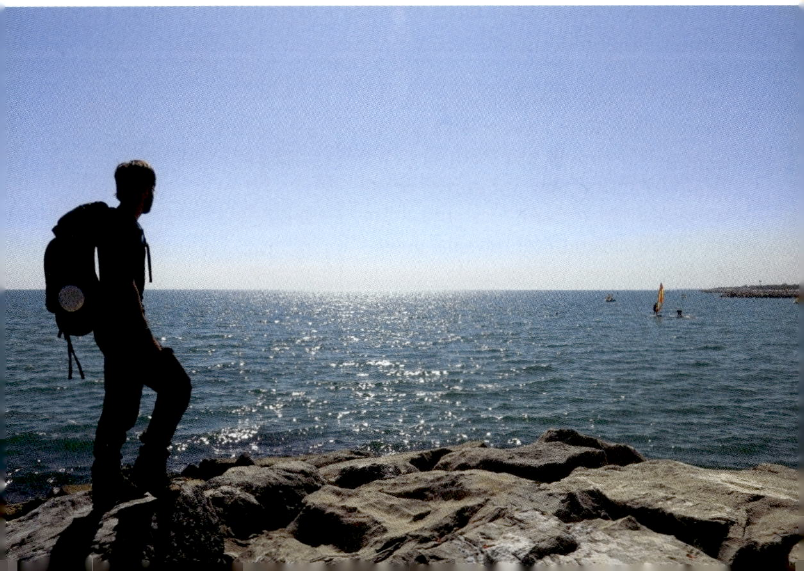

Für den weiteren Weg biegen Sie hinter der Brücke links in die Via Salsi ab. Diese Straße führt Sie direkt nach Jesolo. Für die nächsten 9,4 km folgen Sie immer dem Straßenverlauf. Sie wandern zwischen Sile und der Venezianischen Lagune entlang. Kurz vor Jesolo passieren Sie das **Country House Salomè ❼ (7 Std.)**.

Country House Salomè, Via Salsi 40, 30024 Caposile, +39 329/228 60 60, info@countryhousesalome.it, www.countryhousesalome.it, traditionelle Küche der Region Venetien, Frühstücksbuffet, EZ: € 50, DZ: € 75, Preis pro Zimmer, inkl. Frühstück, ganzjährig geöffnet,

Am Ortsrand von Jesolo unterqueren Sie die Via Adriatica und erreichen nach 600 m eine Sile-Brücke, die Sie direkt zum zentralen Platz in **Jesolo (8 Std.)** vor der Kirche San Ciovanni Battista führt.

Jesolo

Touristeninformation, Piazza Brescia 13, 30016 Jesolo, +39 04 21/922 88, www.jesolo.it, Mo-So 9:00-13:00 und 14:00-18:30

Hotel Udinese da Aldo, Via Cesare Battisti 25, 30016 Jesolo, +39 04 21/95 14 07, hoteldaaldo@libero.it, www.daaldo.com, italienische Küche, Preise auf Anfrage, April bis Sep,

weitere Hotels im Ort und südlich von Jesolo an der Küste auf www.jesolo.it oder im Tourismusbüro vor Ort

Jesolo (26.600 Einwohner) liegt an der venezianischen Küste auf einer Art Insel, die von den Flüssen Sile und Piave begrenzt wird. Dabei teilt sich der Ort in zwei Bereiche: einmal Jesolo Paese, das etwa 2 km vom Strand entfernt liegt, und das touristisch bedeutsamere Lido di Jesolo direkt an der Küste. Dort liegt auch einer der größten Badestrände Italiens mit 12 km Länge und einer Breite von 30-100 m. Zahlreiche große Hotels und Campingplätze bieten dort ein beliebtes Urlaubsziel.

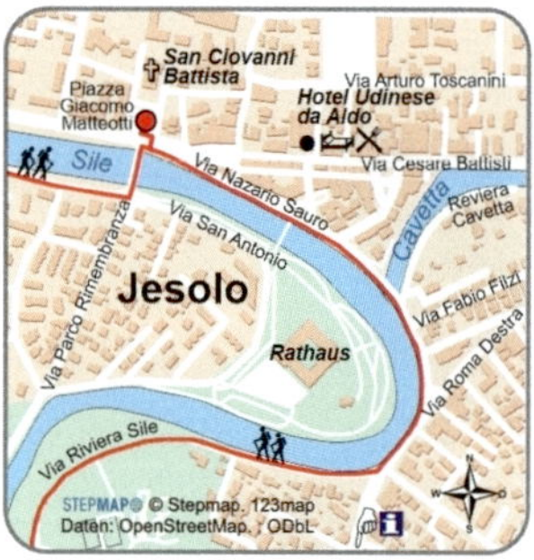

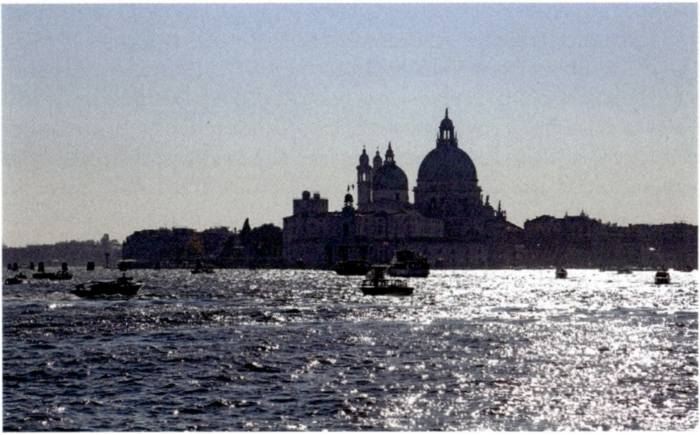

Überfahrt nach Venedig

28. Etappe: Von Jesolo nach Venedig (Markusplatz)

36,4 km (davon 9,0 km Fähre), 6 Std. 15 Min., ↑ 16 m, ↓ 17 m, ⇧ 0-6 m

Anspruch: Bergweg blau

0,0 km	⇧ 2 m	Jesolo
5,3 km	⇧ 2 m	Abzweigung Schotterstraße
10,1 km	⇧ 6 m	Ponte Cavallino
13,2 km	⇧ 2 m	Cavallino, Zentrum
17,0 km	⇧ 2 m	Kreisverkehr
19,3 km	⇧ 0 m	Mittelmeerstrand
21,0 km	⇧ 2 m	Via Fausta
24,0 km	⇧ 2 m	Ca' Savio
26,8 km	⇧ 1 m	Fährterminal „Punta Sabbioni"
		Fähre nach Venedig, San Marco
35,8 km	⇧ 1 m	Fährterminal „San Zaccaria"
36,4 km	⇧ 1 m	Venedig, Markusplatz

Die letzte Etappe der Alpenüberquerung liegt vor Ihnen. Venedig ist nahe und die Vorfreude steigt. Genießen Sie diesen letzten Tag auf dem Weg und nutzen Sie ihn, um die letzten Wochen im Gebirge noch einmal Revue passieren zu lassen. Am Abend wird die Alpenüberquerung geschafft und der Weg bezwungen sein. Zunächst wandern Sie ein Stück auf einem Hochwasserdamm an der Sile entlang und gelangen über die Ponte Cavallino auf die lange Landzunge zwischen Lagune und Adria. Dort wandern Sie zunächst am nördlichen Ufer entlang, bevor Sie nach Süden abschwenken und zum ersten Mal Ihre Füße in den feinen Sand des Adriastrandes setzen können. An der Straße entlang geht es weiter bis zum Fähranleger „Punto Sabbioni". Dort beginnt ein schöner Abschnitt und würdiger Endspurt der Alpenüberquerung. Die Strecke ist so gut wie bezwungen und die letzten Kilometer durch die Lagune überlassen Sie den Motoren der Personenfähre. Genießen Sie die Überfahrt durch das geschäftige Treiben in der Lagune. Das Boot schlängelt sich an Inselchen vorbei, bis sich die bekannte Silhouette Venedigs aus dem Gewimmel auf dem Wasser herausschält. Unweit des Markusplatzes können Sie dann nach gut 560 km aufregender Bergwelt Ihre Füße auf venezianischen Boden setzen.

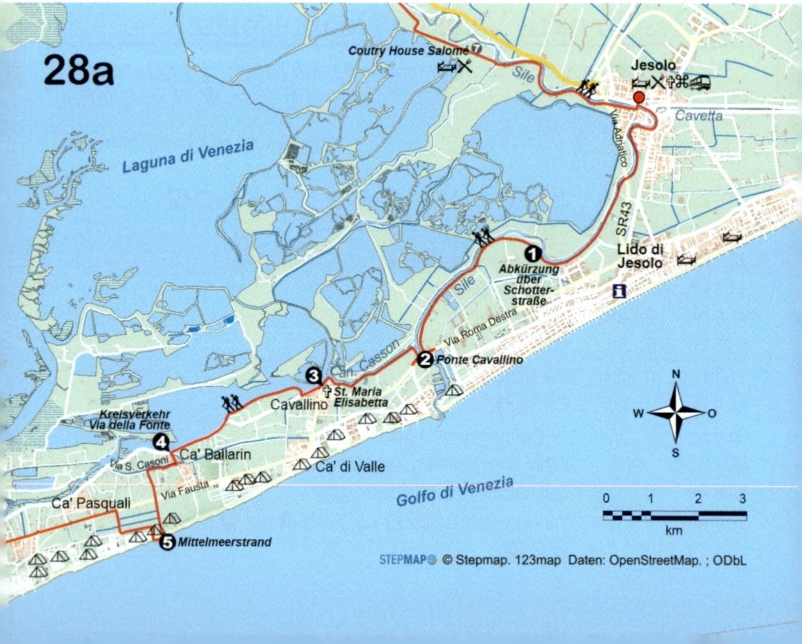

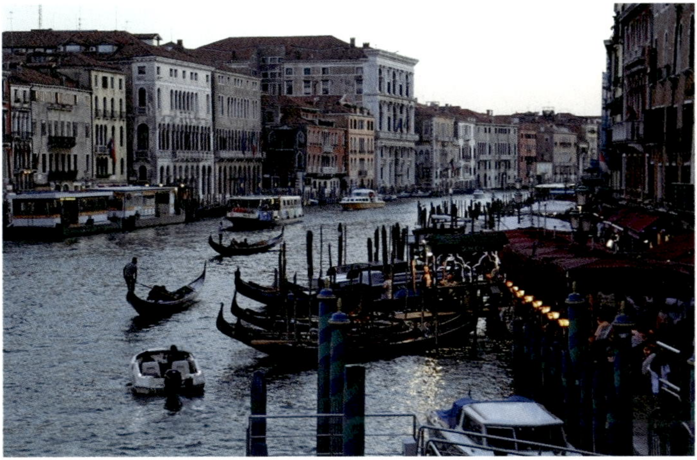

Blick von der Rialto-Brücke auf dem Canal Grande in Venedig

Anforderungen: *Fahr- und Gehwege, unmarkiert*

In Jesolo bleiben Sie auf der Uferseite der Kirche und folgen dem Uferweg, der entlang einer Schleife der Sile verläuft. Bleiben Sie in Ufernähe und wandern Sie in die Via Riviera Sile. Die Teerstraße geht kurz darauf in einen Wanderweg auf einem niedrigen Hochwasserdamm über. Nach 4,3 km verlassen Sie den Damm links auf einer **Schotterstraße ❶ (1 Std. 15 Min.)** und kürzen eine Schleife des Damms ab. Nach 900 m treffen Sie am nächsten Hof wieder auf den Damm und folgen dem Dammweg weiter flussabwärts. Nach 3,2 km erreichen Sie die Via

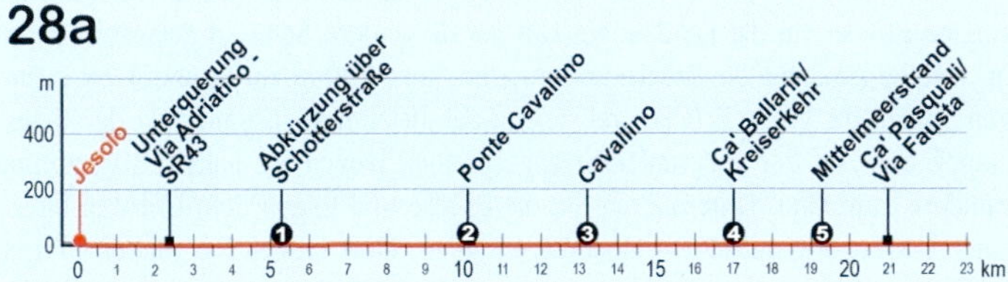

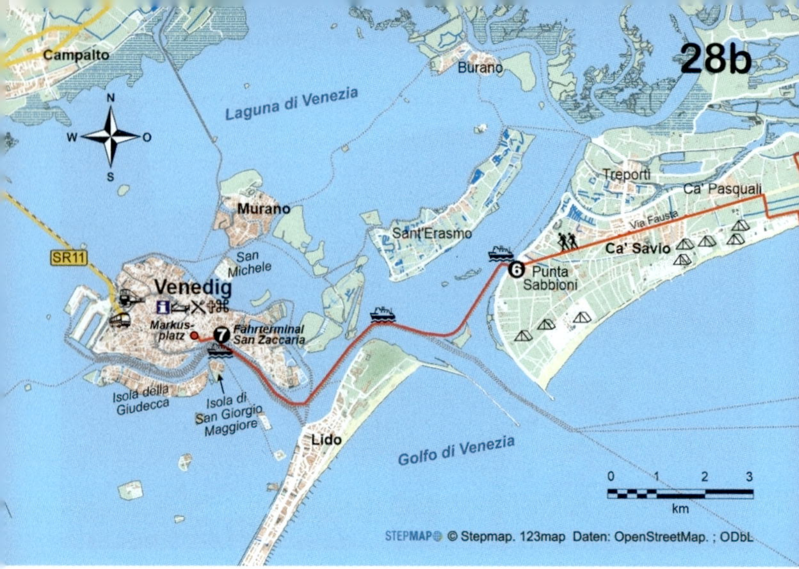

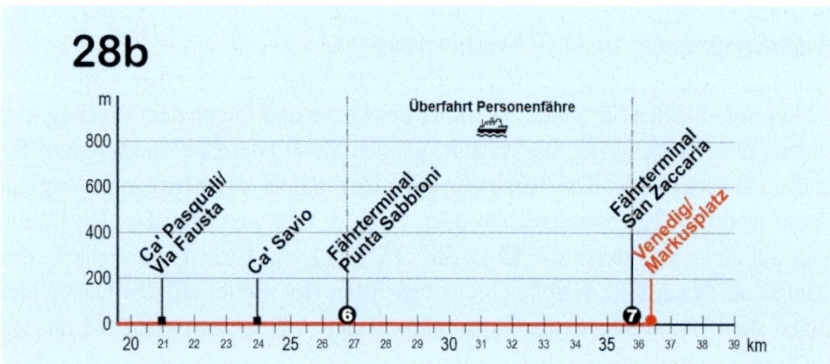

Roma Destra. Dort befindet sich mit der **Ponte Cavallino ❷ (2 Std. 15 Min.)** die einzige Brücke auf die Landzunge. Um auf die andere Seite zu gelangen, unterqueren Sie zunächst die Brücke und wandern links 200 m zur Straße. Dort gelangen Sie auf die große Brücke und steigen auf ihr zum höchsten Punkt der Tagesetappe auf. Auf der anderen Seite angekommen biegen Sie links (180°) ab und wandern zum Ufer. Unterqueren Sie die Brücke und folgen dem Uferweg bis zu einer T-Kreuzung auf einem Hochwasserdamm. Dort biegen Sie wieder links ab und folgen dem Weg am Canale Casson entlang. Nach 2,4 km überqueren Sie den

Platz vor der Kirche St. Maria Elisabetta in **Cavallino ❸ (3 Std.)**. Von dort folgen Sie dem Uferweg an der Betonmauer entlang. Nach 300 m endet die Mauer und Sie überqueren rechts eine kleine Brücke. Dahinter wandern Sie zunächst auf dem geteerten Uferweg, später auf dem neuen Uferweg entlang. An einem **Kreisverkehr ❹ (3 Std. 45 Min.)** nach 3,4 km biegen Sie links in die Via della Fonte ab und überqueren kurz darauf eine Brücke. Direkt dahinter biegen Sie rechts auf die schmale Teerstraße Via Sette Casoni ab. An der vierten Möglichkeit nach 700 m biegen Sie wiederrum links ab und folgen der Straße immer geradeaus. Nach 600 m erreichen Sie so die Hauptstraße Via Fausta.

↳ Dort haben Sie die Möglichkeit, den direkten Weg zum Fähranleger zu nehmen. Folgen Sie dazu rechts dem Gehweg der schnurgeraden Via Fausta immer geradeaus.

Für die Hauptroute über den Adriastrand überqueren Sie die Via Fausta geradeaus und folgen der Straße bis zum **Strand ❺ (4 Std. 15 Min.)**. Nach 543,7 km von München über die Alpen haben Sie das Mittelmeer erreicht. Am Strand angekommen tauchen Sie in eine andere Welt ein, die einen krassen Gegensatz zu den vergangenen Wochen darstellt. Wandernde aus den Bergen, mit voller Gebirgsausrüstung, wollen nicht so recht ins Bild passen. Zwischen den vielen

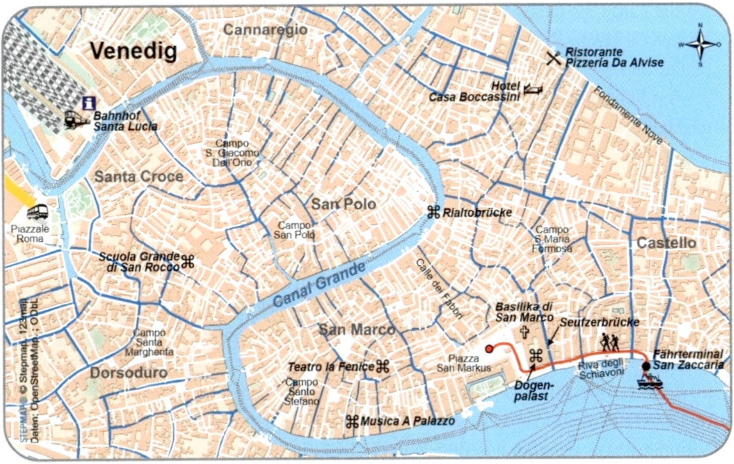

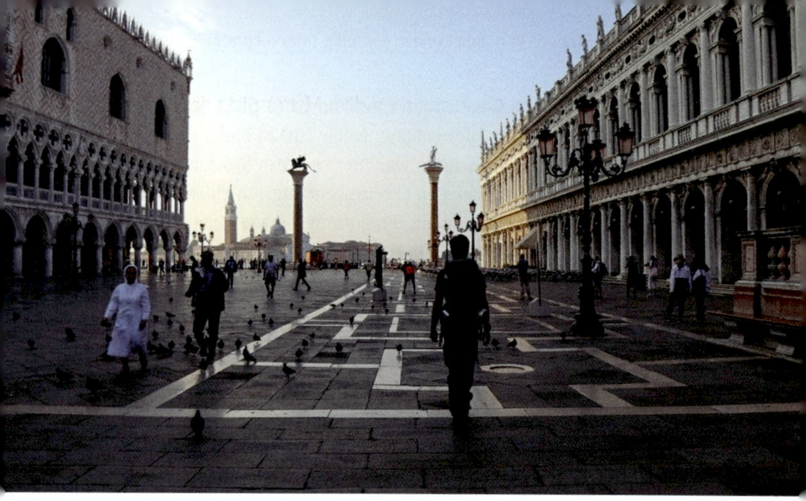

Ankunft am Markusplatz

leicht bekleideten Touristen in Bikini und Badehose sind sie eher die Exoten. Folgen Sie dem Strand rechts für ca. 200 m. Die nächste Stichstraße führt Sie auf die Via delle Batterie, der Sie links folgen. Nach 700 m biegen Sie rechts in die Via Cevedalis ab und treffen wieder an die Via Fausta, an der Sie sich links halten. Auf der schnurgeraden Straße wandern Sie noch 5,9 km bis zum Fähranleger, von wo die Fähre Sie nach Venedig bringt. Neben der Straße verläuft durchgehend ein breiter Gehweg. Rechts und links der Straße befinden sich zahlreiche Campingplätze und Sie durchqueren die Ortschaften Ca'Pasquali und Ca' Savio.

Am **Fährterminal „Punta Sabbioni" ❻ (6 Std.)** angekommen haben Sie es fast geschafft. Venedig liegt zum Greifen nahe.

Fährterminal „Punta Sabbioni" (Linie 14), Piazzale, 30013 Punta Sabbioni, ☏ +39 041/24 24, www.veneziaunica.it, Überfahrt Linie 14: Punta Sabbioni – Lido – San Marco, Fahrzeit 35 Min., tägliche ca. halbstündige Abfahrt

Die Fahrt durch die Lagune zählt zu einem der Höhepunkte der ganzen Tour. Nicht nur das nahe Ziel der Alpenüberquerung sorgt für gut Laune, es ist auch ein erhebendes Gefühl, durch das wuselige Treiben auf dem Wasser mit Booten in jeder Größenklasse langsam auf Venedig zuzuschippern. Die Personenfähre schlängelt sich zwischen Inselchen hindurch und langsam schält sich die bekannte Silhouette von Venedig aus dem bunten Treiben heraus. In einem weiten Bogen an der Insel Lido vorbei legen Sie kurz neben dem Markusplatz am **Fährterminal „San Zaccaria" ❼ (6 Std.)** an und setzen Ihre bergerprobten Füße auf venezianischen Boden. Vom Anleger aus halten Sie sich links und flanieren an der Uferpromenade am Dogenpalast vorbei. An dessen Ende biegen Sie rechts ab und gelangen zwischen den beiden Säulen San Teodoro und San Marco auf den Markusplatz im Herzen **Venedigs (6 Std. 15 Min.)**.

☺ An dieser Stelle darf ich Ihnen recht herzlich gratulieren. Sie haben das Ziel erreicht und die Alpen zu Fuß überquert. Es liegen beeindruckende 560 km mit 22.653 Hm im Aufstieg hinter Ihnen – voll von grandiosen Panoramen, steilen Gipfeln, nie enden wollenden Anstiegen und geselligen Abenden in urigen Hütten sowie den vielen kleinen Eindrücken am Wegesrand, die zu jeder Bergtour gehören. Es ist ein erhebendes Glücksgefühl, endlich angekommen zu sein, und Sie können zu Recht stolz auf Ihre Leistung sein. Genießen Sie die Zeit in Venedig und falls Sie mir eine kleine Rückmeldung zum Weg geben möchten oder Anregungen und Verbesserungsvorschläge haben, würde ich mich über eine E-Mail von Ihnen sehr freuen: christian.rupp@korb-rieck.de. Ich wünsche Ihnen noch einen schönen Aufenthalt in Venedig sowie eine gute Rückreise und alles Gute bei kommenden Touren. Allzeit Berg Heil!

Ihr Christian K. Rupp.

☺ Wenn Sie Venedig für sich haben möchten, stehen Sie bei Sonnenaufgang auf. Zu dieser Zeit sind die meisten Touristen, die in Venedig übernachten, noch nicht auf den Beinen und die Touristenschiffe vom Land haben noch nicht angelegt.

Für die Abreise eignet sich am besten die Bahn. Vom großen Bahnhof Santa Lucia im Norden Venedigs fahren zahlreiche Fernzüge gen Norden ab.

Venedig

Touristeninformation, Santa Lucia, 30100 Venezia, +39 041/24 24, www.veneziaunica.it, Mo-So 7:00-21:00

Hotel Casa Boccassini, Cannaregio 5295, 30121 Venezia, +39 041/522 98 92, info@hotelboccassini.com, www.hotelboccassini.com, DZ: ab € 80, ganzjährig geöffnet, @

☺ weitere Unterkünfte unter www.booking.com oder bei der Zimmervermittlung am Bahnhof Santa Lucia

✕ **Ristorante Pizzeria Da Alvise**, Fondamente Nove 5045, 30121 Venezia, ☏ +39 041/520 15 15, 💻 www.ristorantedaalvise.com, venezianische Pizzeria direkt am Meer, Anfang März bis Anfang Nov 12:00-23:00, Küche 12:00-14:00 und 19:00-22:00, Pizzeria 12:00-22:00

⌘ **Museum im Dogenpalast**, Piazza San Marco 1, 30124 Venezia, ☏ +39 041/271 59 11, 💻 www.palazzoducale.visitmuve.it, verschiedene Themenführungen durch die Prachträume und Waffenkammern, wechselnde Sonderausstellungen, täglich 8:30-17:30, letzter Einlass 16:30

☺ weitere Museen unter 💻 www.visitmuve.it

Venedig (251.900 Einwohner, 53.000 in der historischen Altstadt) ist eine Lagunenstadt und verteilt sich auf 118 Inseln über eine Länge von 50 km zwischen den Mündungen der Flüsse Etsch und Piave. Gegründet wurde Venedig in der Mitte des 5 Jh., als die Bewohner des Festlandes in der Lagune Zuflucht vor verschiedenen Wellen barbarischer Invasoren suchten (Hunnen 452, Langobarden 568). Der Bau der Lagunenstadt wurde begünstigt, da sich unter dem Schlamm am Grund der Lagune ein fester Lehmboden befindet, sodass dort hineingerammte Pfähle einen festen Halt finden. Alle Gebäude in der Lagune sind dadurch auf Millionen von Holzpfählen errichtet, von einfachen Häusern bis zu gewaltigen Palästen. Vom 7. Jh. bis 1797 stieg die Republik Venedig zu einer See- und Wirtschaftsmacht auf. Ihr Einflussbereich reichte dabei von Oberitalien bis Kreta und zeitweise bis zur Krim und nach Zypern. Sie besaß eine der größten Handelsflotten und war Handelsdrehscheibe zwischen Byzanz und dem Heiligen Römischen Reich. Napoleon löste schließlich 1797 die Republik auf und Venedig fiel als Herzogtum an Österreich. Nach der Niederlage der Habsburger gegen Preußen und Italien wurde Venedig 1866 dem Königreich Italien angeschlossen.

Heute gelten Venedig und die Lagune als UNESCO-Weltkulturerbe und die Stadt ist eine der meist besuchten Europas. Die Stadtverwaltung versucht, Wege zu finden, diesen Strom zum Schutz der Stadt und der Bewohner zu reduzieren. Von Plakataktionen über zahlreiche Verbote und eine Besuchergebühr gibt es viele Versuche, dem gewaltigen Ansturm Herr zu werden. Neben der vielen Touristen ist der steigende Meeresspiegel das größte Problem für die Altstadt. Er beeinträchtigt die Stabilität der historischen Gebäude und führt zu häufigeren Überschwemmungen. Heute steht die Stadt vor der Herausforderung eine ausgewogene Balance zwischen Tourismus, Umweltschutz und der Pflege der einzigartigen Kultur zu finden um die Schönheit Venedigs für die kommenden Generationen zu erhalten.

Index

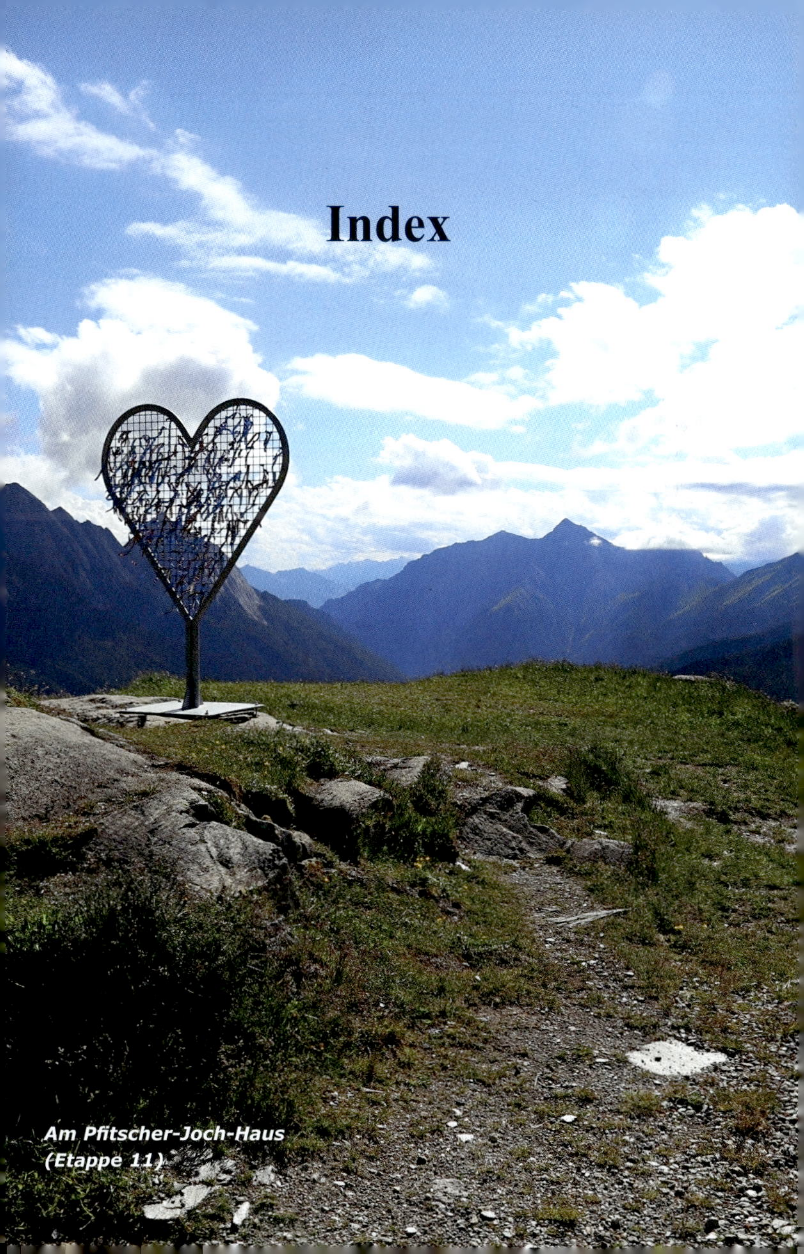

Am Pfitscher-Joch-Haus
(Etappe 11)

A

B

C

D/E

F

G

H

R

S

T

U/V

W/Z